Kohlhammer

Methodik der juristischen Fallbearbeitung

Mit Aufbau- und Prüfungsschemata aus dem Zivil-, Strafrecht und öffentlichen Recht

von

Universitätsprofessor Dr. Peter Bringewat
Professor für Strafrecht, Strafprozessrecht und Wirtschaftsstrafrecht (Leuphana Universität Lüneburg)

5., aktualisierte Auflage

Verlag W. Kohlhammer

5. Auflage 2024

Alle Rechte vorbehalten
© W. Kohlhammer GmbH, Stuttgart
Gesamtherstellung: W. Kohlhammer GmbH, Stuttgart

Print:
ISBN: 978-3-17-044427-0

E-Book-Formate:
pdf: ISBN 978-3-17-044428-7
epub: ISBN 978-3-17-044429-4

Dieses Werk einschließlich aller seiner Teile ist urheberrechtlich geschützt. Jede Verwendung außerhalb der engen Grenzen des Urheberrechts ist ohne Zustimmung des Verlags unzulässig und strafbar. Das gilt insbesondere für Vervielfältigungen, Übersetzungen, Mikroverfilmungen und für die Einspeicherung und Verarbeitung in elektronischen Systemen.
Für den Inhalt abgedruckter oder verlinkter Websites ist ausschließlich der jeweilige Betreiber verantwortlich. Die W. Kohlhammer GmbH hat keinen Einfluss auf die verknüpften Seiten und übernimmt hierfür keinerlei Haftung.

In eigener Sache

Was nützen noch so profunde Rechtskenntnisse, wenn man nicht weiß, wie sie bei der Bearbeitung und Lösung eines Rechtsfalls ein- und umzusetzen sind? Von dieser Frage motiviert ist das vorliegende Buch entstanden. Es versteht sich als eine Anleitung zur Anfertigung juristischer Klausuren und Hausarbeiten und wendet sich in erster Linie an Studentinnen und Studenten aller juristischen Studiengänge an Universitäten und anderen Hochschulen sowie an Studentinnen und Studenten nichtjuristischer Studiengänge mit dem Nebenfach „Recht", die sich in ihrem Studium stets aufs Neue mit der prüfungsrelevanten Anfertigung von juristischen Klausuren und Hausarbeiten auseinandersetzen müssen. Titel und Untertitel dieses Buches lassen bereits erkennen, um was es in ihm geht: um juristische Fallarbeit und – genauer – um die Methodik der juristischen Fallbearbeitung.
In seinem ersten Teil – „Allgemeines zur Anfertigung juristischer Hausarbeiten und Klausuren" – behandelt es alle diejenigen Fragen, die für die juristische Fallbearbeitung im Zivilrecht, Strafrecht und öffentlichen Recht gleichermaßen von Bedeutung sind. Als konzeptioneller Leitgedanke dieses „Ersten Teils" fungiert ein auf seine typischen Stationen reduziertes Ablaufprogramm für die Bearbeitung von Rechtsfällen. Einer ersten Beschäftigung mit möglichen Aufgabenstellungen zivilrechtlicher, strafrechtlicher und öffentlich-rechtlicher Klausuren und/oder Hausarbeiten folgen in kontinuierlichem Fortschreiten die Erörterung und Erläuterung von Fragestellungen, mit denen ein Fallbearbeiter regelmäßig befasst ist. Das reicht von der korrekten Erfassung und Erarbeitung der maßgebenden Fallfragen über die Arbeit am und mit dem ausgegebenen Sachverhalt bis zur „äußeren" Gestaltung und Darstellung der dann als Prüfungs- oder Studienleistung abzugebenden Klausur und/oder Hausarbeit. Ausführlich kommt das „A und O" der juristischen Fallbearbeitung, die Rechtsanwendung und mit ihr die Subsumtionsarbeit und -technik zur Sprache, verdeutlicht durch zahlreiche Beispiele. Breiter Raum ist sodann der Erörterung „formaler" Anforderungen an juristische Klausuren und Hausarbeiten belassen. Dazu gehören u. a. Fragen, wie man die Verwertung einschlägiger Rechtsliteratur in der Falllösung nachweist, wie man zitiert und wie mit Zitaten und Zitatbelegen umzugehen ist, welche Bestandteile eine Hausarbeit/Klausur umfasst etc. Aber auch der Weg hin zur Lösung des Rechtsfalls und endgültigen Niederschrift der Hausarbeit/Klausur, beginnend bei der Erarbeitung des „roten Fadens" und fortfahrend über die Entwicklung einer Lösungsskizze, die Erstellung eines Lösungskonzepts, das unverzichtbare „Controlling" bis zur abgabereifen Hausarbeit/Klausur wird genau und ins Einzelne gehend beschrieben.
Der sachrichtige Aufbau einer juristischen Fallbearbeitung ist Generalthema des „Zweiten Teils". Im Sinne eines „Besonderen Teils" ist er als Ergänzung des „Ersten Teils" gedacht. Längst hat sich herumgesprochen, dass der gewählte Aufbau einer juristischen Fallbearbeitung keineswegs nur bloße „Äußerlichkeit" einer juristischen Klausur und/oder Hausarbeit, sondern sehr viel mehr ist: Er bestimmt die Lösung eines Rechtsfalls (zumindest mit) und dokumentiert, ob und wie der Fallbearbeiter sach- und folgerichtig vorgegangen ist. „Methodik der juristischen Fallbearbeitung" bedeutet daher auch, sich mit Aufbauregeln für die Bearbeitung von Rechtsfällen zu befassen. Dementsprechend werden im „Zweiten Teil" des Buchs zunächst allgemeine und daran anschließend rechtsgebietsspezifische Aufbaufragen erörtert. Behandelt werden beispielsweise der sog. Anspruchsaufbau für zivilrechtliche oder die fall- bzw. deliktsbezogene „Aufbautechnik" für strafrechtliche Klausuren und Hausarbeiten sowie die mit „Zulässigkeit" und „Begründetheit" (einer Klage etc.) verbundene Aufbauproblematik im öffentlichen Recht. Mit verdeutlichenden Erläuterungen werden sodann für jedes Rechtsgebiet – Zivilrecht, Strafrecht, öffentliches Recht – gesondert einzelne Aufbau- und Prüfungsschemata vor-

In eigener Sache

gestellt, die bei verständiger Anwendung eine gute Grundlage für die in juristischen Klausuren und Hausarbeiten geforderte Fallprüfung sein können. Durchgängig ist bei alledem auf mögliche Fehlerquellen und -risiken im Klausur- und Hausarbeitsaufbau hingewiesen.

Die „Methodik der juristischen Fallbearbeitung" will nicht nur den Studienanfängerinnen und -anfängern den Einstieg in das „leidige Geschäft" des Klausurenschreibens etc. erleichtern. Sie versteht sich vielmehr als begleitendes Studienhilfsmittel auch für „höhere Semester" bis hin zur Ersten Prüfung/Ersten juristischen Staatsprüfung und/oder vergleichbaren Studienabschlüssen.

Dem Verlag W. Kohlhammer GmbH sei für die Bereitschaft gedankt, die „Methodik der juristischen Fallbearbeitung" in das Studienbuchprogramm aufzunehmen. Abgesehen von wenigen textlichen Überarbeitungen betrifft die nunmehr vorliegende Neuauflage des Studienbuchs notwendig gewordene Aktualisierungen. Ich hoffe, dass das Buch auch weiterhin alle anspricht, für die es gedacht ist und bin für Kritik aus dem Leserkreis (bitte über den Kohlhammer-Verlag an mich) stets dankbar.

Lüneburg, im Februar 2024   Peter Bringewat

Inhaltsverzeichnis

In eigener Sache		V
Abkürzungsverzeichnis		XII
Literaturverzeichnis		XV
Erster Teil: Allgemeines zur Anfertigung juristischer Hausarbeiten und Klausuren		1
A.	Juristische Hausarbeiten und Klausuren, Leistungskontrolle und Berufsvorbereitung	1
B.	Prüfungsgegenstand, Aufgabenstellung, Sachverhalt	2
	I. Beispiele für Sachverhalte und Aufgabenstellungen aus dem Zivilrecht	3
	II. Beispiele für Sachverhalte und Aufgabenstellungen aus dem Strafrecht	6
	III. Beispiele für Sachverhalte und Aufgabenstellungen aus dem öffentlichen Recht	8
	IV. Zusammenfassung	11
C.	Methodik der Fallbearbeitung	11
	I. Die Fallfrage – nicht mehr, aber auch nicht weniger	11
	1. Sachgerechtes Erfassen der Aufgabenstellung	12
	a) Fehlerquellen	12
	b) Besonderheiten in einzelnen Rechtsgebieten	13
	aa) Strafrecht	13
	bb) Zivilrecht und öffentliches Recht	14
	2. Von der abstrakten zur konkreten Fallfrage	14
	a) Beispiel Zivilrecht	15
	b) Besonderheit „Anwaltsklausur/-hausarbeit"	17
	c) Strafrecht und öffentliches Recht	17
	II. Die Arbeit am und mit dem Sachverhalt	19
	1. Sachverhalt mehrmals und genau lesen	19
	2. Sachverhalt vollständig erfassen	21
	3. Sachverhalt „richtig" erfassen	21
	a) Laiensprache und rechtlicher Bedeutungsgehalt	21
	b) Nebensächlichkeiten	22
	c) „Normalfall" maßgebend	23
	4. Sachverhaltslücken schließen	23
	a) Der Sachverhalt als „Sinneinheit"	24
	b) Ausnahme: Die Sachverhaltsalternative	24
	c) Erörterung der Rechtsfragen	25
	5. Sachverhalt nicht manipulieren	25
	6. Praktische Arbeitstechnik	27
	a) Brainstorming, Stoffsammlung	27
	b) Hilfsmittel für die Stoffsammlung	28
	III. Die Subsumtionstechnik	30
	1. Das Aufsuchen „passender" Rechtssätze	31
	a) Antwortnorm und Hilfsnorm	32
	b) Gegennorm	32

Inhaltsverzeichnis

		c) Rechtsgutachtliche Anforderungen.	33
		d) Nur „einschlägige" Rechtssätze	33
	2.	Die Anwendung der Rechtssätze	34
		a) Das Strukturmodell der Subsumtion.	34
		b) Subsumtionsbeispiele.	35
	3.	Die Mehraktigkeit der Subsumtion	38
	4.	Normkonkretisierung und Subsumtion	42
		a) Normkonkretisierung durch Gesetzesauslegung	44
		b) Alternative Tatbestandsmerkmale.	46

D. Sprachliche Darstellung; Gutachten- und Urteilsstil. ... 47
    I. Auf „gute" Schriftsprache achten. ... 48
        1. Schachtel- und Kettensätze ... 48
        2. Satzdreh nach „und". ... 49
        3. Hauptwörterei und Streckverben. ... 49
        4. Aktiv- und Passivform ... 50
        5. Kraftausdrücke und Übertreibungen ... 50
        6. Füll- und Fremdwörter. ... 51
    II. Unterschied Gutachten- und Urteilsstil. ... 51
        1. Gutachtenstil. ... 52
        2. Urteilsstil ... 53
        3. Sprachliche Erkennungszeichen für Gutachten- und Urteilsstil, Anwendungsempfehlungen ... 53

E. Gestaltung und Darstellung juristischer Hausarbeiten und Klausuren. ... 55
    I. Die juristische Hausarbeit ... 56
        1. Arbeitsweise ... 56
            a) Einstieg: Den „roten Faden" erarbeiten ... 57
            b) Literaturrecherche und sonstige Quellen ... 57
                aa) Typische Rechtsliteratur ... 58
                bb) Rechtsprechung. ... 59
                cc) Elektronische Medien. ... 59
            c) Lösungsskizze und Schwerpunktbildung. ... 60
            d) Konzepterstellung, Problembearbeitung ... 61
                aa) Fallprüfungskonzept. ... 61
                bb) Problembearbeitung. ... 62
                cc) Streitige Rechtsauffassungen ... 62
                dd) Beispiel (aus dem Bereich des Strafrechts) ... 63
                ee) Eigene Begründung ... 64
                ff) Bearbeitungsempfehlungen ... 65
            e) Controlling und Niederschrift. ... 68
        2. Äußere Gestaltung ... 69
            a) Deckblatt. ... 69
            b) Aufgabenstellung: Sachverhalt und Fallfrage(n). ... 69
            c) Literaturverzeichnis und Zitierweise ... 70
            d) Abkürzungsverzeichnis. ... 74
            e) Gliederung. ... 75
                aa) Gliederungsebenen ... 76
                bb) Gliederungssysteme ... 77

Inhaltsverzeichnis

		f)	Fallbearbeitung/Niederschrift	78
			aa) Formalien.	78
			bb) Zitate, nichtwörtliche Wiedergabe.	79
			cc) Nachweise und Belege in Anmerkungen/Fußnoten	81
		g)	Anmerkungsverzeichnis	85
		h)	Deckblatt.	85
		i)	Keine losen Blätter.	86
		j)	Weglassen von Vorwort, Nachwort, Widmungen.	86
	II.	Die juristische Klausur	86
		1.	Arbeitsweise	86
		2.	Äußere Gestaltung	87

Zweiter Teil: Der Aufbau einer juristischen Fallbearbeitung 90

A. Allgemeine Aufbaufragen. 90
  I. „Historischer" Aufbau. 91
  II. „Teleologischer" Aufbau 91
  III. Aufbaukombinationen 92
  IV. Keine (Vor-)Bemerkungen zum Fallaufbau!. 92

B. Der Aufbau einer zivilrechtlichen Fallbearbeitung 93
  I. „Historischer" und/oder „teleologischer" Aufbau 93
  II. Der Anspruchsaufbau 94

		1.	Vorfragen und Voraussetzungen.	95
			a) Anspruchsteller und Anspruchsgegner: Wer von wem? . . .	95
			b) Anspruchsziele: Was?	96
			c) Aufgrund welcher Anspruchsnorm?	96
		2.	Verschiedenartige Anspruchsgrundlagen.	96
			a) Prüfungsreihenfolge.	97
			b) Ausnahmen	97
			c) Beispiele zum Anspruchsaufbau.	98
		3.	Anspruchshäufung, Anspruchskonkurrenz	98
		4.	Vorrang der vertraglichen Ansprüche – Prüfungsschema	99
		5.	Grundschema für Anspruchsprüfungen	102
		6.	Exemplarische Aufbauschemata	103
			a) Berechtigte GoA, Aufwendungsersatz	103
			b) Eigentumsherausgabe, §§ 985 ff. BGB	105
			c) Ungerechtfertigte Bereicherung, §§ 812 ff. BGB.	106
			aa) Leistungskondiktion gem. § 812 Abs. 1 S. 1, 1. Alt. BGB (condictio indebiti).	107
			bb) Leistungskondiktion gem. § 812 Abs. 1 S. 2, 1. Alt. BGB (condictio ob causam finitam)	108
			cc) Leistungskondiktion gem. § 812 Abs. 1 S. 2, 2. Alt. BGB (condictio ob rem)	109
			dd) Nichtleistungskondiktion gem. § 812 Abs. 1 S. 1, 2. Alt. BGB (Eingriffskondiktion: „in sonstiger Weise").	109
			ee) Nichtleistungs-/Eingriffskondiktion gem. § 816 Abs. 1 S. 1 BGB (Verfügung eines Nichtberechtigten).	110
			d) Deliktsrechtliche Ansprüche, §§ 823 ff. BGB	111
			e) „Anfechtungsrechte"	114

Inhaltsverzeichnis

C. Der Aufbau einer strafrechtlichen Fallbearbeitung 116
    I. Fallbezogene „Aufbautechnik" 117
        1. Alleintäter verwirklicht einen Tatkomplex 117
        2. Alleintäter verwirklicht mehrere Tatkomplexe 118
        3. Mehrere Tatbeteiligte verwirklichen einen Tatkomplex 118
        4. Mehrere Tatbeteiligte verwirklichen mehrere Tatkomplexe 120
        5. Gemischte Fallkonstellationen 120
    II. Deliktsbezogene „Aufbautechnik" 120
        1. Grundtatbestand und Qualifikation 120
        2. Spezialtatbestand i. d. R. vor Grunddelikt 121
    III. Materiellrechtliche Voraussetzungen der Deliktsprüfung 121
        1. Dreigliedriger Straftatbegriff 122
            a) Tatbestandsmäßigkeit 122
                aa) Objektive und subjektive Tatbestandsmerkmale 123
                bb) Objektive Bedingungen der Strafbarkeit 124
                cc) Tatvorsatz als Verhaltens- und Schuldform 125
            b) Rechtswidrigkeit 125
            c) Schuld 127
                aa) Schuldfähigkeit, actio libera in causa 127
                bb) Tatvorsatz, Tatumstandsirrtum 127
                cc) Unrechtsbewusstsein, direkter und indirekter Verbotsirrtum 130
                dd) Exkurs: Erlaubnistatbestandsirrtum 131
                ee) Schuldausschließungs-/Entschuldigungsgründe 132
            d) Persönliche Strafausschließungs- oder Strafaufhebungsgründe . 133
            e) Strafverfolgungsvoraussetzungen/-hindernisse 133
        2. Der Versuch 133
            a) Straftat nicht vollendet und Versuch strafbar, §§ 23 Abs. 1, 12 StGB 133
            b) Sonderregeln für den Versuchsaufbau 134
        3. Besondere Aufbauregeln für das (unechte) Unterlassungsdelikt 135
            a) Objektive Tatbestandsmäßigkeit, Nichtvornahme der gebotenen Handlung 135
            b) Objektive Tatbestandsmäßigkeit, Garantenstellung 136
            c) Subjektive Tatbestandsmäßigkeit, Unterlassungsvorsatz 137
            d) Besonderheiten bei Rechtswidrigkeit und Schuld 137
        4. Die Fahrlässigkeitstat 138
            a) Tatbestandsmäßigkeit 138
                aa) Objektive Sorgfaltspflichtverletzung 138
                bb) Objektive Erfolgszurechnung 138
                cc) Rechtswidrigkeit und Schuld 139
        5. Tatbeteiligung 139
            a) Prüfung der Täterschaft 140
                aa) Mittäterschaft 140
                bb) Mittelbare Täterschaft 140
            b) Anstiftung und Beihilfe 141
    IV. Aufbaumuster und Prüfungsschemata 141
        1. Vollendetes, vorsätzliches Begehungsdelikt 142

		2.	Vorsätzliches, vollendetes, unechtes Unterlassungsdelikt.	142
		3.	Versuchtes Begehungsdelikt	143
		4.	Versuchtes unechtes Unterlassungsdelikt	144
		5.	Fahrlässiges Begehungsdelikt	146
		6.	Fahrlässiges unechtes Unterlassungsdelikt	147
		7.	Vorsätzliches echtes Unterlassungsdelikt	147
		8.	Fahrlässiges echtes Unterlassungsdelikt	148
		9.	Tatbeteiligung (nur Tatbestandsmäßigkeit)	148

D. Der Aufbau einer öffentlich-rechtlichen Fallbearbeitung 149
I. Inhalt und Problematik 149
II. Sachgebiete und Einteilung 151

	1.	Verfassungsrechtliche Streitigkeiten		152
		a)	Prüfungsschema: Individualverfassungsbeschwerde	152
			aa) Zulässigkeit.	152
			bb) Begründetheit	154
		b)	Prüfungsschema: Organstreitverfahren	157
			aa) Zulässigkeit.	157
			bb) Begründetheit	158
		c)	Prüfungsschema: Abstrakte Normenkontrolle	158
			aa) Zulässigkeit.	158
			bb) Begründetheit	159
	2.	Nichtverfassungsrechtliche Streitigkeiten		159
		a)	Zulässigkeits-/Sachurteilsvoraussetzungen	159
			aa) Eröffnung des Verwaltungsrechtsweges	160
			bb) Statthaftigkeit der Klage/Klageart	161
			cc) Allgemeine Sachurteilsvoraussetzungen	163
			dd) Besondere Sachurteilsvoraussetzungen	164
		b)	Begründetheit.	166
			aa) Begründetheit einer Anfechtungsklage	166
			bb) Begründetheit der Verpflichtungsklage	167
			cc) Begründetheit der allgemeinen Leistungsklage	169
			dd) Begründetheit der Feststellungsklage	170
	3.	Öffentlich-rechtliche Ansprüche (Amtshaftungsanspruch)		170

Stichwortverzeichnis 175

Abkürzungsverzeichnis

a. A.	anderer Ansicht
a. a. O.	am angegebenen Ort
Abs.	Absatz
AcP	Archiv für die civilistische Praxis
AG	Amtsgericht, auch: Ausführungsgesetz
Alt.	Alternative
Anm.	Anmerkung
AO	Abgabenordnung
AöR	Archiv für öffentliches Recht
Art.	Artikel
AT	Allgemeiner Teil
Aufl.	Auflage
BAföG	Bundesausbildungsförderungsgesetz
BAG	Bundesarbeitsgericht
BauGB	Baugesetzbuch
Bem.	Bemerkung(en)
betr.	betreffend, betrifft
BGB	Bürgerliches Gesetzbuch
BGH	Bundesgerichtshof
BGHSt	Entscheidungen des BGH in Strafsachen
BGHZ	Entscheidungen des BGH in Zivilsachen
BRRG	Beamtenrechtsrahmengesetz
Bsp.	Beispiel
BT	Besonderer Teil
BVerfG	Bundesverfassungsgericht
BVerfGE	Entscheidung des BVerfG
BVerfGG	Gesetz über das BVerfG
BVerwG	Bundesverwaltungsgericht
BVerwGE	Entscheidungen des BVerwG
bzw.	beziehungsweise
cic	culpa in contrahendo
d.	der, die, das, des
ders.	derselbe
d. h.	das heißt
d. i.	das ist, dies ist
Diss.	Dissertation
dort.	dortig(e, er, es)
DÖV	Die öffentliche Verwaltung
E.	Entscheidung oder Entwurf
EGGVG	Einführungsgesetz zum GVG
Erg.	Ergebnis
etc.	et cetera
f.	folgend(e, er, es)
ff.	fortfolgend(e, er, es)
FGO	Finanzgerichtsordnung
Fn.	Fußnote
FS	Festschrift
GbR	Gesellschaft bürgerlichen Rechts
gem.	gemäß
GemO	Gemeindeordnung

Abkürzungsverzeichnis

GewO	Gewerbeordnung
GG	Grundgesetz
ggf.	gegebenenfalls
GmbHG	Gesetz betr. die Gesellschaften mit beschränkter Haftung, GmbH-Gesetz
GoA	Geschäftsführung ohne Auftrag
grds.	grundsätzlich
GVG	Gerichtsverfassungsgesetz
h. A.	herrschende Ansicht
h. L.	herrschende Lehre
h. M.	herrschende Meinung
Hrsg.	Herausgeber
hrsg.	herausgegeben (von)
HS.	Halbsatz
i. d. R.	in der Regel
i. S. d.	im Sinne des
i. V. m.	in Verbindung mit
JA	Juristische Arbeitsblätter
JGG	Jugendgerichtsgesetz
JR	Juristische Rundschau
Jura	Juristische Ausbildung (auch: JURA)
JuS	Juristische Schulung
JZ	Juristenzeitung
lat.	lateinisch
LG	Landgericht
m.	mit oder mein(e, er, es)
m. E.	meines Erachtens
m. w.	mit weiteren
m. w. N.	mit weiteren Nachweisen
m. w. Nachw.	mit weiteren Nachweisen
N.	Nachweise
Nachw.	Nachweise
NJW	Neue Juristische Wochenschrift
NJW-RR	NJW-Rechtsprechungsreport
NRW	Nordrhein-Westfalen
NStZ	Neue Zeitschrift für Strafrecht
NStZ-RR	NStZ-Rechtsprechungsreport Strafrecht
NVwZ	Neue Zeitschrift für Verwaltungsrecht
NWVBl.	Nordrhein-Westfälische Verwaltungsblätter
NZA	Neue Zeitschrift für Arbeitsrecht
NZV	Neue Zeitschrift für Verkehrsrecht
o.	oben
o. g.	oben genannt(e, er, es)
OLG	Oberlandesgericht
OVG	Oberverwaltungsgericht
PLZ	Postleitzahl
ProdHaftG	Produkthaftungsgesetz
RelKErzG	Gesetz über die religiöse Kindererziehung
RG	Reichsgericht
RGSt	Entscheidungen des RG in Strafsachen
RGZ	Entscheidungen des RG in Zivilsachen
Rn.	Randnummer
Rspr.	Rechtsprechung

Abkürzungsverzeichnis

S.	Satz oder Seite
s.	siehe
SBG VIII	Sozialgesetzbuch VIII
SGG	Solzialgerichtsgesetz
s. o.	siehe oben
sog.	sogenannt(e, er, es)
StGB	Strafgesetzbuch
StPO	Strafprozessordnung
str.	streitig, strittig
s. u.	siehe unten
u.	unten
u. a.	unter anderem (n) oder und andere
Urt.	Urteil
usw.	und so weiter
u. U.	unter Umständen
v.	vom oder von, vor
VA	Verwaltungsakt
Var.	Variante
Verf.	Verfasser(in)
VG	Verwaltungsgericht
VGH	Verwaltungsgerichtshof
vgl.	vergleiche
Vor.	Vorbemerkung(en)
Vorbem.	Vorbemerkung(en)
VwGO	Verwaltungsgerichtsordnung
VwVfG	Verwaltungsverfahrensgesetz
w.	weiter(e, er, es)
z. B.	zum Beispiel
Ziff.	Ziffer
zit.	zitiert
ZPO	Zivilprozessordnung

Literaturverzeichnis

(Verzeichnis der abgekürzt verwendeten Literatur)

Bringewat, Peter, Grundbegriffe des Strafrechts. Grundlagen – Allgemeine Verbrechenslehre – Aufbauschemata, 4. Aufl., Baden-Baden 2024 (zit.: Grundbegriffe)

Brockhaus, Enzyklopädie in vierundzwanzig Bänden, 19. Aufl., Mannheim 1993 (zit.: Enzyklopädie)

Engisch, Karl, Einführung in das juristische Denken, herausgegeben und bearbeitet von Thomas Würtenberger und Dirk Otto, 12. Aufl., Stuttgart 2018

Fahse, Hermann/Hansen, Uwe, Übungen für Anfänger im Zivil- und Strafrecht, 9. Aufl., Neuwied etc. 2000 (zit.: Übungen)

Fischer, Thomas, Strafgesetzbuch und Nebengesetze, Kommentar, 71. Aufl., München 2024 (zit.: StGB)

Jescheck, Hans-Heinrich/Weigend, Thomas, Lehrbuch des Strafrechts, Allgemeiner Teil, 5. Aufl., Berlin 1996 (zit.: Strafrecht AT)

Köbler, Gerhard, Anfängerübung. Die Anfängerübung mit Leistungskontrolle im bürgerlichen Recht, Strafrecht und öffentlichen Recht, 7. Aufl., München 1995 (zit.: Anfängerübung)

Mann, Thomas, Einführung in die juristische Arbeitstechnik, Schriftenreihe der Juristischen Schulung Band 81, 5. Aufl., München 2015 (zit.: Arbeitstechnik)

Medicus, Dieter/Petersen, Jens, Bürgerliches Recht. Eine nach Anspruchsgrundlagen geordnete Darstellung zur Examensvorbereitung, 29. Aufl., München 2023 (zit.: Bürgerliches Recht)

Möllers, Thomas M.J., Juristische Arbeitstechnik und wissenschaftliches Arbeiten, 10. Aufl., München 2021 (zit.: Arbeitstechnik)

Reiners, Ludwig, Stilkunst. Ein Lehrbuch deutscher Prosa, Neubearbeitung von Stephan Meyer und Jürgen Schiewe, München 1991 (zit.: Stilkunst)

Schönke, Adolf/Schröder, Horst (Bearbeiter), Strafgesetzbuch, Kommentar, 30. Aufl., bearbeitet von Albin Eser, Walter Perron, Detlev Sternberg-Lieben, Jörg Eisele, Nikolaus Bosch, Bernd Hecker, Jörg Kinzig, Frank Schuster, Bettina Weißer, Ulrike Schittenhelm, München 2019 (zit.: StGB)

Wessels, Johannes/Beulke, Werner/Satzger, Helmut, Strafrecht, Allgemeiner Teil, Die Straftat und ihr Aufbau, 53. Aufl., Heidelberg 2023 (zit.; Strafrecht AT)

Wörlen, Rainer/Schindler, Sven/Balleis, Kristina, Anleitung zur Lösung von Zivilrechtsfällen, Methodische Hinweise und 22 Musterklausuren (zum Bürgerlichen Recht – mit Handelsrecht und Arbeitsrecht), 10. Aufl., München 2020 (zit.: Anleitung)

Wohlers, Wolfgang/Schuhr, Jan C./Kudlich, Hans, Klausuren und Hausarbeiten im Strafrecht, 7. Aufl., Baden-Baden 2023 (zit.: Klausuren)

Zippelius, Reinhold, Juristische Methodenlehre, Schriftenreihe der Juristischen Schulung Band 93, 12. Aufl., München 2021 (zit.: Juristische Methodenlehre)

Erster Teil: Allgemeines zur Anfertigung juristischer Hausarbeiten und Klausuren

A. Juristische Hausarbeiten und Klausuren, Leistungskontrolle und Berufsvorbereitung

Wer nach langen Jahren schulischer und/oder (vor)beruflicher Ausbildung endlich die allgemeine oder fachbezogene Hochschulreife „in der Tasche" hat und ein Universitäts- oder sonstiges Hochschulstudium aufnimmt, der hat verständlicherweise das dringende Bedürfnis, sich erst einmal von der Mühsal des „Büffelns auf Prüfungen" und dem nicht selten auch leibhaftig erfahrenen Prüfungsstress zu erholen und tief durchzuatmen. Viel Zeit zum Verschnaufen bleibt freilich nicht; denn trotz aller Gestaltungsfreiheit und Angebotsvielfalt, die ein Hochschulstudium für Bildung und Ausbildung bereithält, sieht man sich – reguläres Studieren vorausgesetzt – manchmal schon im ersten, spätestens aber im zweiten Fachsemester mit der Notwendigkeit konfrontiert, eine Fülle verschiedenster Leistungskontrollen über sich ergehen zu lassen. Ganz gleich was man wo und wie studiert, immer sind es Prüfungsvorleistungen oder andere Studienleistungen als Zulassungsvoraussetzungen für Prüfungen oder auch „echte" Prüfungsleistungen, die nach den Studien- oder Prüfungsordnungen der jeweiligen Studiengänge, und zwar ganz unabhängig davon, ob es sich dabei um herkömmliche Studiengänge oder um Bachelor- und/oder Master-Studiengänge handelt, so oder so zu erbringen sind. Sie sind das (vermeintliche) „Elixier" aller Studiengänge an Universitäten und anderen Hochschulen. Und natürlich machen da die rechtswissenschaftlichen Studiengänge an Universitäten, die wirtschaftsrechtlichen Studiengänge an Fachhochschulen, die Studiengänge an den Fachhochschulen für Verwaltung, Rechtspflege und/oder Polizei und – last but not least – alle Studiengänge, die „Recht" als „nebenfachliche" Disziplin enthalten, wie beispielsweise ein Großteil der volks- und betriebswirtschaftlichen Studiengänge an Universitäten und Fachhochschulen sowie an unternehmenseigenen oder staatlichen Berufsakademien keine Ausnahme.

1

Zu den nachgerade als „klassisch" zu bezeichnenden Formen der Leistungskontrollen in diesen und noch zahlreichen weiteren mit dem Thema „Recht" befassten Studiengängen gehören seit eh und je *Hausarbeiten* und *Klausuren*. Juristische Hausarbeiten und Klausuren sollten und dürfen indessen nicht ausschließlich als „bloße" Leistungskontrollinstrumente (miss)verstanden werden. Ihre eigentliche, sehr viel größere Bedeutung liegt in der ihnen – wenn auch in nur begrenztem Maße – zukommenden berufsvorbereitenden Funktion. Aufgabenstellung und Prüfungsgegenstand juristischer Hausarbeiten und Klausuren (vgl. dazu sogleich unter B.) sollen den jeweiligen Bearbeiter im Sinne eines ersten Kennenlernens und einer dann zunehmend sichereren Einschätzung mit der Praxisrealität der späteren beruflichen Tätigkeit in juristischen Arbeitsfeldern vertraut machen.

2

Das geschieht auf zweierlei Weise: Zum einen stellt der *Prüfungsgegenstand* seinem Inhalt nach eine Beschreibung von (kleinen) Ausschnitten aus dem Alltag der gesellschaftlichen Lebenswirklichkeit dar (zumindest sollte er so abgefasst sein). Zum anderen ist dieser Wirklichkeitsausschnitt – eben wie im täglichen Leben – mit sich vielfach überlagernden rechtlichen Gegebenheiten und Problemen durchwirkt, die es zu erkennen, in ihren Details sachgerecht zu erfassen und gedanklich zu durchdringen und schließlich unter Anwendung methodengeleiteter juristischer Arbeitstechniken zu lösen gilt.

3

4   Noch gänzlich ohne Belang ist insoweit, wie der Prüfungsgegenstand inhaltlich beschaffen ist, ob er beispielsweise zivilrechtliche, strafrechtliche oder öffentlich-rechtliche Fragen und Fallkonstellationen thematisiert; denn die *Aufgabenstellung* einer juristischen Hausarbeit und Klausur zielt stets (ausnahmsweise nicht bei „Themenhausarbeiten" oder „-klausuren") darauf ab, eine tragfähige *juristische Entscheidung* zu erarbeiten, sie zu treffen und sie „überprüfungsfest" zu begründen. Fragen etwa der zivilrechtlichen Vertragsgestaltung und -durchführung (Erfüllung oder Teil- bzw. Nichterfüllung von Verträgen), der Leistungsstörungen und des Schadensersatzes sind ebenso wie das Herausarbeiten und Feststellen tat-/täterbezogener Voraussetzungen strafbaren Verhaltens und die Beurteilung der Rechtmäßigkeit oder Rechtswidrigkeit von öffentlich-rechtlichen Maßnahmen staatlicher Behörden etc. unter dem Aspekt der berufsvorbereitenden Funktion juristischer Hausarbeiten und Klausuren gleichermaßen geeignete Gegenstände zur Einübung in zukünftige berufspraktische Entscheidungstätigkeiten und -abläufe.

5   Wer sich mit diesem „berufspraxisorientierten" Verständnis den diversen Leistungskontrollen in Gestalt juristischer Hausarbeiten und Klausuren unterzieht, relativiert für sich deren prüfungsrechtlichen Kontrollcharakter und stellt die Sache, um die es geht, allem anderen voran. Er vermindert so den Leistungs- und Prüfungsdruck bei der Anfertigung juristischer Hausarbeiten und Klausuren. Und das kann am Ende auf die eine oder andere Weise nur hilfreich sein.

B. Prüfungsgegenstand, Aufgabenstellung, Sachverhalt

6   Wie schon angemerkt: Juristische Hausarbeiten und Klausuren sollen – jedenfalls auch – dazu dienen, auf die spätere berufliche Tätigkeit vorzubereiten. Das gilt grundsätzlich für alle Arten von Hausarbeiten und Klausuren, für Examenshausarbeiten und -klausuren ebenso wie für Übungshausarbeiten und -klausuren, für studien- bzw. vorlesungsbegleitende ebenso wie für studienabschließende bzw. vorlesungsabschließende Hausarbeiten und Klausuren.

7   Der inhaltliche Gegenstand, der *Prüfungsgegenstand* einer juristischen Hausarbeit oder Klausur versteht sich deshalb ganz im Sinne dieser berufsvorbereitenden Funktion als „aufbereitetes" Abbild eines kleinen Ausschnitts der alltäglichen gesellschaftlichen Lebenswirklichkeit. Er beschreibt Zustände, Ereignisse, Vorgänge, behördliche Entscheidungen und Maßnahmen, mitmenschliches Verhalten, Streitigkeiten unter Verwandten oder Nachbarn etc., er beschreibt mit anderen Worten alles, was das tägliche Miteinander und Gegeneinander im gemeinschaftlichen Zusammenleben der Menschen bestimmt oder doch bestimmen kann (noch einmal: Für sog. „Themenhausarbeiten" und „-klausuren" trifft das entweder gar nicht oder nur sehr eingeschränkt zu).

8   Prüfungsgegenstand einer juristischen Hausarbeit oder Klausur ist – wie es üblicherweise heißt – ein *konkreter Lebenssachverhalt*, kurz: der **Sachverhalt**. Hierbei handelt es sich um einen fachsprachlichen Terminus, der um der stets notwendigen terminologischen Klarheit willen **nicht** mit dem Begriff „*Tatbestand*" **gleichgesetzt** werden darf (was aber „unreflektiert" häufig geschieht). Der Begriff „Sachverhalt" steht für die (sprachliche) Erfassung innerer und äußerer Tatsachen, der Begriff „Tatbestand" spielt dagegen in ganz anderen Sachzusammenhängen, etwa für Struktur und Gehalt einer Rechtsnorm und in verschiedenen Ausprägungen für einzelne Rechtsgebiete (beispielsweise das Strafrecht und die allgemeine Verbrechenslehre) eine wesentliche Rolle. Auch der sog. Urteilstatbestand z. B. eines strafgerichtlichen Urteils ist nicht dasselbe wie „Sachverhalt", wenngleich sich der Urteilstatbestand weitgehend mit dem deckt, was als „Sachverhalt" in der Beweisaufnahme der strafgerichtlichen Hauptverhandlung festge-

stellt worden ist. Entsprechendes gilt für den Urteilstatbestand eines zivilgerichtlichen oder verwaltungsgerichtlichen Urteils (vgl. zur Begrifflichkeit auch *Mann*, Arbeitstechnik, Rn. 155).

Zur Veranschaulichung ein paar Beispiele von Sachverhalten, und zwar nacheinander jeweils zwei Sachverhalte aus dem Zivilrecht, Strafrecht und öffentlichen Recht:

I. Beispiele für Sachverhalte und Aufgabenstellungen aus dem Zivilrecht

Sachverhalt 1: V vertreibt Haushaltsgeräte. K interessiert sich für eine Waschmaschine Modell „S 1200", die ihm für sein privates Wäscheaufkommen ideal geeignet erscheint. Am 4.1.2020 sucht K das Verkaufslokal des V auf, der von dem beim Hersteller noch weiterhin erhältlichen Modell noch genau ein Exemplar in seinen Räumlichkeiten ausstellt. K und V einigen sich über den Kauf des Geräts. Statt der unverbindlichen Preisempfehlung von 1800 Euro soll der Kaufpreis für das unbenutzte und fehlerfreie Ausstellungsstück nur 1600 Euro betragen, 50 Euro über dem von V gezahlten Einkaufspreis. In dem von K unterzeichneten Vertragsformular heißt es an deutlich hervorgehobener Stelle: „Auf Wunsch wird das Gerät von uns ausgeliefert und vor Ort angeschlossen. Für Schädigungen im Zuge und in Folge dieser Leistung wird keinerlei Haftung oder Gewährleistung übernommen."
Da K sich in einem finanziellen Engpass befindet, zückt V ein Formular der B-Bank, mit der er in solchen Fällen stets zusammenarbeitet, und schlägt K Folgendes vor: K soll einen Kredit der B in Anspruch nehmen; diese werde den Kaufpreis unmittelbar an V auszahlen, während K den Betrag in 36 jeweils monatlich fällig werdenden Raten entsprechend verzinst an B zurückzuzahlen habe. K ist einverstanden und unterschreibt das mit allen notwendigen Angaben versehene Formular der B und eine entsprechende Widerrufsbelehrung. K kommt mit V überein, dass die Maschine am 7.1.2020 von Angestellten des V ausgeliefert und angeschlossen werden soll.
Die Lieferung erfolgt vereinbarungsgemäß. Bei der Verbindung des Geräts mit dem Abwasserrohr kommt es aufgrund einer kleinen Unaufmerksamkeit von V's Monteur zu einer Undichtigkeit. In der Folge rinnt bei jedem Betrieb der Waschmaschine Wasser in beträchtlicher Menge in das hinter der Maschine gelegene Mauerwerk.

Einiges von dem, was in diesem *Sachverhalt 1* – es handelt sich übrigens um den Prüfungsgegenstand einer Abschlussklausur im Rahmen einer „Übung im Zivilrecht für Fortgeschrittene" (vgl. dazu *Henssler/Dedek*, Fortgeschrittenenklausur – Bürgerliches Recht: Probleme des reformierten Kaufrechts, JuS 2004, 497 ff.) – rechtlichen Konfliktstoff bieten könnte, erahnt und spürt man schon beim erstmaligen Durchlesen des Sachverhaltstextes. Was jedoch ganz konkret und im Einzelnen an rechtlichen Fragestellungen im *Sachverhalt 1* enthalten und zu beantworten ist oder doch sein könnte, das lässt sich der Beschreibung des durchaus „aus dem Leben gegriffenen" Waschmaschinengeschäfts nicht, jedenfalls nicht so ohne weiteres entnehmen. Genaueren Aufschluss darüber gibt erst die mit dem Sachverhaltstext verbundene *Aufgabenstellung*. Und erst die (enge) sachliche Verzahnung des konkreten Lebenssachverhalts mit den in der Aufgabenstellung einer juristischen Hausarbeit und Klausur angesprochenen rechtlichen Befunden, Streitgegenständen, Zuständen, Ereignissen oder den Rechtsinteressen der im Sachverhaltstext benannten Personen stellt das her, was in Form einer Hausarbeit oder Klausur zu bearbeiten ist: den **Rechtsfall**.

Kernstück der Aufgabenstellung, die sich nicht selten im Anschluss an den Sachverhaltstext unter dem Stichwort „*Bearbeitervermerk*" findet, ist (sind) die sog. **Fallfrage(n)**. Sie wird (werden) bisweilen um „Hinweise zur Bearbeitung" bzw. „Bearbeiterhinweise" oder auch bloße „Hinweise" ergänzt. Solche ergänzenden Bearbeitungshinweise sind in zweifacher Hinsicht wichtig. Zum einen können sie inhaltlich den zu prüfenden Rechtsstoff begrenzen, zum anderen können sie formale Anforderungen an die (gewünschte) Darstellungsweise – was insbesondere für die Anfertigung juristischer Hausarbeiten von Bedeutung ist – festlegen. Es empfiehlt sich, derartige Bearbeitungshinweise beim Wort zu nehmen und die „Anweisungen" strikt einzuhalten, da anderenfalls das Risiko besteht, dass der Hausarbeit oder Klausur die Annahme zur Korrektur und Bewertung verweigert wird. Entsprechendes gilt für die Beachtung vorgegebener Bearbeitungszeiten bzw. Abgabefristen sowie den Abgabeorts etc. Auch diese Daten werden zumeist in den „Hinweisen zur Bearbeitung" von Hausarbeiten und Klausuren mitgeteilt.

13 Auf das Sachverhaltsbeispiel „Waschmaschinengeschäft" angewandt ergibt sich die klausurbestimmende Aufgabenstellung wie folgt:

Fallfrage(n) 1:
a) K bemerkt die Undichtigkeit nach wenigen Tagen. K verlangt von V Nachlieferung. V verweist auf die Vertragsbedingungen: Für Montagefehler hafte er nicht. Allenfalls sei er zur Nachbesserung, keinesfalls zur Nachlieferung bereit, was sich schon verbiete, weil K ein bestimmtes Ausstellungsstück erworben habe. Kann K von V die Nachlieferung verlangen?
b) K bemerkt die Undichtigkeit zunächst nicht. Erst im Februar 2021 fällt ihm auf, dass sich an der Wand hinter der Waschmaschine ein großflächiger Schimmelfleck gebildet hat. Die Entfernung des Pilzes und die Trockenlegung der Wand kosten K 900 Euro. Empört wendet sich K an V und verlangt von V, den Montagefehler zu beheben und ihm die entstandenen Kosten von 900 Euro zu ersetzen. Als sich V kategorisch weigert, erklärt K gegenüber V den Rücktritt. Dieser meint, man solle ihn mit diesen alten Geschichten nicht mehr behelligen.
   – K fordert von V nun Ersatz von 900 Euro
   – Gegenüber B verweigert er nun mit dem Hinweis auf den undichten Anschluss die Zahlung weiterer Raten
   zu Recht?

Bearbeitungshinweis 1: Deliktische Ansprüche und Ansprüche aus dem ProdHaftG sind nicht zu prüfen.

14 Der „rechtsfallkonstituierende" Zusammenhang zwischen Prüfungsgegenstand und Aufgabenstellung einer juristischen Hausarbeit und Klausur ist „von Natur aus" komplex. Er kann deshalb auf unterschiedlichste Weise gestaltet werden. Das soll nachfolgend das Beispiel einer vorlesungsbegleitenden bzw. -abschließenden Hausarbeit zum Vertragsrecht im Vergleich mit der soeben besprochenen „Fortgeschrittenenklausur" deutlich machen:

15 **Sachverhalt 2:** Der bekannte Schauspieler M möchte für sich und seine Familie eine größere Wohnung mieten, nachdem seine Frau das dritte Kind geboren hat. Er hat zwar vor, sich auch irgendwann eine eigene Immobilie anzuschaffen, kann sich jedoch nicht entscheiden, ob er sich auf Dauer lieber in Hamburg oder in München niederlassen will, so dass ihm eine Mietwohnung zum derzeitigen Augenblick sehr praktisch erscheint. Ein eigenes Haus will er sich erst in einigen Jahren kaufen. Nach längerer Suche findet er eine schöne Altbauwohnung in Zentrumsnähe in Hamburg mit 200 qm Wohnfläche sowie einer schönen Terrasse, die von dem Vermieter V über den Makler X angeboten wird. M verhandelt mit X und V und einigt sich auf einen Mietvertrag, den M und V nach Rückkehr von V von einem zweimonatigen Auslandsaufenthalt schriftlich abschließen wollen. Der Vertrag soll auf fünf Jahre fest zu einem monatlichen Mietpreis von 1.500 Euro abgeschlossen werden. Darüber hinaus soll M ein Depot in Höhe von drei Monatsmieten auf ein Sparkonto einzahlen. X verlangt für seine Dienste drei Monatsmieten, also 4.500 Euro.

Zu den Verhandlungen hat M seine älteste Tochter T (sechs Jahre alt) mitgebracht. Nachdem V sie noch einmal durch die Wohnung geführt hat, damit T sich ihr neues großes Spielzimmer genau ansehen konnte, verlassen alle zusammen die Wohnung im 2. Stock. Im Treppenhaus hält sich T an dem etwas morschen Treppengeländer fest, welches V schon lange hatte erneuern wollen. Plötzlich gibt es ein lautes Krachen und das Geländer bricht. T fällt die Treppe hinunter und bricht sich hierbei einen Arm.
Damit der Umzug von M und seiner Familie möglichst zügig erfolgen kann, ist V einverstanden, dass M bereits während seiner Abwesenheit die Wohnung renovieren kann. Zu diesem Zweck händigt V dem M einen Wohnungsschlüssel aus, damit dieser Zugang zur Wohnung hat. V begibt sich anschließend auf seine Auslandsreise. M beauftragt nunmehr Maler G damit, die alten Tapeten in der Wohnung zu entfernen und neue Glasfasertapeten mit einem weißen Anstrich anzubringen. Darüber hinaus soll G alle Holztüren streichen und lackieren. G erklärt sich auch bereit, den Parkettfußboden neu zu versiegeln. Für diese Arbeiten benötigt G zusammen mit zwei Gehilfen sechs Wochen. G verlangt für seine Arbeiten insgesamt 30.000 Euro. Nach Abschluss der Malerarbeiten von G stellt M zu seinem Entsetzen fest, dass alle Tapeten offensichtlich mit einem falschen Kleber verklebt worden sind und sich von der Wand lösen. Des Weiteren entstehen durch die Verbindung mit dem Kleber und der verwendeten Farbe Bläschen und Verfärbungen. Die Türlackierung sowie die Bodenversiegelung sind in Ordnung, allerdings haben die beiden Gehilfen von G im Rahmen ihrer Arbeit Schäden an zwei hochwertigen Einbauschränken in den Schlafzimmern verursacht. Nachdem V nunmehr von seiner Auslandreise zurückgekehrt ist, ist er über den Zustand seiner Wohnung äußerst verärgert. Er erklärt M, dass er auf keinen Fall den Mietvertrag unterschreiben werde. M habe auch den ursprünglichen Zustand der Wohnung wiederherzustellen. Hierfür ist ein Aufwand in Höhe von 15.000 Euro erforderlich. Außerdem würde die Instandsetzung der beschädigten Schränke nochmals 3.000 Euro betragen. Des Weiteren macht V drei Monate Mietausfall geltend. Dabei beruft er sich darauf, dass er die Wohnung in diesem ursprünglichen Zustand bereits vor seiner Abreise an einen anderen Interessenten hätte vermieten können, dieses aber aufgrund des Vertrauens, dass er in M gesetzt habe, nicht getan hätte.
M, der nun schon ohnehin so viel Ärger hat, traut seinen Augen nicht, als er im Zeitungskiosk die Illustrierte „Promis Aktuell" des Verlegers P sieht. Auf der Titelseite steht: „Ehekrach bei Familie M". In der Zeitung findet sich dann auf Seite 5 ein Interview mit M und seiner Frau F, was jedoch niemals stattgefunden hat. Hierin erklärt M, dass er sich von seiner Frau trennen wollte und daher auch die neue Wohnung nicht beziehen werde. Zudem enthält der Artikel ein Foto von M und einer Schauspielerin Y, unterlegt mit einem roten Herzen. Bei dem Bild handelt es sich eindeutig um eine Fotomontage. Darunter findet sich der Satz:
„M und Y, – das neue Paar!" M ist hierüber mehr als verärgert. Zudem klingelt nun sein Telefon pausenlos, da andere Reporter ebenfalls ein Interview mit ihm wünschen.

Es ist wie im *Sachverhalt 1*: Dass auch der *Sachverhalt 2* voller rechtlicher Probleme steckt, ist schon auf den ersten Blick erkennbar. Um was es geht, deutet sich zumindest teilweise schon nach der Rückkehr von V aus dem Ausland an. Aber es ist auch klar, dass nicht nur die rechtlichen Interessen von V zur Debatte stehen. Was genau den im Rahmen der Hausarbeit zu bearbeitenden Rechtsfall ausmacht, darüber gibt eine Reihe von Fallfragen Auskunft. Bearbeitungshinweise formaler Art runden die Aufgabenstellung der Hausarbeit ab:

Fallfrage(n) 2:
1. Welche Ansprüche hat G gegen M und V?
2. Welche Ansprüche hat V gegen M und G?
3. Welche Ansprüche hat M bzw. T gegen V bezüglich der Arztkosten?

4. Welche Ansprüche kann M gegen G sowie dessen Gehilfen geltend machen?
5. Kann X seine Maklercourtage von M fordern?
6. Welche Ansprüche hat M gegen P bezüglich des Interviews?

Bearbeitungshinweis 2: Die Hausarbeit ist bis zum ………. am Lehrstuhl X (Gebäude Y, Zimmer Z) abzugeben. Im Fall der Postwegverschickung hat dies per Einschreiben mit Poststempel zu erfolgen. Formalien für die Anfertigung einer Hausarbeit können u. a. auch den Hinweisen auf der Homepage von ……….. unter ……… entnommen werden. Der Umfang des Gutachtens ist auf 30 Seiten zu beschränken; 1,5-zeilig; 1/3 Rand; 12er Schriftgröße Textteil; 10er Schriftgröße im Fußnotenteil in Times New Roman.

II. Beispiele für Sachverhalte und Aufgabenstellungen aus dem Strafrecht

18 Naturgemäß betreffen konkrete Lebenssachverhalte, die im **Rechtsbereich des Strafrechts** den Prüfungsgegenstand einer Hausarbeit oder Klausur bilden, nicht irgendwelche Erfüllungs- oder Schadensersatzansprüche oder Fragen der Vertragsgestaltung, des Rücktritts vom Vertrag oder der Herausgabe von Sachen etc., sondern Fragen der Strafbarkeit eines oder mehrerer Täter oder sonstiger Tatbeteiligter. Doch auch im Bereich des Strafrechts gilt, dass erst die konkrete Aufgabenstellung mit ihrem Kernstück, der(n) Fallfrage(n), vorgibt, was als Rechtsfall in einer Strafrechtshausarbeit oder -klausur zu bearbeiten ist.

19 **Sachverhalt 3:** A ist Geschäftsführer der Planbau-GmbH, einer Bauträgergesellschaft, die Hausgrund mit aufstehenden Gebäuden verkauft. Wegen schleppender Kundenzahlungen gerät die Planbau-GmbH in Liquiditätsschwierigkeiten. Im Mai des Jahres 2020 ist die von der Sparkasse Y eingeräumte Kreditlinie bei weitem überschritten. A sucht daraufhin den Abteilungsleiter L der Sparkasse Y auf, um ein weiteres Darlehen zu erhalten. A beabsichtigt von Anfang an, das Darlehen für Kapitalanlagen zugunsten der Planbau-GmbH zu nutzen. Er will mit Hilfe der erwarteten Gewinne aufgelaufene Handwerkerforderungen begleichen. Nach zähem Verhandlungsmarathon räumt der L dem A/der Planbau-GmbH – ein letztes Mal, wie er betont – einen weiteren Kredit ein. Der von A und L unterzeichnete Darlehensvertrag sieht ausdrücklich vor, dass das Darlehen zur Bezahlung von Handwerkerforderungen betr. bestimmte, schon fertiggestellte und verkaufte Häuser verwendet werden soll. Nach Auszahlung des Darlehens verfährt A jedoch so, wie von Anfang an beabsichtigt. Wider Erwarten erreicht A bei den betroffenen Handwerkern großzügige Stundungen, die ihn in die Lage versetzen, nach und nach unter Verwendung der Gewinne aus den darlehensfinanzierten Kapitalanlagen die Handwerkerforderungen zu begleichen. Wenig später gelingt sogar noch eine wirtschaftliche Erholung der GmbH.

20 Nur höchst selten geht es so glimpflich ab wie im *Sachverhalt 3*. Also: Ende gut – alles gut, oder doch eher nicht? Angesichts des wirtschaftlich allseits zufriedenstellenden Agierens des anlage- und damit ja auch risikofreudigen Geschäftsführers der Planbau-GmbH fragt man sich unwillkürlich, ob und in welcher Weise dem Verhalten des A überhaupt noch strafrechtliche Relevanz zukommt. Und diese Zweifel drücken sich auch in der Aufgabenstellung (Fallfrage) aus:

21 **Fallfrage(n) 3:** Hat sich A strafbar gemacht?
Bearbeitungshinweis 3: Insolvenzdelikte und Straftatbestände nach dem GmbHG sind nicht zu prüfen.

Der „stoffbegrenzende" *Bearbeitungshinweis 3*, der sich wie im Kontext mit dem *Bearbeitungshinweis 1* als Bestandteil der Aufgabenstellung versteht, reduziert nicht nur den Umfang der Fallbearbeitung, sondern bestimmt auch den Gegenstand der geforderten Fallprüfung: Ersichtlich ist die zunächst allumfassende *Fallfrage(n) 3* auf die Prüfung etwaiger Vermögensstraftaten des A zu konkretisieren. Mit dieser Maßgabe weist der zu bearbeitende Rechtsfall – bei ihm handelt es sich um Prüfungsgegenstand und Aufgabenstellung einer Klausur im Rahmen einer „Übung im Strafrecht für Anfänger" – einen mittleren Schwierigkeitsgrad auf. Modifiziert trifft das auch für die folgende Hausarbeit aus einer „Übung im Strafrecht für Fortgeschrittene" zu:

Sachverhalt 4: Der Bauunternehmer U und der bei der Bauaufsichtsbehörde beschäftigte B kennen sich seit ihrer Schulzeit und sind langjährige Freunde. Bei einem gemeinsamen Abendessen berichtete U dem B von seinem Vorhaben: Aufgrund der recht schwierigen Situation im Baugewerbe – insbesondere wegen zahlungsunfähiger Kunden – will sich U auf ein eher reiches Publikum spezialisieren, indem er Luxusvillen anbietet. B war von dem Vorhaben beeindruckt, machte U aber darauf aufmerksam, dass auf den von diesem bereits erworbenen Grundstücken nach den gegenwärtigen Bauvorschriften nur „ganz normale" Einfamilienhäuser gebaut werden dürfen. U entgegnet daraufhin, dass er dies zwar wisse, jedoch auf B zähle. Immerhin hätte U dem B bisher häufig finanziell unter die Arme gegriffen und bei dem Bau des Hauses für den Sohn von B würde U einen sehr großzügigen Preisnachlass gewähren. B ärgerte sich sehr darüber, dass U von ihm verlangte, etwas Unrechtes zu tun. Nachdem U jedoch länger auf ihn eingeredet hatte, erklärte sich B zum Schein bereit, die von U begehrten Baugenehmigungen zu erteilen.
Die wirtschaftlichen Schwierigkeiten des Unternehmens wurden jedoch immer größer, so dass sich der Plan des U zerschlug und die Baugenehmigungen für die Villen nicht beantragt wurden.
Um steuermindernde Betriebsausgaben geltend zu machen, kam U auf die Idee, am Jahresende bei der Steuererklärung private Restaurantbesuche als Geschäftsessen und viel zu hohe Ausgaben für Baumaterial anzugeben. Er wies deshalb seinen für die Buchhaltung zuständigen Angestellten A an, neben anderen Beträgen zusätzlich für ein Geschäftsessen 200,00 Euro und für getätigte Einkäufe 5.000,00 Euro in der Erklärung zu berücksichtigen. U sagte, dass er die Quittungen nicht finden könne, das Finanzamt aber bisher nie Belege gefordert habe. Da U schon sehr häufig Rechnungen verlegt hatte, wurde A auch nicht misstrauisch und trug die Beträge in die Erklärung mit ein.
Der die Steuererklärung bearbeitende Finanzbeamte forderte das Unternehmen U jedoch in diesem Jahr zur Vorlage sämtlicher Belege auf. U füllte deshalb die Rückseite (Tag, Ort und Anlass der Bewirtung, bewirtete Personen sowie Unterschrift) der bei den privaten Restaurantbesuchen gesammelten Rechnungen aus. Als bewirtete Personen gab er die Namen von Mitarbeitern des städtischen Tiefbauamtes an, die er zuvor aus dem Telefonbuch der Stadtverwaltung ermittelt hatte. Mit diesen Mitarbeitern hatten jedoch keine Treffen stattgefunden. U kannte sie nicht einmal. Er ging aber davon aus, dass sich beim Finanzamt niemand die Mühe machen würde, bei den Mitarbeitern nachzufragen, ob tatsächlich ein Geschäftsessen stattgefunden hatte. Auch kam U der Gedanke, dass die Mitarbeiter des Tiefbauamtes Schwierigkeiten bekommen könnten, überhaupt nicht. Außerdem stellte U Rechnungen aus, die angeblich an sein Bauunternehmen gerichtet waren. Dazu kopierte er den Briefkopf des Lieferanten, von dem er sein Baumaterial größtenteils bezog. Anschließend trug er auf das Blatt mit dem kopierten Briefkopf, der nicht vom Original zu unterscheiden war, mehrere Rechnungspositionen ein.
Diese Belege gab er dem A zur Weiterleitung an das Finanzamt mit dem Hinweis, dass er sie nach langem Suchen doch noch gefunden hätte. Er war davon überzeugt,

dass A die Manipulationen nicht bemerken würde. A erkannte jedoch, dass die Rechnungen für Baumaterialien nicht von dem Lieferanten stammten und ging deshalb auch davon aus, dass die Restaurantrechnungen ebenfalls nicht von Geschäftsessen stammten. Dass es sich bei den angegebenen Personen um Mitarbeiter des Tiefbauamtes handelte, erkannte er jedoch nicht. A nahm an, dass es sich um keine existierenden Personen handelte, sondern U sich die Namen ausgedacht hatte. Da er aber aufgrund der schlechten Auftragslage in der Vergangenheit um die Existenz des Unternehmens, damit verbunden auch um seinen Arbeitsplatz fürchtete und in der Vorlage der gefälschten Rechnungen eine geschickte Steuersparmaßnahme sah, schickte er trotzdem alle Belege an das Finanzamt.

Im Finanzamt wurden die Manipulationen nicht bemerkt. Aufgrund der Betriebsausgaben wurde für das Unternehmen des U eine geringe Steuer festgesetzt, so dass die vierteljährlichen Vorauszahlungen des Unternehmens an das Finanzamt zu hoch waren und der zu viel gezahlte Betrag wieder ausgezahlt wurde.

24 Auch ohne Kenntnis der auf den *Sachverhalt 4* bezogenen Aufgabenstellung fällt im Vergleich zum *Sachverhalt 3* ein wesentlicher Unterschied sofort ins Auge: Während im *Sachverhalt 3* die Strafbarkeitsfrage von vornherein nur eine einzige Person, nämlich A betrifft, sind es im *Sachverhalt 4* (zumindest) drei Personen, und zwar B, U und A, deren Verhalten strafrechtlich von Bedeutung sein kann, jedenfalls aber dazu veranlasst, über die etwaige Strafbarkeit der drei Personen nachzudenken. Dem trägt die Aufgabenstellung wie folgt Rechnung:

25 **Fallfrage(n) 4:** Wie haben sich die Beteiligten strafbar gemacht?
Bearbeitungshinweis 4: Tatbestände nach der AO sind nicht zu prüfen.

III. Beispiele für Sachverhalte und Aufgabenstellungen aus dem öffentlichen Recht

26 Unter dem „Dach" des **öffentlichen Rechts** (im Gegensatz zum Privatrecht/Zivilrecht; das Strafrecht nimmt eine „unselbstständige Mittelstellung" zwischen dem Privatrecht und öffentlichen Recht ein: Historisch gewachsen ist seine Zugehörigkeit zur sog. ordentlichen Gerichtsbarkeit, in der Sache spricht vieles dafür, es in einem weiteren Sinne dem öffentlichen Recht zuzuweisen) findet sich eine Fülle öffentlich-rechtlicher Einzelrechtsgebiete. Dazu zählt das Verfassungsrecht jedweder Art, das allgemeine und das besondere Verwaltungsrecht wie etwa das Gemeinderecht, Polizeirecht, Beamtenrecht, Hochschulrecht, Bauordnungs- und Bauplanungsrecht etc. Entsprechend vielgestaltig können die Prüfungsgegenstände und Aufgabenstellungen von öffentlich-rechtlichen Hausarbeiten und Klausuren ausfallen. Und wie im Zivil- und Strafrecht bestimmt auch im öffentlichen Recht die Eigenart des jeweiligen Einzelrechtsgebiets die inhaltliche Ausrichtung des zu bearbeitenden Rechtsfalls.

27 **Sachverhalt 5:** S ist Eigentümerin eines Grundstückes in der kreisangehörigen Gemeinde T im Landkreis Z. Das Grundstück ist zwar vollständig erschlossen, liegt aber im Außenbereich am Rande des Bebauungsplans „B", der ein allgemeines Wohngebiet festsetzt. Um ihr Grundstück mit einem Einfamilienhaus bebauen zu können, beantragt S bei der Gemeinde T, das Grundstück in den Geltungsbereich dieses Bebauungsplans einzubeziehen. Der Gemeinderat von T hat dagegen grundsätzlich keine Bedenken, ist aber auf Gerechtigkeit bedacht: Denn bei der Erschließung des Baugebietes „B" hatten alle Grundstückseigentümer im Plangebiet Erschließungsbeiträge entrichten müssen. Dazu kann S nach Einbeziehung ihres Grundstücks aus Rechtsgründen nicht mehr herangezogen werden. Nach Ansicht des Gemeinderats wäre es aber unbillig, wenn S „kostenlos" in den Genuss öffentlicher Straßen und anderer Erschließungsanlagen käme. Daher fasst der Gemeinderat über die Einbeziehung des Grundstücks der S in den Bebauungsplan „B" ordnungsgemäß Beschluss, weist den ersten Bürgermeister jedoch an, die Änderungssatzung erst auszufertigen, wenn S einen Ausgleichsbetrag in Höhe von 8.000,00 Euro an die Gemeindekasse entrichtet hat. Dieser Betrag entspricht demjenigen, der sich ergeben hätte, wenn das Grundstück der S seinerzeit mit einem Erschließungsbeitrag belastet worden wäre.

Vor diesem Hintergrund kommt es zwischen S und der Gemeinde T zum Abschluss einer schriftlichen Vereinbarung, in der sich S zur Zahlung von 8.000,00 Euro verpflichtet. Dieser Betrag soll – so wird in der Vereinbarung festgelegt – für die Instandsetzung der Kinderspielplätze im Gemeindegebiet verwendet werden.

Als S die 8.000,00 Euro an die Gemeinde T überwiesen hat und der geänderte Bebauungsplan in Kraft getreten ist, wird der S die beantragte Genehmigung zur Errichtung des Einfamilienhauses erteilt. Vier Wochen nach Fertigstellung und Einzug in ihr Eigenheim fordert S den Betrag von 8.000,00 Euro von der Gemeinde T zurück: Die zugrunde liegende Vereinbarung sei nichtig, weil die Gemeinde eine solche „Gegenleistung" nicht habe fordern dürfen. Dabei weist S – rechtlich zutreffend – darauf hin, dass die Kosten, welche die Gemeinde am Erschließungsaufwand zu tragen hatte, gleich hoch gewesen wären, wenn sich das Grundstück der S zum Zeitpunkt der Erschließung bereits im Plangebiet befunden hätte. Die Gemeinde T verweigert die Rückzahlung und bringt vor: Selbst wenn die Vereinbarung unwirksam sei, stehe der Grundsatz von Treu und Glauben einer Rückforderung entgegen, da die Leistung der Gemeinde – die Verschaffung eines Baurechts – nicht mehr rückabgewickelt werden könne. Im Übrigen sei der Betrag von 8.000,00 Euro zwischenzeitlich vollständig für Instandsetzungsmaßnahmen auf Kinderspielplätzen verwendet worden. Daraufhin erhebt S Klage zum zuständigen Verwaltungsgericht.

Nicht von ungefähr fühlt man sich beim *Sachverhalt 5* an die Sachverhaltsbeispiele aus dem Zivilrecht erinnert: auch im *Sachverhalt 5* – es geht bei ihm um den Prüfungsgegenstand einer öffentlich-rechtlichen Übungsklausur (vgl. dazu *Gröpl*, Klausur aus dem Verwaltungsrecht: „Baurecht gegen Vorkasse", JURA 2003, 778 ff.) – steht u. a. ein Vertrag, nämlich ggf. ein öffentlich-rechtlicher Vertrag bzw. dessen Unwirksamkeit im Mittelpunkt des Interesses. Fragen nach den Folgen einer etwaigen Unwirksamkeit oder Nichtigkeit vertraglicher Vereinbarungen zwischen Bürgerin (S) und Staat (T) drängen sich auf. Zudem ist im Schlussabsatz des Sachverhaltstextes die Aufgabenstellung in Gestalt einer Rückzahlungsforderung der S bereits angedeutet:

Fallfrage(n) 5: Wie wird das Verwaltungsgericht entscheiden?
Bearbeitungshinweis 5: Es ist davon auszugehen, dass die vorliegende Vereinbarung nicht unter § 11 Abs. 1 S. 2 BauGB fällt und dass die erschließungsbeitragsrechtliche Beurteilung im Sachverhalt zutreffend ist.

Lapidare Fallfragen wie im Beispiel der *Fallfrage(n) 5* sind für die Aufgabenstellung öffentlich-rechtlicher Hausarbeiten und Klausuren durchaus gang und gäbe (Bisweilen findet sich mit der Frage „Wie ist die Rechtslage" in der Aufgabenstellung zivilrechtlicher und mit der Fallfrage „Haben sich die Beteiligten strafbar gemacht" in der Aufgabenstellung strafrechtlicher Hausarbeiten und Klausuren etwas Ähnliches.). Fast immer enthält dann aber der Sachverhalt wie im Beispielsfall im Schlussabsatz des *Sachverhalts 5* eine Reihe von Hinweisen, die im Zusammenhang mit der kurz und bündig formulierten Fallfrage deren wahre inhaltliche Reichweite und Bedeutung bestimmen. Man muss daher oftmals die „eigentliche(n)" Fallfrage(n) erst noch ermitteln (vgl. dazu sogleich unter C. I.).

31 Dies gilt auch für die Aufgabenstellung zum

Sachverhalt 6: In der Fußgängerzone der Stadt S findet seit etwa 20 Jahren der sog. „Kartoffelmarkt" statt. Der gleichnamige Platz ist ein öffentlicher Platz, für dessen Benutzung zu Verkaufstätigkeiten die S Sondernutzungserlaubnisse erteilt. Die Verteilung der insgesamt elf Standplätze erfolgt nach Maßgabe der vom Stadtrat ordnungsgemäß beschlossenen „Richtlinien zur Verteilung der Standplätze auf dem Kartoffelmarkt". Demnach werden die elf Standplätze an drei Gruppen von Beschickern vergeben: „Stammbeschicker", „bekannte und bewährte Beschicker" sowie „sonstige Beschicker". Der Gruppe der Stammbeschicker stehen drei Plätze, der Gruppe der bekannten und bewährten Beschicker sechs Plätze und der Gruppe der sonstigen Beschicker zwei Plätze zur Verfügung. Innerhalb jeder Beschickergruppe wird die Beschickerliste durch das Los erstellt. Die Plätze selbst werden rollierend wochenweise vergeben. Die Vergabe der Standplätze erfolgt halbjährlich jeweils zum 1. Dezember für das erste Halbjahr und zum 1. Juni für das zweite Halbjahr.

Der auswärtige Händler H beantragt mit Schreiben vom 27. April 2020 die Erteilung einer Sondernutzungserlaubnis „zum Anbieten und Verkaufen von Waren auf dem Kartoffelmarkt" für die Termine im zweiten Halbjahr 2020. Mit einem weiteren Schreiben vom 11. Mai 2020 verlangt er überdies, bei der nächsten Auslosung als Stammbeschicker berücksichtigt zu werden, da er sich – was zutrifft – seit dreizehn Jahren um einen Standplatz bewerbe. Mit Bescheid vom 25. Mai 2020 wird H als „sonstiger Beschicker" für das zweite Halbjahr 2020 eine Sondernutzungserlaubnis für die 42. Kalenderwoche (12. bis 15. Oktober 2020) erteilt. Der Antrag vom 11. Mai 2020 wird hingegen mit Bescheid vom 29. Mai 2020 abgelehnt, da nach den Richtlinien ein Stammbeschicker seit mehr als vierzehn Jahren regelmäßig auf dem Kartoffelmarkt Handel getrieben haben muss.

Der empörte H erhebt sogleich Klage gegen den Bescheid vom 25. Mai 2020, soweit ihm lediglich eine Sondernutzungserlaubnis für die 42. Kalenderwoche erteilt worden ist. In der Klageschrift rügt sein Prozessbevollmächtigter, Rechtsanwalt R (der zugleich Mitglied des Gemeinderats ist) insbesondere, dass die Vergabe der Standplätze nach fehlerhaften Kriterien erfolge. Der Aspekt „bekannt und bewährt" sei eine bei der Entscheidung über eine Sondernutzungserlaubnis unzulässige Erwägung und dürfe demnach nicht berücksichtigt werden. Demgegenüber macht die Klageerwiderung geltend, die Klage sei schon deshalb unzulässig, weil H aufgrund kommunalrechtlicher Vorgaben nicht ordnungsgemäß vertreten sei. Darüber hinaus stehe aufgrund des Bescheides vom 29. Mai 2020 bereits fest, dass H nicht als Stammbeschicker zu behandeln sei. Im Übrigen sei die Klage auch unbegründet, da die Vergabe der Standplätze nach zulässigen und sachgerechten Kriterien erfolge.

32 Ähnlich wie im vorhergehenden Sachverhaltsbeispiel ergibt sich für den *Sachverhalt 6* die zugehörige Fallfrage nach dem Schlussabsatz des Sachverhaltstexts „wie von selbst":

33 **Fallfrage(n) 6:** Hat die Klage Aussicht auf Erfolg?

34 Und ebenso wie im *Sachverhalt 5* liefert auch im *Sachverhalt 6* – es handelt sich um den Prüfungsgegenstand einer im Rahmen eines Examensklausurenkurses ausgegebenen Klausur (vgl. dazu *Mückl*, Examensklausur öffentliches Recht: Der Stand auf dem Kartoffelmarkt, JURA 2002, 627 ff.) – insbesondere der Schlussabsatz das an Hinweisen, was zur Erfassung der „eigentlichen" Fallfrage(n) erforderlich ist (zur Auswertung von Bearbeitervermerken, Bearbeitungshinweisen und Fallfragen vgl. anschließend C. I.).

IV. Zusammenfassung

Um der begrifflichen Klarheit willen empfiehlt es sich, zwischen dem *Prüfungsgegenstand* und der *Aufgabenstellung* einer juristischen Hausarbeit und/oder Klausur zu unterscheiden. Prüfungsgegenstand ist ein konkreter Lebenssachverhalt, kurz: der *Sachverhalt*. Mit ihm sachlich eng verknüpft ist die Aufgabenstellung. Und erst die enge sachliche Verzahnung des Sachverhalts mit der Aufgabenstellung produziert das, was in einer juristischen Klausur oder Hausarbeit zu bearbeiten ist: den *Rechtsfall*.

Der wohl wichtigste Bestandteil der Aufgabenstellung ist (sind) die Fallfrage(n). Daneben enthält sie „Bearbeiter- bzw. Bearbeitungshinweise" oder auch „Hinweise zur Bearbeitung", die u. a. den Umfang der geforderten Fallprüfung inhaltlich/materiellrechtlich und formal genauer bestimmen und begrenzen (können). Je nach Rechtsgebiet – Zivilrecht, Strafrecht, öffentliches Recht – variieren die Fallfragen nach Art und Fragerichtung/-ziel:

Für zivilrechtliche Rechtsfälle typische Fallfragen etwa sind darauf gerichtet, schuld-, sachen-, familien- und/oder erbrechtliche etc. Ansprüche auf das Vorliegen ihrer Voraussetzungen und ihre Durchsetzbarkeit zu (über)prüfen. Je nach Anzahl der im konkreten Lebenssachverhalt auftretenden Personen kann es sich dabei um Kaufpreis-, Werklohn-, Herausgabe- oder Besitzansprüche etc. von einzelnen oder mehreren Personen (Anspruchstellern) in Zwei- oder Mehrpersonenverhältnissen handeln (näher dazu Zweiter Teil, B. II.).

Bei der Bearbeitung von Strafrechtsfällen geht es stets darum, die Strafbarkeit der im Sachverhalt handelnden (oder pflichtwidrig unterlassenden) Personen in ihrer Rolle als Täter oder sonstige Tatbeteiligte zu überprüfen und festzustellen. Dementsprechend wird in der Aufgabenstellung zumeist nach der Strafbarkeit eines Täters oder mehrerer Tatbeteiligter (Täter und oder Teilnehmer i. e. S.) gefragt. Die für Strafrechtsfälle charakteristischen Fallfragen lauten deshalb: „Hat sich A strafbar gemacht?" oder „Haben sich A, B, C und D strafbar gemacht?" oder „Wie haben sich die Beteiligten strafbar gemacht?" oder – wenn konkret nach Personen und gesetzlichen Straftatbeständen gefragt ist – „Hat sich A wegen Betruges gem. § 263 StGB strafbar gemacht?" etc. (näher dazu Zweiter Teil, C. I. u. II.).

Was schließlich die Fallfragen in Rechtsfällen auf dem(n) Gebiet(en) des öffentlichen Rechts betrifft, ist für sie charakteristisch, dass fast immer nach der verfassungs- oder verwaltungsrechtlichen Unbedenklichkeit oder Rechtswidrigkeit eines Gesetzes, einer Rechtsverordnung, einer behördlichen Maßnahme oder Entscheidung etc. gefragt und diese Fragestellung mit der Frage nach der Zulässigkeit und/oder Begründetheit einer verwaltungsrechtlichen Klage oder Verfassungsbeschwerde etc. verquickt ist. Eingekleidet sind derlei konkrete, häufig erst noch aus der gesamten Aufgabenstellung heraus zu erarbeitende Fallfragen (vgl. dazu Erster Teil, C. I.) in allgemein gehaltene Fragen wie „Hat die Klage (gemeint ist eine Anfechtungs- oder Verpflichtungsklage etc.) Aussicht auf Erfolg?" oder „Wie wird das Verwaltungsgericht entscheiden?" oder „Erfolgsaussichten der Verfassungsbeschwerde?" etc. (näher dazu Zweiter Teil, D. I.).

C. Methodik der Fallbearbeitung

I. Die Fallfrage – nicht mehr, aber auch nicht weniger

Über die Sachrichtigkeit einer Falllösung und damit über die Güte einer juristischen Hausarbeit oder Klausur entscheidet zuallererst das korrekte Verständnis des (wechselbezüglichen) Zusammenhangs zwischen konkretem Lebenssachverhalt und zugehöriger

Aufgabenstellung. Um den zu bearbeitenden Rechtsfall (korrekt) verstehen zu können, ist dementsprechend zweierlei erforderlich: die sachgerechte Auswertung der Aufgabenstellung und das unter dem Blickwinkel der ausgewerteten Aufgabenstellung zutreffende Erfassen des Sachverhalts. Beides hängt zwar eng miteinander zusammen und geht im Verstehen des Rechtsfalls – häufig unreflektiert – ineinander über, beides lässt sich aber im Sinne einer notwendigen **Methodik der Fallbearbeitung** formal und sachgedanklich voneinander trennen.

1. Sachgerechtes Erfassen der Aufgabenstellung

41 Was die **Auswertung der Aufgabenstellung** anbelangt (zur Arbeit am und mit dem Sachverhalt anschließend unter II.), geht es vornehmlich und zunächst darum, sich über die „wahre" Aufgabenstellung zu vergewissern. Es kommt darauf an festzustellen, wie denn die „eigentliche" Aufgabenstellung beschaffen ist. Bei diesem ersten Arbeitsgang zur Fallbearbeitung kann man gar nicht sorgfältig genug vorgehen, denn es handelt sich dabei – auch wenn das Empfinden dafür bisweilen verloren geht – um eine maßgebliche, wenn nicht sogar entscheidende Weichenstellung für die spätere Falllösung. Das mag dramatisch und übertrieben klingen; die Erfahrung lehrt jedoch, dass eine beachtliche Zahl juristischer Hausarbeiten und Klausuren schon deshalb nicht wie erhofft und erwartet bewertet werden kann, weil sie bereits die Aufgabenstellung (vollständig oder auch nur teilweise) verfehlt.

42 Die Gründe für das Verfehlen oder Verkennen der Aufgabenstellung sind so zahlreich und so vielfältig, dass sie sich einer auch nur annähernd abschließenden Aufzählung und Benennung entziehen. Sie können im individuell-persönlichen Bereich des jeweiligen Hausarbeits- und Klausurverfassers liegen, können aus objektiv bestehendem oder subjektiv erlebtem Zeitdruck verbunden mit Stressoren der Prüfungssituation resultieren, und sie können sich aus der textlichen Abfassung von Sachverhalt nebst Aufgabenstellung etc. ergeben.

43 a) **Fehlerquellen.** Gleichwohl lassen sich zumindest **zwei** häufig vorkommende **Fehlerquellen** bei der Auswertung von Aufgabenstellungen beschreiben. Zum einen führt die flüchtige Erstbefassung mit dem ausgegebenen Sachverhaltstext oftmals dazu, sich schon vor Kenntnisnahme von der tatsächlichen Aufgabenstellung wie von selbst – quasi intuitiv – mit durchaus denkbaren (Fall)Fragen auseinander zu setzen. Damit wächst die Gefahr, dass sich das, was man sich als „ad hoc-erfasste" Aufgabenstellung vorgestellt hat, gedanklich als (vermeintlich) tatsächlich gestellte Aufgabe festsetzt. Die Folge ist zumeist, dass die tatsächlich gestellte Aufgabe nicht mehr unvoreingenommen und mit der nötigen Distanz zum Sachverhalt zur Kenntnis genommen werden kann. Das wiederum kann zu manchmal nur sehr schwer korrigierbaren Missverständnissen und interpretativen Verzerrungen bei der Wahrnehmung des „wirklichen" Aufgabentextes führen. Sogar „erfahrene" Hausarbeits- und Klausurverfasser bestätigen immer wieder, dass ihnen derartige Fehldeutungen der „wahren" Aufgabenstellung unterlaufen, und sie diese falsche „Weichenstellung" erst viel später (nicht selten: zu spät) im Zuge der weiteren Fallbearbeitung bemerken. Mit der dann fälligen Umstellung und inhaltlichen Abänderung im Ablauf der Fallbearbeitung geht wertvolle Zeit verloren, die entstehende Zeitnot selbst ist weiterer Quellgrund für noch mehr Bearbeitungsfehler. Wer also den Sachverhaltstext einer Hausarbeit oder Klausur in aufgeregter Neugier „diagonal" überliest (und wer verhält sich in der Prüfungssituation einer juristischen Hausarbeit oder Klausur anders?), tut gut daran, sich vor Befassung mit der tatsächlich gestellten Aufgabe ganz bewusst und diszipliniert von den Vorprägungen des überflogenen Sachverhaltstextes zu distanzieren, um die „wahre" Aufgabenstellung unverfälscht erkennen zu können.

44 Immer wieder anzutreffen und dennoch kaum zu begreifen sind weitere, teilweise grotesk anmutende Fehler bei der Erfassung der Aufgabenstellung, die hier der Einfachheit halber und zur Verdeutlichung dessen, was gemeint ist, zusammenfassend als „selbstbestimmte Aufgabenstellung" charakterisiert werden sollen. Das Phänomen ist schnell umrissen: Obwohl die Aufgabenstellung klar und eindeutig formuliert ist und ohne weiteres ersichtlich ist, was und wonach gefragt ist, behandelt die Fallbearbeitung statt dessen Sachfragen, die in der Aufgabenstellung partout nicht vorkommen oder übergeht Fallfragen, die in der Aufgabenstellung ausdrücklich genannt sind. Entsprechendes gilt für stoffbegrenzende oder – was eher selten der Fall ist – stofferweiternde Bearbeitungsvermerke oder hinweise.

Wenn sich beispielsweise in der Aufgabenstellung als stoffbegrenzender Bearbeitungshinweis die Aufforderung findet, dass Tatbestände nach der AO (wie bei B. II., *Bearbeitungshinweis 4*) oder Insolvenzdelikte und Straftatbestände nach dem GmbHG (wie bei B. II., *Bearbeitungshinweis 3*) **nicht** zu prüfen sind, dann wäre es nicht nur ein formaler, sondern ebenso ein inhaltlicher Bearbeitungsfehler, die Fallbearbeitung entgegen der klaren Anweisung doch auf die Prüfung von Straftatbeständen der AO, des GmbHG oder des Insolvenzstrafrechts zu erstrecken, so reizvoll die Prüfung dieser Deliktsbereiche auch sein mag.

Dasselbe trifft für Aufgabenstellungen in zivilrechtlichen Klausuren und Hausarbeiten zu: Wenn ausdrücklich die Prüfung z. B. deliktsrechtlicher Ansprüche oder anderweitiger Ansprüche aus speziellen gesetzlichen Regelungen ausgeschlossen sein soll (vgl. bei B. I., *Bearbeitungshinweis 1*), wäre es verfehlt, trotz dieser unmissverständlichen Aufgabenbegrenzung schließlich – aus welchen Gründen auch immer – doch (noch) deliktsrechtliche Ansprüche etc. zu prüfen.

Und ähnlich verhält es sich bei öffentlich-rechtlichen Klausuren und Hausarbeiten. Als Beispiel dafür sei auf den *Bearbeitungshinweis 5* bei B. III. verwiesen: die im Hinweis enthaltenen rechtlichen Vorgaben auf ihren Richtigkeitsgehalt in der Fallbearbeitung (noch einmal) zu überprüfen, würde die Aufgabenstellung nicht nur verändern, sondern sie auch überfrachten.

Man soll sich als Klausur- oder Hausarbeitsverfasser/in nichts vormachen: Solcherlei Missachtungen stoffbestimmender und -begrenzender Bearbeitungshinweise sind nicht etwa nur „unschädlich", sondern ausgesprochen „falsch", ganz abgesehen davon, dass sie zumeist die Bearbeitung der „eigentlichen", „wahren" Aufgabenstellung belasten und beeinträchtigen und überdies mit weiteren „technischen" Hinweisen zur Fallbearbeitung (z. B. bei B I., *Bearbeitungshinweis 2*: Der Umfang des Gutachtens ist auf 30 Seiten zu beschränken) kollidieren (können).

b) **Besonderheiten in einzelnen Rechtsgebieten.** Ebenso wie die stoffbestimmenden bzw. -begrenzenden Bearbeitungshinweise ist auch das Kernstück der Aufgabenstellung juristischer Hausarbeiten und Klausuren, nämlich die sog. Fallfrage(n), nicht davor gefeit, verändert, verfälscht, ja sogar manipuliert oder auf sonstige Weise missachtet zu werden.

aa) **Strafrecht.** Als besonders anfällig für Bearbeitungsfehler erweisen sich in strafrechtlichen Hausarbeiten und Klausuren wechselnde oder konstante Tatbeteiligungen in unterschiedlichen, zusammenhängenden oder unabhängig nebeneinander bestehenden Sachverhalts- und Tatkomplexen. Sind es A, B und C, die im Sachverhaltstext als an der Tat auf irgendeine Weise beteiligte Personen auftreten, ist beispielsweise nicht nachvollziehbar, warum die Strafbarkeit des C geprüft wird, wenn ausdrücklich nur nach der Strafbarkeit von A und B gefragt ist. Ist nach der Strafbarkeit der Tatbeteiligten oder einfach nur der Beteiligten gefragt (vgl. bei B. II. *Fallfrage(n) 4*), wäre es verfehlt, die Strafbarkeitsprüfung nur für A oder B oder für A und B etc. durchzuführen; die etwaige

Strafbarkeit des C ist in diesem Falle unverzichtbarer Bestandteil der zur Aufgabe gestellten Fallprüfung selbst dann, wenn die Strafbarkeitsprüfung von A und C oder B und/oder A, B und C völlig sachidentisch wäre. Wie und insbesondere in welcher formalen Weise bei völliger Identität der Strafbarkeitsprüfung mehrerer tatbeteiligter Personen die Fallfrage(n) zu bearbeiten ist (sind), ob etwa A, B und C oder lediglich B und C etc. gemeinsam auf ihr strafbares Verhalten zu überprüfen sind (man erspart sich so unnötige wortwörtliche Wiederholungen), hängt ganz von der Tat und Tatbeteiligungscharakteristik des jeweiligen Einzelfalls ab.

51 Man wende nicht ein, bei alledem handele es sich um Banalitäten, Binsenweisheiten und Selbstverständlichkeiten. Wer sich schon einmal mit der Korrektur juristischer Hausarbeiten und Klausuren abgemüht hat, wird bestätigen, dass der nachlässige Umgang mit Fallfragen und die damit einhergehenden Bearbeitungsfehler, wie sie vorstehend nur aus Gründen verdeutlichender Exemplifizierung strukturell vereinfacht dargestellt worden sind, als eine Elementarsünde der juristischen Fallbearbeitung durchaus an der Tagesordnung ist.

52 **bb) Zivilrecht und öffentliches Recht.** Für die Aufgabenstellung zivilrechtlicher und öffentlich-rechtlicher Hausarbeiten und Klausuren gilt der Sache nach nichts anderes. Wenn beispielsweise im Sachverhalt der Abschluss eines Kaufvertrages mit anschließender Eigentumsverschaffung geschildert ist und sich bei Zwei- oder Mehrpersonenverhältnissen die Fallfrage konkret auf einen möglichen Kaufpreisanspruch des A gegenüber B bezieht, wäre es nicht nur unangebracht, sondern verfehlt, ergänzend einen denkbaren Übereignungsanspruch des B gegen A zu prüfen. Ist ganz allgemein danach gefragt, welche Ansprüche A gegen B oder B gegen A haben könnte, sind alle in Betracht kommenden Anspruchsgrundlagen zu prüfen; eine selbstbestimmte Reduzierung der Fallprüfung auf Kaufpreis- oder Übereignungsansprüche etc. entspräche nicht der Aufgabenstellung.

53 Genauso verhält es sich in öffentlich-rechtlichen Klausuren und Hausarbeiten. Ist konkret danach gefragt, ob eine bestimmte im Sachverhalt beschriebene Verwaltungsmaßnahme gegen ausdrücklich benannte gesetzliche Vorschriften verstößt, wäre es ein Bearbeitungsfehler mit „falscher Weichenstellung", das betreffende Verwaltungshandeln auf weitere Gesetzesverstöße zu überprüfen. Ist umgekehrt allgemein nach der Rechtmäßigkeit z. B. eines behördlichen Verwaltungsakts gefragt, erfordert die Fallbearbeitung eine Durchprüfung sämtlicher für die Rechtmäßigkeit bzw. Rechtswidrigkeit des Verwaltungsakts maßgebenden gesetzlichen Bestimmungen.

54 Man erleichtert sich die sachgetreue Umsetzung der Fallfragen in die Fallbearbeitung übrigens, wenn man sich im Kontext mit dem jeweiligen Sachverhalt klar macht, dass Fallfragen aus der Perspektive des Aufgabenstellers ein Steuerungsinstrument zur Bestimmung und Begrenzung von Inhalt und Umfang der erwarteten Fallbearbeitung darstellen. Dieses „funktionell-technische" Verständnis der Fallfrage(n) animiert oftmals dazu, die gestellten Fallfragen unbefangen und gerade deshalb in ihrem „wahren" Sachgehalt zu erfassen und bewahrt gleichermaßen vor einem Zuviel oder Zuwenig an Fallbearbeitung und -lösung (vgl. zum Ganzen auch *Wolff/Wiederrich*, JuS 2023, 711 ff., 712).

2. Von der abstrakten zur konkreten Fallfrage

55 Nicht immer sind in der Aufgabenstellung einer juristischen Hausarbeit oder Klausur die Fallfragen so konkret gefasst, dass auf Anhieb erkennbar wäre, wonach denn ganz genau gefragt ist. Manchmal sind es noch nicht einmal in Frageform gekleidete rechtliche Interessen oder Begehren, die – von im Sachverhalt auftretenden Personen geäußert – den Kern der Aufgabenstellung ausmachen. Zur Auswertung der Aufgabenstellung gehört in diesen Fällen stets, die „eigentliche" nicht mehr konkretisierungsbedürftige

Fragestellung selbst herauszuarbeiten. Die für eine seriöse und solide Fallbearbeitung und -lösung unverzichtbare eigene Erarbeitung ausreichend konkreter Fallfragen setzt allerdings eine bis ins Einzelne gehende Kenntnis des Sachverhalts und die Fähigkeit voraus, mit den darin enthaltenen tatsächlichen und rechtlichen Informationen sinnvoll umzugehen, sie insbesondere im Vorgang der Konkretisierung abstrakter Fallfragen authentisch umzusetzen und zu nutzen. Und ebenso erforderlich ist eine hinreichende Kenntnis des den Sachverhalt betreffenden materiellen Rechts (ggf. auch des einschlägigen Prozessrechts).

Als die inhaltlich weitgehendste und dementsprechend höchst abstrakte Fallfrage ist wohl die allgemeine Frage nach der Rechtslage („Wie ist die Rechtslage?", oder noch kürzer: „Rechtslage?") anzusehen. Sie erfordert im Rahmen der Fallbearbeitung eine – freilich strikt sachverhaltsbezogene und -begrenzte – Analyse und Erörterung aller dem Zivilrecht, Strafrecht oder öffentlichen Recht zugehörigen rechtlichen Konstellationen und Gegebenheiten. Methodisch bedeutet das nichts anderes, als die allgemeine Frage nach der Rechtslage unter Beachtung der Besonderheiten des je maßgeblichen Rechtsgebiets in konkrete Fallfragen zu entfalten, sie gewissermaßen in ihre Einzelheiten zu zerlegen. Dass dieses notwendige „Kleinarbeiten" abstrakter Fallfragen mit erheblichen Fehlerrisiken verbunden ist, liegt auf der Hand. Anzuraten ist deshalb im kontinuierlichen Fortgang einer Fallbearbeitung eine stetig wiederholte Vollständigkeits- und Richtigkeitskontrolle der selbst ermittelten konkreten Fallfragen. **56**

a) **Beispiel Zivilrecht.** Da es in der Aufgabenstellung einer zivilrechtlichen Hausarbeit oder Klausur zumeist um die Geltendmachung und Durchsetzung von *Ansprüchen* geht (was unter „Anspruch" zu verstehen ist, sagt § 194 Abs. 1 BGB: „das Recht, von einem anderen ein Tun oder Unterlassen zu verlangen"), ist die allgemeine Fallfrage nach der Rechtslage in diesen Fällen (etwas anderes gilt z.B., wenn die Wirksamkeit eines Vertrages, das Bestehen bestimmter Rechtsverhältnisse, die materielle Richtigkeit des Grundbuchs, die Anfechtbarkeit von Willenserklärungen etc. zur Debatte steht) „herunterzubrechen" auf konkrete Fallfragen nach möglicherweise bestehenden Ansprüchen (modifiziert trifft das auch für die Aufgabenstellung in öffentlich-rechtlichen Klausuren und Hausarbeiten zu, soweit sie auf Geld- oder Sachleistungsrechte und -pflichten ausgerichtet sind), und zwar nach bestimmten Ansprüchen eines Anspruchstellers gegenüber einem Anspruchsgegner getreu dem Motto: Wer (Anspruchsteller) hat welche Ansprüche (Anspruchsziel, Anspruchsgegenstand) gegen wen (Anspruchsgegner), oder – knapper formuliert – *wer will was von wem*? **57**

Zugleich liefert diese markante Kurzformel die für zivilrechtliche (modifiziert auch für öffentlich-rechtliche) Rechtsfälle typischen Ansatzpunkte zur Erarbeitung konkreter Fallfragen; denn je nach Komplexität des Sachverhalts und Vielfalt der Rechtsbeziehungen in Zwei- oder Mehrpersonenverhältnissen können Art und Anzahl der Anspruchsteller, Art und Anzahl der Anspruchsgegner und/oder Art und Anzahl der (streitigen) Ansprüche variieren und im Blick auf die zu ermittelnde Fallfrage konkretisierungsbedürftig sein. Gutes Anschauungsmaterial für die variable Konkretheit von Fallfragen und den daraus resultierenden Zurüstungsaufwand zur Ermittlung bearbeitbarer konkreter Fallfragen bietet der Fallfragenkomplex bei Erster Teil, B. I. *Fallfrage(n) 2*. **58**

Ohne Weiteres zu bearbeiten ist die unter Ziff. 5 formulierte Frage, ob der X seine Maklercourtage von M fordern kann: Weder die Person des Anspruchstellers (X) noch die des Anspruchsgegners (M) und ebenso wenig der Anspruchsgegenstand (Maklercourtage) sind zweifelhaft. Nicht ganz so klar sind die Fallfragen in Ziff. 3 und 6. Zwar sind die Anspruchsteller (M bzw. T in Ziff. 3, M in Ziff. 6) und Anspruchsgegner (V in Ziff. 3, P in Ziff. 6) bestimmt. Auch der Anspruchsgegenstand (Arztkosten in Ziff. 3, Interview in Ziff. 6) ist umschrieben. Um welche Einzelansprüche, um welche An- **59** spruchsziele es im Einzelnen geht, ist dagegen noch offen: „Welche Ansprüche hat ..." muss daher noch „kleingearbeitet" und in genauere Fallfragen umgesetzt werden (z. B. in Ziff. 6: „Hat M einen Anspruch auf Schadensersatz gegen P?" oder noch genauer „Hat M einen deliktsrechtlichen Schadensersatzanspruch gegen P?" etc.). Ähnlich konkretisierungsbedürftig sind die Fallfragen in Ziff. 1, 2 und 4. Anspruchsteller und Anspruchsgegner sind jeweils ausdrücklich genannt, Anspruchsgegenstand und/oder -ziel müssen erst noch erarbeitet werden, wobei mangels jeder weiteren Eingrenzung (etwa wie in Ziff. 3 „Arztkosten" oder in Ziff. 6 „Interview") sämtliche in Betracht kommenden Ansprüche zu ermitteln sind.

60 Auch der Fallfragenkomplex bei Erster Teil, B. I., *Fallfrage(n) 1* ist unter dem Aspekt der Zurüstung „noch unfertiger" Fallfragen informativ und lehrreich. Während die erste Fallfrage unter a) – vergleichbar der Fallfrage in Ziff. 5 im Fallfragenkomplex bei Erster Teil, B. I., *Fallfrage(n) 2* – ganz konkret Anspruchsteller, Anspruchsgegner und Anspruchsgegenstand/-ziel benennt (der Sache nach: Steht K gegen V ein Anspruch auf Nachlieferung einer Waschmaschine zu?), bedürfen die zweite und dritte Fallfrage unter b) mit Hilfe und in Verbindung mit der ergänzenden Sachverhaltsschilderung einer „Aufbereitung". Wenn K von V in Höhe von 900,– EUR Ersatz fordert und daran anschließend gefragt wird „zu Recht?", lautet die Fallfrage: Hat K („wer" = Anspruchsteller) einen Anspruch auf Ersatz seines Wandschadens in Höhe von 900,– EUR („will was" = Anspruchsgegenstand/-ziel) gegen V („von wem" = Anspruchsgegner)?

61 Bei der dritten Fallfrage (Gegenüber B verweigert K mit Hinweis auf den undichten Anschluss die Zahlung weiterer Raten – zu Recht?) führt eine naheliegende sprachliche Umformulierung (Verweigert K gegenüber B die Zahlung weiterer Raten zu Recht? – vgl. bei *Henssler/Dedek*, a. a. O. (II., 1.), S. 501) – zunächst nicht viel weiter, weil es auf den ersten Blick dem K nicht darum geht, etwas von einem anderen zu verlangen, sondern es ihm darauf ankommt, sich gegen das Verlangen eines anderen möglichst erfolgreich zu wehren. Da im Zivilrecht u. a. *durchsetzbare* Ansprüche eine maßgebliche Rolle spielen, die Frage der *Durchsetzbarkeit* von Ansprüchen also ebenso wichtig ist wie die, ob ein bestimmter Anspruch dem Anspruchsteller überhaupt zusteht, zielt die dritte Fallfrage darauf ab zu prüfen, ob der K gegenüber B berechtigt ist, rechtsvernichtende, -hindernde oder -hemmende Einwendungen oder Einreden zu erheben.

62 Damit aber ergibt sich für die weitere Fallbearbeitung ein Problem, das in erster Linie zwar den **Aufbau** einer zivilrechtlichen Hausarbeit oder Klausur betrifft, aber auch im Zusammenhang mit der Erarbeitung konkreter Fallfragen eine wichtige Rolle spielt. Es ist nämlich nicht damit getan, die vorgegebene Fallfrage in diesen Fällen einfach nur sprachlich im Blick auf mögliche Einwendungen oder Einreden zu verändern; denn die Fragen „Steht K gegenüber B eine Einwendung (Einrede) zu?" oder „Welche Einwendungen (Einreden) stehen K gegenüber B zu?" etc. besagen allenfalls, dass nunmehr nicht nach Ansprüchen, sondern nach Gegenrechten gefragt ist, nicht aber, um welche Gegenrechte es sich im Einzelnen handelt. Erforderlich ist daher, den Bezugspunkt etwaiger Einwendungen und Einreden sowie den Gegenstand und das Ziel der Einwendungen und Einreden in die Fallfrage zu integrieren. Daraus folgt beispielsweise, dass eine von Ansprüchen losgelöste Frage nach möglichen Einwendungen „in der Luft hängt", ganz abgesehen davon, dass die Art und Anzahl von Ansprüchen unmittelbar die Art der Einwendungen und/oder Einreden mitbestimmt, weil zwischen Anspruch und Einwendung/Einrede (zumeist) ein sachhaltiges Korrespondenzverhältnis besteht.

63 Bei der dritten Fallfrage im Fallfragenkomplex bei Erster Teil, B. I., *Fallfrage(n) 1* ist maßgeblicher Anknüpfungspunkt für die Verweigerung weiterer Ratenzahlung ein Zahlungsanspruch der B (etwa aus § 488 Abs. 1 BGB). Nur wenn der B ein solcher Zahlungsanspruch zumindest noch teilweise zusteht, ist die Frage nach berechtigten Einwendungen des K mit dem Ziel, keine Raten mehr bezahlen zu müssen, eine sinnvolle Frage. Zugleich gibt dieser Zahlungsanspruch die Richtung vor, mit der nach möglichen Einwendungen (Einreden) zu suchen ist. In Betracht käme im Beispielsfall ein sog. Einwendungsdurchgriff aus §§ 358, 359 BGB, d. h. von Bedeutung sind ggf. Einwendungen, die als Gegenrechte gegen Ansprüche des V aus dem Kaufvertrag zwischen K und V auch der B entgegengesetzt werden könnten (vgl. näher bei *Henssler/Dedek*, a. a. O. (II. 1.), S. 501). Erst wenn man derlei, häufig sehr weit in eine Art rechtlicher Vorprüfung hineinreichende Überlegungen angestellt hat, kann man mit hinreichender Genauigkeit die maßgebliche Fallfrage festlegen. So könnte im Beispielsfall die zu bearbeitende Fallfrage lauten: Kann K gegen B Einwendungen erheben, aufgrund deren er berechtigt ist, einem Zahlungsanspruch der B ein ihm möglicherweise zustehendes Leistungsverweigerungsrecht aus dem Vertragsverhältnis zwischen ihm und V entgegenzuhalten?

b) Besonderheit „Anwaltsklausur/-hausarbeit". Vor vergleichbaren Schwierigkeiten schon bei der Erarbeitung und Ausformulierung konkreter Fallfragen steht man in sog. „Anwaltsklausuren" oder „-hausarbeiten". Darunter versteht man Klausuren und Hausarbeiten, deren Aufgabenstellung in ihrem „Fallfragenteil" mit der Beratung und/oder sonstigen Tätigkeiten eines beauftragen und (bisweilen) vor Gericht auftretenden Rechtsanwalts verknüpft ist. Die „Verpackung" der zu bearbeitenden Fallfragen ist in der Regel derartiger Anwaltsklausuren oder -hausarbeiten der letzte Absatz des Sachverhaltstextes mitsamt weiterer Sachverhaltsergänzungen. Fast immer ist darin ein Anspruchsteller oder ein einwendungsberechtigter Anspruchsgegner beschrieben, der in seiner „Rechtsnot" von seinem Rechtsanwalt hilfreiche Beratung oder die erfolgreiche Durchführung eines Rechtsstreits erwartet und ihm dementsprechend eine Reihe „verkappter" Fallfragen stellt: „Was wird R dem M wohl raten?" oder „Welche Erfolgsaussichten hat die von R erhobene Klage?" etc. sind typische sachverhaltsabschließende Fragen, die wie die allgemeine Fallfrage nach der Rechtslage erheblichen Konkretisierungsaufwand nötig machen.

In zivilrechtlichen Klausuren und Hausarbeiten ist man dem sog. Anspruchsaufbau (vgl. dazu Zweiter Teil, B. II.) zufolge regelmäßig darauf zurückverwiesen, Fallfragen nach dem Muster des *„Wer will was von wem?"* oder nach dem Schema von *„Anspruch und Gegenrecht (Einwendung/Einrede)"* zu erarbeiten. In öffentlich-rechtlichen Klausuren und Hausarbeiten geht es dagegen fast immer um die Erfolgsaussichten eines Rechtsbehelfs (Rechtsmittels) oder einer Klage, wenn ein Rechtsanwalt befragt oder tätig wird. An den Aufbauregeln für öffentlich-rechtliche Hausarbeiten und Klausuren (vgl. dazu Zweiter Teil, D. I. und II.) orientiert sind dann die zu ermittelnden konkreten Fallfragen wie auch sonst darauf ausgerichtet, Zulässigkeit und Begründetheit von Rechtsbehelfen (Rechtsmitteln) und/oder Klagen anhand ihrer fallbezogenen und problematischen Einzelelemente zu hinterfragen (näher dazu sogleich).

c) Strafrecht und öffentliches Recht. Insgesamt einfacher als im Zivilrecht gestaltet sich die Aufbereitung und Zurüstung von bearbeitbaren Fallfragen in strafrechtlichen und letztlich auch in öffentlich-rechtlichen Hausarbeiten und Klausuren. Die Gründe dafür liegen u. a. in den teilweise andersartigen rechtlichen Grundstrukturen des Strafrechts und des öffentlichen Rechts.

Strafrechtliche Aufgabenstellungen zeichnen sich nahezu ausnahmslos (etwas anderes gilt wie schon bemerkt bei „Themenklausuren" oder „-hausarbeiten") dadurch aus, dass im Fallfragenbereich die Strafbarkeit der im Sachverhalt auftretenden Personen zur Diskussion steht. Da die Strafbarkeitsfrage immer auf die mögliche Begehung bestimmter Delikte und damit auf die Verwirklichung bestimmter gesetzlicher Straftatbestände unter Einschluss allgemeinstrafrechtlicher Strafbarkeitsvoraussetzungen bezogen ist, ergibt sich bei allgemein gehaltenen Fallfragen stets Konkretisierungsbedarf hinsichtlich der verschiedenen Delikte, die begangen worden sind. Als ähnlich konkretisierungsbedürftig kann sich der als Täter oder sonstige Tatbeteiligte in Frage kommende und im Sachverhalt genauer umrissene Personenkreis erweisen.

68 Fallfragen wie etwa die unspezifizierte Frage nach der Strafbarkeit aller Beteiligten (vgl. bei Erster Teil, B. II. *Fallfrage(n)* 4) erfordern daher eine Konkretisierung in zweifacher Hinsicht: Zum einen muss der Kreis der Tatbeteiligten ausdifferenziert werden und zum anderen sind die möglicherweise verwirklichten Delikte, und zwar individuell bezogen auf die jeweils einzelnen Tatbeteiligten, zu ermitteln. „Wie haben sich die Beteiligten strafbar gemacht" ist dementsprechend in konkrete Fallfragen wie z.B. „Hat sich A gemäß § 263 StGB strafbar gemacht?", „Hat sich B gemäß §§ 263, 27 StGB strafbar gemacht?", „Hat sich C gemäß § 266 StGB strafbar gemacht?" etc. umzusetzen.

69 Auch die *Fallfrage(n)* 3 bei Erster Teil, B. II., die auf die Begehung von Vermögensdelikten zielt, ist zu konkretisieren; denn als mögliche Straftaten des A kommen Betrug und Untreue (§§ 263, 266 StGB) in Betracht. Doch auch die Umsetzung der Frage „Hat sich A strafbar gemacht?" in „Hat sich A gemäß § 263 StGB strafbar gemacht?" und „Hat sich A gemäß § 266 StGB strafbar gemacht?" ist nur ein erster Schritt zur genaueren Erfassung der Fallfrage(n). Aus dem *Sachverhalt 3* bei Erster Teil, B. II. lässt sich nämlich ableiten (zur Arbeit am und mit dem Sachverhalt vgl. Erster Teil, C. II.), dass sich A wegen Betruges auf zweifache Weise strafbar gemacht haben könnte: durch aktives Tun und durch Unterlassen (§ 13 StGB). Demzufolge lauten die „kleingearbeiteten" Fallfragen: „Hat sich A gemäß § 263 StGB strafbar gemacht?" und „Hat sich A gemäß §§ 263, 13 StGB strafbar gemacht?". Im Blick auf strafbare Untreue ist ebenfalls zu differenzieren, und zwar zwischen den beiden Tatbestandsalternativen des Untreuetatbestandes (Missbrauchs- und Treubruchstatbestand) mit entsprechend genauer gefassten Fallfragen: „Hat sich A gemäß § 266 Abs. 1, 1. Alt. StGB strafbar gemacht?" und „Hat sich A gemäß § 266 Abs. 1, 2. Alt. StGB strafbar gemacht?"

70 Grundsätzlich gilt, was die Erarbeitung konkreter Fallfragen betrifft, für öffentlich-rechtliche Klausuren und Hausarbeiten nichts anderes als für strafrechtliche und zivilrechtliche Klausuren und Hausarbeiten. Fallfragen wie „Wie wird das Verwaltungsgericht entscheiden?" oder „Beurteilen Sie die Erfolgsaussichten der Klage" oder „Prüfen Sie die Erfolgsaussichten des Widerspruchs" oder „Haben die Anträge Aussicht auf Erfolg?" (vgl. nur die *Fallfrage(n)* 5 und 6 bei Erster Teil, B., III.) sind in dieser Allgemeinheit nicht zu beantworten. Sie dürfen insbesondere nicht dazu verleiten, im Wege einer allgemeinen Erörterung das Für und Wider von Anträgen, Rechtsbehelfen (Rechtsmitteln) und/oder Klagen mit anschließender Ergebnisformulierung abzuwägen: Die Bearbeitung und Lösung von Rechtsfällen in öffentlich-rechtlichen Klausuren und Hausarbeiten ist kein „Besinnungsaufsatz".

71 Soweit es in den Aufgabenstellungen öffentlich-rechtlicher Hausarbeiten und Klausuren um die rechtliche Beurteilung von Anträgen, Rechtsbehelfen (Rechtsmitteln) und/oder Klagen (verfassungsrechtliche Streitigkeiten, Verfassungsbeschwerde, Bund-Länder-Streit etc. machen keine Ausnahme) geht, wird die Fallbearbeitung und – ihr vorausgehend – die Ermittlung der maßgeblichen Fallfragen nachhaltig von einem bewährten Aufbauprinzip (vgl. zum Aufbau einer öffentlich-rechtlichen Fallbearbeitung Zweiter Teil, D. I. und II.) beherrscht und bestimmt: der Unterscheidung und Unterteilung in einen Merkmalskomplex der „Zulässigkeit" und einen der „Begründetheit" von Klagen, Anträgen, Rechtsbehelfen (Rechtsmitteln) etc.

72 Wohl deshalb taucht geradezu stereotyp als Einleitung in öffentlich-rechtlichen Fallbearbeitungen der ebenso selbstverständliche wie überflüssige Satz „Die Klage hat Erfolg, wenn sie zulässig und begründet ist" oder „Der Antrag hat Aussicht auf Erfolg, wenn er zulässig und begründet ist" oder etwas Ähnliches auf. Immerhin: Die „aufbautechnische" Grobdifferenzierung in Zulässigkeit und Begründetheit einer Klage, eines Antrages etc. macht deutlich, worauf es bei der Ermittlung der konkreten Fallfragen ankommt. „Hat die Klage Aussicht auf Erfolg" etc. ist danach zunächst in „Ist die Klage etc. zulässig?" und „Ist die Klage etc. begründet?" zu trennen, um sodann in weiteren Konkretisierungsschritten z. B. danach zu fragen „Ist der beschrittene Verwaltungsrechtsweg eröffnet?" oder „Ist der Kläger K klagebefugt?". Hierbei handelt es sich um Einzelfragen aus dem Merkmalskomplex der Zulässigkeit, die abgearbeitet sein müssen, um überhaupt in die Begründetheit einer Klage „einsteigen" zu können. „Ist die Klage begründet?" bedarf dann in prinzipiell derselben Weise der Zerlegung in Einzelfragen wie z. B. „Verstößt die (zu beurteilende) behördliche Maßnahme gegen Art. 2 Abs. 2 GG?" oder „Verstößt die behördliche Verfügung gegen Art. 3 Abs. 1 GG?", wobei mögliche Verstöße gegen Bestimmungen nicht allein des GG, sondern auch alle möglichen anderen Gesetzesverstöße die Bezugspunkte der konkreten Fallfragen aus dem Merkmalskomplex der Begründetheit abgeben können.

Bei alledem ist noch einmal zu betonen, dass eine sachgerechte Erarbeitung genügend genauer Fallfragen einen soliden Grundstock an verfügbaren Rechtskenntnissen und die – durchaus trainierbaren – Fähigkeiten voraussetzt, den wechselbezüglichen Sachzusammenhang zwischen Sachverhaltsschilderung und Fallfrage(n) zu erspüren und rechtlich zutreffend zu erfassen. Jedenfalls darin unterscheidet sich die Fallfragenproblematik in öffentlich-rechtlichen Klausuren und Hausarbeiten in nichts von der in strafrechtlichen und zivilrechtlichen Hausarbeiten und Klausuren.

II. Die Arbeit am und mit dem Sachverhalt

Noch einmal: Zuallererst bestimmt das **sachrichtige Verstehen** des zu bearbeitenden Rechtsfalls und damit das korrekte Verständnis des wechselbezüglichen Zusammenhangs zwischen konkretem Lebenssachverhalt und zugehöriger Aufgabenstellung die Qualität der juristischen Fallbearbeitung. Außer auf die sachgerechte Auswertung der Aufgabenstellung mit der dazu notwendigen Ermittlung und Erarbeitung der maßgeblichen, konkreten Fallfrage(n) kommt es daher und nicht minder gewichtig darauf an, den Sachverhalt zutreffend zu erfassen. Ohne detaillierte und vollständige Kenntnis der im Sachverhalt geschilderten Vorgänge, Zustände, Ereignisse, Verhaltensweisen und Eigenschaften von Personen etc. misslingt nicht nur die Auswertung der Aufgabenstellung und das Herausfiltern und Erarbeiten der „richtungweisenden" konkreten Fallfrage(n). Vielmehr führt eine unzureichende Arbeit am und mit dem Sachverhalt fast zwangsläufig auch dazu, dass das „A und O" der Fallbearbeitung, die **Subsumtion** (vgl. dazu Erster Teil, C. III.) fehlerhaft durchgeführt wird oder sogar gänzlich „daneben geht".

1. Sachverhalt mehrmals und genau lesen

Der im Rahmen einer juristischen Hausarbeit oder Klausur unter dem Blickwinkel der dazugehörigen Aufgabenstellung zu bearbeitende **Sachverhalt** versteht sich – darauf ist während der gesamten Fallbearbeitung immer wieder Acht zu geben – als **konkreter Lebenssachverhalt**, mit anderen Worten: als die sprachlich umgesetzte Wiedergabe eines – wenn auch kleinen – Ausschnitts aus der gesellschaftlichen Lebenswirklichkeit. Das ist allerdings nur die eine Seite der Genese juristischer (!) Sachverhalte. Ein anderer, für das Verstehen von Sachverhalten in juristischen Hausarbeiten und Klausuren mindestens ebenso wichtiger Aspekt resultiert daraus, dass der Sachverhalt für den Aufgabensteller ähnlich wie die Aufgabenstellung mit ihrem Kernstück, der(n) konkreten Fallfrage(n), ein **Steuerungsinstrument** zur Bestimmung und Begrenzung dessen darstellt, was nach Inhalt und Umfang von der Fallbearbeitung erwartet wird. Der Sachverhalt ist daher nicht lediglich konkreter Lebenssachverhalt, sondern er ist zugleich das

Medium, mit dem der Aufgabensteller rechtliche Fragestellungen kommuniziert und an den Fallbearbeiter heranträgt.

76 Insbesondere mit dieser „Steuerungsfunktion" des Sachverhalts verbindet sich manche Unsicherheit und Unwägbarkeit bei der Arbeit am und mit dem Sachverhalt; denn was als Sachverhalt der(n) Fallfrage(n) vorangestellt ist, verdankt seine Entstehung viel zu oft nicht der „wahren" Realität einzelmenschlicher oder gesellschaftlicher Lebensvorgänge und -verhältnisse, sondern umgekehrt rechtlichen Problemkonstellationen, deren zugehörige Lebenswirklichkeit in Form einer knappen Aufzählung nur der unbedingt notwendigen Fakten geschildert wird. Nicht selten sind es aus zwei oder drei BGH-Entscheidungen, den Entscheidungen anderer Gerichte, oder der Lehrbuch- und Kommentarliteratur entnommene rechtliche Problemlagen, die – bisweilen mehr schlecht als recht „kompositorisch" zusammengefügt – qua Schilderung der maßgeblichen (Rechts-)Tatsachen einen Sachverhalt produzieren, der zwar Lebenswirklichkeit vorgibt, im Grunde aber wirklichkeitsfremd ist.

77 Nicht wesentlich anders verhält es sich mit Sachverhalten, die zwar von Personen, Vorgängen, Zuständen des wirklichen Lebens initiiert werden, jedoch in ihrem Tatsachenstoff auf das zur (gewünschten) Erörterung bestimmter rechtlicher Fragestellungen „zwingend" Erforderliche reduziert sind. Es liegt auf der Hand, dass dem Aufgabensteller bei der Abfassung von Sachverhalten (mangels so gut wie ausgeschlossener Unfehlbarkeit) immer wieder einmal Nachlässigkeiten und sonstige Unzulänglichkeiten unterlaufen können, die – etwa weil zu wenige Tatsachen geschildert sind, sich falsche Zahlenwerte einschleichen oder dem Gebrauch bestimmter sprachlicher Wendungen eine eigene Wortdeutung unterlegt ist – den zu bearbeitenden Sachverhalt in sich unstimmig erscheinen lassen. Diese Abhängigkeit des Sachverhalts von individuellen, auf die Person des jeweiligen Aufgabenstellers zugeschnittenen Entstehungsmodalitäten birgt die Gefahr von Missverständnissen und Fehldeutungen des Sachverhalts durch den Fallbearbeiter.

78 Dem entgegenzuwirken (ausschließen lässt sich das Risiko von Fehldeutungen etc. nie) setzt zu Beginn der Arbeit am und mit dem **Sachverhalt** voraus, ihn **mehrmals konzentriert zu lesen**. Mehrmaliges konzentriertes Lesen des Sachverhalts zielt darauf ab, sich den geschilderten Tatsachenstoff, ebenso wie möglicherweise erläuternd beschriebene rechtliche Gegebenheiten und Zusammenhänge, fest einzuprägen, und zwar so, dass im Wege sorgfältigen Durchlesens und Durcharbeitens eine sichere **Kenntnis des Sachverhalts bis ins kleinste Detail** gewonnen wird. Es bei dem schon erwähnten neugierigen „diagonalen" Überfliegen des Sachverhalts zu belassen, genügt deshalb in keinem Fall.

79 Das gilt insbesondere für die Fallbearbeitung im Rahmen einer Klausur. Gewiss ist es verlockend, sich angesichts knapper Zeitressourcen bei der Klausurbearbeitung in gewagter Überschätzung der eigenen Auffassungsfähigkeiten schon während des ersten (!) Durchlesens des Sachverhalts in die – wie sich nach mehrfachem Lesen des Sachverhalts häufig herausstellt: nur vermeintlichen – Rechtsprobleme des geschilderten Lebenssachverhalts hineinzudenken. Die Gefahr ist groß, dass man sich dann von der mehr intuitiv im ersten Zugriff gelenkten Problemdeutung und -erkenntnis innerlich nur schwer lösen kann und dann alles im Lichte dieser Problemerfassung versteht. Das kann fatale Folgen haben, wenn die so „schnellschüssig" identifizierte Fallproblematik in der Sache ein Fehlgriff war. Es kommt deshalb darauf an, sich auch im Rahmen einer Klausur zu disziplinieren und den Sachverhalt möglichst noch „problemdistanziert" und unbefangen mehrfach Wort für Wort durchzulesen; denn nur eine detailgetreue Kenntnis des Sachverhalts gewährleistet später eine zutreffende Fallbearbeitung. Wer bei der Erfassung des Sachverhalts auf Zeitersparnis setzt, erweist sich und seiner Fallbearbeitung einen von vornherein unnötigen „Bärendienst" (vgl. dazu auch *Mann*, Arbeitstechnik, Rn. 155 f., 157; *Möllers*, Arbeitstechnik, § 2 Rn. 4 mit Rn. 7).

2. Sachverhalt vollständig erfassen

Mit der detailgenauen Kenntnis des Sachverhalts geht – hoffentlich (!) – die **vollständige Erfassung** des Sachverhalts (vgl. dazu *Möllers*, Arbeitstechnik, § 2 Rn. 7) einher; denn auch darum geht es bei der Arbeit am und mit dem Sachverhalt: um die **Vollständigkeit der** aus dem Sachverhalt herauszulesenden **Informationen.** Da es sich bei den in Klausuren oder Hausarbeiten zu bearbeitenden Sachverhalten wie bereits gesagt um Schilderungen eigens für Prüfungszwecke aufbereiteter Problemlagen, in der Regel also um sog. „Kathederfälle" handelt (vgl. auch *Mann*, Arbeitstechnik, Rn. 155 ff.), soll man davon ausgehen, dass jedes Wort des Sachverhaltstextes im Gesamtzusammenhang des geschilderten „Falles" seine rechtserhebliche und dementsprechend „lösungsindizierende" Bedeutung hat. Umgekehrt ist kein Wort, kein Nebensatz, keine Parenthese, kein Einschub etc. unwichtig (vgl. etwa auch *Möllers*, Arbeitstechnik, § 2 Rn. 7).

Nicht ausgeschlossen ist freilich, dass der Sachverhalt der Wirklichkeitsnähe des geschilderten Geschehens zuliebe auch Passagen enthält, die nicht unmittelbar die Lösung des Rechtsfalls (mit-)bestimmen oder die aus der Sicht der (späteren) Falllösung rechtlich völlig irrelevant sind. Entgegen verbreiteter Ansicht ist derlei wirklichkeitsbezogenes und -vermittelndes Beiwerk indessen nicht bedeutungslos. Zwar hängt von ihm die rechtliche Lösung des Falls nicht unmittelbar ab. Nur „colorandi causa" mitgeteilte Tatsachen können jedoch für das Verstehen des Sachverhalts insgesamt eine durchaus maßgebliche Rolle spielen und sich zumindest mittelbar auf die Fallbearbeitung auswirken. Zur vollständigen Erfassung des Sachverhalts gehört deshalb auch die detailgenaue Kenntnis solcher „lösungstechnisch" eher unbedeutend erscheinender tatsächlicher Umstände, ganz abgesehen davon, dass die „Spreu vom Weizen", der für die Lösung des Rechtsfalls unwesentliche vom wesentlichen Tatsachenstoff, erst nach Abschluss der Arbeit am und mit dem Sachverhalt aus der „Filterperspektive" der jeweils gestellten Fallfrage getrennt werden kann.

3. Sachverhalt „richtig" erfassen

Um allen denkbaren Irritationen vorsorglich eine Absage zu erteilen: Mehrmaliges konzentriertes Lesen des Sachverhalts, seine vollständige und seine „richtige" Erfassung sind keine artverschiedenen, isoliert voneinander ablaufenden Stadien bei der Auswertung juristischer Sachverhalte, sind keine methodischen „alia" in der Arbeit am und mit dem Sachverhalt. „Richtiges" Erfassen ist immer auch vollständiges Erfassen des Sachverhalts und umgekehrt.

a) Laiensprache und rechtlicher Bedeutungsgehalt. Wenn man gleichwohl den Akzent auf das „richtige" Erfassen des Sachverhalts legt, geht es nicht einfach nur darum, Wort für Wort des Sachverhaltstextes unbefangen und noch rechtlich unreflektiert in sich aufzunehmen, sondern mehr darum, Wort für Wort des Sachverhalts auf seinen umgangssprachlichen Sinn und rechtlichen Bedeutungsgehalt zu prüfen. Zu beachten ist dabei, dass umgangssprachliche und rechtliche Wortbedeutung von Rechtsbegriffen häufig nicht übereinstimmen.

Sofern in Sachverhalten rechtlich besetzte Begriffe zur Fallschilderung verwendet – wenn zum Beispiel im Sachverhalt auftretende oder handelnde Personen ihre Rechtsmeinungen äußern und sich dazu auf rechtlich geprägte Begriffe beziehen – und kontextlich mit anderem Tatsachenstoff verknüpft werden, sind solche Begrifflichkeiten kritisch auf ihren eigentlichen Sinngehalt zu prüfen. Sie dürfen in ihrem Aussagewert nicht wie „reine" Tatsachenschilderungen gehandhabt werden; in Fällen von Gebrauchsüberlassung kann behauptete „Leihe" rechtlich manchmal „Miete", in Fällen von strittigen Rechtsbeziehungen zu Sachen behauptetes „Eigentum" oftmals „Besitz" sein etc. und vice versa.

85 Bei aller notwendigen Akribie: Das misstrauische Suchen nach möglicherweise sinnverschoben oder sinnverzerrt verwendeten rechtlich besetzten Begriffen der Alltagsprache darf auch nicht übertrieben werden. Wo juristische Termini als solche in (teilweise) alltagssprachlich abgefassten Sachverhaltstexten auftauchen, ist ohne weiteres auch von deren üblicher Wortbedeutung auszugehen, es sei denn, es gäbe im Sachverhalt untrügliche Anhaltspunkte für einen anderen zugrunde zu legenden Bedeutungsgehalt des in Frage stehenden Begriffs.

86 Wenn also im Sachverhalt einer öffentlich-rechtlichen Klausur davon die Rede ist, dass eine Behörde einen Verwaltungsakt erlassen oder aufgehoben hat, ist davon auszugehen, dass die jeweilige behördliche Maßnahme auch tatsächlich die Rechtsqualität eines Verwaltungsakts hat. Ist im Sachverhalt einer zivilrechtlichen Klausur oder Hausarbeit ein bestimmter geschäftlicher Vorgang als Kauf oder Verkauf bezeichnet, sollte man mangels anderer Anhaltspunkte nicht in Zweifel ziehen, dass es sich dabei um einen rechtswirksamen Kauf oder Verkauf und damit (allein) um ein obligatorisches Geschäft handelt, bei dem die Eigentumsübertragung noch aussteht. Und wenn im Sachverhalt einer strafrechtlichen Hausarbeit oder Klausur ein konkretes Tatgeschehen als Diebstahl oder Betrug umschrieben wird, weil etwa die maßgebliche(n) Fallfrage(n) ein als Diebstahl oder Betrug qualifiziertes Tatgeschehen voraussetzt(en), dann besteht kein Anlass, daran zu zweifeln, dass das geschilderte Tatgeschehen auch (rechts-)tatsächlich einen Diebstahl oder Betrug darstellt.

87 Von derart terminologischer Verwendung juristischer Fachbegriffe ist bei der Ermittlung des Sachgehalts anders eingesetzter rechtlicher oder rechtlich besetzter Begriffe, z.B. die Verwendung juristischer Termini aus der „Laiensphäre" der in einem Sachverhalt auftretenden Personen, zu unterscheiden. In solchen Fällen kann das, was in rechtssprachlicher Gestalt im Sachverhalt zur Schilderung von Vorgängen etc. wiedergegeben wird, nicht eo ipso als feststehende (Rechts-)Tatsache übernommen werden, so etwa, wenn im Sachverhalt einer strafrechtlichen Klausur oder Hausarbeit im Falle eines garantenpflichtwidrigen Unterlassens mit entsprechenden (Er-)Folgen (Körperverletzung, Tötung) das Tatgeschehen von Tatbeteiligten als „unterlassene Hilfeleistung" beschrieben wird.

88 **b) Nebensächlichkeiten.** Kritisch umzugehen ist mit Sachverhaltspassagen, die auch nach mehrmaligem Lesen des Sachverhaltstextes scheinbar nur Nebensächlichkeiten betreffen (vgl. dazu *Fahse/Hansen*, Übungen, Kap. 4, Rn. 7). Nicht auszuschließen ist nämlich, dass gerade in solchen Nebensächlichkeiten juristische Informationen enthalten sind, die für die Fallbearbeitung im Sachzusammenhang des Sachverhaltsganzen von Bedeutung sind. Bevor man vermeintlich Nebensächliches als Nebensächlichkeit abtut, sollte daher der Sachverhalt zur Gänze und so durchgearbeitet sein, dass mit dem Aufsuchen aller für den Fallfragenkomplex relevanten rechtserheblichen Tatsachen begonnen werden kann. Erst wenn man den Sachverhalt zutreffend als Sinnganzes und ihn damit in seinem Sachgehalt vollständig und „richtig" erfasst hat, lässt sich beurteilen, ob vermeintlich Nebensächliches wirklich nur nebensächlich ist.

89 Besonderes Augenmerk sollte man bei der Prüfung von „Nebensächlichem" darauf richten, ob in Nebensätzen, Attributen, Einschüben, Parenthesen etc. rechtserheblicher Tatsachenstoff „indirekt" mitgeteilt wird (vgl. *Fahse/Hansen*, Übungen, Kap. 4, Rn. 6, 7; *Mann*, Arbeitstechnik, Rn. 157). Ist im Sachverhaltstext einer zivilrechtlichen Klausur oder Hausarbeit von dem „Grundschüler A" die Rede (vgl. bei *Mann*, Arbeitstechnik, Rn. 157), dann ist damit klargestellt, dass A minderjährig, aber noch nicht 18 Jahre alt ist, was für die Fragen der Geschäftsfähigkeit von Bedeutung sein kann. „Grundschüler A" sagt weiter aus, dass A auch das vierzehnte Lebensjahr noch nicht vollendet hat, was in strafrechtlichen Sachverhalten für die Anwendung des JGG bzw. StGB (§ 19 StGB!) und ggf. des SGB VIII, in öffentlich-rechtlichen Sachverhalten für die Frage der Religionsmündigkeit (RelKErzG) eine Rolle spielen kann.

Um im Bild zu bleiben: Der „Realschüler A" agiert in zivilrechtlichen Sachverhalten als Minderjähriger (älter als sieben Jahre, aber noch nicht 18 Jahre alt, vgl. bei *Fahse/Hansen*, Übungen, Kap. 4, Rn. 6), auf den § 106 BGB mit der Weiterverweisung auf die Regeln der beschränkten Geschäftsfähigkeit (§§ 107 bis 113 BGB) anzuwenden ist. Wenn in strafrechtlichen Sachverhalten „Prokurist P" oder „Geschäftsführer G" auftritt, ist damit – etwa in wirtschaftsstrafrechtlichen Problemkonstellationen – regelmäßig der Hinweis auf § 14 StGB verbunden. In öffentlich-rechtlichen Sachverhalten können Altersangaben die Frage der Grundrechtsmündigkeit, die Nennung der Staatsangehörigkeit die Frage der Grundrechtsfähigkeit (vgl. *Mann*, Arbeitstechnik, Rn. 157) betreffen.

Immer geht es darum, solche indirekt mitgeteilten juristischen Informationen aufzuspüren, um deren für die Fallbearbeitung denkbare Entscheidungserheblichkeit prüfen und feststellen zu können. Zu beachten bleibt aber, dass „richtiges" Erfassen des Sachverhalts „nur" das Herausschälen des möglicherweise rechtserheblichen Tatsachenstoffs auch in der Form indirekt übermittelter juristischer Informationen meint. Ob und inwieweit der als rechtserheblich „diagnostizierte" Tatsachenstoff im Blick auf die spätere Lösung des Rechtsfalls zugleich entscheidungserheblich ist, muss und kann sich erst später im Laufe der Fallbearbeitung endgültig klären. Vor spontanen wertenden Zuordnungen und „lösungsintensiven Instrumentalisierungen" einzelner (rechtserheblicher) Sachverhaltsteile ist deshalb zu warnen.

c) **„Normalfall" maßgebend.** Die stets erforderliche Sorgfalt im Aufsuchen indirekt mitgeteilter rechtserheblicher Umstände darf nicht in eine überzogene Spitzfindigkeit bei der Tatsachenanalyse des Sachverhalts ausarten. Es mag zwar sein, dass der Letztklässler einer Realschule – aus welchen Gründen bleibe dahingestellt – ausnahmsweise auch einmal älter ist als 18 Jahre. Soweit in Sachverhalten ein „Realschüler A" oder „Oberschüler A" ohne weitere Altersangabe als handelnde Person benannt ist, besteht dennoch kein Anlass, sich darüber Gedanken zu machen, ob A möglicherweise die Volljährigkeitsgrenze schon überschritten hat. Und erst recht verfehlt wäre es, aus dem „Realschüler/Oberschüler A" zwei alternative Rechtstatsachen – einen minderjährigen und einen volljährigen A – mit entsprechender alternativer Fallbearbeitung abzuleiten. Vom Grundsatz her ist bei der Tatsachenermittlung in juristischen Sachverhalten stets vom „Normalfall" auszugehen (vgl. auch *Möllers*, Arbeitstechnik, § 2 Rn. 8), weil Abweichungen vom „Üblichen" den rechtlichen Bedeutungsgehalt der im Sachverhalt geschilderten Vorgänge so nachhaltig modifizieren können, dass sie – wenn genau solche Modifizierungen der Fallbearbeitung zugrunde gelegt werden sollen – im Sachverhaltstext ausdrücklich angesprochen werden (vgl. auch *Fahse/Hansen*, Übungen, Kap. 4, Rn. 6).

4. Sachverhaltslücken schließen

Manchmal freilich hilft auch die Rückbesinnung auf den „Normalfall" der in einem Sachverhalt beschriebenen sozialen Geschehensabläufe, (Rechts-)Tatsachen, Zustände etc. in der Arbeit am und mit dem Sachverhalt nicht weiter und es bleiben Unsicherheiten bei der Erfassung des Sachverhalts. Sie zu beseitigen oder doch zumindest auf ein erträgliches und unschädliches Maß zu reduzieren, erfordert vom Fallbearbeiter, dass er sich in den Sachverhalt „regelrecht einlebt" (so treffend *Mann*, Arbeitstechnik, Rn. 157). Er muss das im Sachverhalt Geschilderte verstehen; denn „richtiges" Erfassen des Sachverhalts ist nichts anderes als „richtiges" und in diesem Sinne „authentisches" Verstehen des Sachverhalts.

94 **a) Der Sachverhalt als „Sinneinheit".** Was für die vollständige und „richtige" Erfassung des Sachverhalts bislang wie selbstverständlich als notwendig vorausgesetzt war, nämlich die „Wort-für-Wort-Prüfung" des Sachverhalts, um so im Wege einer gedanklichen Zergliederung und Zerlegung des Sachverhalts in einzelne (Rechts-)Tatsachen bzw. Tatsachenkomplexe deren Bedeutungsgehalt sachgerecht zu ermitteln, muss nun – bei verbliebenen Unsicherheiten im Verstehen des Sachverhalts – gewissermaßen „gegenläufig" wieder zu einer inhaltlichen Einheit zusammengefügt werden. Wie vieles andere ist auch der juristische Sachverhalt einer Klausur oder Hausarbeit ein **Sinnganzes** und dementsprechend eben mehr als die bloße Aneinanderreihung und Aufzählung von (rechtserheblichen) Tatsachen (bekanntlich ist das Ganze ja immer mehr als die Summe seiner Teile).

95 Den Sachverhalt als Einheit aufzufassen und ihn als ein Sinnganzes zu verstehen, besagt zunächst nur, inhaltlich Zusammengehöriges etwa in Gestalt eines wechselbezüglichen Zusammenhangs zwischen einzelnen Tatsachen oder Tatsachenkomplexen als inhaltlich zusammengehörig zu erkennen und zu begreifen, um daraus dann den „wahren" Sachgehalt einzelner Sachverhaltselemente herleiten zu können. Darüber hinaus versetzt eine mit dem Verstehen des Sachverhalts als Einheit immer einhergehende sinnstiftende (!) Zusammenschau einzelner Sachverhaltsteile den Fallbearbeiter in die Lage, bestehende Sachverhaltslücken zu schließen, ohne der Gefahr problemverschiebender oder -verändernder Eingriffe in die rechtstatsächlichen Wertungsgrundlagen des Sachverhalts zu erliegen.

96 Gleichwohl ist Vorsicht geboten: Erst wenn sicher festgestellt ist, dass man es mit einer „echten" **Sachverhaltslücke** zu tun hat, weil im Kontext inhaltlich aufeinander bezogener und scheinbar unverbunden nebeneinander stehender Sachverhaltselemente ein zum eigentlichen „Sinnganzen" erforderliches Zwischenglied fehlt (so etwa wenn in der Schilderung eines Tatgeschehens oder sonstigen Geschehens zwingende Durchgangsstadien des „wirklichkeitsgetreuen" Geschehensablaufs ausgelassen bzw. übersprungen sind), ist deren Schließung z. B. durch **Sachverhaltsergänzungen** zulässig. Und mit Vorsicht ist ein weiteres Mal zu Werke zu gehen; denn die Schließung von Sachverhaltslücken darf nicht zu Unterstellungen führen, die aus dem Sinnganzen des Sachverhalts nicht plausibel erklärbar wären. Es kommt deshalb darauf an, bestehende Sachverhaltslücken durch sachbestimmte und lebensnahe, d. h. durch wirklichkeitsgetreue Ergänzungen des bereits mitgeteilten Tatsachenstoffs, zu schließen.

97 Dazu muss sich der Fallbearbeiter bei der Durcharbeitung insbesondere zivilrechtlicher und öffentlich-rechtlicher Sachverhalte in die Interessenlage und Rolle der im Sachverhalt auftretenden Personen und Institutionen hineinversetzen. Auf diese Weise gelingt es, Motive und Handlungen der im Sachverhalt agierenden Personen und auch den rechtlichen Sinn ihres Verhaltens zu erkennen und zu verstehen. Lückenhafte Sachverhalte lassen sich vielfach realitätsadäquat und lebensnah ergänzen und vervollständigen, wenn man sich die (wirtschaftlichen) Zielvorstellungen der im Sachverhalt handelnden Personen vor Augen führt und sie sich ggf. zu eigen macht; denn nicht selten erschließt sich der Gesamtzusammenhang verschiedener Sachverhaltsteile erst aus der überspannenden Perspektive der jeweiligen Handlungsziele (vgl. zum Ganzen auch *Mann*, Arbeitstechnik, Rn. 158).

98 **b) Ausnahme: Die Sachverhaltsalternative.** Hilft das alles nicht und kommt man trotz intensiven Bemühens über die festgestellte Lücke im Sachverhalt nicht hinweg, bleibt nur übrig, die Fallbearbeitung auf „zwei Füße zu stellen": den ursprünglichen, aber lückenhaften Sachverhalt und eine selbstgeschaffene **Sachverhaltsalternative**, die den ursprünglichen Tatsachenstoff um eine aus dem „lückenhaften" Sachverhalt nicht plausibel erklärbare Tatsachenunterstellung anreichert.

Die Bildung einer **Sachverhaltsalternative** oder gar von mehreren Sachverhaltsalternativen hat allerdings fatale Folgen für die Fallbearbeitung; denn je nach Anzahl der gebildeten Sachverhaltsalternativen hat man es dann nicht mehr nur mit einem Rechtsfall, sondern entsprechend mit zumindest zwei oder gar mehreren Fallgestaltungen zu tun, die alle – eben alternativ – zu bearbeiten sind. Angesichts der in der Regel knapp bemessenen Zeit sind alternativ vorgehende Fallbearbeitungen im Rahmen einer Klausur daher so gut wie undurchführbar und auszuschließen. Aber auch in Hausarbeiten bereiten alternative Fallbearbeitungen eher Ungemach, weil man sich zeitlich und inhaltlich allzu leicht verzetteln und verrennen kann. Ehe man zu (vermeintlich zwingend gebotenen) Sachverhaltsalternativen Zuflucht nimmt, sollte man also das „richtige" Erfassen des Sachverhalts auf jede erdenkliche Weise „ausgereizt" haben. „Klausur- und hausarbeitstaktisch" ist der Griff nach Sachverhaltsalternativen jedenfalls zu vermeiden, ganz abgesehen davon, dass Sachverhalte, die zur Bildung von Sachverhaltsalternativen geradezu zwingen, ohnehin nur ausnahmsweise vorkommen (vgl. zur Problematik von Sachverhaltslücken und -alternativen auch *Fahse/Hansen*, Übungen, Kap. 4, Rn. 8).

99

c) **Erörterung der Rechtsfragen.** Nicht zu verwechseln mit der **Schließung von Sachverhaltslücken** und der **Bildung von Sachverhaltsalternativen** ist bei der Fallbearbeitung die **Erörterung von Rechtsfragen** auf der Basis alternativer Entscheidungsmöglichkeiten. **Rechtsfragen** sind anders als Sachverhaltsfragen **nie alternativ** zu behandeln, sondern immer eindeutig zu entscheiden. Dass zur Absicherung der eigenen rechtlichen Entscheidung unterschiedliche (auch alternative) Rechtsauffassungen zu diskutieren, gegeneinander abzuwägen und teilweise zu verwerfen sind, ist nichts weiter als ein unverzichtbares Erfordernis sorgfältiger Entscheidungsbegründung. Unterschiedliche (alternative) Rechtsmeinungen fordern zur Auseinandersetzung mit ihnen, nicht aber zur Bildung rechtlicher Lösungsalternativen auf. Soweit unterschiedliche Rechtsauffassungen mit entsprechend alternativen Entscheidungsmöglichkeiten die vom Aufgabensteller erwartete Fallbearbeitung in unerwünschte Bahnen lenken können, ist fast immer in der Aufgabenstellung selbst ein Hinweis enthalten, wie zu verfahren ist.

100

Typischerweise findet sich beispielsweise in der Aufgabenstellung manch öffentlich-rechtlicher Klausur oder Hausarbeit ein Vermerk zur „hilfsgutachtlichen" Fallprüfung: Sollte die Zulässigkeit der Klage (zu ergänzen wäre: aus Rechtsgründen) verneint werden, ist die Begründetheit im Rahmen eines Hilfsgutachtens zu prüfen (vgl. *Zilkens*, Der praktische Fall – Öffentliches Recht: Hausverbot im Planungsamt, JuS 2003, 165 ff., 165) oder: „Hat der Antrag Aussicht auf Erfolg? Prüfen Sie gegebenenfalls hilfsgutachtlich" (vgl. *Reimer*, Übungsklausur – Öffentliches Recht: Die Unfalldatenschreiber-Pflicht, JuS 2004, 44 ff., 44). Prinzipiell gilt Ähnliches auch für zivil- und strafrechtliche Klausuren oder Hausarbeiten, wobei aber anzumerken ist, dass die Frage einer etwa gebotenen hilfsgutachtlichen (hilfsweisen) Fallprüfung in straf- und zivilrechtlichen Fallbearbeitungen häufig vom Fallbearbeiter selbst aus dem Sinnzusammenhang des Gesamt-Sachverhalts zu beantworten ist. Mit dem in juristischen Fallbearbeitungen unzulässigen Schwebezustand einer unentschieden gebliebenen Rechtsfrage hat die für notwendig gehaltene hilfsgutachtliche Fallprüfung indessen nichts zu tun. Im Gegenteil: Die hilfsgutachtliche Fallprüfung vermeidet ja gerade das alternative Nebeneinander unterschiedlicher Lösungsmöglichkeiten, indem sie die (weitere) Fallbearbeitung auf lediglich eine (Lösungs-)Alternative reduziert.

101

5. Sachverhalt nicht manipulieren

Zu den „Todsünden" der juristischen Fallarbeit zählt die sog. **Sachverhaltsquetsche**. Obwohl Todsünde mit Garantie für das Misslingen einer juristischen Klausur oder Hausarbeit, ist die „Sachverhaltsquetsche" in juristischen Übungs- und Prüfungsarbeiten bis hinein in Examensklausuren und -hausarbeiten ein weit verbreiteter Bearbeitungsfehler.

102

Unter „Sachverhaltsquetsche" versteht man – bildlich ausgedrückt – das „Zurechtschneidern" des Sachverhalts, bis er „passt", und sonstige eigenmächtige Veränderungen des Sachverhalts, die an die Stelle der eigentlichen, ursprünglich gewollten, eine im Extremfall völlig andere rechtstatsächliche Bewertungs- und Beurteilungsgrundlage setzen (vgl. dazu auch *Möllers*, Arbeitstechnik, § 2 Rn. 8). Die Folgen sind – gelinde gesagt – verheerend; denn was dann als Fallbearbeitung abläuft, ist zwar möglicherweise die Bearbeitung und Lösung eines Rechtsfalls, aber mit Gewissheit nicht des Rechtsfalls, der als (Prüfungs)Gegenstand der ausgegebenen Klausur oder Hausarbeit hätte bearbeitet werden sollen (vgl. auch *Mann*, Arbeitstechnik, Rn. 156,159).

103 Mit „Sachverhaltsquetsche" werden (verbotene!) Manipulationen am oder im Sachverhalt bezeichnet, die alle als manchmal unmerklich eintretender Effekt aus einer methodologisch verfehlten Vorgehensweise bei der Fallbearbeitung herrühren. Korrekte Fallbearbeitung verlangt unter methodologischem Blickwinkel, einen **feststehenden und nicht veränderbaren Sachverhalt** unter einen Rechtssatz so ein- und unterzuordnen, dass überprüft werden kann, ob (der gefundene) Rechtssatz (Rechtsnorm) und (der vorgegebene) Sachverhalt inhaltlich „deckungsgleich" sind oder nicht (vgl. zur Subsumtion unten Erster Teil, C. III.). Aufgabe des Fallbearbeiters ist es demnach, für einen konkreten Sachverhalt, der rechtlich relevantes soziales Geschehen textlich wiedergibt, eine „passende" Rechtsnorm (Rechtssatz) zu suchen und nicht umgekehrt für eine (für anwendbar gehaltene oder „propagierte") Rechtsnorm (Rechtssatz) einen „passenden" Sachverhalt zu (er)finden (vgl. *Mann*, Arbeitstechnik, Rn. 159).

104 Schon kleinste Veränderungen des Sachverhalts können den eigentlich zu bearbeitenden Rechtsfall in einem ganz anderen (rechtlichen) Licht erscheinen lassen als vom Aufgabensteller beabsichtigt. Wenn in einem strafrechtlichen Sachverhalt „colorandi causa" über A als dem alleinigen Täter geschildert wird, dass er auf einer Feier „ordentlich" dem Alkohol zugesprochen hat, dann ist damit ausschließlich gesagt, dass A Alkohol in einiger Menge zu sich genommen hat. Dagegen ist damit nicht erklärt, dass A angetrunken oder betrunken war oder ist und schon gar nicht, dass A sich aufgrund seiner Alkoholisierung zum Zeitpunkt des maßgebenden Tatgeschehens in einem seine Schuld ausschließenden Zustand befand (vgl. zu diesem Beispiel *Fahse/Hansen*, Übungen, Kap. 4, Rn. 4). Wer ungeachtet dessen – vielleicht angeregt durch das vermeintlich Typische der geschilderten Tatvorgänge oder das „nach allgemeiner Lebenserfahrung" als gegeben Anzunehmende – bei der Fallbearbeitung von Schuldunfähigkeit des A ausgeht und/oder die strafrechtliche Fallprüfung auf Fragen der „actio libera in causa" oder des „Vollrauschs" gem. § 323 a StGB fokussiert, dem gerät die Fallprüfung „aus den Fugen"; denn er tut genau das, was nicht sein darf; er „quetscht" (manipuliert) den Sachverhalt, weil er die Problemkonstellation „Schuldfähigkeit/actio libera in causa/Vollrausch gem. § 323 a StGB" als maßgeblich für die Lösung des Rechtsfalls ansieht und ohne die „Sachverhaltsquetsche" den in Klausuren oder Hausarbeiten ja so beliebten Problembereich „Schuldfähigkeit/actio libera in causa/Vollrausch gem. § 323 a StGB" nicht (genüsslich) ausdiskutieren könnte (vgl. zur „Sachverhaltsquetsche" auch *Möllers*, Arbeitstechnik, § 2 Rn. 8).

105 Es sind vor allem zwei Beweggründe, die viele Fallbearbeiter immer wieder in den Hohlweg der „Sachverhaltsquetsche" hineinführen. Zum einen sind es nach bloß kursorischer Kenntnisnahme des im Sachverhalt beschriebenen Geschehens allzu rasche und vom wirklichen Sachverhalt „ungetrübte" Festlegungen auf rechtliche Fragestellungen, die kurzschlüssig als das Kernproblem des zur Aufgabe gestellten Rechtsfalls diagnostiziert werden. Zum anderen verbaut profunde Kenntnis von Rechtsproblemen mitunter den Blick für Problemkonstellationen, die in einem Sachverhalt tatsächlich zur Diskussion auffordern, etwa wenn dem Fallbearbeiter wichtige Gerichtsentscheidungen mit – freilich nur scheinbar – gleich gelagerter Rechtsproblematik bekannt sind, oder er aufgrund seiner Kenntnis zahlreicher, in der Lehrbuch- und Kommentarliteratur erörterter Meinungsstreitigkeiten deren jeweils zugehörige rechtliche Problematik fälschlich mit den rechtstatsächlichen Vorgaben des konkret zu bearbeitenden Sachverhalts assoziiert. In dem einen wie im anderen Falle „besteht die verständliche Neigung, den Sachverhalt als „alten Bekannten" zu begrüßen und erleichtert die „geläufige Lösung" herunterzuschreiben (so treffend *Mann*, Arbeitstechnik, Rn. 159 m. w. Nachw.).

106 Dies (über sich) als Fallbearbeiter zu wissen, kann dazu beitragen, dem Fallstrick der „Sachverhaltsquetsche" nicht zu erliegen: Findet man sich in genau der soeben beschriebenen Bearbeitungssituation wieder, ist selbstkritisch die bisherige Arbeit am und mit dem Sachverhalt zu überprüfen, um so ggf. und noch rechtzeitig (!) zur unbefangenen und unvoreingenommenen Wahrnehmung des Sachverhalts zurückkehren zu können. Von ersichtlich notwendiger und darum zulässiger Ergänzung des Sachverhalts (Schließung von Sachverhaltslücken) abgesehen, ist solch unbefangene und unvoreingenommene Erarbeitung des Sachverhalts vor allem und allein dann gewährleistet, wenn man sich im Verstehen des Sachverhalts strikt daran orientiert, dass zur sachrichtigen Auffassung vom Sachverhalt nur dasjenige herhalten kann und darf, was ausdrücklich im Sachverhaltstext benannt ist. Umgekehrt gilt alles, was nicht ausdrücklich geschildert oder beschrieben ist, als nicht geschehen, nicht vorhanden, nicht gegeben. Wer diese Grundregeln zur (sachgerechten) Sachverhaltserfassung beherzigt, hat allerdings kaum Anlass, sich „entspannt zurückzulehnen": Die Arbeit am und mit dem Sachverhalt ist und bleibt so oder so ein „schwieriges Geschäft" (vgl. dazu noch *Wörlen/Schindler/Balleis*, Anleitung, Rn. 25 ff.).

6. Praktische Arbeitstechnik

107 Und noch einmal: Erst das wechselbezügliche Zusammenspiel von Prüfungsgegenstand und Aufgabenstellung, von Sachverhalt und Fallfrage(n) stellt den zu bearbeitenden Rechtsfall her. Gelesen und verstanden werden muss der Sachverhalt daher stets unter dem Blickwinkel der konkreten Fallfrage(n). Die Arbeit am und mit dem Sachverhalt ist dementsprechend trotz aller erforderlichen Distanz und „Neutralität" zum Sachverhaltstext immer interessengeleitet; denn es geht dem Fallbearbeiter ja letztlich darum, die Aufgabenstellung abzuarbeiten und die konkrete(n) Fallfrage(n) zu beantworten.

108 a) **Brainstorming, Stoffsammlung.** Das (erste) Durchlesen und Durcharbeiten des Sachverhaltstextes ist folglich bereits der Einstieg in die auf eine Lösung des Rechtsfalls ausgerichtete Fallbearbeitung. Was sich dem Fallbearbeiter im Prozess seines Sachverhaltsverstehens **spontan und intuitiv** als problembezogen und ergebnis- bzw. lösungsträchtig aufdrängt, ist in Form einer Kurznotiz zu **vermerken** und (vollständig!) zu **sammeln**. Die gedankliche Durchdringung des Sachverhalts besteht zu einem wesentlichen Teil in nichts anderem als in einer **Stoffsammlung** (für die schriftliche Ausarbeitung der Klausur oder Hausarbeit), der Entwicklung und Sammlung von Überlegungen, Gedankensplittern, Ideen und sonstigen Einfällen, die zur Beantwortung der konkreten Fallfrage(n) und schließlich zur Lösung des Rechtsfalls beitragen können.

109 Zu vergleichen ist diese (unverzichtbare) Stoffsammlung mit dem, was in anderen Sachzusammenhängen mit dem Verfahren des „brainstorming" als Methode zur Erarbeitung kreativer Problemlösungen bezweckt wird (vgl. dazu *Möllers*, Arbeitstechnik, § 2 Rn. 4 mit Rn. 9; *Mann*, Arbeitstechnik, Rn. 161): Es geht darum, die rechtstatsächlichen und rechtlichen Informationen des Sachverhalts mit dem (rechtlichen) Bedeutungsgehalt der konkreten Fallfrage(n) zu konfrontieren, um so die im Sachverhalt mitgeteilten (Rechts-)Tatsachen aus der Beurteilungsperspektive der konkreten Fallfrage(n) zu bewerten und zu deuten. Die Ergebnisse dieser **Beurteilungs- und Bewertungsvorgänge** bilden die substantielle Grundlage, auf der die gesamte Fallbearbeitung beruht. Sie gehen zunächst noch ungeordnet und ohne Vergewisserung über ihre tatsächliche Relevanz für die eigentliche Lösung des Rechtsfalls als (vorläufiges) Arbeitsmaterial in die Stoffsammlung ein und werden erst nach und nach im Verlauf der weiteren Fallbearbeitung genauer „unter die Lupe genommen".

110 Es liegt auf der Hand, dass sich vieles von dem, was spontan und intuitiv als „Stoff" gesammelt ist, später als nicht lösungsrelevant herausstellt und zu vernachlässigen ist. Das kann schon beim zweiten oder dritten Durchgang durch den Sachverhalt als insgesamt „arbeitsentlastender" Effekt einer zunehmend „fallfragengeläuterten" Bearbeitung des Sachverhalts eintreten. Umgekehrt können sich – ganz im Sinne eines wiederholten brainstormings – zusätzliche Aspekte als weitere in die Stoffsammlung einzubeziehende Merkposten herauskristallisieren. Aber alles das schadet nicht. Im Gegenteil: Vorbehaltlich sorgfältiger, lösungsorientierter **Relevanzkontrolle** kann es ein zuviel an „Stoff" gar nicht geben, weil selbst das, was später als unwichtig wegfällt, Gewähr dafür bietet, nichts übersehen zu haben.

111 b) **Hilfsmittel für die Stoffsammlung.** Diverse Hilfsmittel stehen für eine **effektive Stoffsammlung** zur Verfügung. Angefangen von Unterstreichungen, verschiedenfarbigen Markierungen und/oder symbolischen Interpunktionen (Ausrufezeichen, Fragezeichen) im Sachverhaltstext bis hin zur Anfertigung von Skizzen und Zeittafeln (vgl. dazu *Möllers*, Arbeitstechnik, § 2 Rn. 5 f.; *Mann*, Arbeitstechnik, Rn. 162 f.) sind der Phantasie, wie der „gesammelte Stoff" möglichst transparent und prägnant zu vermerken ist, keine Grenzen gesetzt. Bei Hausarbeiten empfiehlt sich, den Sachverhaltstext gleich mehrfach zu kopieren und auf den Kopien etwaige Unterstreichungen, farbliche Markierungen und symbolische Interpunktionen anzubringen, da der Originaltext des Sachverhalts mit Aufgabenstellung zur abzugebenden Hausarbeit gehört (vgl. Erster Teil, E. I. 2.). Im Übrigen eignen sich gesonderte Merkblätter für Kurznotizen, Vermerke, Skizzen, sonstige Zeichnungen etc. noch am besten.

112 Vor allem in zivilrechtlichen, aber auch in öffentlich-rechtlichen, weniger dagegen in strafrechtlichen Klausuren und Hausarbeiten hat sich die Anfertigung von Skizzen zur Verdeutlichung des Sachverhalts bewährt. Zum einen lassen sich auch komplexe Rechtsbeziehungen zwischen mehreren im Sachverhalt auftretenden Personen graphisch gut erfassen. Zum anderen gelingt es mit Hilfe von Skizzen, rechtlich relevante Geschehensabläufe mit sich überlagernden Rechtsverhältnissen verschiedener Beteiligter überschaubar darzustellen. Beides dient der Durchsichtigkeit und Klärung des Zusammenhangs zwischen konkreter Fallfrage und Sachverhalt.

113 Geht es beispielsweise in einem zivilrechtlichen Sachverhalt um das Zustandekommen eines Vertrages zwischen zwei Personen, könnte die Skizze so aussehen:

Handelt es sich bei dem in Frage stehenden Vertrag um einen Kaufvertrag, ließe sich wie folgt skizzieren:

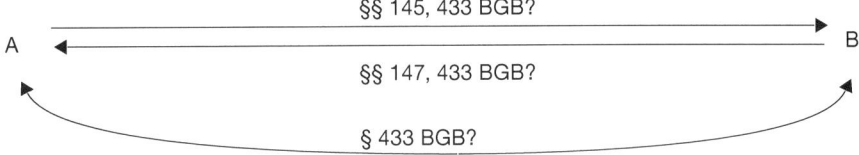

Wäre nicht das Zustandekommen eines wirksamen Kaufvertrages, sondern die Vertragserfüllung durch A in Form der Eigentumsverschaffung an der verkauften Sache fraglich, ergäbe sich wieder ein anderes Bild:

Bedient sich A in seinen Geschäften mit B des C, taucht die Problematik der Stellvertretung auf:

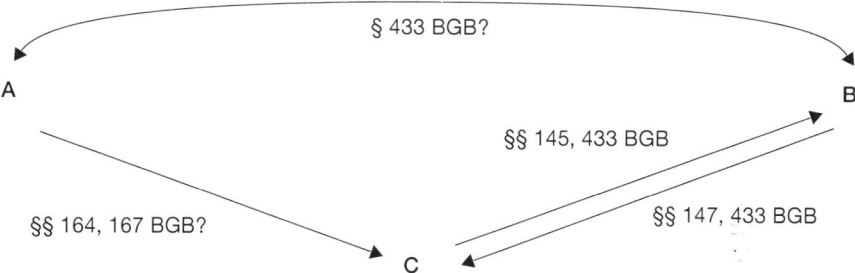

Abschließend noch ein weiteres Skizzenbeispiel mit vorausgehendem – kurzen – Sachverhalt und konkreter Fallfrage:

Sachverhalt: E hat vor einer längeren Auslandsreise ihren Schmuck der besten Freundin F übergeben mit der Bitte, ihn bis zu ihrer Rückkehr zu verwahren. F legt den Schmuck der E zu ihrem eigenen in eine Schmuckkassette, ohne den der E gehörigen Schmuck besonders zu kennzeichnen. Überraschend stirbt F bald darauf an einem Herzschlag. Ihr einziger Erbe N veräußert den Schmuck der F und auch den der E, weil er davon ausgeht, er habe seiner Tante (F) gehört. Erwerber des Schmucks der E ist K. Der Kaufpreis beträgt 1.500,– EUR.
Das Geld verwendet N für eine ihm sonst nicht mögliche Seereise.
Konkrete Fallfrage: Welche Ansprüche hat die E gegen N und K?

Die dazugehörige **Fallskizze** umfasst nicht lediglich die möglichen Rechtsbeziehungen zwischen der Anspruchstellerin E und den Anspruchsgegnern N und K, sondern bezieht auch die Rechtsbeziehungen zwischen E und F und die zwischen F und N mit ein. Auf diese Weise wird das Beziehungsgeflecht der mehreren im Sachverhalt auftretenden Personen „entflochten" und transparent gemacht und zugleich – quasi wie von selbst – ein gut strukturiertes Prüfprogramm für die sich anschließende Fallbearbeitung (mit-)produziert.

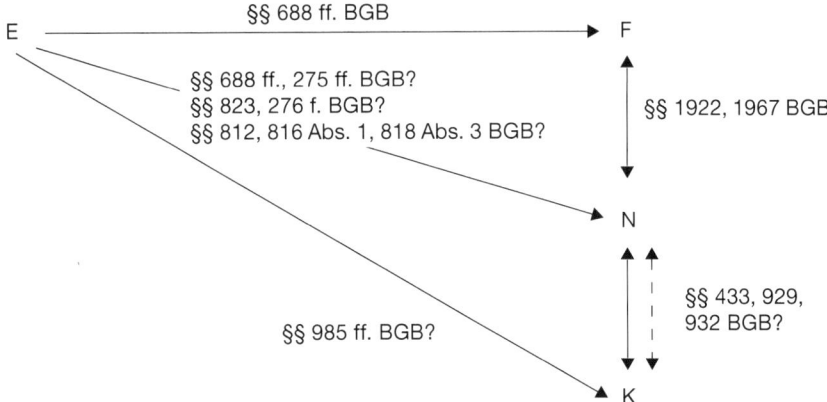

115 Eine gut durchdachte und vollständige Fallskizze ist – das lässt sich dem bisher Dargestellten wohl schon entnehmen – mehr als nur zeichnerische Umsetzung des Sachverhalts. Was das geforderte korrekte Verstehen von Sachverhalt und Fallfrage(n) mit darauf fußender Fallbearbeitung betrifft, ist sie nicht selten bereits – wie man so sagt – die „halbe Miete" (vgl. zu weiteren Skizzenbeispielen *Möllers*, Arbeitstechnik, § 2 Rn. 5; *Mann*, Arbeitstechnik, Rn. 163).

116 Als ähnlich hilfreich können sich differenzierte **Zeittabellen** oder **Zeittafeln** erweisen. Sie bringen verschachtelte und ineinander übergehende Geschehensabläufe in komplexen Sachverhalten in eine chronologische Reihenfolge und Ordnung und gewährleisten auf diese Weise, die zeitlichen Dimensionen eines Sachverhalts vollständig und „richtig" zu erfassen. Insbesondere in zivilrechtlichen, zumal in sachen- oder erbrechtlichen, aber auch in verwaltungsrechtlichen und ganz allgemein in prozessrechtlichen Klausuren und Hausarbeiten können Zeitpunkte, Fristen etc. eine erhebliche Rolle spielen. Konkrete Zeitangaben in Sachverhalten sind in aller Regel nicht ausschmückend, sondern für die Wirksamkeit von Rechtsgeschäften und (einseitigen) rechtsgeschäftlichen Willenserklärungen, für fristgebundene Anfechtungsrechte, für die Zulässigkeit von Klagen und Rechtsmitteln von fallentscheidender Bedeutung. Über sie und darüber, in welchem rechtlichen Kontext sie zueinander stehen können, muss sich der Fallbearbeiter daher detailliert Klarheit verschaffen. Das mag bei „einfachen" Sachverhalten noch ohne Rückgriff auf Zeittabellen und/oder Zeittafeln gelingen. Bei komplexen und komplizierten Sachverhalten mit Mehrpersonenverhältnissen oder mehreren aufeinander bezogenen Zweipersonenverhältnissen nebst miteinander verwobenen rechtsgeschäftlichen Vorgängen oder anderen rechtlich relevanten Ereignissen oder Geschehensabläufen sind Zeittabellen und Zeittafeln dagegen unentbehrliche Hilfsmittel zur vollständigen und „richtigen" Erfassung des Sachverhalts (vgl. auch *Möllers*, Arbeitstechnik, § 2 Rn. 6).

III. Die Subsumtionstechnik

117 Die Arbeit am und mit dem Sachverhalt, die strikt sachverhaltsbezogene und -gebundene „Zurüstung" und „Qualifizierung" von (wenig aussagekräftigen) Fallfragen (vgl. dazu noch *Wörlen/Schindler/Balleis*, Anleitung, Rn. 32 ff.), das in seiner Genauigkeit kontinuierlich fortschreitende Verdeutlichen des (wechselbezüglichen) Zusammenhangs zwischen (konkreten) Fallfragen und Sachverhalt bzw. sachlich zugehörigen Sachverhaltsteilen, das Analysieren und gedankliche Zerlegen des Sachverhalts aus der „Filterperspektive" der erarbeiteten Fallfragen, das insoweit gegenläufige „Wiederzusammenfügen" ausdifferenzierter Sachverhaltsteile kombiniert mit dem „richtigen" Verstehen des Sachverhalts als eines „Sinnganzen" und schließlich eine (vorläufige) Stoffsammlung nach Art eines „brainstormings": Das alles und noch mehr sind wesentliche Bausteine der juristischen Fallarbeit, die allein darauf aus ist, auf die in der Aufgabenstellung einer Klausur oder Hausarbeit formulierten (konkreten bzw. konkretisierten) Fallfragen eine auf ihre „Richtigkeit" kontrollierbare Antwort zu finden. Der entscheidende Schritt hin zu einer schlüssigen Antwort auf die vorgegebenen Fallfragen ist mit all dem indessen noch nicht getan. Zwar liefert die von Intuition und Spontaneität bestimmte erste und vorläufige Stoffsammlung, das rechtliche Durchdringen des „richtig" verstandenen Sachverhalts nach Art eines „brainstormings", eine Fülle von Anhaltspunkten für denkbare Antworten auf die gestellten Fallfragen; ob beispielsweise dem A aber tatsächlich ein Anspruch auf Schadensersatz, ein Anspruch auf Lieferung oder ein Anspruch auf Herausgabe einer Sache gegen B zusteht, ob der A sich tatsächlich gem. § 263 StGB wegen Betruges oder gem. § 266 StGB wegen Untreue strafbar gemacht hat, oder ob die dem A erteilte Baugenehmigung tatsächlich wegen Verstoßes gegen nachbarschützende Vorschriften rechtswidrig ist, so dass eine (Anfechtungs-)Klage des B erfolgreich wäre, das bleibt offen und steht nach wie vor zur Debatte.

1. Das Aufsuchen „passender" Rechtssätze

Einen kleinen Vorgeschmack auf das, was auf dem Weg zur Lösung des jeweiligen Rechtsfalls nach korrekter Erfassung von Fallfrage(n) und Sachverhalt als nächstes abzuarbeiten ist, hat bereits die erste, vorläufige Stoffsammlung vermittelt. Was nach Art eines „brainstormings" mehr spontan, intuitiv und auch rechtlich unreflektiert als erste Stoffsammlung betrieben worden ist, nämlich das Vorantasten in rechtliche Fragestellungen und das Entdecken und Zuordnen von Rechtsproblemen, muss im Sinne einer zweiten, sich anschließenden Stoffsammlung sehr viel disziplinierter und strukturierter angegangen werden. Es geht darum, die durch entsprechend konkrete bzw. konkretisierte Fallfragen bestimmten und begrenzten, vom Sachverhalt umfassten Rechtsprobleme zu sondieren und nach Rechtnormen zu suchen, die für ihre Lösung „einschlägig" sein können. Auch hierbei gilt freilich, dass das Eine nicht ohne das Andere und umgekehrt zu bewerkstelligen ist: das Hin- und Herwandern des Blicks zwischen konkretem Lebenssachverhalt und dazugehörigem Recht begleitet die juristische Fallbearbeitung bis zur (endgültigen) Lösung des Rechtsfalls.

Die Suche nach „einschlägigen" Rechtsnormen ist in einem ersten Schritt nichts anderes als das Aufsuchen „passender" Rechtssätze. Es handelt sich dabei um gesetzliche oder sonstige rechtliche Vorschriften, die entweder je für sich oder im rechtlich zusammenwirkenden Verbund diejenige(n) Rechtsfolge(n) „liefern", nach der (denen) in der konkreten Fallfrage gefragt ist.

Wenn etwa – vornehmlich in zivilrechtlichen Klausuren und Hausarbeiten – nach Schadensersatz gefragt ist (vgl. nur B. I., *Fallfrage(n) 1 zu b)* = K fordert von V nun Ersatz von 900 Euro), ist nach Rechtssätzen, und zwar nur nach solchen zu suchen, die als Rechtsfolge „Schadensersatz" vorsehen oder anordnen. Ist das Begehren eines Anspruchstellers auf „Herausgabe" einer Sache gerichtet, sind nur solche Rechtsnormen von Belang, die von ihrer Rechtsfolgenseite her auf „Herausgabe" einer Sache abzielen oder doch wenigstens die „Herausgabe" einer Sache ermöglichen. Das können Rechtssätze wie z. B. § 985 BGB (Herausgabeanspruch des Eigentümers), § 1007 BGB (Herausgabeanspruch des früheren Besitzers) oder § 861 BGB (Wiedereinräumung des Sachbesitzes bei sog. verbotener Eigenmacht) sein. Aber auch aus § 823 BGB lässt sich in Verbindung mit § 249 S. 1 BGB ein Anspruch mit der Rechtsfolge „Herausgabe" einer Sache herleiten; ebenso verhält es sich mit § 812 BGB (vgl. dazu *Medicus/Petersen*, Bürgerliches Recht, § 1 Rn. 3).

121 Ist in einer öffentlich-rechtlichen Klausur oder Hausarbeit nach der Rechtmäßigkeit einer Ordnungsverfügung (oder sonstigen behördlichen Maßnahme) gefragt, richtet sich die Suche nach „passenden" Rechtssätzen u. a. auf alle Rechtsnormen, die eine Ermächtigungsgrundlage für das behördliche Handeln abgeben können, ganz gleich, ob es sich dabei um spezielle Befugnisnormen oder um Generalklauseln handelt (vgl. *Mann*, Arbeitstechnik, Rn. 191).

122 Prinzipiell dasselbe gilt auch für strafrechtliche Klausuren und Hausarbeiten: Reduziert sich die konkrete oder konkretisierte Fallfrage auf etwaige Vermögensstraftaten, sind „einschlägig" alle diejenigen Strafrechtssätze (gesetzlichen Straftatbestände), durch die das Rechtsgut „Vermögen" geschützt oder doch zumindest mitgeschützt wird (z. B. die §§ 263 ff., 266, aber auch § 253 StGB). Zu beachten bleibt freilich, dass sich vor allem bei strafrechtlichen Fragestellungen der Bezugspunkt für „Einschlägigkeit" von der „Rechtsfolgenseite" der zu suchenden Rechtssätze auf die „Voraussetzungsseite" der in Betracht kommenden Rechtsnormen „wegverlagert" und das Aufsuchen „passender" Rechtssätze auf diese Weise bereits einen Teilaspekt der erst noch durchzuführenden Subsumtion betrifft. Im eigentlichen Sinne „rechtsfolgenorientiert" kann die Suche nach „passenden" Rechtssätzen denn auch nur dort erfolgen, wo die Fallfragen - wie eben insbesondere in zivilrechtlichen und teilweise in öffentlich-rechtlichen Klausuren und Hausarbeiten - auf bestimmte (Klage-)Begehren von möglichen Anspruchstellern ausgerichtet sind und es der Sache nach um das Bestehen oder Nichtbestehen von Rechtsansprüchen geht.

123 a) **Antwortnorm und Hilfsnorm.** Das Aufsuchen „passender" Rechtssätze wird – woran immer wieder zu erinnern ist – durch die jeweils konkrete(n) Fallfrage(n) qualitativ-inhaltlich bestimmt und begrenzt („Nicht mehr, aber auch nicht weniger, vgl. C. I."). Innerhalb dieses „Suchrahmens" kommt es zunächst darauf an, nicht lediglich solche rechtlichen Vorschriften zu ermitteln, aus denen sich schon auf den ersten Blick die Beantwortung der Fallfrage(n) ergeben könnte, sondern auch solche rechtlichen Vorschriften, die für die Beantwortung der Fallfrage(n) eine bloß „denkmögliche" Rechtsgrundlage zu sein scheinen und dies ggf. auch nur nach weiteren „gedanklichen Operationen", sei es in Gestalt einer inhaltlichen Konkretisierung durch Auslegung (vgl. dazu sogleich unter III. 2. und 4.), sei es durch Einbeziehung und Anwendung zusätzlicher, die angedachten, aber noch lückenhaften Rechtsgrundlagen vervollständigender Rechtssätze.

124 Dementsprechend kann man die unmittelbar auf die Beantwortung der gestellten Fallfrage(n) ausgerichteten Rechtssätze – soweit sie für die „erfragten" Rechtsfolgen oder ganz allgemein für das Erfragte etwas „Positives" hergeben – als Antwortnorm, die sie ergänzenden Rechtssätze als Hilfsnormen bezeichnen, um so die unterschiedliche Funktion, die den verschiedenen Rechtsvorschriften im Sachzusammenhang der Fallbearbeitung zukommt, hervorzuheben (vgl. dazu *Mann*, Arbeitstechnik, Rn. 191/92 m. Nachw.). In bzw. an der Sache, nämlich dem Aufsuchen „passender" Rechtssätze als einer zweiten Stoffsammlung, ändert diese vielleicht verdeutlichende Terminologie indessen nichts.

125 b) **Gegennorm.** Mit der Suche nach (und natürlich dem Auffinden von) allen denkmöglich als sog. Antwort- und Hilfsnormen in Betracht kommenden Rechtsvorschriften ist das Aufsuchen „passender" Rechtssätze noch nicht zu Ende; denn zu den „passenden" Rechtssätzen gehören auch diejenigen Rechtsvorschriften, die das Bestehen eines Anspruchs, die Ermächtigung für eine behördliche Maßnahme, die Begründung eines Rechtsverhältnisses, die Rechtswidrigkeit eines „tatbestandsmäßigen Verhaltens" etc. in Frage stellen oder sogar ausschließen. Das Aufsuchen „passender" Rechtssätze erstreckt sich daher auch auf sog. Gegennormen (vgl. *Mann*, Arbeitstechnik, Rn. 191/92 m.

Nachw. in dort. Anm. 247), die beispielsweise rechtshindernde oder rechtsvernichtende Einwendungen, dilatorische oder peremptorische Einreden, Rechtfertigungsgründe, andere Erlaubnissätze (Befugnisse) oder auch Duldungspflichten etc. enthalten. Die Suche nach „einschlägigen" Rechtsnormen ist daher erst dann zu einem brauchbaren Arbeitsergebnis gebracht, wenn – durch die „Brille" der konkreten Fallfrage(n) betrachtet – alle Rechtssätze ermittelt sind, die als sog. Antwort-, Hilfs- und/oder Gegennormen im Wege einer rechtlichen Zusammenschau möglicherweise zur Beantwortung der konkreten Fallfrage(n) führen können.

126 Noch ein Wort zur Vollständigkeit der (zweiten) Stoffsammlung: Der Appell, **sämtliche** Rechtssätze aufzusuchen (und zu finden), die in irgendeiner Weise die Beantwortung der konkreten Fallfrage(n) tangieren können, besagt in erster Linie, die Suche nach „einschlägigen" Rechtsnormen nicht von vornherein auf diejenigen Rechtsvorschriften zu beschränken, die schließlich die Lösung des Rechtsfalls tragen. Zum einen wäre es eine Überforderung des Fallbearbeiters, bereits im Rahmen der (zweiten und noch immer vorläufigen) Stoffsammlung das Aufsuchen „einschlägiger" Rechtsnormen auf diejenige Rechtsvorschriften reduzieren zu sollen, auf die nach Abschluss der Fallbearbeitung die Lösung des Rechtsfalls (ausschließlich) gegründet wird. Zum anderen versteht sich das Aufsuchen und Sammeln „passender" Rechtssätze im methodischen Ablauf der Fallbearbeitung als Beschaffung von rechtlichem Material, das auf seine „Lösungsträchtigkeit" und Begründungstauglichkeit erst noch überprüft werden muss. Im Bearbeitungsstadium der Normensuche und -sammlung (vgl. *Mann*, Arbeitstechnik, Rn. 192) verbietet sich daher jeder normselektierende Vorgriff auf die Lösung des Rechtsfalls (was aber nicht ausschließt, dass bereits Lösungsmöglichkeiten und -alternativen „im Kopf herumgeistern").

127 c) **Rechtsgutachtliche Anforderungen.** Ein Drittes kommt hinzu: Die Fallbearbeitung in juristischen Klausuren und Hausarbeiten stellt mitsamt ihrer schriftlich fixierten Fallprüfung und -lösung ein **Rechtsgutachten** dar. Charakteristikum eines Rechts**gutachtens** und damit Qualitätsmerkmal jeder rechtsgutachtlichen Fallbearbeitung ist die Überprüfung **aller denkmöglichen Lösungswege** im Sinne einer umfassenden Erörterung der Rechtslage. Der Prüfungsumfang ist zwar durch Sachverhalt und konkrete Fallfrage(n) bestimmt und begrenzt. Aber innerhalb dieses Prüfungsrasters geht es bei der rechtsgutachtlichen Fallbearbeitung darum, **alle** denkbaren Lösungsmöglichkeiten auf ihre Schlüssigkeit zu überprüfen und auf breiter Begründungsbasis aufzuzeigen, dass und warum die eine oder andere zunächst als plausibel eingeschätzte Lösungsvariante zu verwerfen ist.

128 Dass in der schriftlichen Ausarbeitung der rechtsgutachtlichen Fallprüfung nebst -lösung unter Umständen sogar ein Großteil der ursprünglich für „lösungsintensiv" gehaltenen Rechtssätze gar nicht mehr vorkommt, widerspricht dem nicht; denn die schriftliche Ausarbeitung der rechtsgutachtlichen Fallprüfung greift nur solche Rechtsnormen erörternd auf, die als „passende" oder auch „einschlägige" Rechtssätze im Bezugsrahmen von Sachverhalt und konkreter Fallfrage für die Lösung des Rechtsfalls **entscheidungserheblich** sind. Um jetzt keine Missverständnisse aufkommen zu lassen: Zu den entscheidungserheblichen Rechtsnormen zählen nicht nur diejenigen, die am Ende die gefundene Lösung des Rechtsfalls tragen, sondern natürlich auch alle Rechtssätze, die das Prüfungsergebnis in Frage stellen könnten, aber nach genauerer Prüfung dann doch nicht durchschlagen, Rechtssätze also, die zuvor als sog. Gegennormen ebenfalls in den Begründungszusammenhang für die erarbeitete Lösung des Rechtsfalls hineingehören.

129 d) **Nur „einschlägige" Rechtssätze.** Das gebotene Streben nach Vollständigkeit der (zweiten) Stoffsammlung darf nicht dazu verleiten, die Suche nach „einschlägigen" Rechtsnormen ins Uferlose oder – noch schärfer gesagt: – „Abwegige" auszudehnen.

So selbstverständlich diese Regel zur Bearbeitung von Rechtsfällen erscheinen mag, so schwierig ist ihre praktische Umsetzung im Einzelfall; denn: Was ist und bedeutet „abwegig"? Ist die Prüfung einer Rechtsnorm schon deshalb abwegig, weil sie mit der Lösung des Rechtsfalls nichts (mehr) zu tun hat? Wie verhält es sich mit der Prüfung von Rechtssätzen, die nach dem Sinn des Zusammenspiels von Sachverhalt und konkreter Fallfrage zwar nicht veranlasst ist, die aber Rechtssätze betrifft, die in einem wenn auch weit entfernten Zusammenhang mit dem Sachverhaltsgeschehen stehen (können)? Und wie ist es mit der Prüfung von Rechtsnormen bestellt, die erst qua Sachverhaltsergänzung oder Sachverhaltsalternativen in die Fallbearbeitung Eingang finden?

130 Die Frage, was in einer Fallprüfung „abwegig" ist, lässt sich – wie man schon ahnt – nicht allgemeingültig beantworten (so auch *Mann*, Arbeitstechnik, Rn. 193 m. w. Nachw.) Die Quintessenz daraus: Das „Abwegigkeitsrisiko" trägt immer der Fallbearbeiter. Klein halten kann man dieses Risiko, wenn man sich bei der Suche nach „passenden" Rechtssätzen der konkreten Umstände des geschilderten Rechtsfalls bewusst ist und stets darauf achtet, dass die Fallprüfung im Blick auf diese konkreten Umstände des Einzelfalls im Sinne „brauchbarer Entscheidungen" plausibel bleibt. Auch der Schwierigkeitsgrad und der Umfang der erforderlichen Fallprüfung können die Abgrenzung des Abwegigen vom „Nochnichtabwegigen" mitbestimmen und erleichtern.

131 Um es an einem Beispiel aus dem Strafrecht zu verdeutlichen: Wenn der Sachverhalt einer Strafrechtsklausur oder -hausarbeit keine Anhaltspunkte dafür liefert, dass dem Alleintäter A bei seiner Tat das Unrechtsbewusstsein gefehlt und er dementsprechend in einem (schuldausschließenden) unvermeidbaren Verbotsirrtum (vgl. § 17 StGB) gehandelt haben könnte, dann wäre die Prüfung des § 17 S. 1 StGB allein deshalb, weil man alle „Eventualitäten" vorsichtshalber absichern will, oder weil man sich im Rekurs auf das Unrechtsempfinden einer höchst fragwürdigen Allgemeinheit nicht traut, einen solchen Verbotsirrtum auszuschließen, weder plausibel noch sonst angezeigt und eben darum „abwegig" (vgl. zu einem Beispiel von „Nichtabwegigkeit" bei *Mann*, Arbeitstechnik, Rn. 193).

2. Die Anwendung der Rechtssätze

132 Bereits beim Aufsuchen „passender" Rechtssätze und im Bemühen um eine möglichst vollständige (zweite) Stoffsammlung hat sich im Kopf des Fallbearbeiters – zumeist unreflektiert und wie von selbst – das abgespielt, was **nach** Abschluss der Normensuche und -sammlung im Kontext der Fallprüfung außerordentlich planvoll und gut strukturiert und vor allem nicht bloß intuitiv und unreflektiert, sondern im Gegenteil sehr rational und reflektiert vor sich gehen muss: Die Anwendung der aufgesuchten Rechtssätze auf den durch die Brille der konkreten Fallfragen „operationalisierten" und korrekt verstandenen Sachverhalt. Diese **Rechtsanwendung** dient allein dem Ziel, die als „einschlägig" erarbeiteten Rechtssätze entweder je für sich oder im Verbund mehrerer ineinander greifender Rechtssätze eines ganzen Normenkomplexes auf ihre „Lösungsträchtigkeit", Begründungstauglichkeit und Entscheidungserheblichkeit zu überprüfen. Im **Vorgang der Rechtsanwendung** geht dieser Überprüfung die Feststellung voraus, **dass die** jeweils in Frage stehende **Rechtsnorm** auch tatsächlich **anwendbar ist**. Ob aber ein Rechtssatz auf den konkreten Sachverhalt überhaupt Anwendung finden kann (und für den Fall seiner Anwendbarkeit gar angewandt werden muss), das entscheidet sich erst nach Durchführung einer spezifisch juristischen Prozedur: der **Subsumtion** (abgeleitet von (lat.) subsumere = einordnen, unterordnen).

133 a) **Das Strukturmodell der Subsumtion.** Unter Subsumtion versteht man im Kontext von Rechtsanwendung die Ein- oder Unterordnung eines konkreten Lebenssachverhalts (bei zu bearbeitenden Klausuren und Hausarbeiten also: des vom Aufgabensteller ausgegebenen Sachverhalts) unter die abstrakt formulierten Elemente einer Rechtsnorm. Sinn

des Ganzen ist zu untersuchen, ob der konkrete Lebenssachverhalt von der Rechtsnorm bzw. ihren Einzelelementen inhaltlich miterfasst ist oder mangels inhaltlicher Deckungsgleichheit aus dem Anwendungsbereich der Rechtsnorm herausfällt (vgl. zur Subsumtion auch die Ausführungen bei *Möllers*, § 2 Rn. 23 ff., 27). Dazu bedient sich der Rechtsanwender eines tradierten Denkmodells der formalen Logik, des sog. **syllogistischen Schlussverfahrens**.

Strukturell besteht der Syllogismus aus **zwei Prämissen** (auch: Urteilen, Werturteilen oder – funktional: – zwei Vordersätzen) und einer Konklusion (Schlusssatz bzw. Schlussfolgerung). Der sog. **Majorprämisse** (propositio maior = **Obersatz**) wird eine zweite Prämisse, die **Minorprämisse** (propositio minor = **Untersatz**) zugeordnet. Sind beide Prämissen in einem sog. **Mittelbegriff** inhaltlich deckungsgleich, ergibt sich eine die anderen Begriffe der Prämissen verknüpfende **neue Aussage** (auch: Urteil, Werturteil oder – funktional: – conclusio = **Schlusssatz**, Schlussfolgerung). Dazu das folgende (entnommen aus *Brockhaus*, Enzyklopädie, Stichwort „Syllogismus") beliebte

Bsp.:

1. Prämisse:	Alle Menschen sind sterblich	*Mittelbegriff:* „Mensch"
2. Prämisse:	Sokrates ist ein Mensch	
Konklusion:	**Sokrates ist sterblich**	

Ein weiteres **Bsp.:**

Propositio maior:	Alle Kinder sind neugierig	*Mittelbegriff:* „Kind"
Propositio minor:	Anton ist ein Kind	
Conclusio:	**Anton ist neugierig**	

Noch ein **Bsp.:**

Obersatz:	Approbierte Ärzte dürfen operieren	*Mittelbegriff:* „approbierter Arzt"
Untersatz:	Anton ist approbierter Arzt	
Schlusssatz:	**Anton darf operieren**	

Die formallogische Denkfigur des Syllogismus (oder: das syllogistische Schlussverfahren) liegt zahlreichen „Operationen" verschiedener Wissenschaftsdisziplinen und eben auch der Subsumtion im **Vorgang der Rechtsanwendung** zugrunde. Für die Subsumtion im Rechtsanwendungsprozess ist als „eherne Regel", die noch nicht einmal ausnahmsweise durchbrochen werden darf, stets zu beachten, dass den **Obersatz** (die Majorprämisse, propositio maior) die **Rechtsnorm** (der Rechtssatz) – und zwar **ausschließlich** – bildet. **Untersatz** (Minorprämisse, propositio minor) ist immer der (konkrete bzw. vom Aufgabensteller ausgegebene Lebens)**Sachverhalt**, und als Schlusssatz (Konklusion, conclusio) fungiert das Ergebnis des Abgleichs von Ober- und Untersatz. Dabei stehen **ausnahmslos zwei Ergebnisalternativen** zur Verfügung: Entweder Rechtsnorm und konkreter Lebenssachverhalt sind inhaltlich deckungsgleich oder sie sind es nicht. Im ersten Falle ist die geprüfte Rechtsnorm auf den konkreten Lebenssachverhalt anwendbar, im zweiten Fall ist sie es nicht; ein Drittes gibt es nicht (tertium non datur). Zur Verdeutlichung einige

b) Subsumtionsbeispiele

Bsp. 1

Obersatz	*Wer einen Menschen tötet, ... wird als Totschläger ... bestraft (§ 212 Abs. 1 StGB)*
Untersatz	Anton hat mit einer Pistole auf Berta geschossen. Berta war sofort tot.
Schlusssatz	**Anton wird als Totschläger bestraft.**

138 **Bsp. 2**

Obersatz	*Wer eine fremde bewegliche Sache sich oder einem Dritten rechtswidrig zueignet, wird ... bestraft (§ 246 Abs. 1 StGB).*
Untersatz	Anton hat sich vor längerer Zeit ein Buch von Berta ausgeliehen. Um seinen chronischen Geldmangel zu lindern, „verkauft" Anton das Buch auf dem Trödelmarkt. Von den erlösten 5,- EUR kauft Anton sich eine Pizza, die er sofort verspeist.
Schlusssatz	Anton hat sich eine fremde bewegliche Sache rechtswidrig zugeeignet und wird gem. § 246 Abs. 1 StGB bestraft.

139 **Bsp. 3**

Obersatz	*Der Eigentümer kann von dem Besitzer die Herausgabe der Sache verlangen (§ 985 BGB).*
Untersatz	Anton hatte sich vor längerer Zeit ein Buch von Berta ausgeliehen. Das Buch gehört Berta.
Schlusssatz	Also kann Berta die Herausgabe des Buches von Anton verlangen.

140 **Bsp. 4**

Obersatz	*Ausbildungsförderung wird nicht geleistet, wenn Auszubildende bei Beginn des Ausbildungsabschnitts, für den sie Ausbildungsförderung beantragen, das 45. Lebensjahr ... vollendet haben (§ 10 Abs. 3 S. 1 BAföG).*
Untersatz	Anton, der nach seiner Schulzeit die Welt bereist hat, entschließt sich anlässlich seines 45sten Geburtstags, ein Studium aufzunehmen. Rechtzeitig zu Beginn des Wintersemesters beantragt er Ausbildungsförderung nach dem BAföG.
Schlusssatz	Die von Anton beantragte Ausbildungsförderung wird nicht geleistet.

141 Die **Subsumtionsbeispiele 1 bis 4** sind – das ist zu betonen – vereinfachtes Anschauungsmaterial für Syllogismen im Vorgang der Rechtsanwendung. Obwohl sie verschiedenen Rechtsgebieten, nämlich dem Strafrecht, dem Zivilrecht und dem öffentlichen Recht zugehören, stimmen sie in einem wesentlichen Punkt überein. Sie alle differenzieren in der Prämissenebene des Obersatzes nicht zwischen den in einem Rechtssatz (abstrakt) formulierten Rechtsvoraussetzungen und der daran geknüpften Rechtsfolge. Für die Subsumtionsarbeit in juristischen Klausuren und Hausarbeiten ist eine solche Differenzierung aber durchaus angebracht. Im Vorgang der Rechtsanwendung unterliegt zwar der Voraussetzungskomplex ebenso wie die Rechtsfolgenbestimmung eines Rechtssatzes dem Erfordernis einer „prüfenden" Subsumtion. Für juristische Klausuren und Hausarbeiten empfiehlt es sich jedoch, zumindest gedanklich die Subsumtion des Sachverhalts unter den Voraussetzungsteil einer Rechtsnorm von der Subsumtion des Sachverhalts unter die Rechtsfolgenbestimmung zu trennen.

142 Das gilt uneingeschränkt für die Bearbeitung strafrechtlicher Aufgabenstellungen, weil die konkrete(n) Fallfrage(n) in strafrechtlichen Klausuren und Hausarbeiten regelmäßig eine **Strafbarkeitsprüfung** verlangen und nicht auch darauf abzielen, zu prüfen, ob Freiheits- oder Geldstrafe oder beides und mit welchen Modalitäten verwirkt sind. Dasselbe trifft mit gewissen Vorbehalten für Klausuren und Hausarbeiten im Zivilrecht zu; denn abgesehen von der Rechtsfolgenorientierung bei der Zurüstung und Qualifizierung der maßgeblichen Fallfrage(n) spielt die Rechtsfolgenbestimmung einer Rechtsnorm und insbesondere einer Anspruchsnorm für die Subsumtionsarbeit in einer zivilrechtlichen Fallprüfung keine wesentliche Rolle. Nicht ganz so einfach lässt sich die Sache (die Subsumtion) in öffentlich-rechtlichen Klausuren und Hausarbeiten handhaben, zumal dann, wenn das auf Rechtmäßigkeit bzw. Rechtswidrigkeit zu überprüfende

Verwaltungshandeln auf einer Rechtsnorm beruht, die in ihrer Rechtsfolgenbestimmung behördliches Ermessen einräumt. In solchen Fällen ist die Rechtsfolgenbestimmung einer im Übrigen (im Voraussetzungsteil) anwendbaren Rechtsnorm als Obersatz mit den entsprechenden Sachverhaltskomponenten als Untersatz zu konfrontieren und im Wege der Subsumtion festzustellen, ob das behördliche Handeln (etwa wegen ermessensfehlerhafter Ausübung des gesetzlich eingeräumten Ermessens) rechtswidrig oder rechtmäßig war (vgl. dazu *Mann*, Arbeitstechnik, Rn. 269 f.).

143 Lässt man es aus Vereinfachungsgründen dabei bewenden, dass es in juristischen Klausuren und Hausarbeiten um die Subsumtion des Sachverhalts in erster Linie unter den Voraussetzungsteil, seltener unter die Rechtsfolgenbestimmung einer Rechtsnorm geht und verständigt man sich darauf, den Voraussetzungsteil einer Rechtsnorm terminologisch als **Tatbestand**, seine Einzelelemente als **Tatbestandsmerkmale** zu bezeichnen (diese fachsprachliche Begrifflichkeit findet auch hier nachfolgend Verwendung), versteht sich das Subsumieren als Einordnen bzw. Unterordnen des (konkreten) Sachverhalts unter den Tatbestand (die Tatbestandsmerkmale) eines Rechtssatzes. Auf die *Subsumtionsbeispiele 1 bis 4* übertragen wäre danach wie folgt zu präzisieren:

144 Im **Subsumtionsbeispiel 1** und im **Subsumtionsbeispiel 2** betrifft die erforderliche Subsumtionsarbeit nicht die Rechtsfolgenbestimmung der §§ 212 Abs. 1, 246 Abs. 1 StGB. Die Frage, ob und wie Anton mit Freiheitsstrafe bzw. mit Geldstrafe (und wenn ja, dann: in welcher Strafhöhe) zu bestrafen ist, stellt sich erst gar nicht. Es stellt sich allein die Frage, ob Anton einen Menschen getötet hat (Tatbestand des § 212 Abs. 1 StGB) bzw. ob Anton sich oder einem Dritten eine fremde bewegliche Sache zugeeignet (Tatbestand des § 246 Abs. 1 StGB) hat. Im **Subsumtionsbeispiel 3** ist allein von Interesse, ob sich in Anton die Merkmale eines Besitzers im Sinne des § 854 BGB (an der Sache „Buch") verkörpern und Berta (nach wie vor) im Rechtssinne als Eigentümerin zu qualifizieren ist. Ergibt die Subsumtion des Sachverhalts unter diese Tatbestandsmerkmale des § 985 BGB, dass das der Fall ist, steht Berta der Herausgabeanspruch (kann die Herausgabe der Sache verlangen = Rechtsfolge) nach § 985 BGB ohne weiteres zu.

145 In den **Subsumtionsbeispielen 1 bis 3** konzentriert sich somit alles auf die Subsumtion des Sachverhalts unter die *Tatbestandsmerkmale* der auf ihre Anwendbarkeit zu prüfenden Rechtsnorm; deren *Rechtsfolgenbestimmungen* spielen für die in einer (zivil- oder strafrechtlichen) Fallprüfung zu leistende Subsumtionsarbeit hingegen eine nur unwesentliche bis gar keine Rolle. Dem entsprechen die zu den **Subsumtionsbeispielen 1 bis 3** „passenden", freilich nur „gedachten" (konkreten) Fallfragen: Hat sich Anton wegen Totschlags gem. § 212 Abs. 1 StGB (im **Subsumtionsbeispiel 1**) bzw. wegen Unterschlagung gem. § 246 Abs. 1 StGB (im **Subsumtionsbeispiel 2**) *strafbar* gemacht und: Kann Berta die *Herausgabe* des Buchs von Anton verlangen (im **Subsumtionsbeispiel 3**)?

146 Ganz ähnlich verhält es sich beim **Subsumtionsbeispiel 4**. Die hinzuzudenkende konkrete Fallfrage könnte auf die Erfolgsaussichten einer gegen die Nichtleistung von Ausbildungsförderung gerichteten Klage abheben. Die dazugehörige Rechtsnorm des § 10 Abs. 3 S. 1 BAföG (über die Rechtsfolgenbestimmung „Ausbildungsförderung wird nicht geleistet" als „passender" Rechtssatz ermittelt) erweist sich als anwendbar und liefert die gesuchte Antwort, wenn sich (konkreter) Sachverhalt und Tatbestand des „einschlägigen" Rechtssatzes inhaltlich entsprechen. Da Anton erst nach seinem 45sten Geburtstag, also erst nach Vollendung des 45. Lebensjahres, einen Antrag auf Ausbildungsförderung nach dem BAföG stellt, sind die Voraussetzungen für eine Nichtleistung von Ausbildungsförderung (= Rechtsfolge) erfüllt; die Nichtleistung von Ausbildungsförderung ist infolgedessen rechtens und Antons Klage dagegen somit ohne

Aussicht auf Erfolg (es sei denn, es läge eine Ausnahme gem. § 10 Abs. 3 S. 2 Ziff. 1–4 BAföG vor).

3. Die Mehraktigkeit der Subsumtion

147 Bislang nicht eigens betont und in der bloßen Draufschau auf die **Subsumtionsbeispiele 1 bis 4** vielleicht ein wenig in den Hintergrund geraten ist ein gleichwohl besonders wichtiger Aspekt der Subsumtionsarbeit in der juristischen Fallprüfung: Das Subsumieren im Vorgang der Rechtsanwendung besteht **nicht** darin, einen (konkreten Lebens-)Sachverhalt zur Gänze und **in einer einzigen** gedanklichen Operation mit dem Tatbestand einer Rechtsnorm inhaltlich abzugleichen, sondern vielmehr darin, im Wege **mehrerer einzelner Subsumtionsakte** zu überprüfen, ob und inwieweit sich (konkreter) Sachverhalt und Tatbestand der Rechtsnorm inhaltlich entsprechen. Diese typische **Mehraktigkeit der Subsumtion** beruht ganz einfach darauf, dass sich der Tatbestand eines Rechtssatzes, der die fallfragenbestimmte Rechtsfolge gewährt, fast immer aus mehreren Tatbestandsmerkmalen zusammensetzt. Dementsprechend ist jedes der sich ebenfalls zu einem Sinnganzen zusammenfügenden Einzelelemente des (konkreten) Sachverhalts je für sich unter das inhaltlich jeweils zugehörige Tatbestandsmerkmal einzuordnen/unterzuordnen. Die Subsumtion in der juristischen Fallprüfung versteht sich als eine Reihe kleiner und kleinster „Subsumtionsschritte", die voneinander getrennt und in der „richtigen" Folge nacheinander zu vollziehen sind. Auch dazu wieder ein paar die **Subsumtionsbeispiele 1 bis 4** aufnehmende und weiterführende Beispiele:

148 Bsp. 5

„*Wer einen Menschen tötet*" stellt im Obersatz des **Subsumtionsbeispiels 1** den – um die Worte „ohne Mörder zu sein" – verkürzten Tatbestand der auf ihre Anwendbarkeit zu prüfenden Rechtsnorm des § 212 Abs. 1 StGB dar. „Anton hat auf Berta mit einer Pistole geschossen" und „Berta war sofort tot" sind die inhaltlich den Tatbestandsmerkmalen „Wer einen Menschen tötet" zuzuweisenden Elemente des (konkreten) Sachverhalts. Die Subsumtion des Sachverhalts unter die (Tatbestandsmerkmale der) Rechtsnorm des § 212 Abs. 1 StGB vollzieht sich in drei Schritten, wie aus der nachfolgenden Subsumtionsskizze ersichtlich ist.

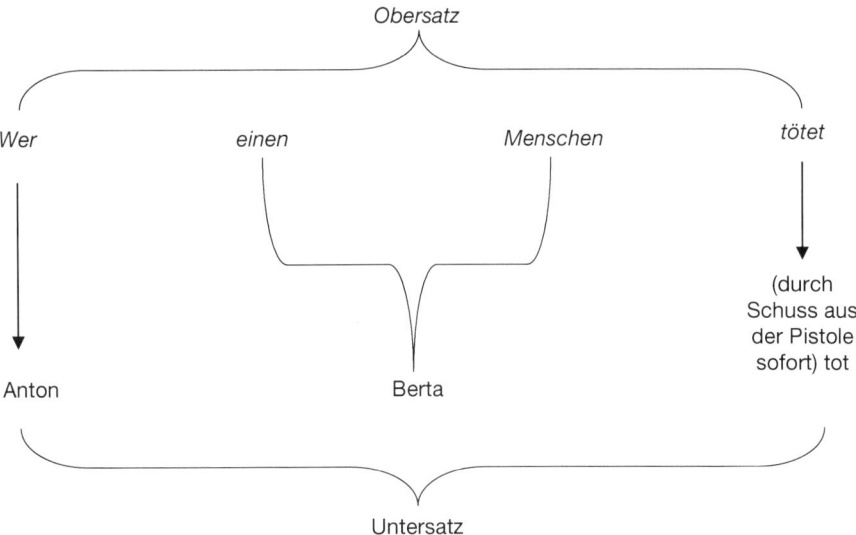

Der **Schlusssatz** ergibt sich als Schlussfolgerung aus dem inhaltlichen Vergleich der einander zugeordneten Obersatz- und Untersatzelemente im syllogistischen Schlussverfahren wie folgt:

1. Subsumtionsakt
Obersatz „Wer" = *jede natürliche Person*
Untersatz „Anton" = eine natürliche Person

Schlusssatz **Also ist „Anton" = „Wer"**

2. Subsumtionsakt
Obersatz „einen Menschen" = *Mensch im Rechtssinne*
(da hier unproblematisch: ohne weitere Erläuterung)
Untersatz „Berta" = Mensch im Rechtssinne

Schlusssatz **Also ist „Berta" = „ein Mensch"**

3. Subsumtionsakt
Obersatz „tötet" = *Tötungshandlung + Eintritt des Todes*
Untersatz „durch Schuss aus der Pistole sofort tot" = Tötungshandlung + Eintritt des Todes

Schlusssatz **Ist „durch Schuss aus der Pistole sofort tot" = „tötet"**

Fasst man die **Schlusssätze** der **drei Subsumtionsakte** sinnvoll zusammen, entsteht als (Gesamt-)**Schlusssatz** im **Subsumtionsbeispiel 5** das Urteil „Also hat Anton einen Menschen getötet" und als Antwort auf eine „gedachte" konkrete Fallfrage „Anton hat sich gem. § 212 Abs. 1 StGB wegen Totschlags strafbar gemacht". So und ähnlich läuft jede Subsumtionsarbeit in der juristischen Fallprüfung ab. Das zeigt sich einmal mehr im

Bsp. 6
„Wer eine fremde bewegliche Sache sich oder einem Dritten rechtswidrig zueignet" erscheint im *Obersatz* des **Subsumtionsbeispiels 2** als Tatbestand des § 246 Abs. 1 StGB. Der Untersatz gibt die konkreten Sachverhaltselemente wieder, die den einzelnen Tatbestandsmerkmalen etwa so zuzuordnen sind:

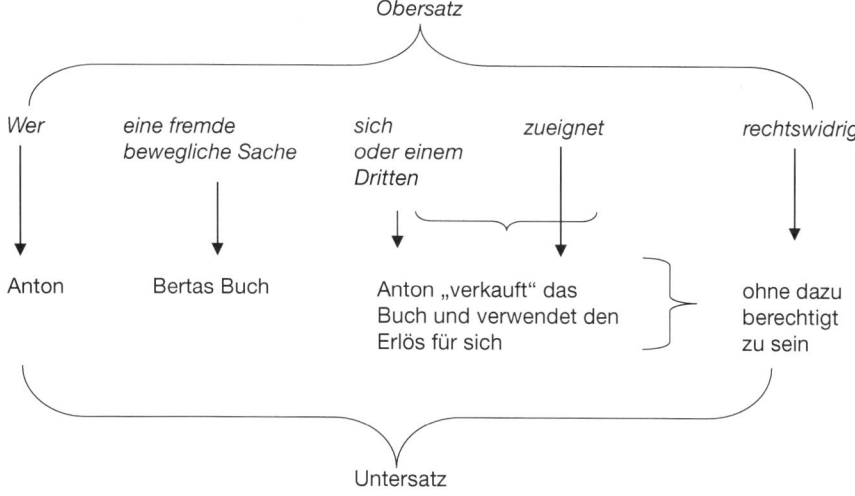

152 Als (**Gesamt-**)**Schlusssatz** könnte sich nach Durchführung von zumindest *vier Einzelsubsumtionen* (nach Art der verschiedenen *Subsumtionsakte* im **Subsumtionsbeispiel 5**) herausbilden: „Anton hat sich eine fremde bewegliche Sache rechtswidrig zugeeignet". Und die „fiktive" Fallfrage wäre zu beantworten mit „Also hat sich Anton wegen Unterschlagung gem. § 246 Abs. 1 StGB strafbar gemacht".

153 Bsp. 7
Das Subsumieren in einer zivilrechtlichen Fallprüfung unterscheidet sich seiner Grundstruktur nach in nichts von der Subsumtionsarbeit in strafrechtlichen oder auch in öffentlich-rechtlichen Fallprüfungen. Soweit der Obersatz – wie zumeist in zivilrechtlichen (zum Teil auch in öffentlich-rechtlichen) Fallprüfungen – eine **Anspruchsnorm** enthält, geht es regelmäßig und in erster Linie „nur" darum, deren Tatbestandsseite zu prüfen. Man muss sich daher zuvor darüber klar geworden sein, welche Rechtssatzelemente den „Voraussetzungsteil" (eben die Tatbestandsseite) und welche den Rechtsfolgenteil der Norm ausmachen. Tatbestands- und Rechtsfolgenseite einer Rechtsnorm sauber zu trennen und bei der weiteren Fallbearbeitung auseinander zu halten, kann je nach Komplexität der ineinandergreifenden Normelemente im Einzelfall erhebliche Mühe bereiten. Bei der im **Subsumtionsbeispiel 3** als Obersatz benannten Anspruchsnorm des § 985 BGB lassen sich Tatbestands- und Rechtsfolgenseite der Norm allerdings ohne weiteres voneinander abheben; denn ersichtlich beschreibt
„Der **Eigentümer** (kann) von dem **Besitzer**"
die Voraussetzungen des Herausgabeanspruchs und stellt dementsprechend die Tatbestandsseite der Norm dar, während
„die **Herausgabe** (der Sache) **verlangen**"
die Rechtsfolgenseite der Norm betrifft.

154 Die Tatbestandsseite der Anspruchsnorm des § 985 BGB besteht aus zwei Tatbestandsmerkmalen, nämlich dem Tatbestandsmerkmal „Eigentümer" und dem zweiten Tatbestandsmerkmal „Besitzer". Soll einer (möglichen) rechtsfolgenorientierten Fallfrage zufolge herausgefunden werden, ob im **Subsumtionsbeispiel 3** (wie im dortigen Schlusssatz formuliert) Berta ein Anspruch auf Herausgabe des dem Anton geliehenen Buchs zusteht, muss also geprüft und festgestellt werden, ob bzw. dass Berta die (berechtigte) Eigentümerin des ausgeliehenen Buches und Anton sein derzeitiger Besitzer ist. Im Strukturmodell des entsprechenden Subsumtionsvorgangs sähe das so aus:

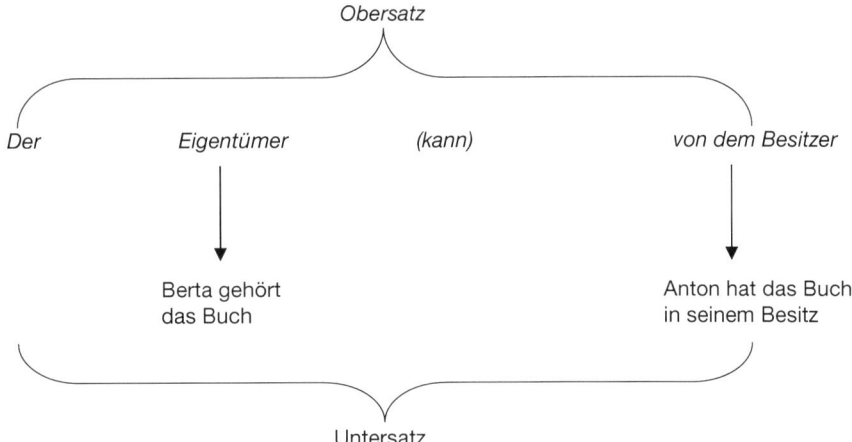

155 Als (Zwischen-)Schlusssatz ergibt sich nach Durchführung von *zwei Einzelsubsumtionen*: Berta ist die (berechtigte) Eigentümerin und Anton der (gegenwärtige) Besitzer des Buches. Damit erweisen sich die rechtlichen Voraussetzungen des Herausgabeanspruchs nach § 985 BGB als erfüllt, so dass die (gedachte) Fallfrage wie folgt zu beantworten wäre: Berta steht gegen Anton gem. § 985 BGB ein Anspruch auf Herausgabe des verliehenen Buches zu (oder: Berta kann von Anton die Herausgabe des geliehenen Buches verlangen).

Bsp. 8

156 Vor allem im öffentlichen Recht können sich auch auf der Rechtsfolgenseite einer Norm „tatbestandsähnliche" Normelemente finden, die wie rechtliche Voraussetzungen auf der Tatbestandsseite einer Norm zu prüfen und im Wege der Subsumtion der inhaltlich zuzuordnenden Sachverhaltselemente als gegeben oder nicht gegeben festzustellen sind. Das trifft beispielsweise auf einschränkende oder erweiternde (Ermessens-)Kriterien im Sozialleistungsrecht, bei baurechtlichen Genehmigungsvorbehalten und in vielen anderen öffentlich-rechtlichen Leistungsbereichen etc. zu.

157 Im **Subsumtionsbeispiel 4** geht es um rechtliche Voraussetzungen für die Nichtleistung von Ausbildungsförderung. Auf den ersten Blick könnte es sich dabei um tatbestandsähnliche Modifikationen der Rechtsfolge „Ausbildungsförderung" handeln. Geht man statt dessen davon aus, dass die in § 10 Abs. 3, S. 1 BAföG beschriebenen Voraussetzungen für die Nichtleistung von Ausbildungsförderung persönliche Voraussetzungen für die Inanspruchnahme von Ausbildungsförderung bei grundsätzlichem Bestehen eines Anspruchs auf individuelle Ausbildungsförderung gem. § 1 BAföG darstellen, dann kommt es für die Gewährung von Ausbildungsförderung u. a. maßgeblich darauf an, ob der Anspruchsteller zu Beginn des Ausbildungsabschnitts, für den er Ausbildungsförderung beantragt, bereits das 45. Lebensjahr vollendet hat. Die (Fall-)Prüfung, ob Anton die beantragte Ausbildungsförderung zu gewähren ist und mit ihr die erforderliche Subsumtion des konkreten Sachverhalts unter die leistungsausschließende Rechtsnorm, setzt daher an zwei Stellen an: zum einen am Lebensalter des Anspruch- und Antragstellers und im zeitlichen Verhältnis dazu an dem Ausbildungsabschnitt, für den Ausbildungsförderung beantragt wird:

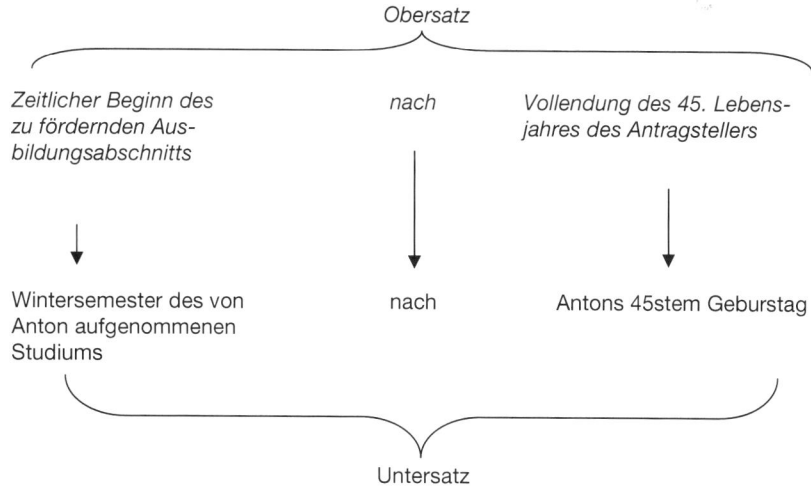

158 Nach Durchführung der (zumindest drei) *Einzelsubsumtionen* ergibt sich eine inhaltliche Deckungsgleichheit zwischen den Ausschlusskriterien für die Leistung von Ausbildungsförderung und dem konkreten Lebenssachverhalt. Der Schlusssatz könnte lauten: Bei Beginn des Wintersemesters, für das Anton individuelle Ausbildungsförderung gem. § 1 BAföG beantragt, hat er das 45. Lebensjahr bereits vollendet. Als Antwort auf eine entsprechende Fallfrage ließe sich daher der schon im **Subsumtionsbeispiel 4** formulierte Schlusssatz verwenden: Die von Anton beantragte Ausbildungsförderung wird nicht geleistet.

159 **Zusammenfassung:** Um nicht schon von vornherein der Gefahr **grober Subsumtionsfehler** zu erliegen, empfiehlt es sich, bei der Rechtsanwendung im Rahmen einer juristischen Fallbearbeitung stets zu bedenken:
- die auf ihre Anwendbarkeit zu prüfende(n) Rechtsnorm(en) ist (sind) nach **Tatbestands- und Rechtsfolgenseite** zu differenzieren;
- es ist zu klären, ob **auch** die **Rechtsfolgenseite** der zu prüfenden Rechtsnorm(en) in die Subsumtion einzubeziehen ist;
- die Subsumtionsarbeit vollzieht sich in der Regel in **mehreren Einzelsubsumtionen**: Es sind so viele Einzelsubsumtionen nötig wie die zu prüfende Rechtsnorm Tatbestandsmerkmale (=rechtliche Voraussetzungen der gewählten Rechtsfolge) enthält. Entsprechendes gilt für etwa erforderliche Subsumtionen auf der Rechtsfolgenseite der zu prüfenden Rechtsnorm;
- der Tatbestand (die Rechtsfolgenbestimmung) der auf ihre Anwendbarkeit zu prüfenden Rechtsnorm ist sorgfältig nach **Art und Anzahl der subsumtionsbedürftigen Normelemente** (Tatbestandsmerkmale, tatbestandsähnliche Merkmale der Rechtsfolgenbestimmung) zu analysieren;
- jede Einzelsubsumtion vollzieht sich durch einen **inhaltlichen Vergleich** zwischen dem auf seine Anwendbarkeit zu prüfenden Normelement und dem ihm sachlich entsprechenden Element des (konkreten) Sachverhalts. **Bloße Sachverhaltswiederholungen sind keine Subsumtion** (weitgehend wie hier auch *Mann*, Arbeitstechnik, Rn. 248 ff. 254 m. w. Nachw.; zur Subsumtion vgl. ferner *Möllers*, Arbeitstechnik, § 2 Rn. 24 ff.).

4. Normkonkretisierung und Subsumtion

160 Das Strukturmodell der Subsumtion, die methodische Abfolge von Obersatz, Untersatz und Schlusssatz (Schlussfolgerung) ist plausibel und eingängig. Nicht zuletzt deshalb fällt dem geübten Rechtsanwender die eigentliche Subsumtionsarbeit „technisch" nicht schwer, ganz so, wie dem geübten Autofahrer das Kuppeln, Schalten, Bremsen und Gasgeben in „Fleisch und Blut" übergegangen ist. Dass sich Rechtsanwendung und Subsumtion in vielen Fällen dann doch nicht problemlos erledigen lassen, hängt vor allem mit Schwierigkeiten in der Prämissenbildung der Obersatzebene zusammen. Einige davon sind kurz zu erwähnen:

161 Anders als in der Prämissenebene des Untersatzes – sie wird ja von einem **unabänderlich feststehenden konkreten Lebenssachverhalt** (nur ausnahmsweise: gebotene Sachverhaltsergänzungen) gebildet – bedarf die Prämissenbildung im Obersatz in den meisten Fällen der juristischen Subsumtion etlicher „Zurüstungen". Der Obersatz ist – wenn man so sagen will – auf vielerlei Weise immer „in Bewegung". Schon beim Aufsuchen „passender" Rechtssätze geht es nicht allein darum, eine einzige fallfragenbestimmende Rechtsnorm zu ermitteln. Die Normensuche beschränkt sich eben nicht auf die Suche nach einer „isoliert dastehenden" Antwortnorm, sondern erstreckt sich auf alle dazugehörigen Hilfs- und Gegennormen.

162 Auf das Subsumtionsmodell übertragen erschöpft sich der Obersatz in den allermeisten Fällen denn auch nicht in einer einzigen „gefundenen" Rechtsnorm, sondern er kann als später anzuwendender Rechtssatz sowohl einschränkende Elemente anderer Rechtsnormen, als auch Elemente weiterer Rechtsnormen umfassen, die diese Einschränkungen wiederum ausschließen oder erweitern. Manchmal entstammen diese ganz anderen Rechtsgebieten. Die Voraussetzungen einer (fallfragenbestimmten) Rechtsfolge sind somit erst dann vollständig erfasst und der subsumtionsgeeignete Rechtssatz folglich erst dann zutreffend erarbeitet, wenn alle diese einschränkenden, erweiternden, begrenzenden etc. Normbestandteile ermittelt und in den Obersatz eingefügt sind.

Fast immer ergeben sich solche, im Verbund mit der zunächst aufgesuchten Rechtsnorm, einen ganzen Normenkomplex konstituierende Normelemente aus **gesetzlichen** Vorschriften, Regeln, Legaldefinitionen etc. In den **Subsumtionsbeispielen 4 und 8** etwa schadet es möglicherweise gar nicht, dass Anton bei Antragstellung das 45. Lebensjahr bereits vollendet hat; denn gem. § 10 Abs. 3, Satz 2 BAföG gilt die Ausschlussregel des § 10 Abs. 3 S. 1 BAföG unter bestimmten Voraussetzungen nicht. Das trifft allerdings teilweise nur zu, wenn § 10 Abs. 3, S. 3 BAföG erfüllt ist. Ähnlich verhält es sich mit der Nichtigkeit eines Verwaltungsaktes gem. § 44 VwVfG. Hat man erst einmal die Grundregel in § 44 Abs. 1 VwVfG und den Nichtigkeitskatalog in § 44 Abs. 2 VwVfG in den Obersatz integriert, ist die „Zurüstung" noch nicht beendet; denn § 44 Abs. 3 VwVfG schließt die Nichtigkeit eines VA (wieder) aus (vgl. auch *Mann*, Arbeitstechnik, Rn. 251).

163

Im **Subsumtionsbeispiel 1 und 5** setzt § 212 Abs. 1 StGB für das schlussfolgernde Urteil „Strafbarkeit wegen Totschlags" voraus, dass Anton die Berta getötet hat, „ohne Mörder zu sein". Wer Mörder ist, sagt § 211 Abs. 2 StGB. In den Obersatz der **Subsumtionsbeispiele 1 und 5** gehört daher der Ausschluss des „Mörderseins" nach § 211 Abs. 2 StGB mit hinein (wie man diese „Obersatzzurüstung" dann in den Aufbau einer strafrechtlichen Fallbearbeitung umsetzt, ist eine ganz andere Frage, vgl. dazu Zweiter Teil, C.).

164

Für die **Subsumtionsbeispiele 3 und 7** gilt im Prinzip nichts anderes. Wer Eigentümer und wer Besitzer ist, ergibt sich nicht aus § 985 BGB. Geht es um das Eigentum an beweglichen Sachen wie etwa an Bertas Buch, erfordert die Prämissenbildung im Obersatz, d. i. die Erarbeitung des für den Herausgabeanspruch maßgeblichen Rechtssatzes, je nach Sachverhaltsgestaltung die Einbeziehung der §§ 929 bis 984 BGB. Auch die Besitzereigenschaft unterliegt ggf. einer komplexen rechtlichen Begründung mit Verwendung diverser Normelemente der §§ 854 ff. BGB. Ob der Eigentümer am Ende tatsächlich seinen Herausgabeanspruch durchsetzen kann, entscheidet sich zudem erst nach Ausschluss der Einwendungen aus § 986 BGB. Insgesamt ist das den Voraussetzungsteil (Tatbestand) des Herausgabeanspruchs gem. § 985 BGB bildende Normgeflecht, die zur Prämissenbildung im Obersatz erforderliche Zusammenfügung verschiedenster einschränkender, erweiternder, ausschließender etc. Normelemente, das Ergebnis eines „schweren Stücks Arbeit". Und dies noch **bevor** (!) die eigentliche Subsumtion überhaupt beginnen kann. Natürlich vollzieht sich die Erarbeitung des für die Subsumtion maßgeblichen Rechtssatzes nicht ohne Blick auf den zugrunde liegenden Sachverhalt; denn es ist die besondere Gestaltung des konkreten Sachverhalts, die das Suchen nach weiteren Normelementen außerhalb der Ausgangsnorm initiiert. Doch dieses Hin- und Herwandern des Blicks zwischen Rechtsnorm und Sachverhalt ist (noch) nicht die Subsumtion als solche, sondern eher eine Art „Vorstufe".

165

Das **sachbestimmte „zeitliche Vorrangverhältnis"** zwischen der zur Prämissenbildung im Obersatz notwendigen Konkretisierung des dann schließlich zu prüfenden Rechtssatzes und der eigentlichen Subsumtion kennzeichnet den Vorgang der Rechtsanwendung auch dort, wo sich die im Obersatz erarbeitete Rechtsnorm als nicht hinreichend „operationalisiert" erweist, weil der wahre Bedeutungsgehalt einzelner Normelemente oder der Rechtsnorm insgesamt nicht ohne weiteres erkennbar ist und die Rechtsnorm zur

166

Gänze oder einzelne ihrer Normelemente deshalb einer **Normkonkretisierung** im engeren Sinne bedürfen.

167 a) **Normkonkretisierung durch Gesetzesauslegung.** Die praktisch häufigste und wichtigste Modalität einer erforderlich werdenden Normkonkretisierung ist die der **Gesetzesauslegung**. Die juristische Methodik der Gesetzesauslegung besteht darin, unter Einsatz eines Kanons von verschiedenen Auslegungskriterien (grammatische, systematische, historische bzw. subjektiv-teleologische und teleologische bzw. objektiv-teleologische Auslegung, vgl. dazu *Zippelius*, Juristische Methodenlehre, S. 40 ff., ferner den Überblick bei *Jescheck/Weigend*, Strafrecht AT, § 17 IV; *Mann*, Arbeitstechnik, Rn. 230 ff.) den Sinngehalt von Gesetzen bzw. – allgemeiner – von textlich fixierten, in Sprache umgesetzten Rechtsnormen zum Zwecke ihrer Anwendung auf konkrete Lebenssachverhalte zu ermitteln (vgl. auch bei *Bringewat*, Grundbegriffe, Rn. 176 ff., 182 ff. m. w. Nachw.).

168 **Normkonkretisierung durch Gesetzesauslegung** ist das tagtägliche Geschäft der professionellen Rechtsanwender wie etwa der Richter, Staatsanwälte, Verwaltungsjuristen etc. Normkonkretisierung durch Gesetzesauslegung ist darüber hinaus auch das Produkt rechtswissenschaftlicher Diskussionen, Disputationen, Abhandlungen, Meinungsstreitigkeiten und -bildung etc. Und auch der Bearbeiter eines Rechtsfalls ist durch die Aufgabenstellung in einer Klausur oder Hausarbeit in die Situation versetzt, im Wege einer überzeugenden Gesetzesauslegung den Sinngehalt der den Obersatz bildenden Rechtsnorm zu klären. Normkonkretisierung durch Gesetzesauslegung als Voraussetzung für eine zuträgliche Subsumtion leistet der Fallbearbeiter in einer Hausarbeit und erst recht in einer Klausur freilich verkürzt, indem er kenntnisreich auf Auslegungsergebnisse, die bereits von der Rechtsprechung und (rechtswissenschaftlichen) Lehre erarbeitet worden sind, zurückgreift oder doch zurückgreifen kann (beispielsweise durch Nachlesen in Kommentaren, Lehrbüchern, Entscheidungssammlungen des BVerfG, des BVerwG, des BGH und weiterer (Ober-)Gerichte etc.). Zu beachten bleibt aber, dass auch diese durch Gesetzesauslegung zu bewerkstelligende (Sinn-)Konkretisierung der den Obersatz bildenden Rechtsnorm(en) stets **vor** der eigentlichen Subsumtionsarbeit zu erfolgen hat. Dass die Anregung und Aufforderung dazu einmal mehr von dem als Untersatz feststehenden konkreten Sachverhalt ausgeht, ändert daran nichts.

169 Zur Veranschaulichung des Ganzen ein **Beispiel** aus dem Bereich des Strafrechts:
Wegen **Diebstahls** wird gem. § 242 Abs. 1 StGB ... bestraft, wer eine fremde bewegliche Sache einem anderen in der Absicht wegnimmt, die Sache sich oder einem Dritten rechtswidrig zuzueignen. Diese den Obersatz bildende Diebstahlsnorm setzt u. a. als **Tathandlung** die **Wegnahme** (einer fremden beweglichen Sache) voraus. Mit dem Normelement „Wegnahme" sollen drei Sachverhaltsvarianten (= Untersatz) konfrontiert werden, und zwar

170 **Sachverhaltsvariante 1:** A weiß von E, dass dieser häufig aus beruflichen Gründen mehrtägige Reisen unternimmt. In ihm reift der Plan, in die Villa des E einzubrechen, weil er dort wertvolles Stehlgut vermutet. Als A den E wieder einmal ortsabwesend wähnt, will er seinen Plan umsetzen. Gegen Mitternacht steigt A über die Umzäunung des weitläufigen Hausgrundstücks des E und gelangt über die Terrasse des Hauses in den Wohnbereich des E, indem er mit einem Kuhfuß die Terrassentür vorsichtig aufhebelt. Im Wohn-/Arbeitszimmer des E findet er einen „halb" geöffneten Wandtresor vor. Das darin liegende Bargeld und einen wertvollen Ring nimmt A an sich und entfernt sich auf demselben Weg, wie er gekommen ist. Tags darauf versetzt er den Ring und verbraucht den Erlös für sich.

171 **Sachverhaltsvariante 2:** wie vor, doch A verbirgt Bargeld und Ring in einem mitgebrachten Beutel. Als er den Rückzug antreten will, wird er von E, der entgegen der

Annahme von A gar nicht auf Reisen war, überrascht. A nimmt voller Schreck die „Beine in die Hand" und flieht. Auf der Terrasse entledigt er sich in Panik seines „Beute-Beutels" und es gelingt ihm, unbehelligt zu entkommen.

Sachverhaltsvariante 3: wie bei *Sachverhaltsvariante 1*, doch A nimmt nur den wertvollen Ring an sich. Bevor er das Grundstück des E verlässt, versteckt A den Ring in der unmittelbaren Nähe der Umzäunung unter einem dort liegenden Wackerstein, um jedem Überprüfungsrisiko zu entgehen, und in der Absicht, sich den Ring in einer der darauffolgenden Nächte zu holen und ihn sodann zu Geld zu machen. Es gelingt ihm anschließend, sich unbemerkt zu entfernen.

Während in der *Sachverhaltsvariante 1* die Handlungsweise des A unreflektiert und nach dem umgangs- bzw. alltagssprachlichen Sinn von „Wegnahme" ohne weiteres als ein „Wegnehmen" verstanden werden kann, die Subsumtion des Sachverhalts unter das Tatbestandsmerkmal „Wegnahme" also zu einer „bejahenden" Schlussfolgerung führt, liegt es in den beiden anderen Sachverhaltsvarianten anders. In der *Sachverhaltsvariante 2* steht man vor der Frage, ob das Ansichnehmen von Bargeld und Ring mitsamt dem Verbergen der „Beute" in einem Beutel sowie dem (fluchtartigen) Verlassen des Hauses bis auf die Terrasse als „Wegnahme" zu verstehen ist oder – weil A sich aller „Beute" auf der Terrasse entledigt – doch etwas anderes als „Wegnahme" darstellt. Und auch die *Sachverhaltsvariante 3* ist mit einigen Fragezeichen zu versehen; denn wenn alles „gut geht", kann sich A mit ein wenig Geduld schließlich doch noch am Erlös aus dem „Ringverkauf" erfreuen. In den *Sachverhaltsvarianten 2 und 3* ist es somit jeweils der konkrete Sachverhalt, der den Anstoß zu der Überlegung gibt, ob der Obersatz genügend „zugerüstet" ist, anders ausgedrückt: ob das Tatbestandsmerkmal „Wegnahme" ggf. im Wege einer Gesetzesauslegung so zu konkretisieren ist, dass eine exakte Subsumtion möglich wird.

Zu fragen ist dementsprechend danach, ob das **Normelement „Wegnahme"** einer Auslegung zugänglich und wie es auszulegen ist. Mit dieser Frage haben sich Rechtsprechung und Lehre (Strafrechtswissenschaft) seit eh und je beschäftigt und im Verlaufe der Zeit eine Fülle von inzwischen (weitgehend) anerkannten Auslegungsergebnissen zutage gefördert (vgl. dazu und zum Folgenden statt aller *Schönke/Schröder (Bosch)*, StGB, § 242 Rn. 22 ff. m. w. Nachw.). Dreh- und Angelpunkt der „Wegnahme" ist eine erforderliche Gewahrsamsverschiebung an der beweglichen Sache vom Geschädigten zum Täter, wobei dem Begriff des Gewahrsams eine Schlüsselfunktion zukommt.

Unter Gewahrsam ist ein ***tatsächliches Herrschaftsverhältnis*** zwischen einer Person und einer Sache, das von einem ***Herrschaftswillen*** getragen ist, zu verstehen. Ob beides gegeben ist, beurteilt sich nach einem ***sozialnormativen Maßstab***, und zwar dem der natürlichen Auffassung des täglichen Lebens (ob dieser sozialnormative Beurteilungsmaßstab überdies ein eigenes Element des Gewahrsamsbegriffs ist, bleibt hier offen, ist aber streitig). Die Tathandlung „Wegnahme" besteht im Blick auf die notwendige Gewahrsamsverschiebung aus zwei (nicht weiter konkretisierbaren Norm-)Elementen, nämlich dem ***Bruch fremden Gewahrsams*** und der ***Begründung neuen Gewahrsams*** (der in der Regel, aber nicht notwendig, ein tätereigener Gewahrsam ist).

Und damit verändert der für die Subsumtion maßgebliche Obersatz sein (textliches) „Gesicht": An die Stelle der Tathandlung „Wegnahme" treten die durch Auslegung gewonnenen Normelemente „Bruch fremden Gewahrsams" und „Begründung neuen Gewahrsams". Subsumiert man die *Sachverhaltsvariante 2* unter diese die „Wegnahme" gestaltenden Normelemente, kommt man unter Verwendung des erläuterten Gewahrsamsbegriffs alsbald zu dem Ergebnis, dass Obersatz und Untersatz inhaltlich nicht deckungsgleich sind, eine Wegnahme folglich nicht vorliegt; denn nachdem der A sich seiner Beute auf der Terrasse des E – mit anderen Worten: innerhalb des räumlich durch die Grundstücksumzäunung umgrenzten Sachherrschaftsbereichs des E – entledigt hat, ist der E nicht daran gehindert, seinen in Bezug auf das Bargeld und den Ring nach wie vor bestehenden Herrschaftswillen zu realisieren. Einen „Bruch fremden Gewahrsams" bewirkt das Verhalten des A daher nicht mit der Folge, dass A nicht i. S. d. § 242 Abs. 1 StGB eine fremde bewegliche Sache weggenommen hat, eine Strafbarkeit wegen (vollendeten) Diebstahls mangels Wegnahme also auszuschließen ist (es bleibt die Frage, ob sich A ggf. wegen versuchten Diebstahls (vgl. § 242 Abs. 2 StGB) und wegen weiterer Delikte – vgl. sogleich bei Rn. 177 – strafbar gemacht haben könnte).

177 Nicht so bei der *Sachverhaltsvariante 3*: Da E gar nicht weiß, dass sich der von A versteckte Ring immer noch in seinem räumlich umgrenzten Herrschaftsbereich, geschweige denn ahnt, wo genau er sich in diesem Herrschaftsbereich befindet, ist er nicht nur vorübergehend an der Umsetzung seines Herrschaftswillens gehindert. Die Voraussetzungen für einen „Bruch fremden Gewahrsams" sind demnach in der Handlungsweise des A erfüllt. Fraglich bleibt indessen, ob das Verstecken des Rings unter einem Wackerstein außerhalb der Grundstücksumzäunung bereits als „Begründung neuen Gewahrsams" zu beurteilen ist. Das wäre nur dann der Fall, wenn der A nunmehr seinerseits die Sachherrschaft innehätte, d. h. unter Ausschluss der Herrschaftsmacht anderer Personen seinen eigenen Herrschaftswillen ungehindert verwirklichen könnte. Mangels weiterer Angaben ist davon in der *Sachverhaltsvariante 3* auszugehen. Im Subsumtionsergebnis resultiert aus der inhaltlichen Übereinstimmung zwischen Ober- und Untersatz dann die Feststellung, dass A eine fremde bewegliche Sache weggenommen und – falls alle anderen (Strafbarkeits-)Voraussetzungen ebenfalls erfüllt sind – er sich deshalb wegen Diebstahls strafbar gemacht hat (ob und inwieweit sich A wegen weiterer Delikte – etwa wegen Diebstahls in einem besonders schweren Fall gem. §§ 242, 243 Abs. 1 StGB oder wegen Wohnungseinbruchsdiebstahls gem. § 244 Abs. 1 StGB oder auch wegen Hausfriedensbruchs gem. § 123 Abs. 1 StGB und wegen Sachbeschädigung gem. § 303 Abs. 1 StGB – strafbar gemacht haben könnte, bedarf weiterer Prüfung (Subsumtionsarbeit) und bleibt hier dahingestellt).

178 Abschließend ist klarzustellen: Was zuvor unter dem Titel „Normkonkretisierung und Subsumtion" (nur) exemplarisch anhand kleiner Fallgestaltungen aus dem Strafrecht (*Sachverhalsvarianten 1 bis 3*) aufgezeigt worden ist, das trifft – mutatis mutandis – für alle Rechtsgebiete zu. **Normkonkretisierung durch Gesetzesauslegung** – nur ein Teilaspekt einer für alles Recht maßgeblichen juristischen Methodenlehre (dazu umfassend *Engisch*, Einführung in das juristische Denken, S. 70 ff., 95 ff., 129 ff.; *Zippelius*, Juristische Methodenlehre, S. 17 ff., 35 ff.) - vollzieht sich im Zivilrecht, im öffentlichen Recht und/oder in anderen Rechtsgebieten wie etwa im Strafrecht immer auf dieselbe Weise.

179 b) **Alternative Tatbestandsmerkmale.** Und noch ein Letztes: Nicht selten hat man es bei der Erarbeitung eines subsumtionsgeeigneten Obersatzes mit Rechtsnormen (bzw. Normkomplexen) zu tun, die auf ihrer Voraussetzungsseite **alternierende Tatbestandsmerkmale** oder **alternativ gestellte Merkmalsgefüge** (aber Vorsicht: Bei „echten" Tatbestandsalternativen in einem einzigen Rechtssatz ist zuerst zu prüfen, ob es sich dabei in Wirklichkeit nicht lediglich um Merkmalsalternativen einer einzigen Rechtsnorm, sondern vielmehr um zwei alternative Rechtsnormen handelt, vgl. beispielsweise die erste und zweite Tatbestandsalternative in § 266 Abs. 1 StGB, die je für sich selbstständige Straftatbestände darstellen) enthalten. Für die Fallprüfung gilt in diesen Fällen, dass **es genügt, wenn nur eine der Alternativen** verwirklicht ist.

180 Es reicht daher in den *Subsumtionsbeispielen 2 und 6*, dass die Subsumtion die Verwirklichung nur einer der beiden Zueignungsalternativen ergibt: **entweder**, dass sich Anton das Buch selbst **oder**, dass Anton die Sache (das Buch) einer anderen (dritten) Person zugeeignet, also **entweder** sich selbst **oder** einer anderen (dritten) Person an der Sache (dem Buch) eine faktische „Quasi-Eigentümerposition" verschafft hat (vgl. zu „Normkonkretisierung und Subsumtion" mit zahlreichen weiteren Beispielen auch noch *Mann*, Arbeitstechnik, Rn. 227, 228 ff., 248 ff.).

Die aufzuwendende Subsumtionsarbeit muss aber **zunächst alle** in Betracht kommenden Merkmalsalternativen erfassen. Das kann im Einzelfall durchaus dazu führen, dass sich der zu subsumierende konkrete Sachverhalt mit keiner der Merkmalsalternativen inhaltlich deckt, der Gesamt-Schlusssatz infolgedessen die Unanwendbarkeit der in den Obersatz eingestellten Rechtsnorm deklariert. Aber das liegt in der Natur der Sache. Sofern sich dagegen eine der Merkmalsalternativen (Obersatz) im Vergleich mit dem subsumierbaren konkreten Sachverhalt (Untersatz) als inhaltlich übereinstimmend erweist, hat sich bereits die Anwendbarkeit der Rechtsnorm ergeben. **181**

Das Notwendige an Subsumtion ist gleichwohl noch nicht geleistet. Da es bei der Fallbearbeitung im Rahmen einer juristischen Hausarbeit oder Klausur immer um die Ausarbeitung eines Rechtsgutachtens geht (vgl. dazu sogleich unter D., insbesondere D. II.), müssen auch die noch „unerledigten" Merkmalsalternativen auf ihre „Einschlägigkeit" geprüft werden. Wenn sich in einem Strafrechtsfall beispielsweise die Frage stellt, ob der Täter eine schutzbefohlene Person unter achtzehn Jahren (vgl. § 225 Abs. 1 Ziff. 1–4 StGB) *gequält* oder *roh misshandelt* hat, genügt es für die Anwendung des § 225 Abs. 1 StGB zwar, dass jedenfalls eine der Handlungsalternativen verwirklicht ist und sich dies im Wege der Subsumtion ergibt. Die Fallfrage (Strafbarkeit gem. § 225 StGB?) ist hingegen erst vollständig abgearbeitet, wenn alle weiteren Alternativen geprüft und entweder bejaht oder verneint sind (zum Umfang einer rechtsgutachtlichen Fallprüfung vgl. sogleich bei D. II. und oben bei C. III. 1.). **182**

D. Sprachliche Darstellung; Gutachten- und Urteilsstil

Juristische Klausuren und Hausarbeiten sollen eine argumentativ gut nachvollziehbare und in sich geschlossene, **schriftliche Ausarbeitung** der Lösung von zur Aufgabe gestellten Rechtsfällen enthalten. Bei der Anfertigung dieser Niederschrift sind bestimmte Regeln, vor allem „rechtsgebietsspezifische" Aufbauregeln zu beachten und einzuhalten (deren Erörterung steht noch aus, vgl. dazu Zweiter Teil B. bis D.). Davon abgesehen verlangt die Niederschrift ganz allgemein dem Fallbearbeiter etwas ab, was nicht wenigen erhebliche Schwierigkeiten bereitet: die Bearbeitung des Rechtsfalls mit allem, was dazugehört, angefangen von den ersten Gedankensplittern bis hin zur Fallprüfung mittels Subsumtion und Rechtsanwendung, geordnet und in angemessener Weise **sprachlich** umgesetzt. Was dabei „angemessen" ist, lässt sich weder generell für jeden Einzelfall noch mit letzter Gewissheit benennen und festschreiben. **183**

Juristische Klausuren und Hausarbeiten sollen aber die geleistete Fallarbeit, nämlich alle relevanten Rechtsfragen geprüft und mit Hilfe überzeugender Normkonkretisierungen nebst korrekter Einzel- und Gesamtsubsumtionen zumindest vertretbare Lösungen entwickelt zu haben, dem Leser (Prüfer, Korrektor) in verständlicher Form mitteilen. Sie sollen zeigen, dass der Fallbearbeiter in der Lage war und ist, einen zur Aufgabe gestellten Rechtsfall **umfassend rechtsgutachtlich** zu **würdigen** (vgl. auch *Mann*, Arbeitstechnik, Rn. 211). Die schriftliche Abfassung von Fallbearbeitungen in juristischen Klausuren und Hausarbeiten muss deshalb in einem mehr „handwerklichen" Sinne (wenigstens) zwei Grundanforderungen genügen: Sie muss sprachlich einfach, klar, anschaulich und präzise sein, und sie darf nicht im sog. Urteilsstil, sondern muss im sog. Gutachtenstil gefertigt sein. **184**

I. Auf „gute" Schriftsprache achten

185 Das ist leichter gesagt als getan; denn was ist „gute" Schriftsprache und wie kann man „schlechte" Schriftsprache vermeiden? Patentrezepte dafür gibt es nicht, und der Appell, sich einfach klar, anschaulich und präzise auszudrücken, beschreibt mehr das Ziel als den Weg dorthin. Guter Schreibstil, gute Schriftsprache ist erlernbar, erfordert aber etliche Mühen und die Bereitschaft, sich mit Sprache, auch mit der eigenen, vertieft auseinander zu setzen. Wer das will, dem sei die „Stilkunst" von *Ludwig Reiners* (in der Neubearbeitung von *Stephan Meyer* und *Jürgen Schiewe*, München 1991) zur Lektüre empfohlen. Darin findet man u. a., was Sprache und vor allem Schriftsprache stilistisch ungenießbar machen kann: Dem Leser wird Falsches und Schlechtes so eindringlich zu Bewusstsein gebracht, dass man bei konzentrierter Kontrolle selbstverfasster Texte unweigerlich bei stilistischen Sünden die Nase rümpft und um Verbesserung bemüht ist oder doch zumindest bemüht sein könnte. Ein Leitfaden zur Anfertigung juristischer Klausuren und Hausarbeiten wäre überfordert, wollte er sich der Aufgabe annehmen, gute Schriftsprache zu vermitteln und zu trainieren. Deshalb sollen hier nur einige Symptome für schlechten Sprachstil aufgegriffen und mit verdeutlichenden Beispielen „garniert" werden, die *Ludwig Reiners* so zahlreich „angerichtet" hat.

Zu vermeiden sind:

1. Schachtel- und Kettensätze

186 Schachtel- und Kettensätze gehören zu den sog. Bandwurm- oder Riesensätzen, die man an ihrem teilweise chaotischen Satzgefüge erkennt. Sie bestehen zumeist aus einem Hauptsatz und einem Gewirr unterschiedlichster Nebensätze. Paradebeispiel für solche Satzungetüme ist eine oft zitierte Definition der Eisenbahn, wie sie sich in der Entscheidung des *Reichsgerichts* in *RGZ 1*, 247 (252) findet. Dort heißt es u. a.:

„Eine Eisenbahn ist ein Unternehmen, gerichtet auf wiederholte Fortbewegung von Personen oder Sachen über nicht ganz unbedeutende Raumstrecken auf metallener Grundlage, welche durch ihre Konsistenz, Konstruktion und Glätte den Transport großer Gewichtsmassen beziehungsweise die Erzielung einer verhältnismäßig bedeutenden Schnelligkeit der Transportbewegung zu ermöglichen bestimmt ist, und durch diese Eigenart in Verbindung mit den außerdem zur Erzeugung der Transportbewegung benutzten Naturkräften – Dampf, Elektrizität, tierischer oder menschlicher Muskeltätigkeit, bei geneigter Ebene der Bahn auch schon durch die eigene Schwere der Transportgefäße und deren Ladung usf. – bei dem Betriebe des Unternehmens auf derselben eine verhältnismäßig gewaltige, je nach den Umständen nur bezweckterweise nützliche oder auch Menschenleben vernichtende und menschliche Gesundheit verletzende Wirkung zu erzeugen fähig ist."

187 Ob diese Definition den Begriff der Eisenbahn wirklich geklärt hat, darf bezweifelt werden. *Ludwig Reiners* (vgl. Stilkunst, a. a. O., S. 85) berichtet von einem Witzbold, der auf die Eisenbahn-Definition des *Reichsgerichts* mit einer Definition des Reichsgerichts antwortete:

„Was ist ein Reichsgericht? Ein Reichsgericht ist eine Einrichtung, welche dem allgemeinen Verständnis entgegenkommen sollende, aber bisweilen durch sich nicht ganz vermeiden haben lassende, nicht ganz unbedeutende beziehungsweise verhältnismäßig gewaltige Fehler im Satzbau auf die schiefen Ebene des durch verschnörkelte und ineinander geschachtelte Perioden ungenießbar gemachten Kanzleistils herabgerollte Definitionen, welche das menschliche Sprachgefühl verletzende Wirkung zu erzeugen fähig sind liefert."

188 Die Entscheidung des *Reichsgerichts* mit ihrer berüchtigten Eisenbahn-Definition liegt zwar schon Jahrzehnte und – inzwischen – Jahrhunderte zurück. Das „Juristendeutsch", die Amts- und Kanzleisprache ist jedoch auch heute noch – manchmal hat man den

Eindruck: wieder verstärkt – davon geprägt, alles, was zu regeln oder sonst zu beurkunden ist, in einen einzigen Satz zusammenzupferchen. Das Resultat sind Bandwurm- oder Riesensätze, bei denen die einzelnen Satzglieder ineinander verkeilt (Schachtelsätze) oder aneinandergehängt (Kettensätze) sind. Man kann solche Satzbaufehler vermeiden, wenn man sich auf die **Grundregeln des deutschsprachigen Satzbaus** besinnt und sie bei der Anfertigung juristischer Klausuren und Hausarbeiten beherzigt: **Jeder Hauptgedanke erfordert einen Hauptsatz.** Hauptgedanken, also die für den systematischen Aufbau einer Klausur und Hausarbeit wichtigen Schlüsselgedanken, verlieren ihre Wirkung in einem Nebensatz, sollte er auch noch so übersichtlich sein. Und ergänzend kommt hinzu: Es sind kurze Sätze zu bauen. Soweit vielschichtig Gedachtes ein – größeres – Satzgefüge erforderlich macht, ist es auf einen (Hauptsache-) Hauptsatz und möglichst nur einen Nebensatz (allerhöchstens auf zwei Nebensätze) zu beschränken. Auf derselben Linie liegt die Empfehlung, auf sog. Vorreiter mit anschließenden „dass-Sätzen", überall dort zu verzichten, wo das Weglassen des Vorreiters (z. B.: der Umstand, dass ...; es ist allgemein bekannt, dass ... etc.) am Satzsinn nichts ändert.

Die Empfehlung, kurze Sätze zu formulieren, bedarf der Relativierung. Wer schwierige und neue Dinge um der Verständlichkeit willen dichtgedrängt darstellen muss und will, der ist gut beraten, die Grundregel (jeder Hauptgedanke erfordert einen Hauptsatz) mit dem Bemühen um kurze Sätze zu verknüpfen. Die *Übertreibung* der Würze, die in der Kürze liegt, geht indessen wie der Schachtel- oder Kettensatz auf Kosten der Verständlichkeit. Der *Asthma- oder Telegrammstil* ist für die Textabfassung in juristischen Klausuren und Hausarbeiten ebenfalls *ungeeignet*.

2. Satzdreh nach „und"

Besonders fatal kann sich die berüchtigte Inversion nach dem Bindewort „und" auswirken, dann nämlich, wenn mit ihr Missverständnisse einhergehen können. Drastische Beispiele (bei *Ludwig Reiners*, Stilkunst, a. a. O., S. 145): *„Tüchtiger Kuhhirt gesucht, er muss verheiratet sein **und muss** die Frau mitmelken"*, oder: *„Kommt schon um sechs Uhr, dann können wir frühzeitig zu Tisch gehen **und können** Eure lieben Kinder gleich mitessen"*. Kennzeichen des Satzdrehs nach „und" ist die **Verdrehung von Subjekt und Prädikat nach „und"** (in den Beispielen richtig: „und die Frau muss mitmelken" bzw. „und Eure lieben Kinder können gleich mitessen"). Jeder Korrektor einer juristischen Klausur und Hausarbeit würde sich an Sätzen verschlucken wie: In diesem Verhalten war eine Drohung zu erblicken *und handelte* der Täter insoweit mit Vorsatz. Dass derlei Inversion nach „und" in juristischen Texten immer wieder vorkommt, dafür gibt es genügend Beispiele in rechtswissenschaftlichen Abhandlungen und in (veröffentlichten) Gerichtsentscheidungen.

In einem Rechtsstreit um den aus einem Zusammenstoß einer Taube mit einem Flugzeug herrührenden Schaden, argumentierte das *OLG Hamm* (NJW 2004, 2246) wie folgt:

*„...Die Taube geriet bei ihrem Flug in den Landeanflug des Flugzeugs und stellte sich als solches Hindernis (gemeint: Verkehrshindernis, der Verf.) dar. Dabei dürfte es keine Rolle spielen, ob die Taube unmittelbar in den Lufteinlass der Turbine des Flugzeugs flog oder derart in die Nähe der Maschine geriet, dass sie von der Turbine angesaugt wurde. ... Auch in diesem Fall ist der Flug der Taube adäquat kausal für den Zusammenprall **und** bildet die Taube ein Verkehrshindernis auf Grund ihres tierischen Verhaltens (Hervorhebung v. Verf.)."*

3. Hauptwörterei und Streckverben

Unter Hauptwörterei – eine nach wie vor verbreitete Stilkrankheit bei der Erarbeitung juristischer Texte – versteht man die Neigung, im Übermaß zu substantivieren und Handlungen durch Hauptwörter (Substantive) statt durch Tuwörter (Zeitwörter, Verben) auszudrücken. Untrügliches Anzeichen für Hauptwörterei ist die manchmal uferlose Aneinanderreihung von Substantiven, die auf -ung, -heit und/oder -keit enden. Sie sind häufig künstliche und gekünstelte Gebilde, die aus Verben und/oder Adjektiven zum Teil merkwürdig anmutende Hauptwörter machen: Inkraftsetzung, Zurruhesetzung, Indiewegeführung, Fürerledigterklärung (vgl. bei *Ludwig Reiners*, Stilkunst, a. a. O., S. 114). Hauptwörterei führt darüber hinaus fast immer zu unnötiger und sinnloser Abstraktion (vgl. dazu auch *Möllers*, Arbeitstechnik, § 6 Rn. 15). Aus einem einfachen, anschaulichen Satz „Ich werde jeden Samstag Tennis lernen" wird dann u. U. „Ich werde jeden Samstag in meiner Freizeitgestaltung von den Tennisunterrichtsmöglichkeiten Gebrauch machen" (vgl. bei *Ludwig Reiners*, Stilkunst, a. a. O., S. 114).

193 Hauptwörterei ist nur eine Spielart der „Substantivsucht" (vgl. noch *Mann*, Arbeitstechnik, Rn. 212 ff., 213). Eine weitere ist die der Streckverben: Statt eines „echten" Verbs wird ein Hauptwort, kombiniert mit einem farblosen Zeitwort, eingesetzt. Es wird nicht *widersprochen*, sondern *Widerspruch erhoben*, nicht etwas *festgestellt*, sondern eine *Feststellung getroffen*, nicht *bewiesen*, sondern *unter Beweis gestellt*, nicht ein Problem *gelöst*, sondern die *Lösung in Angriff genommen* (weitere Beispiele bei *Ludwig Reiners*, Stilkunst, a. a. O., S. 113). In der Kanzlei- und Amtssprache sind Streckverben so geläufig, dass man sie gar nicht mehr bemerkt und wie selbstverständlich hinnimmt: Es wird nicht verfügt, sondern eine Verfügung erlassen, nicht beschlossen, sondern ein Beschluss gefasst, nicht entschieden, sondern eine Entscheidung getroffen etc. Hauptwörterei und Streckverben sind leicht zu vermeiden. Man muss nur die eigenen Texte kritisch kontrollieren und den Mut haben, das Geschriebene radikal zu korrigieren und bspw. gezielt lebendige Zeitwörter statt Hauptwörter zu verwenden.

4. Aktiv- und Passivform

194 Die Umgangs- und Redesprache bedient sich zur Satzbildung zumeist der Aktivform (Tatform). Aktivsätze sind in der Regel kürzer, anschaulicher und präziser. Sätze in der Passivform verzichten auf das persönliche Subjekt (vgl. *Möllers*, Arbeitstechnik, § 6 Rn. 16 f.), sie lassen „den Täter nicht offen an die Rampe treten" (*Ludwig Reiners*, Stilkunst, a. a. O., S. 153): „Dem Beschluss wurde seitens der Mitgliederversammlung zugestimmt" oder „es wurde sich einverstanden erklärt" etc. Viel kraftvoller wäre „Die Mitgliederversammlung *stimmte* dem Beschluss zu" oder „sie/er *war einverstanden*". Wer die Passivform verwendet, benennt nicht das Subjekt. Seine Sprache wird damit weniger anschaulich und unpräziser (vgl. auch *Möllers*, Arbeitstechnik, § 6 Rn. 16 f.). Der Anfang der Luther-Bibel – ein Kompendium für gute deutsche Schriftsprache – lautet: „*Im Anfang schuf Gott Himmel und Erde*" und eben nicht „Im Anfang wurde seitens Gottes sowohl der Himmel als auch die Erde erschaffen". Wo Präzision und Anschaulichkeit in der Sprache nicht merklich unter der Passivform leiden, etwa weil das Subjekt ganz unwesentlich ist, sind freilich auch Passivsätze zulässig. Sie lassen sich ohnehin nicht stets vermeiden. Es reicht schon, sich die Nachteile eines passivischen Satzbaus immer wieder in Erinnerung zu rufen und überflüssige Passivsätze in die Aktivform zu übertragen.

5. Kraftausdrücke und Übertreibungen

195 Juristische Klausuren und Hausarbeiten sollen in der Sache, d. h. durch die Schlüssigkeit ihrer Argumente überzeugen. Kraftmeierei und „Hurra-Geschrei" haben deshalb in der schriftlichen Darstellung der Fallbearbeitung nichts zu suchen. Wenn von „offensichtlich unrichtig" oder von „ganz zweifellos", von „Auffassungen, die ins Reich der Phantasie gehören" oder von „unsinniger Entscheidung" und „totalem Quatsch" die Rede ist, sollte nachgeforscht werden, welche Argumentationsschwächen mit solchen Kraftausdrücken verdeckt werden. Abschreckendes Beispiel: „... ein platter, geistloser, ekelhaftwiderlicher, unwissender Scharlatan, der mit beispielloser Frechheit Aberwitz und Unsinn zusammenschmierte ..." (*Schopenhauer* über *Hegel*, Nachw. bei *Möllers*, Arbeitstechnik, § 6 Rn. 8 ff., 11 bei und in Anm. 26).

196 Auch Übertreibungen, zumal mit Spott durchsetzte Übertreibungen gehören nicht in juristische Texte und folglich auch nicht in juristische Hausarbeiten. Wenn „der ganze Beitrag von Falschem nur so strotzt, dass sich eine gedankliche Auseinandersetzung mit ihm von vornherein nicht lohnt" oder „die zarte Waffe subtiler Kritik" beschworen wird, dann mag das zwar dem Schreiber solcher Zeilen sprachliche (Schaden-) Freude bereiten, zur Sache trägt er mit derlei Formulierungen indessen nichts bei. Das gilt auch für die Klageerwiderung eines Rechtsanwalts wie folgt: „Man kommt kaum mehr nach mit Bestreiten und Widerlegen, wenn nahezu jedes Wort eines so umfangreichen Schriftsatzes falsch ist" (Beispiel bei *Möllers*, Arbeitstechnik, § 6 Rn. 11).

6. Füll- und Fremdwörter

197 *Füllwörter* oder *Fremdwörter* finden sich nicht allein in juristischen Texten und Schriften leider sehr häufig. Sie sind unnötig, wenn und weil sie für den Sinngehalt eines Satzes entbehrlich sind. Ist z. B. etwas wirklich *selbstverständlich* braucht man dies nicht ausdrücklich zu erwähnen. Ähnlich verhält es sich mit dem Wort *natürlich*. Wenn etwas in der angemessenen Tonstärke geschildert ist, sind verstärkende Füllsel wie *gänzlich, durchaus* und *vollständig* meistens überflüssig (viele weitere Beispiele bei *Ludwig Reiners*, Stilkunst, a. a. O., S. 241/2). Nicht: *Ja*, das Problem ist *vielleicht überhaupt* geeignet, uns das Wesen der Sprache klarzumachen. *Eigentlich, übrigens, wohl, nunmehr, doch, auch* etc. sind ebenfalls überflüssige Füll- und Flickwörter, wenn ohne sie gedankliche Abfolge und Satzbau klar sind und nichts an Ausdruckskraft verlieren.

198 *Gänzlich, durchaus, vollständig* etc. können jedoch *auch* (!) als sinnvolle Verstärker eingesetzt sein: „Die Sache hat sich *vollständig* erledigt" hat einen anderen Sinn als „Die Sache hat sich erledigt", wenn fraglich ist, ob die Sache sich nur zum Teil erledigt haben könnte. Es kommt daher im Blick auf die Empfehlung, Flick- und Füllwörter zu vermeiden, darauf an zu prüfen, ob ohne sie der Satzsinn des Geschriebenen erhalten bleibt.

199 *Fremdwörter* zu vermeiden, versteht sich ebenfalls als zwiespältiger Rat für gute Schriftsprache; denn Fremdwörter können eine nicht austauschbare Sonderbedeutung haben, so dass sie beim besten Willen nicht durch sinngleiche deutsche Ausdrücke ersetzt werden können. Das trifft für viele wissenschaftliche Fachausdrücke selbst dann zu, wenn sie in die Alltagssprache eingegangen sind. Die „berufliche Karriere" etwa kann nicht durch den „beruflichen Werdegang" ersetzt werden. Zwischen „Karriere" und „Werdegang" besteht keine Sinngleichheit, sondern allenfalls eine teilweise Sinngleichheit und damit ein Sinnabstand. Und immer dann, wenn es in dem, was gesagt, geschildert, beschrieben etc. werden soll, auf diesen Sinnabstand ankommt, weil sonst die Klarheit und Präzision des sprachlich Ausgedrückten fehlt oder leidet, ist der Gebrauch von Fremdwörtern nicht zu vermeiden. Aber auch das Umgekehrte gilt: Lassen sich Fremdwörter ohne Verlust an sprachlicher Klarheit und Präzision durch angemessene deutsche Ausdrücke ersetzen, ist auf sie zu verzichten. An die Stelle der „partiellen Negation einer relativen Totalität" lässt sich ohne Verlust an Sinn und mit Gewinn an Klarheit und Anschaulichkeit das deutsche Wort „Loch" setzen.

200 Fürs Erste mag es damit genug sein: Wer sich gegen Satzbaufehler, Fehler in der Wortstellung und Wortwahl und gegen „schlechten" Schreibstil immun machen will, dem sei noch einmal die „Stilkunst" von *Ludwig Reiners* und darin insbesondere *sein* Regelwerk zum Papierstil (a. a. O., S. 147 ff.) ans Herz gelegt (zum – schlechten – juristischen Sprachstil vgl. noch *Möllers*, Arbeitstechnik, § 6 Rn. 5 ff.).

II. Unterschied Gutachten- und Urteilsstil

201 Die Fallbearbeitung in juristischen Klausuren und Hausarbeiten folgt den Regeln und der Methodik einer *rechtsgutachtlichen* Fallprüfung. Die Niederschrift ist deshalb auch ein schriftliches **Rechtsgutachten**: Wie bereits angemerkt, sollen juristische Klausuren und Hausarbeiten zeigen, dass der Fallbearbeiter in der Lage war und ist, einen zur Aufgabe gestellten Rechtsfall umfassend *rechtsgutachtlich* zu würdigen (vgl. oben D. vor I. m. Nachw.). Charakteristisch für eine **rechtsgutachtliche Fallbearbeitung** ist zweierlei. Soweit es darum geht, einen Rechtsfall umfassend (*rechtsgutachtlich*) zu würdigen, ist der rechts*gutachtlichen* Fallbearbeitung eine ihr innewohnende Offenheit in den Ergebnissen bis hin zur endgültigen Lösung des Rechtsfalls zu eigen.

202 Besondere Bedeutung aber kommt der für eine rechts*gutachtliche* Fallprüfung typischen Denk- und Arbeitsweise zu. Nach der Devise „von der Voraussetzung zur Folge" ist von einer konkreten (Fall-)Frage auszugehen, sodann sind die Voraussetzungen zu prüfen, von denen die Beantwortung der Frage abhängt (Normbestimmung oder -benennung nebst Subsumtion des Sachverhalts unter die jeweilige Rechtsnorm), und schließlich ist das (Zwischen-)Ergebnis zu formulieren. Dieser „Dreischritt" (Fragestellung – Prüfung der Voraussetzungen – Ergebnis, vgl. *Möllers*, Arbeitstechnik, § 2 Rn. 68 ff. m. w. Nachw.) oder – in der Sache übereinstimmend – „Vierschritt" (Fragestellung – Normbestimmung – Subsumtion – Ergebnis, vgl. *Mann*, Arbeitstechnik, Rn. 204 ff. m. w. Nachw.) ist in jeder Fallprüfung einzuhalten.

1. Gutachtenstil

203 Ergebnisoffenheit und das „Voraussetzung-Folge-Denken" gehen in einer rechts*gutachtlichen* Fallprüfung wie von selbst ineinander über und kommen in einem spezifisch juristischen Sprach- und Schreibstil zum Ausdruck, im sog. **Gutachtenstil**. Entgegen aller Unkerei: Juristische Klausuren und Hausarbeiten im Gutachtenstil zu schreiben, hat nichts mit (unnötiger) sprachlicher Förmelei und auch nichts mit „spießigen alten Zöpfen" oder dem „Muff von tausend Jahren" zu tun. Es handelt sich vielmehr allein um die sprachliche Umsetzung einer zur Lösung von Rechtsfällen unverzichtbaren Arbeits- und Denkweise. Juristischen Laien und „Anfängern" bereitet diese Art von Fallprüfung und Ergebnissuche – wie man weiß – immer wieder Verständnisschwierigkeiten. Solche Schwierigkeiten verlieren sich aber im Verlauf zunehmend routinierter Fallbearbeitung mit entsprechendem Klausur- und Hausarbeitstraining.

204 Ergebnisoffenes Arbeiten und Denken in juristischen Fallprüfungen besteht zunächst darin, *alle* von der Sache her vertretbaren (= nicht abwegigen) Ergebnisse (auch Zwischenergebnisse) mit den sie tragenden Begründungen für *möglich* zu halten. Die dazu „passende" sprachlich **adäquate Ausdrucksform** ist der **Konjunktiv**, die **Möglichkeitsform** (anders, aber m. E. unzutreffend *Fahse/Hansen*, Übungen, Kap. 3, Rn. 5; die Verwendung des Konjunktivs – vgl. dazu allgemein auch *Ludwig Reiners*, Stilkunst, a. a. O., S. 143 – in juristischen Texten auf die mittelbare Wiedergabe fremder Äußerungen beschränken zu wollen, hieße (!), einen wesentlichen Funktionsbereich des Konjunktivs, nämlich den der Potentialität aus Rechtstexten völlig auszublenden. Potentielle (= mögliche) Lösungen von Rechtsfällen sprachlich in der Wirklichkeitsform (= Indikativ) abzuhandeln, entspricht aber gerade nicht dem Sinn rechts*gutachtlicher* Fallprüfungen). Zielt die Aufgabenstellung und Fallfrage darauf ab zu prüfen, ob A von B die Herausgabe einer Sache gem. § 985 BGB verlangen kann, ist beispielsweise wie folgt zu formulieren:

205 „Dem A *könnte* gegenüber B ein Anspruch auf Herausgabe der Sache gem. § 985 BGB zustehen." Mit „*könnte*" ist ausgedrückt, dass erst nach Prüfung der Anspruchsvoraussetzungen über einen dem A *möglicherweise* zustehenden Anspruch etwas Endgültiges gesagt werden kann. Dementsprechend schließt sich an den Eingangs- oder Eröffnungssatz die Nennung der zu prüfenden Anspruchsvoraussetzungen an: „Voraussetzung dafür ist, dass A Eigentümer und B Besitzer der Sache ist. Zu prüfen ist somit zunächst, ob A Eigentümer der Sache ist. Das *wäre* der Fall, wenn A das Eigentum an der Sache erlangt *hätte*. A *hätte* Eigentum an der Sache erlangt, wenn … (Voraussetzungen der Eigentumserlangung) etc." Am Ende der Fallprüfung, durch Subsumtion des Sachverhalts unter die Anspruchsvoraussetzungen (= Tatbestandsmerkmale), steht dann das (Zwischen) Ergebnis als Schlussfolgerung, und zwar im Indikativ (= Wirklichkeitsform) formuliert: „A ist also Eigentümer der Sache."

Sprachlich und rechtsgutachtlich nicht korrekt wäre es, als Eingangs- bzw. Eröffnungssatz dasselbe im Indikativ formuliert voranzustellen. „Dem A steht gegenüber B ein Anspruch auf Herausgabe der Sache gem. § 985 BGB zu.", nimmt das endgültige Ergebnis der noch ausstehenden Fallprüfung vorweg. Daran ändert sich auch nichts, wenn man die indikativische Aussage durch einen als Nebensatz oder auf sonstige Weise angeschlossenen Bedingungssatz wieder in Frage stellt: „Dem A steht gegenüber B ein Anspruch auf Herausgabe der Sache gem. § 985 BGB zu, *wenn* A Eigentümer und B Besitzer der Sache ist" relativiert zwar das Zustehen des Anspruchs, beseitigt aber dennoch die rechtsgutachtlich durchgängig notwendige Ergebnisoffenheit; denn wenn die Prüfung ergibt, dass A Eigentümer und B Besitzer der Sache ist, steht dem A der Herausgabeanspruch aus § 985 BGB zu. Dass dieser Herausgabeanspruch dem A möglicherweise doch nicht zusteht, weil noch andere Anspruchsvoraussetzungen zu prüfen und im Ergebnis nicht erfüllt sind, fällt „unter den Tisch".

Trotz nicht ausräumbarer prinzipieller Bedenken und Vorbehalte wäre ein indikativisch formulierter Eingangs- oder Eröffnungssatz dann, allerdings auch nur dann akzeptabel, wenn im angeschlossenen Bedingungssatz sämtliche Anspruchsvoraussetzungen (bzw. allgemeiner: sämtliche Tatbestandsmerkmale, von deren Erfüllung das Eintreten der Rechtsfolge abhängt) benannt wären. Das mag bei einfachen Sachverhalten und entsprechend wenigen und „durchsichtigen" Tatbeständen noch gelingen. Bei komplexen Sachverhalten und dazugehörigen Normgeflechten ist das dagegen so gut wie unmöglich. Daher bleibt es in der Regel aller Fälle bei der konjunktivischen als der sprachlich adäquaten Ausdrucksweise.

2. Urteilsstil

Den Gegensatz zum sog. Gutachtenstil bildet der sog. **Urteilsstil**. Auch der Urteilsstil ist Ausdrucksform einer bestimmten Arbeits- und Denkweise. Den Wortsinn seiner terminologischen Begrifflichkeit bezieht der Urteilsstil aus der Arbeits- und Denkweise eines urteilenden Richters. Typisches Kennzeichen des Urteilsstils ist das Voranstellen einer einzigen und endgültigen, in sich abgeschlossenen Entscheidung, die in nachfolgenden Ausführungen im Einzelnen und schlüssig (so sollte es jedenfalls sein) begründet wird. Sprachlich adäquate Ausdrucksform des Urteilsstils ist der **Indikativ**, die **Wirklichkeitsform**. „Dem A steht gegenüber B ein Anspruch auf Herausgabe der Sache gem. § 985 BGB zu." besagt als vorangestellter und „eröffnender" Entscheidungssatz, dass die Prüfung, ob A gegen B der Herausgabeanspruch zusteht, bereits bis ins Einzelne durchgeführt und die initiierende (Fall-)Frage – bejahend – beantwortet worden ist. Welche Überlegungen und Erwägungen und warum zum Ergebnis geführt haben, ist dann unter strenger Beachtung der Subsumtionsregeln und ggf. „problemorientiert" darzulegen. Diese **Entscheidungsbegründung** (entsprechend: Urteilsbegründung) ist durchgängig im Indikativ zu formulieren, es sei denn, es müssten Fremdäußerungen in indirekter Rede wiedergegeben werden (etwa bei Problemerörterungen anhand eines Meinungsstreits z. B. zwischen Rechtsprechung und Lehre).

3. Sprachliche Erkennungszeichen für Gutachten- und Urteilsstil, Anwendungsempfehlungen

Sprachlich ist für den Urteilsstil nicht allein der Indikativ und für den Gutachtenstil ebenso wenig allein der Konjunktiv charakteristisch. Gutachten- und Urteilsstil sind auch durch eine der jeweiligen Arbeits- und Denkweise verpflichtete **Wortwahl** geprägt.

So ist für den **Urteilsstil** der Gebrauch solcher Wörter kennzeichnend, die von ihrer Wortbedeutung und Wortstellung (im Satzgefüge) her eine begründende Funktion haben wie etwa „denn"..., „weil"..., „da"..., „nämlich"..., „indem"..., etc.: A steht gegenüber B ein Anspruch auf Herausgabe der Sache gem. § 985 BGB zu; *denn* A ist Eigentümer der Sache und B ist Besitzer der Sache. Der A ist Eigentümer der Sache, *weil* er sie von dem Dritten C gekauft und gem. § 929 BGB zu Eigentum erworben hat. Nach Abschluss und in Erfüllung des Kaufvertrages hatte C *nämlich* A die Sache übergeben und beide waren sich darüber einig, dass das Eigentum an der Sache von C auf A übergehen sollte. Zwar hatte C dem A gegenüber nicht ausdrücklich erklärt, dass ... etc. Eine Einigung gem. § 929 S. 1 BGB lag aber dennoch vor, *denn* dazu bedarf es nicht einer ausdrücklichen Erklärung, dass ... etc.

210 Für den **Gutachtenstil** typisch sind Bindewörter wie „also"..., „dementsprechend"..., „folglich"..., „infolgedessen"..., „somit"..., „daher"..., „mithin"..., „damit"..., etc. (vgl. *Möllers*, Arbeitstechnik, § 2 Rn. 68 mit Beispiel „Zebrastreifenfall"). Für das „Voraussetzung-Folge-Denken" mit Beschreibung einzelner Subsumtionsschritte sind Formulierungen kennzeichnend, die in Problemerörterungen hineinführen wie beispielsweise „Es ist zu prüfen"..., „Nunmehr ist zu prüfen"..., „Es fragt sich"..., „Zu untersuchen ist"..., „Von Bedeutung ist"..., „Es ergibt sich die Frage"..., „Weiter ist zu prüfen"..., etc.

211 Allerdings sollte man in der schriftlichen Darstellung einer Fallprüfung **stereotype Wiederholungen vermeiden** (vgl. *Mann*, Arbeitstechnik, Rn. 212 ff., 215). Das Nacheinander etwa von „Es ist zu prüfen"..., „Nunmehr ist zu prüfen"..., „Danach ist zu prüfen"... und möglicherweise noch ein „prüfen" ermüdet und langweilt, ganz abgesehen davon, dass zu einem „guten" Schreib- und Gutachtenstil eine abwechslungsreiche Wortwahl gehört.

212 Bei aller Stilgenauigkeit und -treue: Man muss nicht päpstlicher sein als der Papst. Gutachten- und Urteilsstil können je nach Sachverhalt und anwendbaren Rechtssätzen in einer Fallprüfung ineinander übergehen. Und auch die Entscheidungsbegründung im Urteilsstil schließt nicht eo ipso die Problemerörterung im Gutachtenstil aus. Die gutachtliche Würdigung eines Rechtsfalls besteht nicht nur aus der Bearbeitung problematischer oder sonst wichtiger Fragen. Vielmehr sind darin auch einfache, klar gegliederte Sachverhaltsteile nebst ebenso einfach strukturierten Rechtsnormen aufzugreifen und zu erörtern, bisweilen bedarf es sogar nur der Feststellung von Selbstverständlichkeiten. Derlei „Routinearbeit" im Gutachtenstil zu erledigen, ist verfehlt. **Gutachtenstil und Urteilsstil erfüllen keinen Selbstzweck.** Deshalb ist nur bei wirklich problematischen Fragestellungen im Gutachtenstil (mit drei- oder viergliedriger Arbeitsfolge) vorzugehen. Alles einfach zu Beurteilende und weniger Bedeutsame kann dagegen getrost im Urteilsstil abgehandelt werden (so auch *Mann*, Arbeitstechnik, Rn. 210 mit Rn. 324).

213 Wenn sich bei der Bearbeitung eines Strafrechtsfalls aus dem Sachverhalt partout kein Anhaltspunkt dafür ergibt, dass der Täter ohne Vorsatz gehandelt hat, genügt die schlichte Feststellung: „A handelte vorsätzlich". Zu akzeptieren wäre auch noch: „A handelte in Kenntnis sämtlicher Tatumstände und wollte sie durch sein Handeln verwirklichen; er handelte also vorsätzlich" (mit dieser indikativisch formulierten Feststellung lässt der Verfasser der Fallbearbeitung die Definition des Vorsatzes und die entsprechende Subsumtion erkennen). Eine Überfrachtung stellte es jedoch dar, wollte man das rechtstatsächliche Feststehen des Tatvorsatzes in der Manier einer dem Gutachtenstil unterliegenden Fallprüfung hinterfragen, etwa so: „Es fragt sich aber, ob A vorsätzlich handelte. Dazu müsste er in Kenntnis aller Tatumstände gehandelt und deren Verwirklichung gewollt haben. Zu prüfen ist, ob A in Kenntnis aller Tatumstände handelte. Das wäre dann der Fall, wenn ... etc."; und schließlich: „Also handelte A vorsätzlich".

Selbstverständliches und ersichtlich Feststehendes braucht nicht erst noch rechtsgutachtlich geprüft und gewollt problembetont begründet zu werden. Geht es in einer öffentlich-rechtlichen Fallbearbeitung im Rahmen der Zulässigkeit einer Anfechtungsklage darum, die Zulässigkeitsvoraussetzung der „öffentlich-rechtlichen Streitigkeit" (nicht verfassungsrechtlicher Art, vgl. § 40 Abs. 1, S. 1 VwGO) zu prüfen, und stehen des Weiteren als streitentscheidende Rechtsnormen die Vorschriften des BauGB, einer GemO, des BRRG oder der GewO etc. zur Debatte, dann wäre alles andere als die lapidare (indikativisch formulierte!) Feststellung „Bei den streitentscheidenden Rechtsnormen des BauGB, der GemO, des BRRG, der GewO, etc. handelt es sich um öffentliches Recht" (vgl. auch *Mann*, Arbeitstechnik, Rn. 210 mit Rn. 324) überzogene „Gutachtelei" und ohne Sinn. **214**

Genauso sinnlos wäre in einer zivilrechtlichen Fallbearbeitung eine vom Sachverhalt durch nichts veranlasste langatmige und umständliche Durchprüfung der Frage, ob zwischen A und B ein Kaufvertrag geschlossen worden ist. Wenn völlig klar ist, dass zwischen A und B gem. §§ 145, 147 BGB ein Vertrag, und zwar wegen des eindeutigen Inhalts von „Antrag" und „Annahme" ein Kaufvertrag nach § 433 BGB zustande gekommen ist, dann genügt es festzustellen: „A und B haben (ggf. am ... Datum) einen wirksamen Kaufvertrag geschlossen. Danach war A verpflichtet, ... (konkrete Benennung der kaufvertraglichen Pflichten von A und B). Die rechtsgutachtliche Fallprüfung im Gutachtenstil – das sei noch einmal betont – ist immer (nur) dort ein „Muss", wo sich auf dem Weg zur Lösung des Rechtsfalls rechtlich relevante Problemschwerpunkte auftun. **215**

E. Gestaltung und Darstellung juristischer Hausarbeiten und Klausuren

Juristische Klausuren und Hausarbeiten gleichen sich in vielem, in manchem – beileibe nichts Prinzipiellem – unterscheiden sie sich. Ihrem Sachgehalt nach handeln juristische Hausarbeiten und Klausuren immer über dasselbe: über eine umfassende rechtsgutachtliche Würdigung (vgl. noch einmal bei C. III. und D. II.) und Lösung von Rechtsfällen, die sich im wechselseitigen Zusammenwirken eines aus der „Filterperspektive" der jeweiligen Aufgabenstellung (mit ihrem Kernstück, den konkreten oder konkretisierten Fallfragen, vgl. bei B. I. und C. I. 1.) „richtig" verstandenen konkreten Lebenssachverhalts mit den dazugehörigen „passenden" und anwendbaren Rechtsnormen konstituieren (vgl. dazu bei B. I. und zum Hin- und Herwandern des Blicks zwischen Sachverhalt und Rechtsnorm bei C. III. 1. und C. III. 4.). In ihrem „äußeren" Erscheinungsbild weichen juristische Klausuren und Hausarbeiten dagegen voneinander ab, weil die Anfertigung einer Hausarbeit – was ihre „äußere" Gestaltung betrifft – eine andere Arbeitsweise erfordert als die Anfertigung einer Klausur. Und das wiederum beruht auf dem wohl sinnfälligsten **Unterschied** zwischen juristischen Klausuren und Hausarbeiten, den **verschiedenen zeitlichen, örtlichen und weiteren Rahmenbedingungen**, denen die Anfertigung juristischer Klausuren und Hausarbeiten allerorten unterliegt. **216**

Die **Eigenart** einer juristischen **Klausur** besteht darin, dass in einer genau bemessenen (kurzen) Zeitspanne ein vorgegebener Rechtsfall schriftlich bearbeitet und einer zutreffenden Lösung zugeführt werden muss (vgl. nur *Mann*, Arbeitstechnik, Rn. 153; *Möllers*, Arbeitstechnik, § 1 Rn. 26 f., § 2 Rn. 1 ff. m. w. Nachw.) und ferner darin, dass dies alles zumeist in „amtlichen" Räumlichkeiten der Hochschule/Universität oder auch eines Gerichts oder Justizministeriums und unter Aufsicht vonstatten geht. Je nachdem, ob es sich um Klausuren in einer juristischen Übung für Anfänger oder Fortgeschrittene (Vorgerückte), um Examensklausuren im ersten oder zweiten juristischen Staatsexamen bzw. um Klausuren in der „Ersten juristischen Prüfung", um vorlesungsbegleitende Klausuren oder Klausuren in (Referendar-)Arbeitsgemeinschaften handelt, stehen dem **217**

Fallbearbeiter zwei, drei, fünf oder sechs und sogar bis zu acht (2. Staatsexamen) Zeitstunden für die Anfertigung der Klausur zur Verfügung, eine von vielen Fallbearbeitern bisweilen als „zu kurz" empfundene und monierte Bearbeitungszeit.

218 Demgegenüber sind juristische **Hausarbeiten** schriftliche Fallbearbeitungen, die – der Begriff sagt es schon – „zu Hause" und eben nicht unter Aufsicht anzufertigen sind. Auch die juristische Hausarbeit muss binnen einer vorgegebenen Frist fertiggestellt und (zur Korrektur und Bewertung) abgegeben werden. Anders als in einer Klausur kann aber der Fallbearbeiter zur Anfertigung seiner Hausarbeit und damit zur Bearbeitung und Lösung des zur Aufgabe gestellten Rechtsfalls sehr viel mehr Zeit – in der Regel vier, sechs oder acht Wochen – einsetzen, und zwar nach eigenem Gutdünken verteilt über die laufende Bearbeitungsfrist. Nichts hindert ihn, „die Nacht zum Tage zu machen", sporadisch oder diszipliniert tagtäglich, unter voller oder nur teilweiser Ausnutzung der zur Verfügung stehenden Bearbeitungszeit etc. an der Lösung „seines" Rechtsfalls zu arbeiten. Allein wichtig ist, dass am Ende der Bearbeitungsfrist die (zutreffende) Lösung des Rechtsfalls abgabefähig und -fertig zu Papier gebracht ist.

I. Die juristische Hausarbeit

219 In der juristischen Hausarbeit sollen alle Rechtsfragen und -probleme, die in dem „aufgegebenen" Rechtsfall „stecken", herausgefunden, analysiert und gedanklich vertieft durchdrungen, und unter Verwertung einschlägiger Literatur und Rechtsprechung wissenschaftlich erörtert werden (vgl. statt aller *Mann*, Arbeitstechnik, Rn. 292 f.). Ersichtlich unterscheidet sich damit das inhaltliche und formale Anforderungsprofil einer juristischen Hausarbeit deutlich von dem einer juristischen Klausur; denn nach der Eigenart einer juristischen Klausur verbietet sich schon aus Zeitgründen die für die Hausarbeiten unverzichtbare und typische Erarbeitung eigener, ggf. streitentscheidender Argumentationen und Lösungsansätze auf der Basis und unter Verwertung einschlägiger Literatur und Rechtsprechung. Das darf allerdings nicht zu (verhängnisvollen) Fehldeutungen verleiten: Das Qualitätsniveau juristischen Argumentierens und des Begründens zutreffender Falllösungen hat mit dem inhaltlichen und formalen Anforderungsprofil juristischer Hausarbeiten und Klausuren nur bedingt etwas zu tun – es sollte in juristischen Hausarbeiten und Klausuren stets ein und dasselbe und zudem gleichbleibend hoch sein.

220 Was im Übrigen die für juristische Hausarbeiten vorausgesetzte Wissenschaftlichkeit der Erörterung rechtlicher Probleme und Streitfragen betrifft, ist vor allzu prätentiösen Überspannungen dieser geforderten Wissenschaftlichkeit zu warnen. Es geht in juristischen Hausarbeiten (und Klausuren) allein darum, zum guten Schluss der „wissenschaftlichen Erörterungen" eine praktische, realitätsadäquate und in diesem Sinne „brauchbare" Lösung des Rechtsfalls zu präsentieren und nicht etwa darum, „originelle" neue rechtswissenschaftliche Theorien zu kreieren (so auch *Mann*, Arbeitstechnik, Rn. 292 ff.).

1. Arbeitsweise

221 Auch auf ein „gesundes Maß" zurückgeschnitten erfordern die für juristische Hausarbeiten vorausgesetzten wissenschaftlichen Erörterungen der Hausarbeitsfallfragen insgesamt eine im Vergleich zur Anfertigung von Klausuren weitaus aufwendigere Arbeitsweise. Gilt es doch neben dem Auswerten einschlägiger Literatur und Rechtsprechung auch rechtliche Probleme und Streitfragen, die in dem zu bearbeitenden Rechtsfall verborgen sind, zu suchen, herauszufinden, zu analysieren und umfassend zu durchdenken. Nach Entgegennahme des Sachverhaltstextes mit Aufgabenstellung sieht der Arbeitsbeginn bei einer juristischen Hausarbeit freilich nicht anders aus als bei einer juristischen Klausur:

a) Einstieg: Den „roten Faden" erarbeiten. Ohne wenigstens in groben Umrissen zu wissen (oder zumindest zu vermuten), „wohin die Reise geht", gelingt die aufgegebene Fallbearbeitung weder in einer Klausur noch in einer Hausarbeit. In einem ersten Arbeitsschritt kommt es daher darauf an, den berühmten „roten Faden" für den Ablauf der Fallbearbeitung bis hin zur Lösung des Rechtsfalls zu erarbeiten. Dieser „rote Faden" kann (und soll auch) nicht mehr sein als eine aus dem ersten Zugriff auf den Rechtsfall und seine denkbaren Lösungen resultierende **Orientierungslinie** für das weitere Vorgehen in der Fallbearbeitung.

Einen im Blick auf die spätere Lösung des Rechtsfalls „brauchbaren" Einstieg in die Fallbearbeitung zu finden, den in die Probleme des Rechtsfalls hinein- und auch wieder herausführenden „roten Faden" zu „spinnen", ist allerdings nicht ganz so einfach. Zunächst ist dazu als zwingend notwendige Vorarbeit alles das erforderlich, was bereits als Voraussetzung für ein sachrichtiges Verstehen des Sachverhaltstextes thematisiert und erörtert worden ist. Die Arbeit am und mit dem Sachverhalt, das Ermitteln konkreter, bearbeitungsfähiger Fallfragen und schließlich das fallbezogene Zuordnen und Einordnen des Sachverhalts unter „passende" Rechtssätze (vgl. dazu unter C. I. bis III.) sind die „arbeitstechnischen Stationen" zu Beginn jeder Fallbearbeitung.

Aber das reicht noch nicht, um den „roten Faden" zu bestimmen. Hand in Hand mit den zu erledigenden Vorarbeiten muss ein erstes Aufspüren etwaiger in dem Rechtsfall enthaltener Probleme und rechtlicher Fragestellungen einhergehen. Und damit kommt nun etwas ins Spiel, was keine Hilfestellung oder Anleitung zur Lösung von Rechtsfällen und zur Anfertigung von juristischen Hausarbeiten und Klausuren vermitteln oder gar ersetzen kann: solides materiellrechtliches Grundwissen. Ohne gesicherte und ad hoc verfügbare Rechtskenntnisse bleiben Sachverhaltstext und Aufgabenstellung ein Buch „mit sieben Siegeln", ganz abgesehen davon, dass ein Fallbearbeiter ohne zureichendes oder nur mit lückenhaftem Grundwissen das, was in einem Rechtsfall problematisch und entsprechend erörterungsbedürftig ist oder sein könnte, entweder von vornherein schon gar nicht erkennt oder nach Inhalt und Gewichtigkeit völlig verkennt. Ohne solide rechtliche Grundkenntnisse lässt sich kein Gespür dafür entwickeln, worauf es in einem Rechtsfall wirklich ankommt (vgl. auch *Mann*, Arbeitstechnik, Rn. 295 m. w. Nachw.).

Für die Fallbearbeitung als Orientierungslinie „brauchbar" ist ein „roter Faden" aber nur dann, wenn er eine kontinuierlich fortschreitende Auflistung der zu bearbeitenden rechtlichen Probleme und Streitfragen des zu lösenden Rechtsfalls vorhält, so dass auf sie im Verlauf der Fallbearbeitung immer wieder zurückgegriffen werden kann. Das Ganze muss zudem als ständig verfügbare Arbeitsgrundlage in sich schlüssig und so konkret gefasst sein, dass man sich von Zwischenergebnis zu Zwischenergebnis bis zur Lösung des Rechtsfalls vorarbeiten kann. Trotz alledem ist und bleibt der „rote Faden" nur eine Orientierungslinie mit „Vorläufigkeitscharakter". Er muss mehr im Sinne einer Arbeitshypothese offen bleiben für Abwandlungen und Korrekturen, die sich nach und nach im Gang der Fallbearbeitung als sachlich begründet und notwendig herauskristallisieren. Er ist deshalb auch keine (korsettartige) Lösungsskizze, der sich die Fallbearbeitung fügen müsste. Er ist – wenn auch von Anfang an auf eine Lösung des Rechtsfalls bedacht – lediglich ein inhaltlich gut durchgearbeitetes (Hilfs-)Mittel, das bei der Fallbearbeitung ein geordnetes problemorientiertes Vorgehen ermöglicht und gewährleistet (vgl. noch *Möllers*, Arbeitstechnik, § 7 Rn. 56 ff.).

b) Literaturrecherche und sonstige Quellen. Anders als in einer Klausur soll die Fallbearbeitung in einer juristischen Hausarbeit erörterungsbedürftige Rechtsfragen auf der Basis und unter Verwertung einschlägiger Literatur und Rechtsprechung gedanklich vertieft durchdringen und beantworten. Dieses für eine juristische Hausarbeit geradezu selbstverständliche Anforderungsprofil setzt eine in der Regel umfangreiche und zeitaufwendige Literaturrecherche und Sichtung von veröffentlichter Rechtsprechung sowie anderen (rechtstextlichen) Quellen voraus.

227 Und hierbei zeigt sich bereits, was ein guter (!) „roter Faden" wert ist. Zum einen beugt er der Gefahr vor, in chaotisch und hektisch angesammelter Literatur und anderen rechtstextlichen Quellen zu versinken und „den Wald vor lauter Bäumen" nicht mehr erkennen zu können. Zum anderen versetzt er den Fallbearbeiter in die Lage, zielstrebig nach problem- und rechtsfragenbezogener Literatur, Rechtsprechung und anderen Quellen zu suchen, diese mit Hilfe des Filters „roter Faden" zu sichten und zu reduzieren und das verbleibende Quellenmaterial – konzentriert auf das, worauf es nach den Vorprüfungen des Fallbearbeiters bei der Lösung des Rechtsfalls entscheidend ankommt (s. o.) – wirklich effektiv mit „lösungsförderndem" Informationszuwachs durcharbeiten zu können. Das erspart unersprießliches Lesen und – damit verbunden – letztlich nutzlos vertane Zeit, die man gut für die weitere Fallbearbeitung verwenden könnte.

228 In diesem Zusammenhang ist vor den nachgerade sprichwörtlichen „Materialschlachten und Fotokopierorgien" mit Grundlagen- und Spezialliteratur, die regelmäßig unmittelbar im Anschluss an die Ausgabe von Sachverhaltstext nebst Aufgabenstellung in den juristischen Seminaren und Fachbibliotheken veranstaltet werden (vgl. auch *Mann*, Arbeitstechnik, Rn. 294), nachdrücklich zu warnen, denn sie bringen nichts außer einem Haufen Papier, das alsbald in den Müll wandert. Wer sich an seiner vorläufigen Problemsuche und -analyse in Gestalt des „roten Fadens" entlanghangelt, der braucht sich auf diese Art der Material- und Quellenbeschaffung nicht einzulassen. Er kann seine Literatur- und Quellenrecherche vielmehr ganz im Sinne einer produktiven und zeitsparenden Arbeitstechnik schrittweise durchführen: Sichtung, Sammlung, Auswertung (zu Literatur- bzw. Quellensichtung, Literatur- und Quellensammlung und Literatur- bzw. Quellenauswertung vgl. *Möllers*, Arbeitstechnik, § 4 Rn. 1 ff., 83 ff.).

229 Fast immer beschränkt sich die Literatur- und sonstige Quellenrecherche für Fallbearbeitungen im Rahmen einer juristischen Hausarbeit auf die Rechtsliteratur und andere rechtstextliche Quellen. Nur ganz selten einmal erstreckt sich die Recherche auch auf „fremddisziplinäre" Quellen – etwa bei Themenhausarbeiten, sonstigen Seminararbeiten (Referate, Vorträge), bei Dissertationen oder anderen wissenschaftlichen Beiträgen (zur juristischen Recherche in Bibliotheken und mit dem Computer vgl. *Möllers*, Arbeitstechnik, § 4 Rn. 1 ff.).

230 **aa) Typische Rechtsliteratur.** Zur Rechtsliteratur zählen insbesondere Lehrbücher, Kommentare und Handbücher sowie Monographien einschließlich (unveröffentlichter) Dissertationen. Zur wissenschaftlichen Rechtsliteratur gehören aber auch Aufsätze in (juristischen) Fachzeitschriften, Sammelwerken und Festschriften, Entscheidungsrezensionen (Besprechungen höchstrichterlicher Entscheidungen) und Urteilsanmerkungen in Fachzeitschriften sowie – mit gewissen Einschränkungen und Vorbehalten – Rezensionen und Besprechungen von Lehrbüchern, Kommentaren, Handbüchern und Monographien (zumeist in juristischen Fachzeitschriften nachzulesen).

231 Juristische Fachzeitschriften gibt es in großer Anzahl. Sie enthalten wissenschaftliche Beiträge, Entscheidungen von hohen und höchsten, oberen und erst- oder zweitinstanzlichen Gerichten, Urteilsanmerkungen, Buchbesprechungen, Gesetzgebungsreporte etc., zum Teil kombiniert, zum Teil auf einzelne Sparten beschränkt. Inhaltlich sind sie über die Hauptrechtsgebiete und auf Spezialrechtsgebiete verteilt. Ihre adressatenorientierte Ausrichtung ist unterschiedlich: Angesprochen werden rechtswissenschaftlich tätige und interessierte Leser, juristische Praktiker und angehende in der Ausbildung befindliche Juristen. Die wohl verbreitetste juristische Fachzeitschrift ist die „Neue Juristische Wochenschrift" (NJW). Weitere wichtige Fachzeitschriften sind die „Juristische Rundschau" (JR), die „Juristenzeitung" (JZ), die „Juristische Schulung" (JuS), die „Juristische Arbeitsblätter" (JA), die „Juristische Ausbildung" (Jura oder JURA), die „Neue Zeitschrift für Strafrecht" (NStZ), die „Neue Zeitschrift für Verwaltungsrecht" (NVwZ), die „Neue Zeitschrift für Arbeitsrecht" (NZA), die „Neue Zeitschrift für Verkehrsrecht" (NZV), die „Zeitschrift für Rechtspolitik" (ZRP), die „Zeitschrift für die gesamte Strafrechtswissenschaft" (ZStW), die Zeitschrift „Die öffentliche Verwaltung" (DÖV), das „Archiv für öffentliches Recht" (AöR), das „Archiv für die civilistische Praxis" (AcP) etc., um nur einige zu nennen (vgl. noch *Möllers*, Arbeitstechnik, § 4 Rn. 66 ff.).

bb) Rechtsprechung. Juristische Literatur- und Quellenrecherche bliebe unvollständig ohne Einblick in die Rechtsprechung (nicht nur) der höchsten Gerichte. Da die Fallbearbeitung in einer juristischen Hausarbeit (und auch Klausur) immer auf eine praxisgerechte Lösung des Rechtsfalls auszurichten ist, kommt der Sichtung, Sammlung und Auswertung einschlägiger und vor allem neuester Rechtsprechung ebenfalls erhebliche Bedeutung zu.

Verhältnismäßig einfachen Zugang findet man zu den amtlichen Entscheidungssammlungen etwa des Bundesgerichtshofs (BGH; in Zivilsachen BGHZ, in Strafsachen BGHSt), des Bundesverfassungsgerichts (BVerfG/E), des Bundesverwaltungsgerichts (BVerwG/E) etc. Schon etwas schwieriger gestaltet sich die Suche nach einschlägiger Rechtsprechung bei der Durchmusterung von veröffentlichter Rechtsprechung in juristischen Fachzeitschriften. Trotz umfangreicher und ausführlicher Sach- und nach Gerichten differenzierter Entscheidungsregister bleibt manchmal nur der Verweisungsweg von Lehrbüchern, Kommentaren und Monographien auf wichtige Gerichtsentscheidungen. Insbesondere sog. Grundsatzentscheidungen der höchsten (Bundes-)Gerichte können für die Lösung des Rechtsfalls zumal dann eine maßgebliche Rolle spielen, wenn die Behandlung bestimmter problematischer Rechtsfragen zwischen der Rechtsprechung und der Rechtslehre streitig ist und es darum geht, in der Fallbearbeitung via Problemerörterung und „eigener" Streitentscheidung tragfähige (Zwischen-)Ergebnisse zu erarbeiten.

cc) Elektronische Medien. Als zeitsparendes und vielfach verlässliches Hilfsmittel bei der Suche nach einschlägiger Literatur und Rechtsprechung hat sich der (verantwortungsvolle und seriöse) Einsatz elektronischer Medien erwiesen. Die Nutzung neuer Informationstechnologien empfiehlt sich deshalb auch für Fallbearbeitungen in juristischen Hausarbeiten (vgl. dazu *Mann*, Arbeitstechnik, Rn. 34 ff., 42 ff. mit weiteren Nachweisen).

Zunehmender Beliebtheit erfreut sich die juristische Online-Datenbank „JURIS". Sie wird fachlich sachverständig betreut und ist solide und verlässlich. Zugang zu „JURIS" hat man über eine (juristische) Bibliothek; erreichbar ist „JURIS" aber auch über das Internet (http://www.juris.de; vgl. *Möllers*, Arbeitstechnik, § 4 Rn. 7 ff., 11 ff., 21 ff. mit Hinweisen auf weitere Datenbanken, kostenpflichtige und kostenfreie Web-Seiten sowie spezielle juristische Suchmaschinen). Eine „JURIS"-Recherche mittels eingegebenem Schlagwort – ggf. kombiniert mit bestimmten §§-Angaben der auf den Rechtsfall anwendbaren Rechtsnormen – wirkt wahre (Zeit-)Wunder, auch wenn sich Gerichtsentscheidungen und ebenso Aufsätze und andere wissenschaftliche Rechtsliteratur dort häufig nicht im Volltext sondern „nur" in Leitsätzen und Auszügen, Titeleien etc. finden.

Allerdings muss man sich bei der Literatur- und sonstigen Quellenrecherche auch vor mancher „Versuchung" und Gefahr der Internetnutzung hüten. Noch am harmlosesten ist das ärgerliche Verwirrspiel um das einzugebende Stichwort, denn das muss auf spezifische Weise „richtig" sein, wenn man wirklich aussagekräftiges und sachlich „passendes" Antwortmaterial für die in der Fallbearbeitung abzuhandelnden Rechtsfragen gewinnen will (vgl. dazu auch *Möllers*, Arbeitstechnik, § 4 Rn. 7 ff., 21 ff.).

237 Ausgesprochen gefahrenträchtig gebärdet sich die Quellensuche per Internet aber dort, wo zu bestimmten rechtlichen Fragestellungen und Sachthemen vermeintlich seriöse Beiträge geliefert werden, deren Herkunft und Qualität zweifelhaft ist. Um es provokativ auszudrücken: Solange jeder „Hans und Franz" ins Internet einstellen kann, was ihm so gerade durch Kopf geht, ist bei der Verwendung solcher „Quellen" höchste Vorsicht geboten. Das gilt auch und sogar für „Professoren-Seiten", wenn sie rechtstextliche Meinungsäußerungen enthalten, die – gut verpackt – (rechts-)politisch-ideologisch motiviert sind und deshalb zu Problemverzerrungen führen können. Wer sich bei der Literatur- und Quellenrecherche der Suchhilfe des Internets etc. bedient, ist daher aufgefordert, die so gefundenen rechtstextlichen Quellen auf ihre Solidität und Seriosität kritisch zu kontrollieren, ehe er sie für seine Fallbearbeitung verwertet (vgl. zum Ganzen auch *Möllers*, Arbeitstechnik, § 4 Rn. 7, 21 ff.; *Mann*, Arbeitstechnik, Rn. 34 ff., 40 f. jeweils mit zahlreichen und weiterführenden Empfehlungen und Nachweisen).

238 **c) Lösungsskizze und Schwerpunktbildung.** Sind Literatur, Rechtsprechung und sonstige rechtstextliche Quellen anhand des „roten Fadens" gesichtet, gesammelt und ausgewertet, kann man darangehen, das Gelesene und weiterführend Erarbeitete zu sortieren und sachlich zu ordnen. Leitende Ordnungsgesichtspunkte sind dabei die zuvor aus der Fallfragenperspektive ermittelten und gedanklich vertieft zu erörternden Problembereiche des zu bearbeitenden Rechtsfalls. Zugleich verbindet sich damit eine erste Gelegenheit, den bis dahin produzierten „roten Faden" substantiell anzureichern und – soweit notwendig – Korrekturen anzubringen: Was nach erster Einschätzung als problematisch und streitig angesehen wurde, kann sich als unproblematisch und unstreitig entpuppen. Es können sich neue und andersartige, zusätzliche Probleme und Fragestellungen aufgetan, die Struktur und inhaltliche Ausrichtung der Problembereiche und einzelne Rechtsfragen sich verschoben oder gar grundlegend verändert haben, und es können sich – neben weiteren Ergänzungen, Abweichungen, Verwerfungen etc. – Bedeutungsgehalt und Gewichtung der verschiedenen Fragestellungen und Probleme relativiert und verändert haben.

239 Oftmals stellen sich auch die vorerst als „zutreffend" gewerteten (Zwischen-)Ergebnisse bis hin zur Gesamtlösung des Rechtsfalls als „unzutreffend" und nicht begründbar heraus. Alle diese neuen Erkenntnisse sind das Ergebnis einer intensiven Befassung und gedanklichen Auseinandersetzung mit der gesichteten, gesammelten und ausgewerteten Rechtsliteratur, Rechtsprechung und sonstigen rechtstextlichen Quellen. Und erst sie setzen den Fallbearbeiter in den Stand, aus seinem vormaligen „roten Faden" nach und nach eine „rechtsstofflich" fundierte Lösungsskizze zu entwickeln. Auf der Grundlage und unter sachgerechter Verwertung der hinzugewonnenen Informationen und eines „geläuterten" Wissens kommt es darauf an, das prozesshafte Voranschreiten in der Fallbearbeitung und -prüfung an einzelnen „Stationen" andocken, die wie an einer Schnur aufgereihte Perlen ganz im Sinne des „Voraussetzung-Folge-Denkens" eine in sich schlüssige Abfolge argumentativer (Zwischen-)Glieder und (Zwischen-)Ergebnisse bilden und im Gesamtergebnis die Lösung des Rechtsfalls tragen.

240 Das „strukturelle Gerüst" der Lösungsskizze wird zumeist (und sollte auch) der später anzufertigenden Gliederung entsprechen, die als ein Bestandteil der „äußeren Gestalt" juristischer Hausarbeiten der verschriftlichten Fallprüfung vorangestellt ist, um dem Leser (Korrektor, Prüfer) einen ersten groben Aufschluss über den Gang der Fallbearbeitung zu vermitteln (vgl. dazu E. I. 2. e)). Inhaltlich-substantiell geht die Lösungsskizze allerdings über eine auch „gute", d. h. hinreichend informative Gliederung weit hinaus, bleibt aber hinter dem mit ihrer Hilfe erst noch zu erstellenden schriftlichen „Fallprüfungskonzept" (dem „Vorlauf" zur Niederschrift) ebenso deutlich zurück.

241 Sie besteht vorwiegend aus einer sachhaltigen Anreicherung der einzelnen „Prüfungsstationen" mit problemlösenden Argumenten, kritisch reflektierten Bedenken gegenüber Rechtsauffassungen von Lehre und Rechtsprechung, Kurzbeschreibungen von Meinungsstreitigkeiten, Verdichtungen von rechtlichen Fragestellungen, schlüssigen Argumentationsketten, wichtigen Begründungselementen für die erarbeiteten (Zwischen-)Ergebnisse, skizzierten „neuen" Weichenstellungen für das weitere Vorgehen und ersten Ausformulierungen der die Gesamtlösung des Rechtsfalls tragenden und entscheidungserheblichen Erwägungen und Überlegungen. Überdies muss aus der Lösungsskizze hervorgehen, welchen Stellenwert die (vertieft) zu erörternden Rechtsfragen und Problembereiche im Gesamtzusammenhang des zu bearbeitenden Rechtsfalls haben. Erforderlich ist daher eine mit Blick auf das Ganze der Fallprüfung vorzunehmende Gewichtung der bei den einzelnen „Stationen" zu erörternden Rechtsfragen je nach der ihnen für die Lösung des Rechtsfalls zukommenden Bedeutung.

242 Die (Entwicklungs-)Arbeit an und mit der Lösungsskizze muss mit anderen Worten zu einer Schwerpunktbildung führen, die den Fallbearbeiter davor bewahrt, alles, was fraglich und problematisch sein könnte oder sich bereits als fraglich und problematisch erwiesen hat, in gleichmäßiger „epischer Breite" abzuhandeln. In begrenztem Maße kann schon der „rote Faden" einige Akzente für (vermutliche) Schwerpunkte der Fallprüfung setzen. Verstärkt werden diese Akzente im Verlauf der gezielten Auswertung der gesammelten Literatur und anderen rechtstextlichen Quellen. Aber erst im Kontext einer substantiierten Lösungsskizze lässt sich mit genügender Verlässlichkeit beurteilen, ob und welche Rechtsfragen und -probleme für die Gesamtlösung des Rechtsfalls weniger wichtig, wichtig oder besonders wichtig sind. Der Nutzen dieser skalierenden Schwerpunktbildung liegt auf der Hand: Was weniger wichtig ist, braucht nur mit gebotener Kürze erörtert zu werden, was wichtig ist, bedarf eingehender Diskussion und was besonders wichtig ist, erfordert noch mehr an Erörterung, in der Regel eine gedanklich vertiefte Auseinandersetzung mit streitigen Rechtsansichten in Lehre und Rechtsprechung. Wer diesen „ungeschriebenen Regeln" in der Fallbearbeitung nicht folgt, darf sich über bewertungsrelevante Korrekturbemerkungen wie etwa „Hauptproblem viel zu knapp erörtert" oder „Sie haben Nebensächliches viel zu aufwendig geprüft" oder „Mängel in der Problemerfassung" etc. nicht wundern (vgl. dazu auch *Mann*, Arbeitstechnik, Rn. 296).

243 **d) Konzepterstellung, Problembearbeitung.** Die Lösungsskizze mit Schwerpunktbildung gibt nicht lediglich einen ersten Aufschluss über den methodisch-argumentativen Gang der Fallbearbeitung und den Stellenwert und die Gewichtung der in der Fallprüfung vertieft zu erörternden Rechtsfragen und -probleme. Sie ist vielmehr auch die maßgebliche Arbeitsgrundlage für die Anfertigung eines schriftlichen „Fallprüfungskonzepts". Die Erstellung eines solchen Konzepts vor der eigentlichen Niederschrift ist ein „essential" jeder juristischen Hausarbeit.

244 **aa) Fallprüfungskonzept.** Das „Fallprüfungskonzept" versteht sich als „Vorläufer" der Niederschrift. Es ist nach Inhalt und Umfang eine Art „Rohfassung" der Niederschrift und als überbrückendes Zwischenglied zwischen Lösungsskizze und Niederschrift unentbehrlich: Zum einen gewinnt die gesamte bisher geleistete Fallarbeit im Fallprüfungskonzept zum ersten Mal eine greifbare textliche Umsetzung, und zum anderen macht das Fallprüfungskonzept sichtbar, wo Unstimmigkeiten, Widersprüche, Nachlässigkeiten in der Argumentation, Fehler in der Subsumtion etc. stecken und Korrekturen der bisherigen Fallbearbeitung angezeigt sind. Was man „schwarz auf weiß" vor Augen hat, lässt sich leichter auf Sachhaltigkeit und „Richtigkeit" kontrollieren als „nur" Gedachtes, das ggf. stichwortartig notiert ist.

245 Es ist deshalb nachdrücklich davor zu warnen, im Anschluss an die Erarbeitung einer Lösungsskizze sogleich mit der „Endfassung" der Niederschrift zu beginnen, denn mit dem Überspringen eines schriftlichen Fallprüfungskonzepts läuft man im Falle dann doch notwendig werdender Korrekturen und (sprachlichen oder sonstigen) Verbesserungen unweigerlich Gefahr, sich (zeitlich) zu verzetteln. Kernstück der Konzepterstellung ist die (schriftliche) Bearbeitung der schon im „roten Faden" und in der Lösungsskizze als „vertieft zu erörtern" ausgewiesenen Rechtsfragen und -probleme.

246 **bb) Problembearbeitung.** Der Sache nach deckt sich diese Problembearbeitung mit dem was unter dem Titel „Normkonkretisierung und Subsumtion" (vgl. C. III. 4.) bereits unter anderem Blickwinkel behandelt worden ist. Die Art und Weise der Problembearbeitung hängt in allererster Linie von der einzelfallbestimmten inhaltlich-strukturellen Beschaffenheit des Rechtsproblems, insbesondere von der Komplexität und Kompliziertheit in der Problemlage ab. Insoweit lässt sich kaum mehr (aber auch nicht weniger) als ohne weiteres Plausibles empfehlen: Je komplexer und komplizierter eine rechtliche Frage- oder Problemstellung beschaffen ist, desto intensiver und umfangreicher fällt die Problembearbeitung aus.

247 Von Bedeutung ist dabei einmal mehr der Stellenwert, der dem zu bearbeitenden Problem im Kontext der Gesamtlösung des Rechtsfalls und der skalierten Schwerpunktbildung (vgl. E. I. 1. c)) zukommt. Die Art und Weise der Problembearbeitung orientiert sich im Übrigen aber an bestimmten, aus sich heraus verständlichen Bearbeitungsregeln, von denen nach Möglichkeit nicht abgewichen werden sollte. Gegen einige dieser hergebrachten und ungeschriebenen Bearbeitungsregeln wird immer wieder verstoßen mit unliebsamen Folgen für das Zeit- und Textmanagement einer juristischen Hausarbeit.

248 **cc) Streitige Rechtsauffassungen.** Da sich vertieft zu erörternde Rechtsfragen und -probleme in einer Hausarbeit (und eingeschränkt auch in einer Klausur) fast immer als solche erweisen, um die sich streitige Rechtsauffassungen herumranken, reduziert sich das Problem der Problembearbeitung in einer juristischen Hausarbeit zumeist auf eine sachdienliche (!) Erörterung und Entscheidung der streitbefangenen Rechtsfragen und -probleme.

249 So betrachtet ist indessen betont daran zu erinnern, dass Fallbearbeitungen in juristischen Hausarbeiten (und Klausuren) nicht dazu da sind, streitige Rechtsauffassungen zu referieren, auszubreiten und – ggf. ergänzt um eigene Erwägungen und Argumentationen – einer Streitentscheidung oder gar einer „neuen" Theorieposition zuzuführen, ganz abgesehen davon, dass ein „studentischer Fallbearbeiter" nach seinem Wissen und Können damit wohl auch überfordert wäre. Fallbearbeitungen in juristischen Hausarbeiten (und Klausuren) zielen vielmehr – wie inzwischen hinlänglich erläutert – auf eine Lösung des zur Aufgabe gestellten Rechtsfalls. Von daher ergibt sich als eine wesentliche Grundregel für die Problembearbeitung, dass streitige Rechtsfragen und -probleme überhaupt nur als Meinungsstreit erörtert werden dürfen, wenn sie für die Lösung des Rechtsfalls von (entscheidungsbestimmender) Bedeutung sind. Und selbst dann, wenn sich ein Meinungsstreit als „lösungsträchtig" herausstellt, gehören nicht alle Facetten der streitigen Rechtsmeinungen, sondern nur die wirklich lösungsrelevanten Aspekte zu dem, was als Problem zu bearbeiten ist (vgl. *Möllers*, Arbeitstechnik, § 3 Rn. 2 ff.; ferner *Wohlers/Schuhr/Kudlich*, Klausuren, 5. Teil mit zahlreichen Beispielen und Negativbeispielen).

250 Aus dieser ersten Grundregel zur Problembearbeitung folgt – konsequent durchgedacht – eine zweite: Streitige Rechtsauffassungen sind nur dann gegeneinander abzuwägen und der mit ihnen einhergehende Meinungsstreit ist nur dann zu entscheiden, wenn die kontroversen Rechtsansichten zu unterschiedlichen (Zwischen)Ergebnissen und am Ende zu unterschiedlichen Gesamtlösungen des Rechtsfalls führen. Kommen alle zu einer problematischen Fragestellung vertretenen Auffassungen in concreto zum gleichen (Zwischen-)Ergebnis, wäre es methodisch fehlerhaft, sich mit dem Für und Wider der verschiedenen Ansichten auseinander zu setzen und sich nach ausführlicher Diskussion einer der Rechtsmeinungen anzuschließen (oder womöglich noch eine weitere Auffassung selbst zu entwickeln). Es genügt statt dessen, den Meinungsstreit und die verschiedenen Ansichten mit den sie tragenden Argumenten – so kurz wie möglich (!) – darzustellen und darauf hinzuweisen, dass die aufgeworfene Rechtsfrage von allen dazu vertretenen Auffassungen im Ergebnis übereinstimmend beantwortet wird.

Manche Justizprüfungsämter gehen sogar so weit zu empfehlen, Streitfragen die seit Jahrzehnten geklärt sind, als im Sinne der h. M. (herrschenden Meinung) gelöst zu betrachten und andere entscheidungsirrelevante Streitfragen gar nicht erst als solche zu behandeln (vgl. bei *Mann*, Arbeitstechnik, Rn. 299 ff., 306 ff., 309; ferner *Möllers*, Arbeitstechnik, § 3 Rn. 2 ff., 6, der schon die bloße Darstellung ergebnisirrelevanter Meinungsstreitigkeiten für überflüssig hält). Vor allzu stark begrenzender Reduzierung der Problembearbeitung in Hausarbeiten (und Klausuren) auf das allein entscheidungs*erhebliche* „Aktuell-Problematische" ist jedoch zumindest für Fallbearbeitungen in vorlesungsbegleitenden Hausarbeiten und Übungshausarbeiten (für Anfänger und/oder Fortgeschrittene) – dasselbe gilt sinngemäß auch bei Klausuren – zu warnen, zumal das Risiko, streitbefangene Rechtsfragen nach Art und Anzahl zu dürftig bearbeitet zu haben, immer nur der Fallbearbeiter trägt. Zur Illustration ein

dd) Beispiel (aus dem Bereich des Strafrechts)

Sachverhalt 1: A hatte dem B vor längerer Zeit 100 EUR geliehen. Nachdem alle Versuche, von B die 100 EUR zurückzuerhalten, fehlgeschlagen waren, passte der A den B eines Tages ab und forderte ihn mit vorgehaltener Pistole auf, die ihm zustehenden 100 EUR „rauszurücken". Zugleich verlieh der A seiner Forderung mit massiven Drohungen für Leib und Leben des B Nachdruck. B gab dem A daraufhin widerwillig, aber völlig verängstigt die geforderten 100 EUR.

Auf den ersten Blick scheint die Sache „klar zu sein". Die „grobe" Fallprüfung ergibt, dass sich A gem. §§ 253, 255 StGB strafbar gemacht haben könnte. Bei intensiverem Studium der einschlägigen Kommentar- und Lehrbuchliteratur stößt der Fallbearbeiter aber auf einen **Meinungsstreit** zwischen einer h. L. (herrschende Lehre) und der Rechtsprechung nebst einem Teil der Literatur (vgl. dazu statt aller *Fischer*, StGB, § 253 Rn. 9 f.; *Schönke/Schröder (Bosch)*, StGB, § 253 Rn. 8 f.). Dieser Meinungsstreit betrifft die Frage, welche qualitativen Anforderungen an das abgenötigte Verhalten (des Erpressten) zu stellen sind: Reichen „bloße vermögensbezogene" Handlungen oder ist wie im Betrugstatbestand des § 263 StGB eine Vermögensverfügung erforderlich? Konfrontiert man diesen Meinungsstreit mit dem *Sachverhalt 1*, dann wird schnell deutlich, dass es zur Lösung der Fallfrage auf den Meinungsstreit nicht ankommt, denn das Verhalten des genötigten B (= Übergabe von 100 EUR an A) stellt nicht lediglich eine „bloß vermögensbezogene" Handlung, sondern eine Vermögensverfügung dar. Die verschiedenen Rechtsauffassungen zur qualitativen Beschaffenheit des abgenötigten Verhaltens wirken sich also nicht auf die Lösung des Rechtsfalls aus. Es wäre ein Fehler, in der Fallbearbeitung die verschiedenen Ansichten gegeneinander abzuwägen und sich schließlich für eine der streitigen Rechtsauffassungen zu entscheiden. Es reicht völlig aus, auf den Meinungsstreit zu verweisen und gleichzeitig deutlich zu machen, dass es einer Entscheidung dieses Meinungsstreits wegen des in concreto gleichen Ergebnisses nicht bedarf.

254 **Sachverhalt 2:** (frei nach *BGHSt* 41, 123 ff.): A war über ein vorausgegangenes Verhalten von B dermaßen verärgert, dass er den B wutentbrannt in dessen Wohnung aufsuchte und ihn mit vorgehaltenem Messer zur Rede stellte. Als B sich von dem drohend auf ihn gerichteten Messer völlig unbeeindruckt zeigte, stach A den B in den Bauch, so dass B schwer verletzt zu Boden ging. Nunmehr entschloss sich A, in den Besitz der wertvollen Armbanduhr, die B am Handgelenk trug, zu gelangen. Mit fortdauernder drohender Haltung gegenüber B forderte der A die inzwischen zu dem Tatgeschehen hinzugekommene Lebensgefährtin des B auf, dem am Boden liegenden B die Uhr vom Handgelenk zu nehmen und an ihn zu übergeben. Unter dem Eindruck des Messerstichs und einer – stillschweigenden – Drohung mit weiteren Gewalttätigkeiten gegen B tat die Lebensgefährtin C wie ihr geheißen und händigte dem A die Uhr aus. Danach verließ der A den Tatort und versetzte die Uhr.

255 Ersichtlich gewinnt in diesem Fall von sog. Dreieckserpressung der vorerwähnte Meinungsstreit über die qualitative Beschaffenheit des abgenötigten Verhaltens entscheidungserhebliche Relevanz; denn die Genötigte C hat weder rechtliche Verfügungsmacht noch tatsächliche Herrschaftsmacht (im Sinne von Gewahrsamsdienermacht) über die Armbanduhr des B. Ihr Verhalten stellt daher keine Vermögensverfügung, sondern allenfalls eine auf das Vermögen des B bezogene Handlung dar. Je nachdem welcher Ansicht man folgt, fällt die Lösung des Rechtsfalls aus. Nur wenn man mit der Rechtsprechung des *BGH* und einem Teil der Literatur auf das Erfordernis einer Vermögensverfügung verzichtet, kommt eine Strafbarkeit des A wegen räuberischer Erpressung in Betracht. Und selbst dann stellt sich die Frage, ob noch weitere Voraussetzungen erfüllt sein müssen (nach *BGHSt* 41, 123, 125/6 bedeutet Erpressung die erzwungene Preisgabe von eigenen oder fremden Vermögenswerten, deren Schutz der Genötigte wahrnehmen kann und will. Zwischen dem Genötigten und dem in seinem Vermögen Geschädigten soll deshalb ein Näheverhältnis dergestalt bestehen müssen, dass das Nötigungsopfer spätestens im Zeitpunkt der Tatbegehung auf der Seite des Vermögensinhabers steht), wie etwa die Zugehörigkeit des Nötigungsopfers zum „Lager" des in seinem Vermögen dann Geschädigten. Dies alles macht deutlich, dass zur Lösung des im *Sachverhalt 2* geschilderten Rechtsfalls der angesprochene Meinungsstreit vom Fallbearbeiter entschieden werden muss. Das ist wörtlich zu nehmen: Entscheidungsrelevante streitbefangene Rechtsfragen dürfen in der Fallbearbeitung einer Hausarbeit (oder Klausur) nicht alternativ beantwortet werden und erst recht nicht offen bleiben.

256 ee) **Eigene Begründung.** Damit rückt für den Fallbearbeiter das „Wie" der Streitentscheidung in den Vordergrund seines Bearbeitungsinteresses. Und auch dafür steht eine Reihe von Empfehlungen parat, die durchaus als weitere Regeln der Problembearbeitung in Hausarbeiten (Klausuren) zu verstehen sind. Zunächst muss der Fallbearbeiter sich darüber im Klaren sein, dass von ihm eine Entscheidung des lösungsrelevanten Meinungsstreits in Form einer **Streitentscheidung mit eigener Begründung** (vgl. dazu *Mann*, Arbeitstechnik, Rn. 320 ff.) gefordert ist. Oft wird missverstanden, was in diesem Zusammenhang mit *eigener Begründung* gemeint ist.

257 Nicht damit gemeint ist eine *selbstgeschaffene* oder *selbstgefundene* Begründung (so mit Recht *Mann*, Arbeitstechnik, Rn. 325). Eine „eigene" Begründung liefert auch, wer sich in der sachlichen Auseinandersetzung mit streitigen Rechtsauffassungen für sich selbst von der „Richtigkeit" einer (bereits) vertretenen Rechtsansicht überzeugt und deren Argumentationsbasis mit eigenen Worten für die Streitentscheidung und Lösung des Rechtsfalls verwertet (vgl. dazu etwa auch *Möllers*, Arbeitstechnik, § 3 Rn. 6 ff.). Diese Art der in (nahezu) allen Fällen angemessenen und ausreichenden *eigenen* Begründung darf nun allerdings auch nicht in anderer Richtung falsch gedeutet werden.

Keine *eigene* Begründung ist der nach Schilderung des Streitstandes gegebene lapidare Hinweis auf die „Richtigkeit" einer der vertretenen Rechtsauffassungen oder der h. M. bzw. h. L. sowie der Rechtsprechung. Ebenso wenig können Zitate oder sinngemäß wiedergegebene Rechtsmeinungen eine *eigene* Begründung ersetzen. Das gilt selbst dann, wenn man sich deren Argumentationsbasis zwar zu eigen macht, dies aber „ohne weiteres" tut, d. h. ohne Abwägung mit anderen Ansichten und dann auch noch nichtssagend-wortreich. Erforderlich ist stets, unter Verwendung der in der Rechtsprechung und Lehre erarbeiteten und erprobten Argumente und Gegenargumente eine eigene überzeugende Begründung dafür zu finden, dass und warum einer bestimmten Rechtsmeinung zuzustimmen ist. Dabei steht es dem Fallbearbeiter frei, der von ihm für „richtig" gehaltenen Rechtsauffassung (nur) im Ergebnis, aber mit anderer selbst ausgefeilter Begründung zu folgen, mehrere ergebnisgleiche Ansichten zu einer „eigenen" Begründung zusammenzufügen etc. Für den (Beurteilungs-)Wert einer Fallbearbeitung wichtig ist bei „vertretbaren" Ergebnissen nicht das ausgearbeitete Ergebnis als solches, sondern der (Begründungs-)Weg, auf dem der Fallbearbeiter bis zur Gesamtlösung des Rechtsfalls vorangeschritten ist.

ff) Bearbeitungsempfehlungen. Eine so verstandene „Streitentscheidung mit eigener Begründung" lässt sich nicht einfach „aus dem Hut zaubern". Sie muss sich als überzeugendes Ergebnis einer „strategisch" gut durchdachten Problemerörterung und Problembearbeitung aus dem Widerstreit der verschiedenen (vertretbaren) Rechtsansichten herauskristallisieren. Das setzt – erlernbares – didaktisches Geschick voraus.

Zweckmäßigerweise beginnt die Problemerörterung und Problembearbeitung mit der **Benennung des** zu lösenden **Rechtsproblems**. Problembenennung in einer Fallprüfung heißt nicht „Einführung in die Problemstellung" oder „Problembeschreibung" oder „Zur Problemstellung" etc. mit umfänglichen Ausführungen zur meist simplen konkreten Rechtsfrage. Noch einmal: Es geht in einer juristischen Fallhausarbeit und erst recht in einer Klausur nicht darum „Seiten zu schinden", sondern darum, einen Rechtsfall zu lösen. Und deshalb reicht es in einer Fallbearbeitung aus, das auf dem Weg zur Gesamtlösung des Rechtsfalls zu bearbeitende Rechtsproblem mit wenigen markanten Worten „auf den Punkt zu bringen". Das kann in Frageform oder in Form einer Kurzbeschreibung, was zu prüfen ist, etc. geschehen.

Im zuvor geschilderten *Sachverhalt 2* könnte in die Problematik der qualitativen Beschaffenheit des abgenötigten Verhaltens wie folgt eingeführt werden: „ ... *Voraussetzung dafür ist aber, dass das erzwungene Verhalten der C ein vermögensschädigendes Handeln im Sinne des § 253 Abs. 1 StGB darstellte. Es fragt sich daher, wie das vermögensschädigende Handeln, Dulden oder Unterlassen des Genötigten nach dem Sinn des § 253 Abs. 1 StGB beschaffen sein muss: Reicht dafür schon jedes auf das eigene Vermögen des Genötigten oder das eines anderen einwirkende nachteilige Verhalten?* (An sich genügt zur Problembenennung bereits diese eine Frage, die sich aus der weitergehenden Rechtsauffassung der Rechtsprechung ableitet. Unschädlich und bisweilen auch sachdienlich ist aber die Ergänzung der ersten Frage durch eine aus der „Gegenansicht" hergeleitete zweite „Problemfrage":) *Oder erfordert das vermögensnachteilige Handeln, Dulden oder Unterlassen des Genötigten eine der Erpressung als Vermögensdelikt möglicherweise angemessenere besondere Beschaffenheit?"* (Die zweite Problemfrage und – je nach Fallgestaltung – jede weitere, kann verbliebene Unklarheiten in der Problemlage beseitigen. Vor einer Aneinanderreihung von ergänzenden Problemfragen getreu der Anzahl der verschiedenen Rechtsmeinungen ist jedoch zu warnen. **Problembenennung** erfordert **nicht mehr als** das verdeutlichende **Hervorholen des Problemkerns**. Die fünfte und sechste etc. Rechtsmeinung gibt dafür aber regelmäßig nichts her.)

262 An die Problembenennung schließt sich die **Wiedergabe des Meinungsstreits** an. Wiedergabe des Meinungsstreits bedeutet nur, die verschiedenen Rechtsauffassungen in ihrer konkreten fallbezogenen **Ergebnisverschiedenheit** zu **dokumentieren**. Auch dafür gibt es keine didaktischen Patentrezepte. Hat man sich aber bereits in der Problembenennung die unterschiedlichen Rechtsauffassungen inhaltlich zu Nutze gemacht, kann man ohne weiteres auf die dokumentierende Darstellung der Rechtsansichten übergehen. Das krampfhafte Suchen nach (dann schließlich doch gekünstelt wirkenden) inhaltlichen Überleitungen kann man sich so ersparen.

263 Die Darstellung der verschiedenen Rechtsauffassungen gerät vielen Fallbearbeitern „aus den Fugen", weil sie gegen (zwei) methodische **Fehler der Problembearbeitung** verstoßen. Der **erste Fehler** besteht darin, dass die streitigen Rechtsmeinungen abstrakt-generalisiert und nicht konkret-fallbezogen beschrieben und erst danach in ihrer Ergebniskonsequenz für den zu bearbeitenden Rechtsfall dargestellt werden. Ein **zweiter** schwerwiegenderer **Fehler** besteht darin, schon an dieser Stelle zur Kennzeichnung der verschiedenen Rechtsauffassungen auch gleich noch deren gesamtes Argumentationspotential mitzuteilen. Dieses Argumentationsmaterial wird jedoch erst im nächsten Arbeitsgang, im Rahmen der sachlichen Auseinandersetzung mit den verschiedenen Rechtsmeinungen, benötigt. Die dokumentierende Darstellung des Meinungsstreits soll allein die vertretenen Rechtsauffassungen wiedergeben und zeigen, dass sie im konkret zu bearbeitenden Rechtsfall zu divergierenden Lösungen führen (so auch *Wohlers/Schuhr/Kudlich*, Klausuren, 5. Teil).

264 An die soeben mit Bezug auf den *Sachverhalt 2* beispielhaft formulierte Problembenennung könnte sich eine dokumentierende Darstellung des Meinungsstreits wie folgt anschließen: „… Nach der Rechtsprechung des *BGH* und eines Teils der Lehre (mit entsprechenden Belegen, vgl. dazu E. I. 2. i)) ist nicht erforderlich, dass sich die Vermögensschädigung in Form einer Vermögensverfügung vollzieht. Es reicht danach vielmehr jedes vermögensschädigende Handeln, Dulden oder Unterlassen des Genötigten/Opfers, so dass mit dem abgenötigten Verhalten der C der Tatbestand des § 253 Abs. 1 StGB verwirklicht wäre. Demgegenüber verlangt ein Großteil der Lehre (mit Nachweisen, vgl. E. I. 2. i)), dass das abgenötigte Verhalten auf eine Vermögensverfügung gerichtet sein, der Genötigte also über eine rechtliche Verfügungsmacht oder zumindest tatsächliche Herrschaftsgewalt im Sinne einer Gewahrsamsdienerschaft innehaben muss. Danach wäre der Tatbestand des § 253 Abs. 1 StGB vorliegend nicht erfüllt." Mit dem Aufzeigen der Divergenz in den (Zwischen-)Ergebnissen endet die fallbezogene Darstellung des *lösungsrelevanten (!)* Meinungsstreits.

265 Da es in der dokumentierenden Darstellung des Meinungsstreits um die Sache, d. h. um die verschiedenen Rechtsmeinungen geht, empfiehlt es sich, die unterschiedlichen Rechtsauffassungen nicht an Personen/Namen von Autoren und/oder Institutionen festzumachen. Spielt eine feststehende und ständige Rechtsprechung der höchsten Gerichte in der Darstellung des Meinungsstreits eine wesentliche Rolle, ist es allerdings unschädlich – wie zuvor geschehen – von der „Rechtsprechung" des *BGH*, des *BVerfG* oder *BVerwG*, des *BAG* etc. zu reden. Dasselbe gilt entsprechend, wenn eine bestimmte Rechtsmeinung auf eine wissenschaftlich exponierte Person, der eine Art „Meinungsführerschaft" zukommt, zurückgeht. In solchen Fällen kann auch z. B. von der „Auffassung *Roxins*" etc. gesprochen werden. Darüber hinaus ist mit der Nennung von Autorennamen etc. jedoch äußerst sparsam umzugehen (vgl. dazu auch *Mann*, Arbeitstechnik, Rn. 314 ff., 318 mit der auszugsweisen Wiedergabe eines Merkblatts des Justizprüfungsamtes NRW zur Darstellung von streitigen Rechtsmeinungen in Examenshausarbeiten).

266 Das trifft ganz genauso auf die im Anschluss an die Darstellung des Meinungsstreits folgende sachliche Auseinandersetzung mit den verschiedenen Rechtsmeinungen zu. In dieser „Station" der Problemerörterung und -bearbeitung kommt es darauf an, den Weg für die „Streitentscheidung mit eigener Begründung" freizumachen und aufzubereiten. Im Widerstreit der verschiedenen Rechtsauffassungen müssen demzufolge die sie tragenden Argumente dargelegt, kritisch gewürdigt, gegeneinander abgewogen und – soweit aus der Sicht der eigenen Begründung erforderlich – widerlegt werden. Schon von daher wäre es didaktisch ungeschickt und wenig produktiv, mit Hilfe von Zwischenüberschriften jede einzelne Rechtsauffassung mit den sie tragenden Argumenten abschnittsweise und der Reihe nach Revue passieren zu lassen, um dann unter dem vielversprechenden Titel „Eigene Auffassung" den Meinungsstreit zu lassen wie er ist und sich lapidar der „zuletzt genannten richtigen Ansicht anzuschließen" (vgl. auch *Mann*, Arbeitstechnik, Rn. 316). Diese Art der „Problembearbeitung" mag im Übrigen alles Mögliche sein, eine sachliche Auseinandersetzung mit den verschiedenen Rechtsmeinungen ist sie ganz sicher nicht.

In der argumentativen Auseinandersetzung mit den streitigen Rechtsmeinungen kommt es für den Fallbearbeiter gewissermaßen „zum Schwur". Was er vor der Konzepterstellung gedanklich vorgeleistet hat (Problemanalyse, Sammeln und Sichten der verschiedenen Rechtsauffassungen in der Literatur und Rechtsprechung, Verstehen der sie tragenden Argumentationen und Entwickeln einer eigenen Auffassung), ist jetzt mit plausibler Gedankenführung schriftlich umzusetzen. Und auch insoweit ist didaktisches und „strategisches" Geschick gefragt.

267

Vielfach hat sich bewährt, zunächst diejenigen Rechtsmeinungen zu diskutieren, die man der Lösung des Rechtsfalls selbst nicht zugrunde legen und ggf. als unzutreffend oder nicht sachgerecht ablehnen will. Dazu sind die jeweils tragenden Argumente in eine logisch sinnvolle Reihenfolge zu bringen und sodann gegenseitig abzuwägen und kritisch zu würdigen. Bisweilen kann man und sollte man konkret-fallbezogen vom Ergebnis her die Ablehnung einzelner Rechtsauffassungen begründen, seltener gelingt das mit abstrakt-generalisierten Erwägungen. Fast immer aber ist es möglich, im gedanklichen Vorgriff auf die für vorzugswürdig gehaltene Rechtsmeinung deren Argumentationspotential zur Widerlegung der abzulehnenden Ansicht zu verwerten. Damit verbindet sich zugleich eine gut nachvollziehbare Hinführung auf diejenige Rechtsansicht, auf die man die Lösung des Rechtsfalls im Sinne einer „Streitentscheidung mit eigener Begründung" stützen will.

268

Nichts spricht dagegen, die Auseinandersetzung mit streitigen Rechtsauffassungen durch originär-eigene Überlegungen zum Für und Wider einzelner Rechtsmeinungen zu bereichern. Aber dabei ist Vorsicht geboten: Bevor man beispielsweise die Rechtsposition einer „ständigen Rechtsprechung" mit originär-eigenen Erwägungen verwirft, ist gesunde Selbstkritik und diszipliniertes Misstrauen gegenüber der Stichhaltigkeit der eigenen Argumente angebracht. Ähnlich verhält es sich, wenn man als Fallbearbeiter zu dem Ergebnis kommt, dass überhaupt keine der streitigen Rechtsansichten zutreffend, überzeugend oder sachgerecht etc. ist und dann zur Krönung des Ganzen die „ultimative originär-eigene" Rechtsmeinung „draufsetzen" will (i. d. S. auch *Wohlers/Schuhr/Kudlich*, Klausuren, 5. Teil; *Mann*, Arbeitstechnik, Rn. 310 ff., 311).

269

Das soeben beschriebene argumentative Vorgehen in der sachlichen Auseinandersetzung mit streitigen Rechtsmeinungen ist nur als Vorschlag für das an Problemerörterung und -bearbeitung Durchschnittliche und Übliche in einer juristischen Hausarbeit (Klausur) zu verstehen. Davon abzuweichen, kann sich beispielsweise bei sehr komplexen Problemkonstellationen und entsprechend vielschichtigen Meinungsstreitigkeiten empfehlen. Dann ist es u. U. zweckmäßig, um der notwendigen Übersichtlichkeit willen (möglicherweise muss man überhaupt erst einmal Schritt für Schritt klarmachen, worum es der Sache und dem Meinungsstreit nach denn ganz genau geht) verschiedene

270

Rechtsauffassungen und deren Argumentationsbasis zu referieren, um sich in der Folge für eine der widerstreitenden Ansichten zu entscheiden. Stets sollte aber auch in diesen Sonderfällen eine bloß aufzählende (sinnlose) Aneinanderreihung von Ansichten vermieden werden (vgl. zum Ganzen *Möllers*, Arbeitstechnik, § 3 Rn. 3 ff., 6 ff. mit zum Teil abweichenden Empfehlungen; ähnlich wie hier *Mann*, Arbeitstechnik, Rn. 299 ff., 306 ff., 310 ff., 314 ff., 320 ff.; vgl. auch *Wohlers/Schuhr/Kudlich*, Klausuren, 5. Teil).

271 e) **Controlling und Niederschrift.** Sind alle vertieft zu behandelnden Rechtsfragen im Wege einer ausgewogenen Problemerörterung und -bearbeitung beantwortet, schließt das schriftliche Konzept mit der ausformulierten Gesamtlösung des Rechtsfalls ab. Zugleich ist damit auch die Erstellung des Konzepts beendet: Aus einem ersten Entwurf der schriftlichen Fallbearbeitung (= substantiierte Lösungsskizze mit Schwerpunktbildung) ist mittels Feinarbeit (= Problemerörterung und -bearbeitung) eine „Niederschrift in Rohfassung" (= schriftliches Fallprüfungskonzept) entstanden.

272 Zu Ende gebracht ist die Fallbearbeitung freilich immer noch nicht; denn die schriftliche Konzipierung der Fallprüfung bis hin zur Lösung des Rechtsfalls ist wirklich nur eine „**Rohfassung**" und eben nicht die abgabereife Endfassung der Niederschrift. Vor der Übertragung des erstellten Konzepts in die Endfassung der Niederschrift ist der Fallbearbeiter gehalten, im Sinne eines wohlverstandenen **Controllings** auf der Grundlage des gesamten verarbeiteten Erkenntnismaterials das entwickelte Fallprüfungskonzept auf Sachrichtigkeit, Stimmigkeit der Argumentation, sachgerechte Proportionalität der erörterten Rechtsfragen, Widerspruchsfreiheit eigener Begründungen etc. kritisch zu überprüfen und ggf. notwendige Korrekturen einzuarbeiten. Für diese Phase des Controllings sollte man sich Zeit lassen und vor allem zuvor für einen ausreichenden zeitlichen und gedanklich-geistigen Abstand vom eigenen Produkt gesorgt haben („eine Nacht drüber schlafen").

273 Erst wenn auch die kritische Kontrolle und Korrektur des schriftlich ausgearbeiteten Fallprüfungskonzepts abgeschlossen ist, kann man beginnen, die **textliche Endfassung** der Niederschrift anzufertigen. Sie besteht im Wesentlichen in einer sprachlich verbesserten Umsetzung des erstellten Konzepts. Dabei kann man weitgehend auf Vorformuliertes zurückgreifen und ganze Passagen des Fallprüfungskonzepts wortidentisch übernehmen. Allerdings sollte auch die Ausarbeitung der textlichen Endfassung der Niederschrift als allerletzte Gelegenheit wahrgenommen werden, noch vorhandene sprachliche Unebenheiten zu beseitigen und bislang übersehene sachliche Fehler und Unzulänglichkeiten im Ablauf und in den (Zwischen-)Ergebnissen der Fallprüfung aufzuspüren und zu beheben.

274 Die textliche Endfassung der Niederschrift muss überdies allen Vorgaben entsprechen, die sich aus der Aufgabenstellung im weiteren Sinne, und zwar aus „Bearbeitervermerken", „Bearbeitungshinweisen" oder sonstigen „Hinweisen" etc. ergeben. Das betrifft in erster Linie seitenzahlbestimmte Umfangsbegrenzungen und das geforderte Schriftbild (vgl. dazu beispielhaft B. I. *Fallfrage(n) 2, Bearbeitungshinweise 2*: „Der Umfang des Gutachtens ist auf 30 Seiten zu beschränken; 1,5zeilig; 1/3 Rand; 12er Schriftgröße im Textteil; 10er Schriftgröße im Fußnotenteil in Times New Roman"), aber auch weitere formale Anforderungen wie beispielsweise die Vorgabe, dass DIN-A-4-Blätter zu verwenden und diese nur einseitig zu beschriften sind etc. Die **Nichteinhaltung** solcher Vorgaben **kann zu Punktabzügen führen**, was besonders für Hausarbeiten im Grenzbereich verschiedener Benotungsstufen schmerzlich ist. Vor allem die Einhaltung von Umfangsbeschränkungen lässt sich nicht erst bei der Anfertigung der Niederschrift realisieren. Vielmehr muss schon bei der Konzepterstellung auf eine stringente Problemerörterung und -bearbeitung geachtet und dadurch sichergestellt werden, dass die textliche Endfassung der Niederschrift einschließlich etwaiger Nachbesserungen nicht über die vorgegebene Umfangsbeschränkung hinausgeht.

2. Äußere Gestaltung

Die abgabereife Hausarbeit besteht nicht allein aus der textlich umgesetzten Fallbearbeitung. Der Niederschrift vorausgehend gehört dazu: ein Deckblatt, der Text der Aufgabenstellung, ein Literaturverzeichnis, (soweit erforderlich:) ein Abkürzungsverzeichnis und die Gliederung. Dem Text der Fallbearbeitung nachzuordnen ist: ggf. ein Anmerkungsverzeichnis und ein weiteres, die gesamte Hausarbeit abschließendes Deckblatt (vgl. dazu auch *Wörlen/Schindler/Balleis*, Anleitung, Rn. 73 ff.).

a) **Deckblatt.** Das vordere erste Deckblatt (auch: Titelblatt, vgl. *Möllers*, Arbeitstechnik, § 7 Rn. 68 ff.) der Hausarbeit darf nicht als „schmückendes Beiwerk" der abzugebenden Hausarbeit missverstanden werden. Es ist wie die niedergeschriebene Fallbearbeitung ein fester Bestandteil der Hausarbeit und dazu noch einer mit wichtigen Funktionen. Das Deckblatt dient dazu, über die Person des Verfassers zu informieren und die Identitätsmerkmale der Hausarbeit festzulegen, so dass unverwechselbar klar ist, wer genau und was genau Verfasser bzw. Gegenstand der Hausarbeit sind. Dementsprechend muss das Deckblatt folgende Daten enthalten:

Mindestangaben Deckblatt:
- Vornamen und Familienname des Verfassers/Fallbearbeiters
- Anschrift des Verfassers
- Berufsbezeichnung (bei Student/innen: stud. iur.)
- Matrikelnummer
- Semesterzahl
- Titel der Lehrveranstaltung
- Name des Aufgabenstellers/Dozenten
- Semesterangabe (z. B.: Sommer-/Wintersemester XY)
- Bezeichnung der Hausarbeit (z. B.: 1. Hausarbeit, 1. Ferienhausarbeit)

Das vordere Deckblatt einer juristischen Hausarbeit könnte danach so aussehen:

stud. iur. Familienname, Vornamen
Straße, Hausnummer
PLZ Wohnort

x. Semester
Matrikelnummer

Übungen im Bürgerlichen Recht
für Anfänger/Fortgeschrittene
bei Prof. Dr. Vorname Familienname
Wintersemester 20XX/XX

1. Hausarbeit

ggf.: Ort, Abgabedatum

b) **Aufgabenstellung: Sachverhalt und Fallfrage(n).** Zur Hausarbeit gehört weiter der **Text der Aufgabenstellung**, der nach dem vorderen Deckblatt/Titelblatt entweder im Original, in Kopie oder eigener Ausfertigung einzufügen ist. Die Empfehlung, sich alsbald mit der Aufgabenstellung zu beschäftigen und insbesondere mit der methodischen Arbeit am und mit dem Sachverhalt rasch zu beginnen (vgl. B. und C. I. II.), zieht im Zusammenhang mit der „äußeren Gestaltung" der Hausarbeit „automatisch" den Rat nach sich, nach Ausgabe und Entgegennahme des Aufgabenblatts gleich eine Kopie (noch besser: mehrere Kopien) anzufertigen, um das der Hausarbeit einzufügende Aufgabenblatt parat zu haben; denn eingefügt werden sollte nur ein „unbehandelter", d. h. ein von Anmerkungen, Fragen, Unterstreichungen, Markierungen etc. freier Text. Zweckmäßigerweise sollte man aber den **Aufgabentext in eigener Ausfertigung** in die Hausarbeit einstellen: Das wortgetreue Abschreiben des Aufgabentextes sofort zu Beginn der Fallarbeit sorgt bereits dafür, dass man sich intensiv mit Sachverhalt und Fallfrage(n) auseinandersetzt und gewährleistet so, dass später nichts „überlesen" oder ungebührlich vernachlässigt wird (vgl. in diesem Sinne auch *Wohlers/Schuhr/Kudlich*, Klausuren, 6. Teil, II., 4 b)). Zudem ist die so erzeugte Einheitlichkeit im „Outfit" aller Bestandteile der Hausarbeit – was der Fall ist, wenn man die Schriftbild- und Schriftgrößenvorgaben des Aufgabenstellers schon beim Abschreiben des Aufgabentextes befolgt – gewiss von Vorteil. Der selbstgefertigte Aufgabentext muss im Übrigen auch einen etwaigen Bearbeitervermerk, Bearbeitungshinweis oder sonstige Hinweise übernehmen. Das gilt zumindest für Bearbeitungsvermerke etc., die als inhaltlicher Teil der Aufgabenstellung beispielsweise Sachgebietsbeschränkungen (etwa: Tatbestände der AO sind nicht zu prüfen etc.) enthalten. Formale Angaben über einzuhaltende Schriftgrößen etc. sind dagegen entbehrlich.

279 c) **Literaturverzeichnis und Zitierweise.** Jede juristische Hausarbeit ist mit einem **Literaturverzeichnis** auszustatten. Das Literaturverzeichnis (auch: Schrifttumsverzeichnis) dient im Wesentlichen zwei Zwecken. Zum einen soll es mit seinen Erläuterungen zur verwendeten und ausgewerteten **Rechtsliteratur** die Nachweise (Fundstellenbelege) über Zitate und anderes fremdes Gedankengut in den Anmerkungen/Fußnoten der schriftlichen Fallbearbeitung von „an sich" notwendigen Angaben entlasten und so einen Literaturnachweis in abgekürzter Form ermöglichen. Zum anderen soll es dem Leser der Hausarbeit (Prüfer, Korrektor etc.) einen Überblick über die in der schriftlichen Fallbearbeitung verwendete und ausgewertete Literatur verschaffen (vgl. *Möllers*, Arbeitstechnik, § 7 Rn. 73 ff., 76 mit § 5 Rn. 106 ff.).

280 In das Literaturverzeichnis gehört dementsprechend die gesamte in der Fallbearbeitung verwendete und ausgewertete Rechts*literatur*. Das Literaturverzeichnis umfasst deshalb **nicht alles** an Rechtsliteratur, **was** zur Fallbearbeitung im Rahmen der Literatursammlung, -sichtung und -auswertung **gelesen** und sonst durchgearbeitet, **sondern ausschließlich das**, **was** in der rechtsgutachtlichen Fallprüfung **tatsächlich verwertet** worden ist, letztlich also das, was in den Anmerkungen/Fußnoten des Fallbearbeitungstextes als Beleg/Nachweis über verwertete Literatur deren Fundstelle angibt. Die verbreitete Unsitte, alles an Rechtsliteratur in das Literaturverzeichnis hineinzupacken, was man vorgeblich gelesen hat (oder manchmal: gelesen haben will), widerspricht dem Zweck eines Literaturverzeichnisses und macht es unbrauchbar (vgl. auch *Mann*, Arbeitstechnik, Rn. 335 mit Rn. 410).

281 Darüber hinaus soll das Literaturverzeichnis auch **nur** die verwertete **Literatur**, **nicht** aber **sonstige** verwendete **Quellen** enthalten. Daraus ergibt sich, dass sog. Primärquellen, also Gesetzestexte einschließlich geplanter Gesetzesänderungen etc. und verwendete (!) Gerichtsentscheidungen (gleichgültig ob veröffentlicht oder unveröffentlicht) nicht in das Literaturverzeichnis aufzunehmen sind. Soweit in der schriftlichen Ausarbeitung der Fallprüfung beispielsweise auf Entscheidungen des *BGH* oder anderer *Gerichte* und auf bestimmte *Gesetzesmaterialien* zurückgegriffen wird, sind deren Fundstellennachweise unmittelbar in textbegleitenden Anmerkungen/Fußnoten aufzuführen. Das gilt sinngemäß auch für (kritisch!) ausgewertete *Quellen aus dem Internet*. Sie sind ebenfalls nicht in das Literaturverzeichnis aufzunehmen. Vielmehr ist in der textbezogenen Anmerkung/Fußnote der komplette Pfad (bzw. die komplette Internetadresse) als Quellenangabe wiederzugeben, ggf. mit Nennung des Autorennamens und Jahreszahlangabe.

Alle weiteren verwerteten Quellen wie etwa *Informationen aus überregionalen Zeitungen oder Magazinen* etc. werden ausschließlich in Anmerkungen/Fußnoten nachgewiesen. Auch sie gehören nicht ins Literaturverzeichnis.

282 „Positiv" gesprochen: Die in das Literaturverzeichnis aufzunehmende (tatsächlich verwertete!) Rechtsliteratur besteht aus *Kommentaren* (= Erläuterungsbücher) und *Handbüchern*, *Lehrbüchern*, *Monografien*, *Aufsätzen* und *wissenschaftlichen Beiträgen* in Fachzeitschriften, Festschriften und Sammelwerken, und *Urteilsanmerkungen* in Fachzeitschriften.

283 Innerhalb des Literaturverzeichnisses ist die gesamte verwendete Rechtsliteratur in **alphabetischer Reihenfolge** nach den (Familien-)Namen der Autoren/Verfasser/Herausgeber etc. zu ordnen. Vielerorts genügt es, sämtliche Literaturangaben ohne Unterscheidung nach Gattung/Sachgruppe in fortlaufender alphabetischer Reihe zu ordnen. Teilweise wird erwartet, zunächst die verwertete Rechtsliteratur nach ihrer Zugehörigkeit zur Gattung/Sachgruppe der Kommentare, Handbücher, Lehrbücher, Monografien etc. zu differenzieren und sodann innerhalb der jeweiligen Sachgruppe alphabetisch zu ordnen. Beides ist sachgerecht und zulässig (vgl. *Mann*, Arbeitstechnik, Rn. 335 mit Rn. 410; wohl anders *Wohlers/Schuhr/Kudlich*, Klausuren, 6. Teil, II., 4 c)). Für den Fall der Einordnung nach Gattung/Sachgruppe empfiehlt es sich, mit der Kommentarliteratur zu beginnen, dann die Sachgruppe der Handbücher aufzuführen und anschließend nacheinander die Gattung der Lehrbücher, Monografien, Aufsätze und Beiträge in Fachzeitschriften/Festschriften/Sammelwerken sowie zum Schluss die der Entscheidungsrezensionen und Urteilsanmerkungen in Fachzeitschriften zu erläutern. Diese Abfolge der Gattungen und Sachgruppen mit den entsprechenden Literaturangaben ist durchaus gebräuchlich, so dass man ohne Not nicht davon abweichen sollte.

284 Im Literaturverzeichnis müssen die Erläuterungen zur verwendeten Rechtsliteratur grundsätzlich so informativ sein, dass sie zusammen mit den Angaben in den textbezogenen Anmerkungen/Fußnoten den Leser der Hausarbeit in die Lage versetzen, ohne weiteres das wörtliche Zitat oder die übernommene Argumentation etc. nachzulesen. Erforderlich, aber auch ausreichend sind daher Angaben zur Person des Autors/Verfassers/Herausgebers, zum Titel, ggf. zur Zahl des Bandes oder Teilbandes, zur Auflage, zum Erscheinungsort und zum Erscheinungsjahr. Soweit ein Buch in einer Schriftenreihe erschienen ist (z. B. NJW-Schriftenreihe), kann auch dieses mit angegeben werden (zwingend ist das aber nicht; vgl. zum Ganzen *Möllers*, § 5 Rn. 106 ff.; ferner *Mann*, Arbeitstechnik, Rn. 410).

285 Die Angaben zur Person des Autors/Verfassers/Herausgebers beschränken sich auf den Familiennamen, der zuerst genannt wird, und den/die Vornamen (z. T. wird die Angabe des Vornamens für entbehrlich gehalten, wenn keine Verwechslungsgefahr besteht). Nicht zu den Angaben zur Person zählen Titel (Dr., Prof., etc.), Amtsbezeichnungen (Akademischer Rat, Vizepräsident des LG, etc.). Berufsbezeichnungen (Arzt, Jurist, Rechtsanwalt, etc.) und weitere für die Fundstellensuche belanglose Daten. Ebenso braucht bei Kommentaren, Handbüchern, Lehrbüchern und Monografien weder der Verlag noch die ISBN-Nr. angegeben zu werden. Sind nicht verlegte Dissertationen ausgewertet worden (einzuordnen unter Monografien), ist ein Zusatz erforderlich, der erkennen lässt, dass es sich um eine Dissertation handelt und wo das Promotionsverfahren durchgeführt wurde (also z. B.: Diss., Universität Hamburg). Vom Familien- und Vornamen des/r Autors(en)/Verfassers, Herausgebers sind die weiteren Erläuterungen durch einen Doppelpunkt, die weiteren Erläuterungen selbst jeweils durch Kommata zu trennen. Zur Verdeutlichung des Ganzen nachfolgend einige Beispiele (vgl. auch *Möllers*, Arbeitstechnik, § 5 Rn. 106 ff.):

286 Bsp. 1 (Kommentare)
Erforderliche Angaben: Familien- und Vorname(n) von Autoren/Herausgeber, Titel, Bearbeiter, Auflage, Erscheinungsort, Erscheinungsjahr,

Lackner, Karl/Kühl, Kristian/Heger, Martin	StGB, Strafgesetzbuch mit Erläuterungen, 30. Aufl., München 2023
Schönke, Adolf/Schröder, Horst,	Strafgesetzbuch, Kommentar, 30. Aufl., bearbeitet von Albin Eser, Walter Perron, Detlev Sternberg-Lieben, Jörg Eisele, Bernd Hecker, Jörg Kinzig, Nikolaus Bosch, Frank Schuster, Bettina Weißer, Ulrike Schittenhelm, München 2019
Jauernig, Othmar,	Bürgerliches Gesetzbuch, Kommentar, 19. Aufl., herausgegeben von Rolf Stürner, bearbeitet von Christian Berger, Christine Budzikiewicz, Christoph Alexander Kern, Heinz-Peter Mansel, Astrid Stadler, Rolf Stürner, Arndt Teichmann, München 2023

etc. (Handbücher wie Kommentare)

287 Bsp. 2 (Lehrbücher)
Erforderliche Angaben: Familien- und Vorname(n) des Autors(en), Titel, Auflage, Erscheinungsort, Erscheinungsjahr,

Medicus, Dieter/Petersen, Jens,	Bürgerliches Recht, 29. Aufl., München 2023
Maurer, Hartmut/Waldhoff, Christian,	Allgemeines Verwaltungsrecht, 20. Aufl., München 2020
Wessels, Johannes/Beulke, Werner/Satzger, Helmut,	Strafrecht, Allgemeiner Teil, Die Straftat und ihr Aufbau, 53. Aufl., Heidelberg 2023

etc. (Kurzlehrbücher, Grundrisse, Grundkurse, Grundbegriffe, etc. wie Lehrbücher)

288 Bsp. 3 (Monografien)
Erforderliche Angaben: Familien- und Vorname(n) des(r) Autors(en), Titel, (sofern mehrere Aufl.:) Aufl., Erscheinungsort, Erscheinungsjahr,

Steinmetz, Jan,	Sachentscheidungskompetenzen des Revisionsgerichts in Strafsachen (§ 354 Abs. 1 StPO), Berlin 1997
Jung, Heike,	Was ist Strafe?, Baden-Baden 2002
Wettstein, Ronald Harri,	Leben- und Sterbenkönnen: Gedanken zur Sterbebegleitung und zur Selbstbestimmung der Person, 2. Aufl., Bern 1997
Schäfer, Gerhard/Sander, Günther/van Gemmeren, Gerhard,	Praxis der Strafzumessung, NJW-Schriftenreihe Band 51, 6. Aufl., München 2017

289 Bsp. 4 (Aufsätze und wissenschaftliche Beiträge in Fachzeitschriften)
Erforderliche Angaben: Familien- und Vorname(n) des(r) Autors(en), Titel des Aufsatzes/Beitrages, Nennung der Fachzeitschrift mit Jahrgang und Seitenzahl (= Beginn des Aufsatzes/Beitrags),

Hoffmann-Riem, Wolfgang,	Demonstrationsfreiheit auch für Rechtsextremisten? Grundsatzüberlegungen zum Gebot rechtsstaatlicher Toleranz, NJW 2004, 2777 ff.
Deutsch, Erwin,	Die Medizinhaftung nach dem neuen Schuldrecht und dem neuen Schadensrecht, JZ 2002, 588 ff.

Gursky, Karl-Heinz,	Zur Kondiktion kausaler Forderungen, JR 2000, 45 ff.
etc.	

Bsp. 5 (Aufsätze und wissenschaftliche Beiträge in Festschriften)   **290**
Erforderliche Angaben: Familien- und Vorname(n) des(r) Autors(en), Titel des Aufsatzes/Beitrags, Titel der Festschrift, Herausgeber der Festschrift, Erscheinungsort, Erscheinungsjahr, Seitenzahl (= Beginn des Aufsatzes/Beitrags),

Roxin, Claus,	Fahrlässige Tötung durch Nichthinderung einer Tötung auf Verlangen?, in: Festschrift für Hans-Ludwig Schreiber zum 70. Geburtstag am 10. Mai 2003, hrsg. von Knut Amelung, Werner Beulke, Hans Lilie, Henning Rosenau, Hinrich Rüping, Gabriele Wolfslast, Heidelberg 2003, S. 399 ff.
Otto, Harro,	Ingerenz und Verantwortlichkeit, in: Festschrift für Karl Heinz Gössel zum 70. Geburtstag am 16. Oktober 2002, hrsg. von Dieter Dölling und Volker Erb, Heidelberg 2002, S. 99 ff.

etc. (Gedächtnisschriften, sonstige Festgaben wie Festschriften)

Bsp. 6 (Aufsätze und wissenschaftliche Beiträge in Sammelwerken)   **291**
Erforderliche Angaben: Familien- und Vorname(n) des(r) Autors(en), Titel des Aufsatzes/Beitrags, Titel des Sammelwerks, Herausgeber des Sammelwerks, ggf. Angabe einer Schriftenreihe mit Bandzahl, Erscheinungsort, Erscheinungsjahr, Seitenzahl (= Beginn des Aufsatzes/Beitrags),

Kerner, Hans-Jürgen,	Kriminologische Kriterien für eine individualpräventive Sanktionsentscheidung, in: Individualprävention und Strafzumessung, hrsg. von Jörg-Martin Jehle, KUP-Kriminologie und Praxis, Schriftenreihe der Kriminologischen Zentralstelle e.V., Band 7, Wiesbaden 1992, S. 209 ff.

etc. (jede Art von Sammelwerken wie vor)

Bsp. 7 (Entscheidungsrezensionen und -besprechungen)   **292**
Erforderliche Angaben: Familien- und Vorname(n) des(r) Autors(en), Titel der Entscheidungsrezension/Entscheidungsbesprechung, Angabe der Fachzeitschrift mit Jahrgang und Seitenzahl (= Beginn des Beitrags) sowie Verkündungstermin mit Aktenzeichen und ggf. Fundstelle der besprochenen Entscheidung,

Lorenz, Stephan,	Leistungsgefahr, Gegenleistungsgefahr und Erfüllungsort beim Verbrauchsgüterkauf – BGH NJW 2003, 3341, JuS 2004, 105 ff.
Lorenz, Stephan,	Sachmangel und Beweislastumkehr im Verbrauchsgüterkauf – Zur Reichweite der Vermutungsregelung in § 476 BGB, Besprechung von BGH, Urt. v. 2.6.2004 – VIII ZR 329/03 = NJW 2004, 2299, NJW 2004, 3020 ff.

etc.

293 **Bsp. 8** (**Urteils- und sonstige Entscheidungsanmerkungen in Fachzeitschriften**)
Erforderliche Angaben: Familien- und Vorname(n) des(r) Autors(en), Verkündungstermin mit Aktenzeichen des(r) Urteils/Entscheidung mit Fundstelle der Anmerkung,

Jost, Fritz,   Anmerkung zu BGH, Urt. v. 30.6.1999 – XII ZR 230/96
                        (= BGHZ 142, 137), JR 2000, 497 ff., 503 ff.
etc.

294 Bei der Anfertigung des Literaturverzeichnisses muss im Auge behalten werden, dass die Angaben im Literaturverzeichnis mit Nachweisen und Belegen in den textbegleitenden und -bezogenen Anmerkungen/Fußnoten (vgl. dazu E. I. 2. i)) korrespondieren. Das Literaturverzeichnis enthält die Angaben, auf die in den textbegleitenden Anmerkungen/Fußnoten um deren Entlastung und Abkürzung willen verzichtet wird. Das aber bedeutet, dass man von den Anmerkungen/Fußnoten zur genauen Erfassung der Nachweise und Belege unmittelbar auf das Literaturverzeichnis zurückgreifen können muss. Werden in Anmerkungen/Fußnoten mehrere Beiträge/Aufsätze desselben Autors benannt, muss es deshalb ohne weiteres möglich sein, die zugehörigen Fundstellenangaben im Literaturverzeichnis auf Anhieb zu erfassen. Um Verwechslungen (insbesondere bei mehreren Beiträgen desselben Autors im selben Erscheinungsjahr etc.) und Unklarheiten zu vermeiden, kann es sich empfehlen, in Anmerkungen/Fußnoten abgekürzte Titelangaben zu verwenden. Solche Kurztitel sind dann zweckmäßigerweise an die ausführlichen Literaturangaben in Parenthese anzuhängen (im **Bsp. 4** könnte das so aussehen):

295 **Bsp. 9** (**Kurztitel in Parenthese**)

Hoffmann-Riem, Wolfgang   Demonstrationsfreiheit auch für Rechtsextremisten? Grundsatzüberlegung zum Gebot rechtsstaatlicher Toleranz, NJW 2004, 2777 ff. (Demonstrationsfreiheit) oder (zit.: Demonstrationsfreiheit)

296 Die Verwendung von Kurztiteln kommt für Lehrbücher, Handbücher und Kommentare (eingeschränkt bei Monografien) in Betracht, wenn es darum geht, Lehrbuchangaben etc. mit Angaben über verschiedene Auflagen des Werkes zu verbinden, weil im Text der Fallbearbeitung unterschiedliche Auflagen desselben Lehrbuchs etc. ausgewertet wurden (etwa zur Darstellung einer Entwicklung von Meinungsstreitigkeiten mit möglichen Veränderungen der – ursprünglich – vertretenen Rechtsmeinungen, vgl. *Wohlers/Schuhr/Kudlich*, Klausuren, 6. Teil, II., 4 c)). Das Literaturverzeichnis muss auch insoweit für Klarheit sorgen: Was in textbegleitenden und -bezogenen Anmerkungen/Fußnoten nachgewiesen/belegt ist, muss ohne weiteres im Literaturverzeichnis aufzufinden sein.

297 **d) Abkürzungsverzeichnis.** Obwohl in juristischen Hausarbeiten ein – wie man so schön sagt: – „wissenschaftlicher Apparat", also Nachweise und Belege über die verwertete Rechtsprechung und Rechtsliteratur in Anmerkungen/Fußnoten wie selbstverständlich erwartet wird und dementsprechend im fortlaufenden Text bzw. in den Anmerkungen/Fußnoten der Niederschrift ohne Abkürzungen nicht auszukommen ist, kann in den allermeisten Fällen auf ein **selbstständiges Abkürzungsverzeichnis** verzichtet werden. Das gilt jedenfalls für „Fallhausarbeiten". Bei sog. Themenhausarbeiten bzw. Seminararbeiten (Referate), die schon 'mal Vorläufer einer Dissertation sein können, mag das anders sein. Bei „Fallhausarbeiten" reicht ein Hinweis auf *Kirchner/Böttcher*, Abkürzungsverzeichnis der Rechtssprache (jeweils neuste Auflage), sofern auch tatsächlich die darin enthaltenen Abkürzungen verwendet werden (z.B.: Wegen der im Text verwendeten Abkürzungen wird auf *Kirchner/Böttcher*, Abkürzungen der Rechtssprache, … verwiesen).

298 Werden **selbstgeschaffene Abkürzungen** verwendet, ist allerdings ein **eigenes Abkürzungsverzeichnis** erforderlich. Doch Vorsicht: „Die individualistische Kreation ausgefallener Abkürzungen fördert gewiss nicht die Lesbarkeit". Und: „Insbesondere sollte man sich davor hüten, in Texten eine Vielzahl von Abkürzungen aneinanderzureihen, um den Leser nicht zu zwingen, dauernd das Abkürzungsverzeichnis zu Rate zu ziehen" (vgl. dazu auch *Mann*, Arbeitstechnik, Rn. 411 mit Nachweisen). Man muss nicht ohne Not dem schlechten Beispiel mancher Kommentarliteratur folgen.

299 Ein Abkürzungsverzeichnis ist in juristischen „Fallhausarbeiten" vor allem dann entbehrlich, wenn die „gebräuchlichen" Abkürzungen der Rechtsliteratur verwendet werden. Dazu gehören die „etablierten" Abkürzungen von Fachzeitschriften (z. B. NJW, JZ, NStZ, JuS etc.), von Gerichten (z. B. BGH, BVerfG, LG, OLG etc.) und von den Gesetzen (z. B. StGB, BGB, GG, BauGB etc.) ebenso wie allgemein übliche Abkürzungen der Schriftsprache (z. B. ggf., u. a., s. o., sog., etc.). Auch die abgekürzt bezeichnete Lehrbuch-, Handbuch- und Kommentarliteratur erfordert kein eigenständiges Abkürzungsverzeichnis, sofern man sich an die regelmäßig in den Lehr-, Hand- und Erläuterungsbüchern empfohlenen „Zitiervorschläge" hält. Wer dennoch auf ein Abkürzungsverzeichnis nicht verzichten will, braucht sich nicht zu sorgen: Es ist zwar unter den beschriebenen Voraussetzungen entbehrlich, aber auch nicht schädlich (vgl. zum Abkürzungsverzeichnis auch *Möllers*, Arbeitstechnik, § 7 Rn. 73 f. m. w. Nachw.).

300 e) **Gliederung.** Von besonderer Bedeutung für die Qualität einer juristischen Hausarbeit (und Klausur!) ist die **Gliederung**. Sie wird vor die schriftliche Abfassung der Fallbearbeitung (Niederschrift) eingestellt. Sie soll so gestaltet sein, dass sie zumindest zwei wesentlichen Funktionen einer Gliederung genügt: Sie muss dem Leser (Korrektor, Prüfer) einen prägnanten Eindruck von dem vermitteln, was ihn als schriftlich ausgearbeitete Fallprüfung in der Niederschrift erwartet, und sie hat die Aufgabe, der nachfolgenden schriftlichen Fallbearbeitung eine klare gedanklich-inhaltliche Struktur zu geben.

301 Um mit Letzterem zu beginnen: Die **strukturgebende Funktion der Gliederung** realisiert sich nicht erst mit der abschließenden schriftlichen Fixierung der Gliederung. Vielmehr steht sie bereits zur Debatte im Zusammenhang mit der Anfertigung der Lösungsskizze. Das **„strukturelle Gerüst" der Lösungsskizze** ist nichts anderes als die gedankliche Gliederung der schriftlichen Fallbearbeitung/Niederschrift. Die strukturgebende Funktion der Gliederung verwirklicht sich daher bereits in der schriftlichen Abfassung der Fallbearbeitung auf der Basis der zuvor entwickelten substantiierten Lösungsskizze (vgl. E. I. 1. c)). Von der Chronologie des Arbeitsablaufs her betrachtet resultiert die zu Papier zu bringende Gliederung somit aus der Retrospektive der bereits fertiggestellten Fallbearbeitung/Niederschrift, indem deren transparente (!) inhaltlich-argumentative Struktur in die der Niederschrift vorangehende Gliederung(sübersicht) rezipiert wird. Dabei ist darauf zu achten, dass sämtliche Überschriften und Zwischenüberschriften mitsamt allen (alphabetischen oder numerischen) Untergliederungen des ausgearbeiteten Textes der Fallbearbeitung mit denen der Gliederung(sübersicht) übereinstimmen.

302 Die der Niederschrift vorangestellte Gliederung muss **hinreichend informativ** sein, sonst kann sie ihre weitere Aufgabe, dem Leser (Korrektor, Prüfer) einen klaren Überblick über den inhaltlich-argumentativen Gang der Fallprüfung zu vermitteln, nicht erfüllen. Sie darf daher nicht nur das „strukturelle Gerüst" in Gestalt einzelner Strukturelemente mitteilen und das auch noch bis in die letzte Untergliederung hinein. Sie muss vielmehr in prägnanter Weise sprachlich wiedergeben, was nach der inhaltlich-argumentativen Struktur der Fallbearbeitung deren lösungsrelevante Prüfungsstationen ausmacht, ggf. unter Nennung der jeweils zu bearbeitenden Einzelfragen und Problemkonstellationen.

303 Andererseits darf sie keine „Fallbearbeitung in der Fallbearbeitung" sein, d. h. sie darf nicht den Charakter einer bloß gekürzten Inhaltsangabe haben. Die Erarbeitung einer „guten" Gliederung mutet deshalb an wie eine Gratwanderung zwischen „zu wenig" und „zu viel". Das „richtige" Maß an Genauigkeit und inhaltlicher Substanz zu finden, gelingt am ehesten, wenn man sich in die Situation des Lesers hineinversetzt und aus seiner Sicht bestimmt, welche Informationsdichte von der Gliederung ausgehen soll. Die bloße Wiedergabe von Aufbauschemata (vgl. dazu Zweiter Teil, B. II. 6.; C. III. 7.; D. II. 1.-3.) mit der Bezeichnung einzelner §§ nebst zu prüfender Tatbestandsmerkmale etc. reicht als Gliederung ganz sicher nicht. Umgekehrt sollte der Rotstift gezückt werden, wenn eine Gliederung schon der Seitenzahl nach einen Umfang erreicht, der in keinem angemessenen Verhältnis zur Niederschrift selbst steht (z. B. im Verhältnis 1:3 oder 1:4 mehrere Seiten umfasst).

304 Sprachlich ist die Gliederung durch eine markante Begrifflichkeit und schlagwortartige Umschreibung gekennzeichnet. Zu vermeiden sind vollständige problembeschreibende Sätze oder Problembeschreibungen in Frageform. Desgleichen dürfen Überschriften, Zwischenüberschriften, schlagwortartige Problembenennungen etc. keine rechtliche Wertung und Problemlösungen vorwegnehmen. Das Ergebnis schon in der Überschrift mitzuteilen, verstößt im Übrigen auch gegen das methodische Prinzip des „Voraussetzung-Folge-Denkens". Zur Veranschaulichung des Ganzen nachfolgend ein Anwendungsbeispiel für die Anfertigung einer Gliederung in einer strafrechtlichen Fallhausarbeit:

305 aa) **Gliederungsebenen.** Gefragt sei nach der Strafbarkeit von A, B und C. Strafbares Verhalten von A, B und C soll in drei Tatkomplexen vorkommen können, und zwar einem Tatkomplex 1, 2 und 3, die historisch-chronologisch aufeinander folgen.
Der **Entwurf einer Gliederung** muss von **zunächst zwei Gliederungsebenen** ausgehen, einer ersten Ebene der Tatkomplexe und einer zweiten der in Betracht kommenden Täter und ggf. sonstigen Tatbeteiligten. Sprachlich umgesetzt könnte das etwa so aussehen:

    A. Tatkomplex 1: Das Geschehen in der Bank X
        I. Strafbarkeit des A
        II. Strafbarkeit des B
        III. Strafbarkeit des C
    B. Tatkomplex 2: Die Flucht aus der Bank nach Entdeckung
        I. ⎫
        II. ⎬ wie bei A.
        III. ⎭
    C. Tatkomplex 3: Die Vorgänge in der Polizeiwache
        I. ⎫
        II. ⎬ wie bei A.
        III. ⎭

306 Sind in Bezug auf A, B, und C jeweils mehrere Straftaten denkbar und dementsprechend jeweils mehrere gesetzliche Straftatbestände zu prüfen, muss eine **weitere Gliederungsebene** eingezogen werden:

    A. Tatkomplex 1: Das Geschehen in der Bank X
        I. Strafbarkeit des A
            1. Strafbarkeit des A gem. §§ 249, 250 Abs. 1 Ziff. 1 StGB
            2. Strafbarkeit des A gem. § 255 StGB
            3. etc.

307 Soweit im Rahmen der Strafbarkeitsprüfung des A in der dritten Gliederungsebene bei A. I. 1. bestimmte Einzelfragen vertiefter Erörterung bedurften, ist eine **vierte Gliederungsebene** einzuziehen:

  A. Tatkomplex 1: Das Geschehen in der Bank X
    I. Strafbarkeit des A
      1. Strafbarkeit des A gem. §§ 249, 250 Abs. 1 Ziff. 1 StGB
        a) Das Problem der Waffe in § 250 Abs. 1, Ziff. 1 a) StGB
        b) Das Problem der Scheinwaffe in § 250 Abs. 1 Ziff. 1 a) StGB
etc.

308 Wie im Bereich des Strafrechts verhält es sich auch im Bereich zivilrechtlicher und öffentlich-rechtlicher Hausarbeiten mit der Anfertigung von Gliederungen, prinzipielle Unterschiede gibt es nicht.

309 bb) **Gliederungssysteme.** Es stehen **zwei Gliederungssysteme** zur Auswahl, und zwar das herkömmliche **alphabetische Gliederungssystem** (= Buchstaben/Zahlen-System) sowie das in den Sozial- und Naturwissenschaften bevorzugte **numerische Gliederungssystem** (= Dezimalsystem). Beide Gliederungssysteme haben Vor- und Nachteile. Für das numerische Gliederungssystem sind selbst die detailliertesten Untergliederungen kein Problem. Die Übersichtlichkeit hingegen kann leiden, wenn ein Unterabschnitt mit einer halbzeiligen Zahlenkolonne, die beispielsweise zehn Zahlstellen und mehr umfasst, eingeleitet wird. Eine **numerische Gliederung** mit vier Gliederungsebenen sähe so aus:

```
1. Gliederungsebene:    1.
2. Gliederungsebene:         1.1
                             1.2
3. Gliederungsebene:              1.2.1
                                  1.2.2
4. Gliederungsebene:                   1.2.1.1
                                       1.2.1.2
                        2.
                             2.1
                             2.2
                                  2.2.1
                                  2.2.2
                                       2.2.2.1
                                       2.2.2.2
```
etc.

Üblicherweise werden die Ebenenziffern durch Punkte getrennt, bei der letzten Gliederungsebene bleibt die Kennziffer ohne (Schluss-)Punkt.

310 Auch die **alphabetische Gliederung** (= das Buchstaben/Zahlen-System) lässt zahlreiche und für juristische Fallhausarbeiten genügend viele Gliederungsebenen zu. So kann man herkömmlich ohne weiteres sieben Gliederungsebenen ausdifferenzieren:

```
1. Gliederungsebene:    A.
2. Gliederungsebene:         I.
                             II.
3. Gliederungsebene:              1.
                                  2.
4. Gliederungsebene:                   a)
                                       b)
5. Gliederungsebene:                        aa)
```

	ab)
	ba)
	bb)
6. Gliederungsebene	(1)
	(2)
7. Gliederungsebene	(a)
	(b)
etc.	

311 Bei Themenhausarbeiten oder Seminararbeiten (Dissertationen etc.) besteht zusätzliches Differenzierungspotential im Vorbereich vor A. Man kann noch nach Teilen (Erster Teil, Zweiter Teil etc.) und nach Hauptabschnitten oder Kapiteln (1. Kapitel, 2. Kapitel etc.) und noch nach §§ (§ 1, § 2 etc.) differenzieren. Auf diese Weise stehen zehn Gliederungsebenen zur Verfügung. Es ist zwar grundsätzlich denkbar, im Detailbereich weiter zu untergliedern (z. B. (aa), (ab); (ba), (bb)). Auf Untergliederungen mit griechischen Buchstaben sollte indes verzichtet werden (vgl. zum Ganzen *Möllers*, Arbeitstechnik, § 7 Rn. 46 ff., 47 mit Anm. 30; ferner *Mann*, Arbeitstechnik, Rn. 332 ff.; *Wörlen/Schindler/Balleis*, Anleitung, Rn. 63 ff.).

312 Von einer **Vermischung beider Gliederungssysteme** wird vielfach abgeraten. Je nach Thematik einer Hausarbeit kann jedoch auch eine Kombination beider Systeme in Betracht kommen. Für juristische (Fall-)Hausarbeiten und Klausuren empfiehlt sich allgemeiner Auffassung nach die im Buchstaben/Zahlen-System vorgehende alphabetische Gliederung. Sie wird für übersichtlicher gehalten und deshalb in „Juristenkreisen" bevorzugt, zwingend ist das freilich nicht. Ganz gleich aber, für welches Gliederungssystem man sich auch entscheidet: Stets ist darauf zu achten, dass **jede Gliederungsebene mindestens zwei Gliederungspunkte** enthält. Kein Gliederungspunkt darf alleine stehen – „wer A sagt muss auch B sagen" (vgl. *Wohlers/Schuhr/Kudlich*, Klausuren, 6. Teil, I. 2.).

313 **Ebenengleiche Gliederungspunkte** müssen überdies im Gesamtkontext der Gliederung einen **inhaltlich gleichgewichtigen** (oder doch zumindest annähernd gleichgewichtigen) **Stellenwert** haben, sonst läuft man Gefahr, dass die Gliederung insgesamt unausgewogen ist, was nicht selten auch Ausdruck einer unausgewogenen Gedankenführung sein kann (vgl. *Möllers*, Arbeitstechnik, § 7 Rn. 46 ff., 53 m. w. Nachw.; ferner auch *Mann*, Arbeitstechnik, Rn. 332 ff., 334).

314 **f) Fallbearbeitung/Niederschrift.** Im Anschluss an die Gliederung ist die textliche Endfassung der Fallbearbeitung, die Niederschrift also, in den Gesamtkomplex der Hausarbeit einzustellen. Sie ist das Kernstück der abzugebenden Hausarbeit und dokumentiert, was für die Lösung des Rechtsfalls an Fallarbeit geleistet wurde. Sie ist deshalb – ergänzt durch Literaturverzeichnis und Gliederung – der eigentliche Gegenstand der Bewertung/Benotung. Die „äußere" Gestaltung auch der Niederschrift ist nicht in das Belieben des Fallbearbeiters gestellt:

315 **aa) Formalien.** Da sind zunächst einige Formalien zu beachten, von denen in anderem Zusammenhang bereits die Rede war. Was vor noch nicht allzu langer Zeit durchaus vorkam, nämlich die Hausarbeit in handschriftlicher Form zu fertigen, sollte heutzutage der Vergangenheit angehören. Zwar könnte eine handschriftlich gefertigte Hausarbeit auch gegenwärtig nicht einfach als „Nichtleistung" zurückgewiesen werden. Ist aber in der Aufgabenstellung im weiteren Sinne (Bearbeitungsvermerke etc.) ein bestimmtes Schriftbild verlangt, wäre die Nichteinhaltung dieser Vorgabe möglicherweise Grund genug, die betreffende Hausarbeit von vornherein schon nicht zur Korrektur und Bewertung anzunehmen. Lässt man derlei Spitzfindigkeiten einmal beiseite (für Not- und

Ausnahmefälle wird es immer individuelle Absprachen und Regelungen geben), dann empfiehlt es sich, eine Reihe „selbstverständlicher" Formalia einzuhalten.

316 Zu verwenden sind DIN-A-4-Seiten. Sie sind nur einseitig zu beschriften. Es ist einseitig ein Rand zu lassen, der es dem Korrektor/Prüfer ermöglicht, informative Korrekturbemerkungen anzubringen. Eine allgemeingültige Verhältniszahl existiert nicht; üblich ist aber, etwa 1/3 der Seite für Prüferbemerkungen freizulassen. Schriftbild und Schriftgröße orientieren sich an der heute gebräuchlichen Textverarbeitung. Vielfach wird eine 12-Punkt-Schrift (12er Schriftgröße) für den „laufenden" Text, ferner eine 10-Punkt-Schrift (10er Schriftgröße) für die textbegleitenden Anmerkungen/Fußnoten und als Schriftbild „Times New Roman" verlangt (vgl. z. B. B. I. *Fallfrage(n) 2, Bearbeitungshinweise 2*). Zwingend ist das zwar nicht, aber als Vorgabe einer Aufgabenstellung im weiteren Sinne tunlichst einzuhalten, weil auf diese Vorgaben weitere Formalanforderungen (z. B. Umfangsbegrenzungen) aufbauen. Das gilt auch für den fast überall vorausgesetzten Zeilenabstand von 1,5. Fehlen Formalvorgaben für die Anfertigung einer Hausarbeit in der Aufgabenstellung im weiteren Sinne, ist man auf der „sicheren Seite", wenn man den soeben genannten Empfehlungen folgt.

317 Die einzelnen Seiten der Niederschrift sind durchgehend mit arabischen Ziffern zu nummerieren. Eine beschriebene Seite sollte ca. 35 bis 38 (nicht mehr!) Zeilen enthalten, wobei entsprechende Abschläge für Überschriften und Zwischenüberschriften mit jeweils größeren Abständen zu machen sind. Insgesamt sollte das Bild der beschrifteten Seiten gefällig und ansprechend sein.

318 **bb) Zitate, nichtwörtliche Wiedergabe.** Nach wie vor kontrovers und hochaktuell weil mit Unsicherheiten behaftet ist bei der Anfertigung von juristischen Hausarbeiten offenbar alles, was irgendwie mit dem Thema „Zitat und Zitieren" zu tun hat. „Was ist ein Zitat?", „Wie wird zitiert?" und „Welche Bedeutung haben Zitate in juristischen Hausarbeiten?": Das sind Fragen, die seit „ewigen Zeiten" bei der Anfertigung – übrigens nicht allein – juristischer Hausarbeiten eine höchst dubiose Rolle spielen. Dabei sind die Grundsätze und Grundregeln des zulässigen und erforderlichen Zitierens nichts Außergewöhnliches. Sie dürften jedem verständigen Fallbearbeiter vielmehr unmittelbar einleuchten (vgl. dazu eingehend *Möllers*, Arbeitstechnik, § 5 mit zahlreichen Anwendungsbeispielen).

319 Dreh- und Angelpunkt eines sachgerechten Zugangs zum „Zitat in juristischen Hausarbeiten" sind schon aus sich heraus verständliche Grundregeln redlichen und seriösen wissenschaftlichen Arbeitens mit fremdgeistigem Gedankengut: „Es ist ein grundlegendes, jedermann einsichtiges und allseits anerkanntes Gebot der Redlichkeit, in einer wissenschaftlichen Arbeit Gedanken anderer Autoren, selbst wenn sie nur der Ausgangspunkt eigener Überlegungen sein sollen, als solche kenntlich zu machen, ... Noch mehr und erst recht gilt dies, wenn eine fremde gedankliche Leistung in weithin nur wiederholender Darstellung aufgegriffen und lediglich in Einzelheiten weitergeführt, vervollkommnet oder dem einen oder anderen Irrtum befreit werden soll." (*OVG* NRW, NWVBl 1992, 212, 213). Das Prinzip ist klar: „Schmücke dich nicht mit fremden Federn!" Und: „Wer sich der Thesen und Argumente anderer Autoren bedient, muss diese zitieren, ansonsten begeht er „geistigen Diebstahl" und erstellt ein Plagiat (vgl. dazu *Möllers*, Arbeitstechnik, § 5 Rn. 6 ff., 7, 16 ff. m. w. Nachw.). Abgesehen von urheberrechtlichen Konsequenzen führt ein solches Plagiat in juristischen Hausarbeiten – sofern es als Täuschungsversuch aufgedeckt wird – in der Regel zur unbewerteten Zurückweisung der Arbeit.

320 **Zitate sind wörtliche Wiedergaben** fremdgeistigen Gedankenguts, das textlichen oder sonstigen Quellen entnommen wird. Kommt es geradezu auf eine **wortidentische**

Übernahme und Verwertung fremder Ideen, Thesen und Argumente etc. an, sind Zitate zulässig und dann auch von der Sache her unvermeidlich. Die außerordentlich weit reichende Bandbreite möglicher Zitate ist bei der Anfertigung juristischer Hausarbeiten in der Regel aller Fälle jedoch beschränkt auf textliche Quellen. Es können und sollen daher in juristischen Hausarbeiten wenn überhaupt, dann an sich nur Zitate aus der Rechtsliteratur (und ausnahmsweise aus anderen textlichen Quellen, etwa dem Internet) vorkommen. Zitate sind danach vor allem im Zusammenhang mit der Auswertung der gesammelten und gesichteten Rechtsliteratur, also aus Kommentaren, Handbüchern, Lehrbüchern, Monographien etc. denkbar.

321 Da nun aber die Aufgabenstellung in juristischen Hausarbeiten auf die Bearbeitung und Lösung eines konkreten Rechtsfalls gerichtet ist und sich die Autoren bzw. Bearbeiter von Kommentaren und Lehrbüchern etc. so gut wie nie mit dem zur Aufgabe gestellten konkreten Rechtsfall befassen oder befasst haben (es sei denn, der zu bearbeitende Rechtsfall sei identisch mit veröffentlichter/unveröffentlichter Rechtsprechung), liegt es auf der Hand, dass Zitate in juristischen Hausarbeiten kaum einmal eine sinnvolle argumentative Funktion haben können. Lediglich in dem ohnehin sehr eng begrenzten Bereich der fallbezogenen Auseinandersetzung mit streitigen Rechtsmeinungen sind (dann aber kurze!) Zitate zur unverfälschten Darstellung der vertretenen Rechtsauffassung „lösungsfördernd" vorstellbar.

322 Lange Rede kurzer Sinn: In juristischen Hausarbeiten sind Zitate regelmäßig entbehrlich. Auf sie ist deshalb zu verzichten. Wie von selbst ergibt sich daraus, dass vor der scheinbar beliebten, zum Teil seitenweisen und oftmals zusammenhanglosen Aneinanderreihung aller möglichen Zitate nachdrücklich zu warnen ist: Das Zusammenfügen einer Vielzahl von Zitaten ist vielleicht eine eigene schöpferische Leistung, eine Fallbearbeitung mit Lösung des Rechtsfalls ist es allemal nicht. Wer dennoch aus Gründen einer kritisch (!) diagnostizierten Sachnotwendigkeit ohne Zitat nicht auszukommen glaubt, den trifft – wie schon betont – die Redlichkeitspflicht, genau zu belegen, von wem und woher das Zitierte stammt, und zwar in Form eines exakten Fundstellennachweises in einer textbegleitenden Anmerkung/Fußnote (dazu sogleich unter E. I. 2. f)). Der Fundstellennachweis muss so präzisiert sein, dass der Leser der Hausarbeit das Zitat ohne weiteres aufsuchen und nachlesen kann.

323 Das gilt nicht weniger strikt für die **nichtwörtliche Verwertung fremdgeistigen Gedankenguts**. Im Gegensatz zum Zitat spielt die nichtwörtliche Verwertung fremdgeistigen Gedankenguts – man spricht auch von „sinngemäßer Übernahme", von „selbstverarbeiteter Reproduktion", von „fallbezogener Umsetzung" etc. – für die Bearbeitung und Lösung eines konkreten Rechtsfalls und damit für die Anfertigung einer juristischen Hausarbeit eine sehr viel bedeutendere, wenn nicht gar die dominierende Rolle bei der Auswertung und Verarbeitung der gesichteten Rechtsliteratur. Doch selbst wenn man sich keines Zitats bedient, sondern nach intensiver Beschäftigung und Auseinandersetzung z. B. mit streitigen Rechtsmeinungen eine der vertretenen Rechtsansichten zu seiner eigenen oder zur Grundlage seiner eigenen Rechtsauffassung macht, bleibt man es als Fallbearbeiter dem geistigen Urheber der (nunmehr eigenen) Rechtsauffassung schuldig, deren (fremdgeistige) Herkunft zu dokumentieren und in einem Fundstellennachweis zu belegen. An dieser Nachweisverpflichtung ändert es im Übrigen nichts, dass man infolge tiefgründiger Beschäftigung mit fremdgeistigen Thesen und Argumenten diese wie eigenes Gedankengut empfindet. Die Redlichkeit verlangt trotz möglicher „Internalisierung" fremder Positionen, deren fremdgeistige Urheberschaft kenntlich zu machen. Das geschieht wie bei Zitaten in textbegleitenden Anmerkungen/Fußnoten.

324 Soweit im fortlaufenden Text der Fallbearbeitung/Niederschrift auf Zitate nicht verzichtet wird, ist zur **Verdeutlichung der Wörtlichkeit** der wiedergegebenen fremdgeistigen

Erwägungen, Argumentationen, Thesen etc. das Zitierte in **An- und Abführungszeichen** zu setzen. Bei nichtwörtlicher Wiedergabe fremder Gedanken werden weder An- und Abführungszeichen noch sonstige Zeichen oder Hervorhebungen im Schriftbild etc. verwendet. **Zitate** und **nichtwörtliche Wiedergaben** oder sinngemäße Übernahmen fremder Argumentationen, Thesen, Vorschläge, etc. **sind** aber im laufenden Text der Fallbearbeitung **zu signifizieren**, und zwar durch **hochgestellte oder in Parenthese angeführte Ziffern**. Dazu folgende Beispiele:

Zitatbeispiel
Text der Fallbearbeitung ... „Zitat"[1] ... Text der Fallbearbeitung
oder:
Text der Fallbearbeitung ... „Zitat" (1) ... Text der Fallbearbeitung

Bsp. „nichtwörtliche Wiedergabe"
Text der Fallbearbeitung ... nichtwörtliche Wiedergabe einer Argumentation[1] ... Text der Fallbearbeitung
oder:
Text der Fallbearbeitung ... nichtwörtliche Wiedergabe einer Argumentation (1) ... Text der Fallbearbeitung.

In juristischen Hausarbeiten sind für das Anzeigen von Zitaten und „nichtwörtlichen Wiedergaben" gleichermaßen **hochgestellte Ziffern** üblich.

cc) **Nachweise und Belege in Anmerkungen/Fußnoten.** Befinden sich im Text der Fallbearbeitung mehrere Zitate und/oder „nichtwörtliche Wiedergaben" fremder Argumente etc. (was für juristische Hausarbeiten typisch ist), bieten sich für die Fundstellennachweise zwei Modalitäten an. Entweder man verwendet **Fußnoten** oder **Anmerkungen** (auch: **Endnoten**, vgl. *Möllers*, Arbeitstechnik, § 5 Rn. 36 ff. m. w. Nachw. und Rn. 37 mit Ablehnung von Endnoten).

Fußnoten sind Noten, die „am Fuße" **jeder einzelnen Seite** der Niederschrift angebracht werden und nach Anzahl und Ziffernfolge mit Anzahl und Ziffernfolge der signifizierenden hochgestellten Ziffern korrespondieren, d. h. auf jeder einzelnen Seite der Niederschrift sind immer nur so viele Fußnoten anzubringen, wie im Text der Fallbearbeitung an Zitaten und/oder „nichtwörtlichen Wiedergaben" fremder Thesen etc. vorhanden sind. Unter den Text der Fallbearbeitung ist ein Trennstrich zu ziehen, so dass der Fußnotenteil jeder Seite deutlich vom Textteil der Niederschrift abgehoben ist. Das könnte beispielsweise so aussehen:

Text der Fallbearbeitung ... „Zitat"[1] ... Text der Fallbearbeitung ... nichtwörtliche Wiedergabe von fremden Argumentationen etc.[2] ... Text der Fallbearbeitung ... nichtwörtliche Wiedergabe von fremden Argumentationen etc.[3] ... Text der Fallbearbeitung

1) ...
2) ...   } genaue Bezeichnung der Fundstelle
3) ...

Bei der Verwendung von Fußnoten für Fundstellennachweise werden also die auf der jeweiligen Textseite befindlichen Zitate etc. der Reihe nach mit hochgestellten arabischen Ziffern durchnummeriert. Die Bezifferung beginnt mit jeder neuen Seite der Niederschrift von neuem.

Anders bei Fundstellennachweisen in **Anmerkungen** bzw. – gleichsinnig – **Endnoten**: Von **Endnoten** (hier mit dem Begriff „Anmerkungen" gleichgesetzt) spricht man, wenn Zitate und nichtwörtliche Wiedergaben fremder Ideen etc. mit hochgestellten arabischen Ziffern über den gesamten Text der Fallbearbeitung fortlaufend durchnummeriert werden und der Niederschrift am Schluss ein (Endnoten- oder) Anmerkungsverzeichnis mit den entsprechenden Fundstellennachweisen beigefügt wird. Die Kenntlichmachung von Zitaten und anderem fremdgeistigen Gedankengut durch Fundstellennachweise in Anmerkungen bzw. Endnoten ist ebenso zulässig wie die in Fußnoten (vgl. aber ablehnend bei *Möllers*, Arbeitstechnik, § 5 Rn. 37). Für juristische Hausarbeiten empfiehlt sich – weil seit alters her so gebräuchlich – die Verwendung von Fußnoten mit begrenzter Anzahl je Seite. Nicht ausgeschlossen ist freilich, sich der Modalität der Fußnoten zur Kenntlichmachung fremden Gedankenguts zu bedienen, den Gesamtbestand an Zitaten etc. aber von der ersten bis zur letzten Seite der Niederschrift mit hochgestellten arabischen Ziffern fortlaufend durchzunummerieren. Von dieser Mischung aus „Fußnoten- und (was die Durchnummerierung betrifft) Endnotentechnik" ist allerdings abzuraten, wenn die Gesamtzahl der Fundstellennachweise z. B. bei umfangreichen Themenhausarbeiten den zweistelligen oder gar dreistelligen (etwa in umfangreicheren Monografien, Disertationen etc.) Bereich überschreiten.

328 Ebenso abzuraten ist von **Fundstellennachweisen in Parenthese** (= Einschub). Auch diese Art des Fundstellennachweises entspricht aber allen Anforderungen eines ausreichenden Belegs für fremde Argumentationen etc. Sie wird vor allem in Entscheidungen der Gerichte, zum Teil in der Kommentar- und Lehrbuchliteratur sowie – seltener und je nach Thematik – in Monographien und anderen wissenschaftlichen Beiträgen angewandt (und auch in diesem Leitfaden für die Anfertigung von juristischen Hausarbeiten und Klausuren). Ihr hauptsächlicher Nachteil besteht darin, dass bei längeren Fundstellennachweisen und ggf. mehreren Fundstellen für ein und dasselbe Zitat etc. die Lesbarkeit des laufenden Textes beeinträchtigt sein kann. Obwohl sich Fundstellennachweise in Parenthese zur Kenntlichmachung fremder Erwägungen, Thesen etc. genauso gut eignen wie Fundstellennachweise in Fußnoten, sollte man es in juristischen Hausarbeiten doch bei der herkömmlichen „Fußnotentechnik" belassen. Zugegebenermaßen sprechen dafür keine zwingenden Sachgründe, sondern allein Gründe der überlieferten und ständigen Übung.

329 Ganz gleich, welche Modalität der Fundstellennachweise gewählt wird: Stets muss der Nachweis einer Fund- oder Belegstelle so viele und so genaue Angaben/Daten enthalten, dass es dem Leser der Hausarbeit ohne weiteres möglich ist, ggf. in Kombination mit Informationen aus dem Literaturverzeichnis das Zitat oder die nichtwörtlich wiedergegebenen (und verarbeiteten) fremden Ideen, Anregungen, kritischen Überlegungen etc. nachzulesen und auf ihre inhaltliche Authentizität zu überprüfen. **Fundstellennachweise aus der Rechtsliteratur** müssen daher grundsätzlich **den oder die Familiennamen eines Autors/ Verfassers oder der mehreren Autoren/Verfasser** ohne Vornamen (die finden sich im Literaturverzeichnis) – es sei denn, es bestünde Verwechslungsgefahr – enthalten.

330 Bei Lehr- und Handbüchern, Kommentaren und Monographien folgt nach einem Komma der jeweilige Titel, wobei die Titelangabe in Fußnoten etc. auf einen im Literaturverzeichnis bereits in Parenthese vorformulierten **Kurztitel** zu beschränken ist. Im Anschluss an den Titel (Kurztitel) ist nach einem weiteren Komma die eigentliche Fundstelle exakt zu bezeichnen. Bei Monographien ist die genaue **Seitenzahl** des Zitats, der Argumente etc. zu nennen mit vorangestelltem „S.". Das gilt entsprechend für Fundstellen in Kommentaren, Hand- und Lehrbüchern, sofern nicht statt der Seitenzahl andere Nachweisformen maßgeblich sind. Insbesondere die Kommentar-, Handbuch- und Lehrbuchliteratur ist seit langem dazu übergegangen, mit sog. **Textziffern** (abgekürzt: Tz) oder **Randnummern** (abgekürzt: Rn. oder Rnr.) den jeweils laufenden Text nach Absätzen, selbstständigen Argumentationen, bestimmten Fragestellungen und Problemkonstellationen, streitigen Rechtsauffassungen etc. zu differenzieren und zu gliedern. An die Stelle von Seitenzahlangaben treten zur genauen Kennung der Fundstelle in diesen Fällen die jeweils zugehörige Randnummer (Textziffer), und zwar unter Vorwegnennung der erläuterten gesetzlichen Vorschrift (bei Kommentaren), etwaige Großbuchstaben und ggf. römische und arabische Ziffern bei in sich geschlossenen Untergliederungen in Teile oder Abschnitte etc. (z.B. bei Hand- und/oder Lehrbüchern) jedoch nicht bei durchgängiger Randziffernfolge. Dazu ein paar Beispiele:

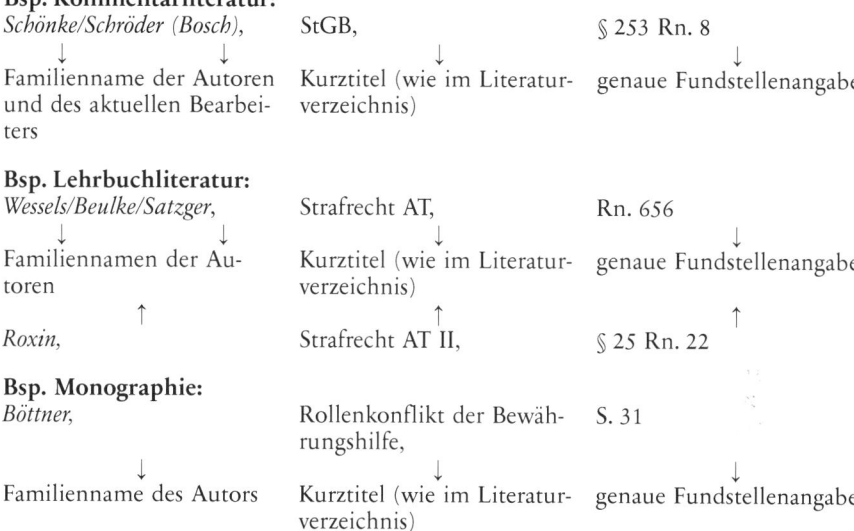

Familiennamen der Autoren/Verfasser/Bearbeiter sollten in Kursivschrift von den übrigen Angaben der Fußnote/Anmerkung etc. abgesetzt werden. Sofern Folgeseiten oder Folgerandnummern für die Fundstellenbezeichnung erforderlich sind, wird üblicherweise das Kürzel f. (für *eine* folgende Seite oder Randnummer, also: S. 2 f. bzw. § 253 Rn. 8 f.) oder das Kürzel ff. (für *mehrere* Folgeseiten bzw. -randnummern, also: S. 2 ff. bzw. § 253 Rn. 8 ff.) verwendet.

Fundstellennachweise aus Aufsätzen und sonstigen wissenschaftlichen Beiträgen in Fachzeitschriften enthalten den oder die Familiennamen des (der) Autors (Autoren) in Kursivschrift, nach Komma entweder einen im Literaturverzeichnis vorformulierten Kurztitel des Aufsatzes/Beitrags mit Komma (regelmäßig entbehrlich) oder sogleich die Angabe der betreffenden Fachzeitschrift (das ist das Übliche) nach Jahreszahl (ohne Angabe der Bandzahl: nur ausnahmsweise bei bestimmten Archivzeitschriften erforderlich) und Anfangsseite des Aufsatzes (ohne S.). Hinzuzusetzen ist nach weiterem Komma die Seitenzahl der eigentlichen Fundstelle, die auch ohne Kommatrennung in Klammern angeführt werden kann (auf Einheitlichkeit ist zu achten!), also beispielsweise so:
Beulke/Swoboda, Trennscheibenanordnung, NStZ 2005, 67, 69
oder:
Beulke/Swoboda, Trennscheibenanordnung, NStZ 2005, 67 (69)
oder:
Beulke/Swoboda, NStZ 2005, 67, 69
oder:
Beulke/Swoboda, NStZ 2005, 67 (69)

Entsprechendes gilt für **Aufsätze und wissenschaftliche Beiträge in Festschriften etc. und Sammelwerken**, wobei jeweils die im Literaturverzeichnis aufgeführten Kurztitel einzusetzen sind. Zum Teil wird verlangt, die Familiennamen der Herausgeber von Festschriften etc. und Sammelwerken, den Familiennamen des Geehrten (alles kursiv) und die jeweiligen Kurztitel der Sammelwerke bzw. Festschriften in die Fußnote/Anmerkung einzubeziehen. Damit aber erhält der Fundstellennachweis einen für Fußnoten/Anmerkungen (Endnoten) nicht mehr akzeptablen Umfang. Mit Rücksicht auf die Detailangaben im Literaturverzeichnis sollte es deshalb bei der Namensnennung des Autors/Verfassers nebst Kurztitel und Fundstellenangabe (ohne S.) verbleiben.

334 Fundstellennachweise aus Entscheidungsrezensionen, -besprechungen und Urteilsanmerkungen in Fachzeitschriften sind wie Aufsätze in Fachzeitschriften (bei Entscheidungsrezensionen bzw. -besprechungen ggf. mit Nennung von Kurztiteln) zu kennzeichnen: Familiennamen des Autors/Verfassers, Kürzel der Fachzeitschrift mit Jahrgangszahl (ohne Bandzahlangabe), genaue Fundstellenbezeichnung mit vorangestellter Seitenzahl für den Anfang des Beitrags (alles ohne S.).

335 Ist in der Fallbearbeitung **einschlägige Rechtsprechung** verwertet, ist darauf zu achten, dass in erster Linie die **amtlichen Entscheidungssammlungen** des *BGH*, *BVerfG*, *BVerwG* etc. für Fundstellennachweise genutzt werden. Sind amtliche Entscheidungssammlungen nicht zur Hand, ist Rechtsprechung in **Fachzeitschriften** auszuwerten und entsprechend zu belegen. Dabei sollte man den Fachzeitschriften, die einen **hohen Verbreitungsgrad** haben (z. B.: NJW, NStZ, NJW-RR, NStZ-RR etc.), den Vorzug geben (ebenso *Möllers*, Arbeitstechnik, § 5 Rn. 68 ff., 70), um so dem Leser den Zugang zur ausgewerteten Rechtsprechung zu erleichtern. Zu vermeiden ist willkürliches Wechseln quellenverschiedener Nachweise bei ein und derselben Entscheidung. Hat man sich für einen Fundstellennachweis aus einer amtlichen Entscheidungssammlung entschieden, bleibt man dabei; ein **Nachweiswechsel** auf Fachzeitschriften bei derselben Entscheidung verwirrt nur und verärgert den Leser. Grundsätzlich wird im Fundstellennachweis die **Anfangsseite** der Entscheidung genannt und anschließend nach Kommasetzung oder in Klammern die **eigentliche Fundstelle** angegeben, also etwa so:
BGHZ 127, 176, 182   bzw. *BGHZ* 127, 176 (182)
oder:
BGH NJW 1992, 2696, 2697   bzw. *BGH* NJW 1992, 2696 (2697)
Inzwischen finden sich auch in den amtlichen Entscheidungssammlungen bei den jeweils einzelnen Entscheidungen fortlaufende Textziffern/Randnummern, so dass Fundstellennachweise von amtlich veröffentlichter Rechtsprechung aussehen könnten wie folgt:
BGHSt 64, 55, Rn. 19 ff., 28 oder *BGHSt* 64, 55, 57 ff., Rn. 19 ff., 28.
Ebenso sind auch die meisten Fachzeitschriften dazu übergegangen, die Entscheidungen der Gerichte nach Absätzen und Argumentationszusammenhängen differenziert mit Randnummern zu versehen. In solchen Fällen wird die Anfangsseite der Entscheidung mit Randnummer für die exakte Kennzeichnung der Fundstelle angegeben, also etwa:
BGH NStZ 2005, 85, Rn. 10.

336 Fundstellennachweise für unveröffentlichte Rechtsprechung enthalten das genau bezeichnete entscheidende Gericht, die Entscheidungsart (z. B. Beschluss oder Urteil, mit gebräuchlicher Abkürzung), das Datum der Entscheidung und das gerichtliche (!) Aktenzeichen:
BGH, Beschl. v. 18.2.2004   –   2 StR 462/03   oder
BGH, Beschl. v. 24.6.2004   –   5 StR 306/03   oder
BGH, Urt. v. 26.6.1989   –   II ZR 128/88   etc.

337 Anders als bei Zitaten stehen Fundstellennachweise für nichtwörtliche Wiedergaben fremder Argumente etc. in den zugehörigen Fußnoten/Anmerkungen (Endnoten) in der Regel nicht isoliert da, sondern sind mit sprachlichen Zusätzen versehen, die in

Kurzform etwas über die Verwertungsart und „Verwertungsrichtung" der übernommenen Erwägung etc. aussagen. Will man Übereinstimmung ausdrücken, kann man das durch Zusätze wie „ebenso", „gleicher Meinung", „im gleichen Sinne" etc. erreichen, will man Ablehnung ausdrücken, sind Zusätze wie „anders aber", „anderer Meinung", „ablehnend" etc. denkbar. Man sollte sich stets bemühen, die „nackten" Fundstellennachweise mit einem aussagekräftigen, kurzkommentierenden Schlagwort „aufzufüttern", weil auf diese Weise dem Leser der Stellenwert und Bedeutungsgehalt der verwerteten fremden Gedanken etc. für die eigene Fallbearbeitung verständlicher wird bzw. verständlicher gemacht werden kann (zum Ganzen und zu weiteren Regeln für Zitate und die nichtwörtliche Wiedergabe fremdgeistigen Gedankenguts in juristischen Seminar- und Hausarbeiten vgl. *Möllers*, Arbeitstechnik, § 6 Rn. 24 ff.; *Mann*, Arbeitstechnik, Rn. 326 ff. mit Rn. 392 ff.).

g) Anmerkungsverzeichnis. Nur wenn man sich gegen die „Fußnotentechnik" und für Fundstellennachweise in Anmerkungen/Endnoten entscheidet, ist der Hausarbeit nach der Niederschrift ein **Anmerkungsverzeichnis** beizufügen. Das Anmerkungsverzeichnis listet in numerischer Reihenfolge sämtliche Fundstellennachweise der im Text der Fallbearbeitung entweder in Form von Zitaten oder von nichtwörtlicher Wiedergabe fremder Argumentationen etc. ausgewerteten und verwendeten Rechtsliteratur und Rechtsprechung etc. auf, wobei die laufende Anmerkungsziffer mit der jeweils zugehörigen und im Text der Fallbearbeitung hochgestellten oder in Klammern eingeschlossenen (arabischen) Ziffern korrespondiert. Für die Genauigkeit und die Art der Fundstellennachweise gilt das zuvor Erläuterte.

h) Deckblatt. Den „formalen" Schluss der Hausarbeit bildet ein zweites Deckblatt. Es dient als Beleg dafür, dass der/die auf dem vorderen, ersten Deckblatt näher bezeichnete Student/in die abgegebene Hausarbeit selbst verfasst hat, mithin eine eigenständige (Prüfungs-)Leistung erbracht hat. Zugleich sind Erklärungen und Versicherungen bezüglich der verwendeten Hilfsmittel abzugeben. Teilweise ist der wörtlich einzuhaltende Text solcher Erklärungen den maßgeblichen Prüfungsordnungen zu entnehmen. Nachfolgend ein paar Beispiele:

Bsp. 1: „Hiermit erkläre ich, dass ich die Hausarbeit selbstständig verfasst habe und keine anderen als die angegebenen Quellen und Hilfsmittel benutzt habe"
oder:
Bsp. 2: „Ich versichere, dass ich die Hausarbeit selbstständig angefertigt und mich fremder Hilfe nicht bedient habe. Alle Stellen, die wörtlich oder sinngemäß veröffentlichtem oder unveröffentlichtem Schrifttum entnommen sind, habe ich als solche kenntlich gemacht"
oder:
Bsp. 3: „Ich versichere, dass ich diese Arbeit selbstständig und ohne fremde Hilfe angefertigt habe sowie keine anderen als die angegebenen Hilfsmittel verwendet habe"
oder:
Bsp. 4: „Ich versichere, dass ich die vorliegende Hausarbeit selbst verfasst, mich keiner fremden Hilfe bedient, keine anderen als die im Schriftenverzeichnis der Hausarbeit aufgeführten Schriften und Hilfsmittel benutzt und sämtliche Stellen, die aus dem Schrifttum wörtlich oder sinngemäß entnommen sind, als solche kenntlich gemacht habe"

Die Versicherungen/Erklärungen sind mit Orts- und Datumsangabe **eigenhändig** zu unterschreiben.

Je nach Studiengang, Prüfungsordnung und Hochschul- oder Fachbereichs-/Fakultätsgebrauch sind derartige Erklärungen/Versicherungen jedenfalls in vorlesungsbegleitenden bzw. -abschließenden Hausarbeiten oder in Übungshausarbeiten auch entbehrlich. Man tut gut daran, sich „vor Ort" über die Formalanforderungen einer juristischen Hausarbeit (und Klausur) zu vergewissern.

341 **i) Keine losen Blätter.** Die **vollständige Hausarbeit,** (noch einmal:) bestehend aus dem ersten Deckblatt (Titelblatt), der Aufgabenstellung (= Sachverhalt + Fallfrage(n)), dem Literaturverzeichnis, der Gliederung, der schriftlich abgefassten Fallbearbeitung/Niederschrift, ggf. einem Anmerkungsverzeichnis und dem abschließenden Deckblatt mit eigenhändiger Unterschrift, ist **gelocht und geheftet,** fest **geklammert** oder einfach **gebunden** (Klebebindung), **keinesfalls** jedoch als **Loseblattsammlung,** die mit Büroklammern notdürftig zusammengehalten wird, abzugeben. Vorderes und hinteres Deckblatt bleiben wie die Aufgabenstellung unnummeriert, Literaturverzeichnis, ggf. Abkürzungsverzeichnis werden in dieser Reihenfolge durchnummeriert, und zwar mit römischen Ziffern. Die Niederschrift ist demgegenüber in sich fortlaufend mit arabischen Ziffern zu nummerieren.

342 **j) Weglassen von Vorwort, Nachwort, Widmungen.** Der Verfasser juristischer Fall- oder Themenhausarbeiten (Seminararbeiten) sollte „auf dem Teppich bleiben": Er hat zwar – wenn alles gut geht – eine ansprechende Leistung erbracht und erste kleine Schritte auf dem Weg zur (rechts-)wissenschaftlichen Forschung getan. Aber mehr als das ist mit der Anfertigung einer juristischen Hausarbeit nicht vollbracht. Den „Großen" nachzueifern und es ihnen womöglich gleich tun zu wollen, davon ist nachdrücklich abzuraten: **Vorworte, Nachworte** und auch **Widmungen** sind im Kontext juristischer Hausarbeiten **unpassend** und völlig **überzogen.** Schlichte Empfehlung: **Weglassen!**

II. Die juristische Klausur

343 Wie schon erläutert: Die Eigenart einer juristischen **Klausur** besteht darin, dass in einer nach (Zeit-)Stunden genau bemessenen (kurzen) Zeitspanne ein zur Aufgabe gestellter Rechtsfall in „amtlichen Räumen" und unter Aufsicht schriftlich bearbeitet und einer zutreffenden Lösung zugeführt werden muss (vgl. VII., vor 1. m. w. Nachw.). Als alleiniges Hilfsmittel stehen die zugelassenen Gesetzestexte (Gesetzessammlungen) zur Verfügung (in Assessorexamen = 2. jur. Staatsprüfung zusätzlich eigens zugelassene Kurzkommentare). Gleichwohl stimmt die Arbeitsweise zur Lösung von Rechtsfällen in Klausuren mit der in Hausarbeiten zu einem guten Teil überein.

1. Arbeitsweise

344 Nach Ausgabe des **Sachverhaltstextes mit Aufgabenstellung** kommt es wie bei einer Hausarbeit zunächst darauf an, den „richtigen" **Einstieg** zu finden und den für den Ablauf der Fallprüfung so wichtigen **„roten Faden"** (vgl. bei E. I. 1. a)) zu entwickeln. Das sachgerechte Erfassen der Aufgabenstellung (vgl. C. I. 1.) mit der Erarbeitung konkreter Fallfragen, die Arbeit am und mit dem Sachverhalt und insbesondere die Stoffsammlung mit Brainstorming und dem Aufsuchen „passender" Rechtssätze (vgl. nacheinander C. I. 2.; C. II. 1.–5.; C. III. 6. mit C. III. 1.) gehören ebenso dazu wie eine im Stil des rechtsgutachtlichen Denkens (vgl. dazu D. II. 1. mit C. III. 1) vorgenommene erste Rechtsanwendung (vgl. C. III. 2.) auf der Grundlage korrekter Normkonkretisierungen und Subsumtionen (vgl. C. III. 4.). Mit dieser für die juristische Fallarbeit in Hausarbeiten wie in Klausuren charakteristischen **Methodik der Fallprüfung** ist wie bei juristischen Hausarbeiten der bis dahin erarbeitete „rote Faden" zu einer **Lösungsskizze mit Schwerpunktbildung** (vgl. E. I. 1. c)) substantiell anzureichern und zu verdichten.

345 Insoweit nun kommt der **entscheidende Unterschied** zwischen der Anfertigung einer Klausur und der einer Hausarbeit deutlich zum Vorschein: Für die Weiterentwicklung des „roten Fadens" zur „Lösungsskizze mit Schwerpunktbildung" (übrigens auch schon für die Erarbeitung des „roten Fadens") ist der Klausurbearbeiter ganz allein auf sich, auf seine Gesetzessammlung und seine Kenntnis des materiellen und formellen (ZPO, StPO etc.) Rechts gestellt. An die Stelle der für die Fallbearbeitung in juristischen Hausarbeiten typischen Sammlung, Sichtung und Auswertung von Rechtsliteratur, Rechtsprechung und sonstigen rechtstextlichen Quellen treten die bis dato erworbenen und abrufbaren **Rechtskenntnisse**. Und nicht minder ausschlaggebend für die Erarbeitung einer rechtlich substantiierten Lösungsskizze ist die (erlernbare) **Fähigkeit** des Klausurbearbeiters **zu** „methodisch sauberer" **juristischer Argumentation**. Ein verfügbarer Mindestbestand an juristischen Argumentationsfiguren ist daher zum Gelingen einer Fallprüfung in einer Klausur erforderlich (Motto: Von nichts kommt nichts!)

Wie bei der Hausarbeit bildet die „Lösungsskizze mit Schwerpunktbildung" das **strukturelle Gerüst** der einer Fallbearbeitung auch in einer Klausur zugrunde zu legenden **Gliederung** (dazu sogleich bei 2.). Anders als bei der Anfertigung einer Hausarbeit kann auf dem Weg zur Endfassung der schriftlichen Fallbearbeitung in einer Klausur auf die Erstellung eines **Fallprüfungskonzepts** als überbrückendes Zwischenglied zwischen Lösungsskizze und (endgültiger) Niederschrift (vgl. E. I. 1. d)) verzichtet werden, zumal dann, wenn –wie fast immer– die Bearbeitungszeit knapp wird. Unvermeidliche Folge ist, dass die vertiefte Problembearbeitung „aus der Hand" im Rahmen der schriftlichen Endfassung der Fallbearbeitung „miterledigt" werden muss. Das gelingt freilich nur bei sorgfältiger Arbeitsweise auf der Grundlage einer inhaltlich fundierten Lösungsskizze. Wer auf die Erarbeitung des „roten Fadens" und der darauf fußenden Lösungsskizze zu wenig Konzentration und Zeit verwendet, spart deshalb an der falschen Stelle: Er wird wohl oder übel sehr viel mehr Zeit für die Niederschrift aufwenden müssen.

Zugleich mit der Erstellung der schriftlichen **Fallbearbeitung** muss sich auch das bei der Anfertigung einer Hausarbeit noch vor der Niederschrift mögliche **„Controlling"** (vgl. E. I. 1. e)) vollziehen. Basis dafür ist einmal mehr die Lösungsskizze im Zusammenspiel mit den je nach Fortgang der Fallprüfung ermittelten (Zwischen-)Ergebnissen. Auf diese Weise werden – wenn sie sich als notwendig herausstellen - **niederschriftbegleitende Korrekturen** kontinuierlich ermöglicht. Auf eine letzte **Abschlusskontrolle** der schriftlich abgefassten Fallbearbeitung vor Abgabe der Klausur sollte dennoch nicht verzichtet werden.

2. Äußere Gestaltung

Die abgabereife Klausur unterscheidet sich von der Hausarbeit in vielerlei Hinsicht. Anders als die Hausarbeit besteht eine Klausur **lediglich** aus einem **vorderen Deckblatt**, der **Aufgabenstellung** und der **schriftlichen Fallbearbeitung** (Niederschrift). Das **Deckblatt** (Titelblatt) enthält im Wesentlichen dieselben Angaben wie das vordere Deckblatt einer Hausarbeit (vgl. E. I. 2. a)). Der ausgegebene **Sachverhaltstext** mitsamt den vorgegebenen Fallfragen sowie ggf. ergänzenden Bemerkungen zur Aufgabenstellung im weiteren Sinne (z. B. Sachgebietsbegrenzungen) wird im Original in die Klausur nach dem Deckblatt eingestellt. Daraus ergibt sich, dass der Fallbearbeiter mit Unterstreichungen, Markierungen, Kommentierungen etc. im Original der Aufgabenstellung zurückhaltend sein und statt dessen Zeichnungen, problembezogene Fragestellungen etc. getrennt vom Original der Aufgabenstellung auf mitgebrachtem oder zur Verfügung gestelltem Konzeptpapier notieren sollte.

Entsprechendes gilt für die Erarbeitung eines **„roten Fadens"** und die Erstellung einer inhaltlich angereicherten **Lösungsskizze**. Beides ist nicht Bestandteil der abzugebenden Klausur, kann ihr aber beigefügt werden. Das empfiehlt sich vor allem dann, wenn die Niederschrift (schriftliche Fallbearbeitung) aus Zeitgründen verkürzt wird oder schlichtweg unvollständig bleibt. Der Korrektor (Prüfer) kann in diesen Fällen zumindest den gedachten weiteren Ablauf der Fallprüfung erkennen und daraus ggf. Rückschlüsse auf die fertiggestellten Teile der Fallbearbeitung ziehen. Das hat u. U. positive Auswirkungen auf die Bewertung der Klausur, obwohl nicht daran zu rütteln ist, dass die festgesetzte Bearbeitungszeit mit zur Aufgabenstellung einer Klausur gehört.

350 **Kein selbstständiger Bestandteil** der Klausur ist eine aus der Lösungsskizze abgeleitete **Gliederung**. Das heißt allerdings nicht, dass die schriftliche Fallbearbeitung ungegliedert wäre. Die auf die Lösungsskizze aufbauende Gliederung der Fallbearbeitung drückt sich in einer Klausur vielmehr dadurch aus, dass die Abfolge der rechtsgutachtlichen Fallprüfung nach Abschnitten, Absätzen etc. zerteilt wird und diese methodisch folgerichtigen „**Prüfstationen**" nach dem Muster des herkömmlichen alphabetischen oder des numerischen Gliederungssystems (vgl. E. I. 2. e)) **beziffert** bzw. sonst **gekennzeichnet** werden. Auch insoweit gilt für Klausuren grundsätzlich dasselbe wie für Hausarbeiten: Vor (nachlässigen) Vermischungen beider Gliederungssysteme ist nachdrücklich zu warnen. Fehlende Einheitlichkeit der Textgliederung stiftet insbesondere in Klausuren (bewertungsschädliche) Irritationen. Nicht ausgeschlossen und je nach Komplexität der Aufgabenstellung von der Sache her zweckmäßig sind in der Fallbearbeitung auch einer Klausur aussagekräftige kurze **Haupt- und Zwischenüberschriften**, die der Ausdifferenzierung verschiedener Gliederungsebenen dienen. Zu achten ist dann aber darauf, dass diese Überschriften „ebenengerecht" gewählt und formuliert sind.

351 Naturgemäß enthält die schriftliche Fallbearbeitung in einer Klausur **keine Fundstellennachweise** oder andere Belege für Zitate oder sonstige nichtwörtliche Wiedergaben fremdgeistigen Gedankenguts, weil die Sammlung, Sichtung und Auswertung von Rechtsliteratur und anderen rechtstextlichen Quellen nicht zum Arbeitsprogramm einer Klausur zählt. Fußnoten, Anmerkungen/Endnoten und etwaige Anmerkungsverzeichnisse sind daher in einer Klausur fehl am Platze. Wer seinen überbordenden Kenntnisreichtum nicht im Zaum halten kann und auf Fußnoten und Fundstellennachweise (vgl. E. I. 2. f)) sogar in Klausuren nicht verzichten will, der sei daran erinnert, dass die Kenntnis von Rechtsmeinungen mit zugehöriger Fundstelle bei weitem noch nicht den Meister macht: Eine methodengerechte Lösung des Rechtsfalls kommt sehr viel besser an. Damit keine Missverständnisse entstehen: Die Kenntnis von streitigen Rechtsmeinungen und deren problembezogene Diskussion zur Hinführung auf die Lösung des Rechtsfalls mit eigener Begründung ist für Fallbearbeitungen in Klausuren genauso erforderlich wie bei Hausarbeiten. Kenntnisreichtum ist also auch und gerade in Klausuren durchaus gefragt.

352 Die **Fallbearbeitung mit Lösung des Rechtsfalls** ist auf mitgebrachtem oder amtlich ausgegebenem Papier (Einzelblätter oder Doppelbögen, liniert oder unliniert, DIN A 4) niederzuschreiben. Einzelblätter sind einseitig zu beschriften. Es ist ein genügend breiter links- oder rechtsseitiger Korrekturrand (ca. 1/3 der Seite) zu lassen. „Linksseitig" hat den Vorteil, dass das **Schriftbild** durch bündigen Zeilenbeginn übersichtlicher und „sauberer" wirkt (so auch *Wörlen/Schindler/Balleis*, Anleitung, Rn. 57 ff., 59). Auf Übersichtlichkeit und „Sauberkeit" des Schriftbildes ist auch im Übrigen gesteigerter Wert zu legen. Da **Klausuren** anders als Hausarbeiten nicht maschinen-, sondern **handschriftlich** gefertigt werden, ist „Sonntagsschrift" angesagt; denn eine schlecht lesbare Schrift macht den Korrektor (Prüfer) leicht missmutig und voreingenommen, auch wenn er sich darum bemüht, die Mühen des Entzifferns bei der Bewertung nicht in Rechnung zu stellen.

353 Die schriftliche Fallbearbeitung ist **fortlaufend und durchgängig** mit arabischen Ziffern zu **nummerieren.** Anzuraten ist, die abzugebende Klausur zu **heften** oder zumindest mit Büroklammern zu **klammern**, fliegende Blätter sind unerwünscht. Ist ein Hefter oder sind Büroklammern nicht zu Hand, sollten sämtliche Blätter/Seiten der Klausur an einer oberen Ecke **kräftig geknickt** werden. Weil ohne feste Heftung das Risiko des Vertauschens mit „losen Blättern" anderer Klausuren besteht (ganz zu schweigen vom Verlustrisiko), sollte vorsorglich jede beschriftete Seite am unteren oder oberen Rand **zusätzlich** mit der **Matrikelnummer** des(r) Verfassers(in) versehen werden. So lässt sich im „Ernstfall" eine durcheinander geratene Klausur leichter rekonstruieren.

Fazit: Die „äußere" Gestaltung und Einhaltung von Formalien entscheiden zwar nicht darüber, ob eine Klausur „über oder unter dem Strich" liegt. Sie können aber die Bewertung – wenn auch nur „marginal" – mitbestimmen.

354

Zweiter Teil: Der Aufbau einer juristischen Fallbearbeitung

355 Zur Methodik der juristischen Fallbearbeitung gehört nicht nur, was bereits im „Ersten Teil" dieser „Anleitung zur Anfertigung juristischer Hausarbeiten und Klausuren" als „Methodik der Fallbearbeitung" (vgl. Erster Teil, C. I. bis III.) beschrieben und erläutert worden ist. Es gehört vielmehr auch dazu, was vor und bei der Anfertigung juristischer Klausuren und Hausarbeiten unter der Titelei „Aufbautechnik", „Klausurenaufbau", Aufbauregeln" etc. nicht selten wie ein Schreckgespenst herumgeistert. Und in der Tat ist mit Aufbaufragen und dem Risiko von (vermeidbaren) Aufbaufehlern jeder konfrontiert, der einen Rechtsfall zu bearbeiten hat. Der Aufbau einer juristischen Fallbearbeitung versteht sich denn auch nicht als bloße Äußerlichkeit einer juristischen Klausur und/oder (Fall-)Hausarbeit: Er ist in Wirklichkeit sinnfälliger Ausdruck eines folge- und sachrichtigen Denkens und rechtsgutachtlichen Vorgehens in der Fallbearbeitung. Aufbaufehler sind deshalb nicht weniger gewichtig als Fehler in der materiellrechtlichen (oder auch formell-/prozessrechtlichen) Durchprüfung des Rechtsfalls.

356 Dementsprechend behandelt der „Zweite Teil" dieser „Methodik der juristischen Fallbearbeitung" einige Grundregeln für den Aufbau einer juristischen Fallbearbeitung sowie eine Auswahl wichtiger Prüfungs- und Aufbauschemata, und zwar differenziert nach den drei Rechtsgebieten des Zivilrechts, Strafrechts und öffentlichen Rechts. Diese Aufbau- und Prüfungsschemata können für eine methodische Fallbearbeitung hilfreich sein und sie erleichtern. Zu warnen ist jedoch vor jeder schablonenhaften Verwendung: Maßgebend für den Klausuraufbau ist immer das Besondere des einzelnen Rechtsfalls, wie er sich aus Sachverhalt und Fallfrage(n) ergibt.

357 Konzeptionell ist der „Zweite Teil" nach Art eines BT als Ergänzung der im „Ersten Teil" erörterten und für alle Rechtsgebiete gleichermaßen anwendbaren „Methodik der Fallbearbeitung" angelegt. Wer sich mit der Erarbeitung von (konkreten) Fallfragen, der Arbeit am und mit dem Sachverhalt und der Subsumtionstechnik nebst Rechtsanwendung und Normkonkretisierung (Auslegung) schon befasst hat, dem bleibt es unbenommen, sogleich in den „Zweiten Teil" und die Aufbauthematik „einzusteigen".

A. Allgemeine Aufbaufragen

358 Im Sach- und Normbereich der verschiedenen Einzelrechtsgebiete muss die juristische Methodik der Fallbearbeitung deren rechtsdogmatische und -strukturelle Besonderheiten in sich aufnehmen und anwendungsgerecht umsetzen. Daraus wiederum resultieren spezifische Aufbauregeln für Fallbearbeitungen im Zivilrecht, im Strafrecht und im öffentlichen Recht. Bevor diese rechtsgebietsspezifischen Aufbauregeln im Einzelnen zur Sprache kommen, bedarf es noch einiger allgemeiner Hinweise zum Aufbau von juristischen Fallbearbeitungen: Neben seiner (Haupt-)Funktion, Gewähr für die innere Schlüssigkeit der juristischen Argumentation in der Fallprüfung zu bieten, fällt dem Aufbau in der juristischen Fallbearbeitung auch die – damit zusammenhängende – Aufgabe zu, für Übersichtlichkeit und Klarheit der Prüfungsfolge und deren tragenden Erwägungen zu sorgen. Gefordert ist eine dem zu beurteilenden Sachverhalt adäquate Prüfungstransparenz in der Fallbearbeitung. Grundsätzlich stehen dafür zwei Vorgehensweisen zur Verfügung, und zwar der „historische" und der sog. „teleologische" Aufbau.

I. „Historischer" Aufbau

Eine „historisch" oder auch „historisch-chronologisch" aufgebaute Fallbearbeitung ist – wie die Bezeichnung es schon ahnen lässt – primär durch **zeitliche Strukturelemente** gekennzeichnet. Die Abfolge in der juristischen Argumentation der Fallprüfung entspricht (weitgehend) der zeitlich-chronologischen Reihenfolge der im Sachverhalt geschilderten Handlungs- und Geschehensabläufe bzw. dem (zeitlichen) Eintritt anderer rechtserheblicher Zustände und Ereignisse.

359

Vor- und Nachteile dieses „historisch-chronologischen" Fallaufbaus sind rasch ausgemacht: Von Vorteil ist der „historische" Fallaufbau für die Übersichtlichkeit von Fallprüfungen bei rechtstatsächlich komplexen Sachverhalten mit zahlreichen, zeitlich gestuften Vorgängen und Ereignissen. Sich chronologisch deckungsgleich mit den im Sachverhalt geschilderten Handlungs- und Geschehensabläufen „Stück für Stück" in der Fallprüfung voranzuarbeiten, trägt ohne weiteres zur Transparenz dessen, was an welcher Stelle geprüft wird, nachhaltig bei.

360

Der Nachteil des „historischen" Fallaufbaus liegt vor allem darin, dass mit ihm – strikt durchgeführt – sachlich-rechtlich Zusammengehöriges zu Gunsten einer zeitlichen Ordnungsstruktur auseinandergerissen wird. Was unter juristischen Aspekten einen Sachzusammenhang bildet, kann in der Fallprüfung gleichwohl nicht als Einheit in einer „Station" bearbeitet werden. Streng genommen müsste z. B. eine in einem ersten Zeitabschnitt gelegene Anspruchsprüfung unterbrochen, im nächsten Abschnitt wieder aufgenommen und fortgeführt und schließlich in einem weiteren zeitlichen Raster zu Ende gebracht werden. Es liegt auf der Hand, dass diese Art des Fallaufbaus ihr Plus an Übersichtlichkeit in der (zeitlichen) Reihenfolge der schrittweisen Fallprüfung (häufig) mit einem Mangel an Klarheit in der Sache „erkauft" bzw. erkaufen muss.

361

Mit diesem Mangel geht ein weiterer Nachteil des „historischen" Fallaufbaus einher: Er eignet sich nicht dazu, in der Fallprüfung dem Bedeutungsgehalt der rechtlichen Zusammenhänge entsprechende Schwerpunkte zu bilden. Zur Klarheit und Übersichtlichkeit einer Fallprüfung gehört indessen auch die der rechtlichen Bedeutung von Fragestellungen adäquate Gewichtung der zu bearbeitenden und zu lösenden (Rechts-)Probleme. Ohne Schwerpunktbildung gerät die Fallbearbeitung aber unversehens in eine in sich nicht stimmige Gleichmäßigkeit, was fast immer als Indiz für juristisch-argumentative Schwächen der Fallprüfung gilt.

362

Zur Veranschaulichung ein krasses Beispiel: Wer in einem Strafrechtsfall die Fallprüfung mit der Sachbeschädigung des von einer Gewehrkugel durchschlagenen (wertvollen) Mantels beginnt und nach ausführlicher Tatbestandserörterung anschließend §§ 212, 211 StGB mit wenigen Sätzen abprüft, geht zwar „historisch" korrekt vor, darf sich über anzügliche Bemerkungen des Korrektors jedoch nicht wundern.

363

II. „Teleologischer" Aufbau

Man mag darüber streiten, ob die begriffliche Bezeichnung des „teleologischen" Fallaufbaus geglückt ist, allzu gebräuchlich ist sie ohnehin nicht (mehr). Allein wichtig ist, dass man weiß, was mit „teleologischem" (von telos = der Zweck, das Ziel) Fallaufbau gemeint ist. Und gemeint ist mit ihm ein Fallaufbau, der sich in erster Linie – wen kann das noch überraschen? – durch eine an rechtlicher Problemgewichtung orientierte Bildung von Schwerpunkten auszeichnet. Was sachlich-rechtlich über diverse chronologische Stadien hinweg zusammengehört, wird auch als solche rechtliche Einheit ohne zeitliche Zäsuren behandelt.

364

365 Liegt der „lösungstechnische Pfiff" einer Anspruchsprüfung in einem zeitlich letzten Handlungs- oder Geschehensabschnitt, wird das entsprechende Sachverhaltselement mit zugehörigen Sachverhaltselementen aus (zeitlich) anderen Handlungs- und Geschehenskomplexen zusammengeführt und als Einheit in einer in sich geschlossenen „Prüfstation" bearbeitet, und zwar – falls diese Anspruchsprüfung sachlogischen Vorrang vor anderen Anspruchsprüfungen hat – an erster Stelle. Übersichtlichkeit und Klarheit bezieht der „teleologische" Fallaufbau aus der Sache, nicht aus dem historisch-chronologischen Ablauf von Handlungen und Geschehnissen etc. Es ist vor allem diese Sachbezogenheit des „teleologischen" Fallaufbaus, der ihn in zivilrechtlichen, strafrechtlichen und öffentlich-rechtlichen Fallbearbeitungen gleichermaßen unentbehrlich macht. Ihm gebührt deshalb der Vorzug vor dem „historisch-chronologischen" Fallaufbau.

III. Aufbaukombinationen

366 Das bedeutet freilich nicht, auf den „historisch-chronologischen" Fallaufbau gänzlich zu verzichten. Im Gegenteil ist auch er in der Regel aller in der Praxisrealität juristischer Hausarbeiten und Klausuren vorkommenden Fallbearbeitungen unentbehrlich; denn zumeist sind die Aufgabenstellungen, die Sachverhalte nebst Fallfragen also, in juristischen Hausarbeiten und Klausuren so beschaffen, dass eine „reinrassige" Anwendung des einen oder anderen Fallaufbaus nicht angezeigt ist.

367 Das (Aufbau-)Mittel der Wahl ist vielmehr eine sachverhaltsbestimmte und in ihren Anteilen differenzierte **Kombination** des „teleologischen" und des „historisch-chronologischen" Fallaufbaus. Die Kombination „teleologischer" und „historisch-chronologischer" Aufbauelemente kann je nach Einzelrechtsgebiet und Aufgabenstellung ganz unterschiedlich ausfallen. Denkbar und möglich ist ein Fallaufbau, der zeitlich-chronologisch differenzierbare Handlungs- und Geschehensabschnitte nach Problemgewichtigkeit sortiert und in eine schwerpunktbestimmte Reihenfolge bringt. Vorstellbar ist stattdessen auch ein „rein" zeitliches Nacheinander von Handlungs- und Geschehenskomplexen, die in sich „teleologisch" aufgebaut sind. Und schließlich erscheint es auch nicht ausgeschlossen, im prinzipiell „teleologischen" Aufbau verschiedener Handlungs- und Geschehenskomplexe diese selbst und in sich „historisch" oder „teleologisch" oder ein weiteres Mal „gemischt" zu ordnen.

368 Maßgebend für die Wahl des Fallaufbaus sind stets die Besonderheiten des Einzelfalls. „Historischer" und „teleologischer" Fallaufbau sind jedenfalls keine (Aufbau-)Gegensätze, die sich ausschließen, sondern Arten des Fallaufbaus, die sich sachbegründet vielfältig kombinieren lassen und sich dann sinnvoll ergänzen.

IV. Keine (Vor-)Bemerkungen zum Fallaufbau!

369 Zu den Selbstverständlichkeiten einer juristischen Fallbearbeitung gehört, dass in der Niederschrift einer Hausarbeit oder Klausur **kein Wort über den gewählten Aufbau** verloren wird. Ausführungen zum Fallaufbau und sonstigen methodischen Vorgehen in der Fallprüfung in Gestalt von Vorbemerkungen, Erläuterungen zum Aufbau in Anmerkungen oder Fußnoten oder Aufbauhinweise gar in einem Vorwort (!) sind deshalb unzulässig und falsch. Aufbaufragen sind immer Sachfragen und ein wesentlicher Bestandteil der Aufgabenstellung. Dass und warum der Verfasser einer juristischen Hausarbeit oder Klausur in seiner Fallbearbeitung wie geschehen vorgegangen ist, warum er seine Fallprüfung so und nicht anders aufgebaut hat, ergibt sich aus der Sache. Aufbau und methodisches Vorgehen im Übrigen sind ja nichts anderes als der sichtbare Ausdruck einer der Fallbearbeitung innewohnenden Sachlogik. Stimmt sie, stimmt auch der Fallaufbau und die gewählte Methodik der Fallbearbeitung. Weist sie Mängel auf, sind dementsprechend auch der Fallaufbau und die gewählte Methodik der Fallbearbeitung mangelhaft und/oder unbrauchbar. In diesem Falle helfen auch keine Erläuterungen und Bemerkungen zum gewählten Aufbau und zur Methodik der Fallbearbeitung; denn was fehlerhaft ist, bleibt fehlerhaft, auch wenn man mit noch so plausiblen Erklärungen aufwartet. Und was von der Sache her zutrifft („richtig" ist), braucht nicht erklärt und begründet zu werden: Warum die Anspruchsvoraussetzung X vor der Anspruchsvoraussetzung Y, warum die Strafbarkeit von B vor der von A und warum von den Zulässigkeitsvoraussetzungen einer verwaltungsrechtlichen Anfechtungsklage lediglich zwei und nicht alle geprüft werden, das ergibt sich „aus der Sache", dem zu bearbeitenden Rechtsfall, und nicht aus der geistig-intellektuellen Kreativität des Fallbearbeiters. Letztere dient allenfalls dazu, die dem Rechtsfall innewohnende Sachlogik zu erkennen und methodisch korrekt in einen sinnvollen Fallaufbau zu transformieren. Also: Keine (Vor-)Bemerkungen zum Fallaufbau und zur gewählten Methodik der Fallbearbeitung.

B. Der Aufbau einer zivilrechtlichen Fallbearbeitung

Rechtsgebietsspezifische Regeln für den Aufbau einer Fallbearbeitung im Zivilrecht rühren vor allem daher, dass die weitaus meisten Aufgabenstellungen zivilrechtlicher Hausarbeiten und Klausuren zumindest im Kern eine oder mehrere Fallfragen enthalten, die ein bestimmtes Begehren einer Person gegenüber einer anderen betreffen. Wie bereits bemerkt (zur Wiederholung und zum besseren Verständnis alles Weiteren vgl. zunächst noch einmal Erster Teil, C. I. 2. und Erster Teil, C. III. 1.), ist das Recht, von einem anderen ein Tun oder Unterlassen zu verlangen (= das Begehren einer Person gegenüber einer anderen) das, was § 194 Abs. 1 BGB als **Anspruch** definiert. Was also liegt näher, das Aufbauprinzip bzw. die Aufbaumethodik, die einer zivilrechtlichen Fallbearbeitung bei derlei Aufgabenstellungen zugrunde zu legen ist, als „Anspruchssystem" oder besser noch als „Anspruchsaufbau" zu kennzeichnen (vgl. zum Anspruchsaufbau im Zivilrecht z. B. *Möllers*, Arbeitstechnik, § 2 Rn. 13 ff.). Dieser **„Anspruchsaufbau"** ist immer dann der allein geeignete Fallaufbau, wenn wie folgt gefragt ist: „Hat A gegenüber B einen Anspruch auf Werklohn?"; oder: „Kann A von B die Herausgabe der Sache xy verlangen?"; oder: „Muss B dem A Schadensersatz leisten?"; oder „Kann A von B die Lieferung der Sache xy verlangen?"; oder: „Muss A dem B die 5.000,– EUR zurückzahlen?" etc.

I. „Historischer" und/oder „teleologischer" Aufbau

Soweit die in der Aufgabenstellung einer zivilrechtlichen Klausur oder Hausarbeit enthaltenen (und ggf. selbst zu erarbeitenden, konkreten) Fallfragen **nicht** auf ein bestimmtes **Begehren** der im Sachverhalt auftretenden Parteien bezogen sind, ist der „Anspruchsaufbau" eine zur Fallbearbeitung **ungeeignete Aufbaumethodik**. Hierher gehören Fallfragen, die beispielsweise auf eine Klärung der dinglichen Rechtslage, auf eine Klärung der erbrechtlichen Stellung einer Person, auf die Überprüfung der materiellen oder formellen Richtigkeit oder Unrichtigkeit des Grundbuchs oder auf die Durchprüfung von Möglichkeiten der prozessualen Durchsetzung bestimmter bereits als bestehend ausgewiesener Ansprüche zielen. In allen diesen Fällen „passt" der Anspruchsaufbau nicht. In der Regel empfiehlt es sich dann, „historisch" (vgl. Zweiter Teil, A. I.) vorzugehen.

Ganz im Sinne des „historisch-chronologischen" Fallaufbaus ist mit der Fallbearbeitung bei einem im Sachverhalt **zeitlich fixierten Ausgangspunkt** zu beginnen, für den die Rechtslage, nach der gefragt ist, klar ist und feststeht (so auch *Medicus/Petersen*, Bürgerliches Recht, Rn. 18). Von diesem Ausgangspunkt sind dann die in Frage stehenden

Rechtsverhältnisse, Sach- und Rechtslagen zwischen verschiedenen Parteien und deren Verhalten oder Zustände, Ereignisse, Fristbindungen etc. chronologisch weiterzuverfolgen, indem die rechtlichen (Rück-)Wirkungen der verschiedensten Vorgänge auf die Ausgangslage analysiert und beschrieben und ggf. Änderungen der Rechtslage festgestellt werden bis zur endgültigen Klärung dessen, wonach letztlich gefragt ist.

373 Besonders zu beachtende Regeln für den Fallaufbau nach „historischer Methode" gibt es zwar nicht: Der zweckmäßige und innerlich „richtige" Aufbau ist prinzipiell von der Chronologie der rechtlich bedeutsamen Geschehnisse und Handlungen etc. vorgegeben. Historisch-chronologisch aufzubauen, bedeutet aber nicht, wahllos und ziellos alles, was der Sachverhalt bereithält, lediglich zeitlich geordnet zu prüfen und zu bearbeiten. Vielmehr steckt auch bei der „historisch-chronologisch" aufgebauten Fallbearbeitung die konkrete Fallfrage den Rahmen dafür ab, was zu prüfen und zu bearbeiten ist. Nicht ausgeschlossen ist, innerhalb einer „historisch" aufgebauten Fallbearbeitung bestimmte Sachverhaltskomplexe „in sich" im Sinne eines „teleologischen" Fallaufbaus (vgl. Zweiter Teil, A. II. und III.) zu bearbeiten.

374 Auch insoweit bleibt es dabei: Die Besonderheiten des Einzelfalls bestimmen den Fallaufbau. Bei Fallfragen wie „Wer ist Eigentümer der Sache?", oder „Kann A den Kaufvertrag anfechten?", oder „Ist A Erbe geworden?", oder „Kann A vom Darlehensvertrag mit B zurücktreten?", oder allgemeiner „Was kann A gegen B unternehmen?", oder „Wie kann A seine Rechte gegenüber B durchsetzen?" etc. signalisiert schon die Formulierung der Fallfrage(n), dass die Fallprüfung auf Rechtsvorschriften geht, die keine Anspruchsnormen sind, und deshalb der „Anspruchsaufbau" – jedenfalls auf den ersten Blick – nicht zur Anwendung kommen kann. Eine ganz andere Frage ist, ob der „Anspruchsaufbau" in (abgegrenzten Teilbereichen) der Fallbearbeitung eingesetzt werden kann oder aus Sachgründen eingesetzt werden muss, wenn im Übrigen die Fallbearbeitung der „historischen" Aufbaumethodik folgt. Dass beide Aufbauarten in ein und derselben Fallprüfung zusammentreffen können und sich nicht etwa ausschließen, ist schon angemerkt worden (vgl. Zweiter Teil, A. III.).

375 Die „historische" Aufbauweise kann daher auch im Rahmen des „Anspruchsaufbaus", ja sie muss dann sogar verwendet werden, wenn etwa die Entwicklung und der Stand der dinglichen Rechtslage, die erbrechtliche Situation etc. als Voraussetzung für das Bestehen von Ansprüchen zu klären ist. Das trifft besonders augenfällig bei Anspruchsnormen wie §§ 894, 985 BGB zu, wenn das Bestehen beispielsweise des Herausgabeanspruchs gem. § 985 BGB davon abhängt, ob der, der die Herausgabe der Sache beansprucht, das Eigentum daran (jemals) erworben, verloren, wiedererlangt, aufgegeben etc. hat. Zu prüfen sind dann auf der Tatbestandsseite (im Voraussetzungsteil) der Anspruchsnorm des § 985 BGB die Vorschriften über Eigentumserwerb und Eigentumsverlust. Und diese „Fallprüfung" ist innerhalb der dem „Anspruchsaufbau" folgenden Fallbearbeitung „historisch" aufzubauen (ebenso *Medicus/Petersen*, Bürgerliches Recht, Rn. 18).

II. Der Anspruchsaufbau

376 Ob die Fallbearbeitung in einer zivilrechtlichen Hausarbeit oder Klausur dem „Anspruchsaufbau" zu folgen hat, lässt sich häufig ohne weiteres der Aufgabenstellung (= Sachverhalt mit Fallfragen) entnehmen. Fallfragen wie „Kann A von B die Herausgabe der Sache xy verlangen?" oder „Hat A gegenüber B einen Werklohnanspruch in Höhe von xy EUR?" benennen bereits ein bestimmtes Begehren einer bestimmten Person gegenüber einer anderen bestimmten Person. Es handelt sich dabei um konkrete, keiner weiteren Konkretisierung mehr bedürftige Fallfragen (vgl. dazu Erster Teil, C. I. 2.), die einen Anspruchsteller, einen Anspruchsgegner, die Art des Anspruchs und das Anspruchsziel ausdrücklich beschreiben und bezeichnen. Sie schließen jeden Zweifel daran aus, dass die „richtige" Aufbauart der „Anspruchsaufbau" ist.

Fallfragen, die entweder die Anspruchsart, das Anspruchsziel, den Anspruchsteller oder -gegner, mehrere oder alle für den „Anspruchsaufbau" sprechenden Umstände offen lassen, erfordern zusätzliche Konkretisierungsarbeit mit Hilfe der im Sachverhalt geschilderten Vorgänge etc. Die Fallfrage „Was kann A von B verlangen?" indiziert zwar qua Formulierung („verlangen"), dass der „richtige" Fallaufbau der „Anspruchsaufbau" ist. Sie setzt aber, um ganz sicher zu gehen, zunächst voraus, das unter wirtschaftlichen Aspekten sinnvolle Begehren des A aus den Sachverhaltsschilderungen herauszufiltern und dann eine dazu nach der Rechtsfolgenseite „passende" Rechtsnorm zu ermitteln (vgl. Erster Teil, C. III. 1.). Erweist sie sich als Anspruchsnorm (was bei einer Rechtsfolge, die den Voraussetzungen des § 194 Abs. 1 BGB entspricht, nicht zweifelhaft ist), ist der „Anspruchsaufbau" der geeignete („richtige") Fallaufbau. Prinzipiell genauso verhält es sich mit Fallfragen, die zwar eine bestimmte Person und ihr Begehren, nicht aber einen möglichen Anspruchsgegner benennen (z. B.: „Kann A Schadensersatz verlangen?"). Ohne Feststellung des oder der Anspruchsgegner(s) bleibt die „Richtigkeit" des (gewählten) „Anspruchsaufbaus" und mit ihr die gesamte Fallbearbeitung „in der Schwebe".

1. Vorfragen und Voraussetzungen

Zu erkennen, ob und in welchem Ausmaß der „Anspruchsaufbau" die für eine zivilrechtliche Fallbearbeitung geeignete Aufbaumethodik darstellt, bereitet am meisten Schwierigkeiten bei der allgemein gehaltenen Fallfrage nach der Rechtslage. Fallfragen nach einer Rechtslage tragen den „Anspruchsaufbau" als den allein „richtigen" Fallaufbau „nicht auf der Stirn", sie können vielmehr auch – wie schon erörtert – einen „historisch-chronologischen" Ablauf der Fallbearbeitung erfordern. Die Entscheidung, der Fallbearbeitung einen „Anspruchsaufbau" zugrunde zu legen, hängt bei der alles im Unklaren lassenden Fallfrage nach der Rechtslage allein davon ab, ob es gelingt, die Fallfrage „Wie ist die Rechtslage?" (oder noch knapper: „Rechtslage?") mit Hilfe von Informationen aus dem Text des Sachverhalts so zu konkretisieren (vgl. dazu Erster Teil, C. I. 2.), dass aus ihr die „Richtigkeit" des zu wählenden „Anspruchsaufbaus" sichtbar wird. Solche Sachverhaltsinformationen können die im Sachverhalt auftretenden und handelnden Personen, schwerpunktartig geschilderte Rechtszustände, -verhältnisse und -erklärungen, akzentuierte tatsächliche Lebenslagen etc. sein. Wesentliches Hilfsmittel zur Feststellung, ob die Fallbearbeitung dem „Anspruchsaufbau" zu folgen hat, ist im Rahmen einer stets notwendigen Konkretisierung der allgemeinen Fallfrage nach der Rechtslage die Durchmusterung und Analyse des Sachverhalts mit dem Ziel, Antworten auf eine „Schlüsselfrage" zu finden:
Wer kann was von wem aufgrund welcher Anspruchsnorm verlangen?

Gelingt es, die Komplexität des Sachverhalts im Wege konkreter Antworten auf die „Schlüsselfrage" so zu reduzieren, dass die allgemeine Fallfrage nach der Rechtslage in konkrete, bearbeitbare Fallfragen nach dem Muster „Steht A gegenüber B ein Anspruch X zu?" umgesetzt werden kann, ergibt sich wie von selbst, dass der „Anspruchsaufbau" der zur Klärung der Rechtslage „richtige" Fallaufbau ist.

Die Konkretisierung allgemein gehaltener Fallfragen mitsamt ihrer Analyse des Sachverhalts unter dem selektiven Blickwinkel des „Wer kann was von wem aufgrund welcher Anspruchsnorm verlangen?" geht in **drei Schritten** vor sich.

a) Anspruchsteller und Anspruchsgegner: Wer von wem? In einem ersten Schritt ist der Sachverhalt nach dem in ihm auftretenden Personenkreis zu analysieren und im Einzelnen festzulegen, welche individuelle (natürliche, ggf. auch juristische) Einzelperson oder Personenvereinigung (Gesellschaft etc.) mit einer oder mehreren anderen Personen rechtstatsächlich in Form von Rechtsbeziehungen, -verhältnissen und -zuständen etc. verbunden ist. Es geht darum, unter dem Stichwort „Wer von wem?" den Sachverhalt und mit ihm die allgemeine Fallfrage nach der Rechtslage zunächst auf **Zweipersonenverhältnisse**, nämlich auf (rechtliche Beziehungen zwischen) Anspruchsteller und Anspruchsgegner zu zerlegen, kleinzuarbeiten, zuzuspitzen. Überlagern sich in einem Sachverhalt die Rechtsbeziehungen verschiedener mehrerer Personen (das ist in zivilrechtlichen Fallbearbeitungen fast immer so), dann ist es unerlässlich, als erstes die verschiedenen Einzelrechtsbeziehungen nach Anspruchsteller und Anspruchsgegner aufzulisten. Sind es die drei Personen A, B und C, die im Sachverhalt auftreten, können sechs (!) verschiedene Einzelrechtsbeziehungen (Beispiel: Problembereich „Stellvertretung" bei Vertragsschlüssen) in Betracht kommen:

$A \rightarrow B, A \rightarrow C, B \rightarrow A,$
$B \rightarrow C, C \rightarrow A, C \rightarrow B.$

Ist „*Wer von wem?*" geklärt, folgt:

382 b) **Anspruchsziele: Was?** Der zweite Schritt zur Beantwortung der „Schlüsselfrage" besteht in der streng sachverhaltsbezogenen und -begrenzten (!) Herausarbeitung **aller** denkbaren Begehren von Anspruchstellern gegenüber den möglichen Anspruchsgegnern. Das ist nicht immer ganz einfach. Bleiben Zweifel, hilft eine Rückbesinnung auf die Motivlage des(r) Anspruchsteller(s) oder auf das, was wirtschaftlich als sinnvolles Verlangen qualifiziert werden kann. Dabei spielen die wirtschaftliche Interessenlage von Anspruchsteller und Anspruchsgegner, aber auch die emotionale und affektive Lage von Anspruchstellern gegenüber Anspruchsgegnern und umgekehrt eine Rolle. Es kommt unter dem Aspekt von „*Was?*" darauf an, alles aus dem Sachverhalt herauszufiltern, was Gegenstand rechtlich begründbarer Begehren, mithin ein Anspruchsziel sein könnte. Die Feststellung von Anspruchszielen ist unverzichtbar, denn sie prägen das weitere Vorgehen:

383 c) **Aufgrund welcher Anspruchsnorm?** Der „dritte Schritt" betrifft die Suche und das Auffinden von geeigneten Anspruchsnormen (vgl. schon bei Erster Teil, C. III. 1.). Die zuvor ermittelten Anspruchsziele müssen als Rechtsfolge einer gesetzlichen oder sonst rechtlichen Anspruchsnorm „wiedergefunden" werden. Will A von B Schadensersatz erlangen, kommen als geeignete Anspruchsgrundlagen eben nur solche Anspruchsnormen in Betracht, die – wenn auch in verschiedenen Formen (etwa in Form der Hergabe, Herausgabe, Rückgabe einer Sache) – als Rechtsfolge den begehrten Schadensersatz (zumeist in Geld) gewähren. Geht es um die Herausgabe einer Sache kommen Anspruchsnormen wie § 985 BGB (Herausgabeanspruch des Eigentümers), § 812 BGB (Herausgabeanspruch bei ungerechtfertigter Bereicherung) aber auch §§ 823, 249 S. 1 BGB (Schadensersatz in Form von Naturalrestitution) zum Zuge. Es ist stets darauf Bedacht zu nehmen, dass das Begehren eines Anspruchstellers (vollständig oder teilweise) regelmäßig nicht allein auf eine einzige, sondern auf mehrere verschiedene Anspruchsnormen gegründet werden kann (vgl. zum Ganzen *Medicus/Petersen*, Bürgerliches Recht, Rn. 6 mit Rn. 3).

2. Verschiedenartige Anspruchsgrundlagen

384 Zivilrechtliche (wie auch strafrechtliche und öffentlich-rechtliche) Fallbearbeitungen in Hausarbeiten und Klausuren sind – was bereits (vgl. Erster Teil, D. II. m. w. Nachw.) eigens thematisiert worden ist – **rechtsgutachtlich angelegte Fallprüfungen**. Dem Sinn und Zweck eines Rechtsgutachtens entsprechend sind daher bei Aufgabenstellungen, deren Fallfrage(n) erkennen lässt (lassen), dass mehrere und zudem verschiedenartige Anspruchsgrundlagen die ermittelten Anspruchsziele abdecken könnten, alle geeigneten Anspruchsnormen zu prüfen. Das gilt auch dann, wenn bereits die Prüfung der ersten Anspruchsnorm ergibt, dass der Anspruchsteller sein Begehren durchsetzen kann und er den gewünschten Erfolg (das Eintreten der Rechtsfolge) in vollem Umfange und ohne weitere (prozessuale) Hindernisse hat. Dass insbesondere in Klausuren die Prüfung zielgleicher Anspruchsnormen in der Bearbeitungsausführlichkeit reduziert sein kann (z. B. bei Schadensersatzansprüchen aus Delikt gem. § 823 Abs. 1 und § 823 Abs. 2 BGB), sei nur am Rande vermerkt.

a) Prüfungsreihenfolge. Für die Prüfung aller herausgearbeiteten, verschiedenartigen Anspruchsnormen ist eine von Zweckmäßigkeitserwägungen bestimmte **Prüfungsreihenfolge** einzuhalten. Es soll im Ergebnis vermieden werden, dass bei der Prüfung von Anspruchsnormen als Vorfrage eine andere Anspruchsnorm ganz oder teilweise mitgeprüft werden muss. Auf diese Weise sollen sonst nicht ausschließbare Wiederholungen und schwerpunktwidrige „Kopflastigkeiten" verhindert werden. Zugleich entspricht eine solche nach Zweckmäßigkeitsgesichtspunkten vorgenommene Abschichtung verschiedenartiger Anspruchsgrundlagen auch einer in der Sache liegenden gestuften (Prüfungs-)Reihenfolge (zur Begründung im Einzelnen vgl. bei *Medicus/Petersen*, Bürgerliches Recht, Rn. 7 ff.). Bei Vorliegen mehrerer verschiedenartiger Anspruchsgrundlagen ist danach wie folgt nacheinander zu prüfen:

(1) Ansprüche aus **Vertrag**
(2) Ansprüche aus **vertragsähnlichen Rechtsverhältnissen**
   – *aus §§ 311 Abs. 2 und 3, 241 Abs. 2 – früher: culpa in contrahendo, c. i. c.*, bzw. *positive Forderungsverletzung, pVV oder pFV – mit § 280 BGB*
   – aus §§ 662 ff. BGB – Auftrag
   – aus §§ 667 ff. BGB – Geschäftsführung ohne Auftrag
   – etc.
(3) **Dingliche** Ansprüche
(4) Ansprüche aus **ungerechtfertigter Bereicherung**
(5) **Deliktsrechtliche** Ansprüche, Ansprüche aus **Gefährdungshaftung**
(6) **Familien- und erbrechtliche** Ansprüche
(7) Ansprüche aus dem **AT des BGB**
   – soweit nicht bereits bei (1) und (2) erfasst

Diese Prüfungsreihenfolge von Anspruchsnormen ist als Richtschnur für die materiellrechtliche Fallprüfung in einer zivilrechtlichen Hausarbeit und Klausur zugleich das strukturelle Gerüst für die zu erarbeitende Gliederung (der Hausarbeit und – eingeschränkt – auch der Klausur, vgl. noch einmal Erster Teil, E. I., 2., e) und Erster Teil, E. II. 2.), sie ist – von Nuancierungen abgesehen (So können etwa nach dinglichen Ansprüchen bereits deliktsrechtliche Ansprüche und erst danach Ansprüche aus ungerechtfertigter Bereicherung geprüft werden, da sich beide Anspruchskategorien nicht gegenseitig beeinflussen. Die Umkehrung der obigen Reihenfolge ist dann zweckmäßig, wenn es um Schadensersatz, die obige Reihenfolge dann, wenn es um Herausgabeansprüche geht, vgl. *Medicus/Petersen*, Bürgerliches Recht, Rn. 11) – strikt einzuhalten.

b) Ausnahmen. Ausnahmsweise darf von ihr abgewichen werden, wenn sich aus dem Sachverhalt nebst zugehörigen Fallfragen ohne vorherige eingehende Prüfung bestimmter anderer Anspruchsnormen mit Sicherheit schon auf den ersten Blick ergibt, dass die Voraussetzungen einer (einzigen) ganz bestimmten Anspruchsgrundlage vorliegen bzw. (und insbesondere) nicht vorliegen. In solchen – seltenen – Fällen ist es zulässig, die systematisch festliegende Prüfungsreihenfolge von Anspruchsnormen zu durchbrechen und die materiellrechtliche Überprüfung von Anspruchsvoraussetzungen dieser einen „mit Sicherheit" gegebenen oder nicht gegebenen Anspruchsnorm kurz und bündig an den Anfang der Fallbearbeitung zu stellen.

Dieses „regelwidrige" Vorgehen bleibt allerdings riskant: Es kann sich nämlich bei der sorgfältigen Prüfung der anderen Anspruchsgrundlagen eben doch erweisen, dass die vorangestellte Anspruchsprüfung ergänzungsbedürftig ist und ohne Abklärung anderer Anspruchsgrundlagen – Vorfragenproblem!! – gar nicht plausibel dargelegt werden kann. Eine Durchbrechung der „regulären" Prüfungsreihenfolge von Anspruchsnormen ließe sich denken, wenn als Anspruchsziel die Herausgabe einer Sache in Frage steht und entsprechende Herausgabeansprüche auf §§ 985 ff., §§ 812 ff., oder/und §§ 823, 249 BGB gestützt werden könnten: Steht fest, dass den Anspruchsgegner „mit Sicherheit" kein Verschulden trifft, kann die Anspruchsprüfung nach §§ 823, 249 BGB knapp und „auf den Punkt gebracht" vorgezogen werden. Man sollte sich indessen bewusst sein, dass derlei Durchbrechungen der Prüfungsreihenfolge immer nur **ausnahmsweise** angebracht sind (vgl. zum Ganzen noch *Möllers*, Arbeitstechnik, § 2 Rn. 13 ff.; ferner *Wörlen/Schindler/Balleis*, Anleitung, Rn. 50 ff.).

389 c) **Beispiele zum Anspruchsaufbau.** In die Niederschrift einer zivilrechtlichen Hausarbeit oder Klausur umgesetzt, könnte eine dem Anspruchsaufbau und der systematischen Prüfungsreihenfolge von Anspruchsnormen folgende Fallbearbeitung bei mehreren Zweipersonenverhältnissen etwa so aussehen:

A) **Ansprüche des A gegen B**
  I. **Kaufpreisanspruch des A gem. § 433 Abs. 1 BGB**
  Der A (**wer**) könnte die Zahlung von X EUR (**was**) von B (**von wem**) gem. § 433 Abs. 1 BGB (**auf Grund welcher Anspruchsnorm**) verlangen.
  Voraussetzung dafür wäre, dass A … (Prüfung der Anspruchsvoraussetzungen einschließlich etwaiger Hilfsnormen etc.)
  ↓
  II. **Herausgabeanspruch des A gem. § 985 BGB**
  Darüber hinaus könnte **A** von B die **Herausgabe** des … **gem. § 985 BGB** verlangen.
  Voraussetzung dafür ist zunächst, dass A … (Prüfung dieser Anspruchsvoraussetzungen wie zuvor)
  ↓
  III. **Herausgabeanspruch des A gem. § 812 Abs. 1, S. 1, 1. Alt. BGB**
  Der **A** könnte **von B** des Weiteren … etc.
  (Prüfung dieser Anspruchsvoraussetzungen wie zuvor)
  ↓
B) **Ansprüche des A gegen C**
  I. **Werklohnanspruch des A gem. §§ 631 Abs. 1, 632 BGB**
  Der **A** könnte **von C** eine **Vergütung** in Höhe von X EUR **gem. §§ 631 Abs. 1, 632 BGB** verlangen.
  Voraussetzung dafür wäre … (Prüfung dieser und weiterer Anspruchsvoraussetzungen einschließlich Hilfsnormen wie bei A), I.–III.)
  ↓
  etc.

390 Am Ende der jeweiligen Anspruchsprüfung wird – wie in Erster Teil, C. III. 2. und 3. beispielhaft dargestellt – die argumentativ im Subsumtionsvorgang erarbeitete Schlussfolgerung als (Zwischen-)Ergebnis formuliert, für den Komplex A), I. etwa wie folgt: Also steht dem A gegen B ein Anspruch auf Zahlung von X EUR gem. §§ 433 Abs. 1, … BGB zu.

3. Anspruchshäufung, Anspruchskonkurrenz

391 Finden sich innerhalb ein und derselben Anspruchskategorie mehrere Anspruchsnormen, die in ihrer Rechtsfolge mit dem Begehren des Anspruchstellers (vollständig oder zumindest teilweise) übereinstimmen (Gleichheit der Anspruchsziele), spricht man von Anspruchshäufung. Man kann diese Art von Anspruchshäufung auch als Anspruchskonkurrenz im engeren Sinne bezeichnen. Eine solche Anspruchskonkurrenz erfordert jeweils eine gesonderte Prüfung der verschiedenen Anspruchsnormen. Dabei ist zwar keine abstrakte Rang- oder Reihenfolge vorgegeben. Die Prüfung der Rechtsfolgen- und/ oder Tatbestandsseite der verschiedenen Anspruchsnormen kann aber aus materiellrechtlichen Gründen im Einzelfall ergeben, dass eine der mehreren Anspruchsnormen vor der oder den anderen Anspruchsnorm(en) zu erörtern ist. Das gilt etwa im Bereich der Ansprüche aus ungerechtfertigter Bereicherung (§§ 812 ff. BGB) für das Verhältnis zwischen Leistungs- und Eingriffskondiktion: regelmäßig Leistungskondiktion vor Eingriffskondiktion. Das gilt auch für verschiedene Ansprüche aus unerlaubter Handlung (§§ 823 ff. BGB): Ansprüche aus § 826 BGB erst im Anschluss an Ansprüchen aus § 823 Abs. 1 BGB; § 823 Abs. 1 BGB vor § 823 Abs. 2 BGB i. V. m. einem Schutzgesetz. Und schließlich werden Ansprüche aus Gefährdungshaftung vor Ansprüchen aus Verschuldenshaftung – z. B. §§ 7, 18 StVG vor § 823 ff. BGB – geprüft (ausnahmsweise Verschuldenshaftung vor Gefährdungshaftung, wenn auf Anhieb gesichert festzustellen ist, dass es an einem Verschulden fehlt).

Für Anspruchshäufungen innerhalb derselben systematischen Anspruchskategorie bestehen danach zwar keine Vorrangregeln mit entsprechend griffiger Prüfungsreihenfolge. Die mehreren gleichartigen Anspruchsnormen stehen jedoch wie die verschiedenartigen Anspruchsnormen in einer unter Zweckmäßigkeitsgesichtspunkten – keine verschachtelten Anspruchsprüfungen (!), keine vorgreiflichen Tatbestandsprüfungen (!) – in jedem Einzelfall neu zu erarbeitenden „sachgerechten" Prüfungsreihenfolge.

4. Vorrang der vertraglichen Ansprüche – Prüfungsschema

Vertragliche Ansprüche genießen in der schematischen Prüfungsreihenfolge den Vorrang vor anderen Anspruchsgrundlagen, weil sie sich auf alle anderen Anspruchskategorien auswirken können (vgl. dazu auch *Wörlen/Schindler/Balleis*, Anleitung, Rn. 50 ff., 54). Bei Vorliegen eines Vertrages können vertragsähnliche Ansprüche ausgeschlossen sein. Beispiele dafür sind die Geschäftsführung ohne Auftrag (GoA) – Ansprüche aus GoA setzen zwingend voraus, dass zwischen Geschäftsführer und Geschäftsherrn gerade kein Vertrag (Auftrag) besteht – oder der Haftungsausschluss für vorvertragliches Verschulden (c. i. c.) bei vertraglichen Gewährleistungsvereinbarungen etc. Vertragliche Ansprüche haben (Prüfungs-)Vorrang vor dinglichen Ansprüchen, weil sich beispielsweise aus Verträgen ein Recht zum Besitz gem. § 986 BGB ergeben kann, so dass es an einer sog. Vindikationslage fehlt mit der Folge, dass nicht nur der Herausgabeanspruch aus § 985 BGB, sondern auch alle anderen Ansprüche aus §§ 987 ff. BGB nicht bestehen. Gegenüber bereicherungsrechtlichen Ansprüchen wirkt der Vertrag anspruchshindernd bzw. -ausschließend, weil er geradezu der Rechtsgrund für eine Leistung sein kann, die Anspruchsvoraussetzung „ohne Rechtsgrund" mithin qua Vertrag nicht erfüllt ist. Schließlich sind auch deliktsrechtliche Ansprüche nachrangig zu prüfen, weil Verträge die von §§ 823 ff. BGB geforderte Rechtswidrigkeit (des Handelns oder Unterlassen) ausschließen oder ggf. den deliktsrechtlichen Haftungsmaßstab der §§ 823 ff. BGB modifizieren können.

Vertragliche Ansprüche sind je nach Interessenlage des Anspruchstellers auf die unterschiedlichsten Begehren (Anspruchsziele = „was") gerichtet. Sie können auf Erfüllung oder Nacherfüllung als den sog. Primärleistungen, sie können auf sog. Sekundärleistungen wie etwa auf Schadensersatz, auf Rückzahlung oder Rückgabe (Herausgabe) oder auch auf Aufwendungsersatz etc. gehen. In den Aufgabenstellungen zivilrechtlicher Klausuren und Hausarbeiten spielen vertragliche Ansprüche, und zwar vor allem Primärleistungsansprüche in Gestalt von Erfüllungsansprüchen häufig eine dominierende Rolle.

Bei der Prüfung solcher Ansprüche muss mehreren Fragen nachgegangen werden: Ist der Anspruch entstanden? Ist der Anspruch möglicherweise wieder weggefallen, untergegangen (erloschen) oder inhaltlich verändert worden? Und: Stehen dem Anspruch ggf. dauernde oder vorübergehende Einreden entgegen, die die Durchsetzbarkeit des Anspruchs ausschließen oder sonst zweifelhaft machen? Bringt man diese „Prüfungsfragen" in eine von der Sache her vorgegebene und eben deshalb sinnvolle Reihenfolge, dann ergibt sich für die materiellrechtliche Prüfung von **vertraglichen Erfüllungsansprüchen** (für andere Ansprüche vgl. sogleich bei B. II. 6.) ein Prüfungsschema, das wie folgt aufgebaut sein könnte:

396 I. **Anspruchsnorm/Anspruchsgrundlage – Anspruch entstanden?**
    1. **Entstehungstatbestand:** Rechtsgeschäftliche Willenserklärungen in Form von Antrag (Angebot) und Annahme entsprechen sich inhaltlich, §§ 145, 147 ff. BGB
       a) „positiv" erforderlich: *Einigung*
           aa) zwischen *Anspruchsteller* und *Anspruchsgegner*
           ab) bei *Stellvertretung, Organvertretung*
           ac) aufgrund *besonderer Einigungsformen*
           (z. B. bei Schweigen als Willenserklärung, vgl. § 362 Abs. 1 HGB, § 516 Abs. 2, S. 2 BGB)
           über
           ad) *Leistung* und *Gegenleistung* („Hauptpflichten")
           ae) *Nebenleistungen* (Nebenpflichten)
           af) *Leistungsmodalitäten* (z. B. Leistungsort, Leistungszeit)
           mit Sonderproblem
           ag) Einbeziehung von *Allgemeinen Geschäftsbedingungen*, §§ 305 ff. BGB, insbesondere § 305 Abs. 2 BGB
       b) „negativ" erforderlich: *keine Einigungsmängel* (beispielsweise bei Dissens: kein Vertrag zustande gekommen, § 154 BGB; vgl. aber §§ 155 und 150 BGB)
    2. **Keine rechtshindernden Einwendungen**
       (da sonst der Anspruch nicht entstanden ist)
       a) *Geschäftsfähigkeit*, §§ 104 ff. BGB
       b) *Nichtigkeitsgründe*, z. B.
           ba) *Scheingeschäft*, § 117 BGB
           bb) *Mangelnde Ernstlichkeit*, § 118 BGB
           bc) *Anfechtung*, §§ 119, 123 BGB mit § 142 BGB
           bd) *Formmängel*, § 125 BGB
           be) Verstoß gegen ein *gesetzliches Verbot*, § 134 BGB
           bf) *Sittenwidrigkeit*, § 138 Abs. 1 BGB
           bg) *Wucher*, § 138 Abs. 2 BGB
           bh) bei *Teilnichtigkeit* gem. § 139 BGB
           bi) Vertrag über *künftiges Vermögen*, § 311 b Abs. 2 BGB
           bj) Vertrag über *Nachlass*, § 311 b Abs. 4 BGB
       c) *Widerruf* bei Verbraucherverträgen, § 355 Abs. 1, S. 1 BGB
           ca) *Haustürgeschäft*, § 312 Abs. 1 S. 1 Ziff. 1–3 BGB
           cb) *Fernabsatzvertrag*, § 312 b Abs. 1 i. V. m. § 312 d Abs. 1 BGB
           cc) *Verbraucherdarlehen*, §§ 495, 355 BGB
           cd) *Ratenlieferungsvertrag*, § 505 Abs. 1 BGB
           ce) *andere* vertragliche Rechtsgeschäfte
           (z. B. Teilzahlungsgeschäfte, § 501 BGB mit §§ 495, 355 BGB analog und weitere gesetzliche enumerativ bestimmte Rechtsgeschäfte)
       d) *aufschiebende Bedingung* noch nicht eingetreten, § 158 Abs. 1 BGB

397 II. **Keine rechtsvernichtenden Einwendungen = entstandener Anspruch darf nicht weggefallen sein**
    (z. B. Anspruch darf nicht erloschen oder in sonstiger Weise untergegangen bzw. inhaltlich verändert worden sein)

Der Anspruchsaufbau **398**

1. **Erlöschungsgründe**, etwa
   a) *Erfüllung* durch Bewirken der geschuldeten Leistung, § 362 Abs. 1 BGB
   b) Annahme *an Erfüllungs statt* bei anderer als geschuldeter Leistung, § 364 Abs. 1 BGB
   c) Leistung *erfüllungshalber* bei Übernahme neuer Verbindlichkeit, § 364 Abs. 2 BGB
   d) *Hinterlegung*, §§ 372 ff., 378 BGB
   e) *Aufrechnung*, §§ 387 ff. BGB
   f) *Erlassvertrag*, § 397 Abs. 1 BGB
   g) negatives *Schuldanerkenntnis*, § 397 Abs. 2 BGB
   h) *Aufhebungsvertrag*
2. Anspruch **auf andere Weise untergegangen** oder **inhaltlich verändert**, etwa
   a) *auflösende Bedingung*, § 158 Abs. 2 BGB
   b) bei *Zeitverträgen* durch *Fristablauf*, §§ 163, 158 ff. BGB (z. B.: Zeitmietverträge, §§ 575, 163 BGB)
   c) bei *Beendigung* von Vertragsverhältnissen *durch Kündigung*, §§ 314, 543, 626 etc. BGB
   d) bei *Beendigung* von Vertragsverhältnissen *durch Rücktritt*, §§ 346 ff. BGB
   e) bei *Unmöglichkeit* der Leistung oder Gegenleistung (§§ 275 Abs. 1, 326 Abs. 1 BGB – dann ggf. Sekundäransprüche, insbesondere Schadensersatzansprüche prüfen)
   f) bei *Verlangen von Schadensersatz* gem. § 281 Abs. 1 BGB *kein Anspruch auf Leistung*, § 281 Abs. 4 BGB
   g) bei verlangter *Nacherfüllung*, §§ 437 Ziff. 1, 634 Ziff. 1 BGB (§§ 439, 635 BGB)
   h) bei verlangter *Minderung*, §§ 437 Ziff. 2, 634 Ziff. 3 BGB
   i) bei vertragsspezifischem *Rücktritt*, §§ 437 Ziff. 2, 634 Ziff. 3 BGB
   j) bei *Störung der Geschäftsgrundlage*, § 313 Abs. 1 BGB
      und
      ja) *Vertragsanpassung*, § 313 Abs. 1 BGB
      jb) *Kündigung bei Dauerschuldverhältnissen*, §§ 313 Abs. 3, 314 BGB
      jc) *Rücktritt im Übrigen*, § 313 Abs. 3 BGB
   k) bei *Einwendungsdurchgriff*, § 359 BGB
3. **Anspruch übergegangen**, etwa
   a) bei wirksamer *Abtretung*, § 398 ff. BGB
   b) *Schuldübernahme*, § 414 BGB
   c) *Vertragsübernahme*, § 311 Abs. 1 BGB
   d) *Gesetzlicher Forderungsübergang*
      da) bei *Gesamtschuld*, § 426 Abs. 2 BGB
      db) bei *Bürgschaft*, § 774 BGB
      dc) bei *Hypothek*, § 1143 BGB

III. **Keine rechtshemmenden Einwendungen = Anspruch darf nicht einredebehaftet sein** **398**
(Stehen dem entstandenen und nicht wieder weggefallenen Anspruch auf Dauer oder vorübergehend Einreden entgegen, ist der Anspruch nicht durchsetzbar)
1. **peremptorische Einreden** (sie stehen der Durchsetzung des Anspruchs auf Dauer entgegen) z. B.
   a) *Verjährung*, §§ 194 ff., 214 Abs. 1 BGB
   b) *Mängeleinrede* bei Kaufvertrag, § 438 Abs. 4, S. 2; § 438 Abs. 5 BGB
   c) *Mängeleinrede* bei Werkvertrag, § 634 a Abs. 4, S. 2; § 634 a Abs. 5 BGB
2. **dilatorische Einreden** (sie stehen der Durchsetzung des Anspruchs vorübergehend entgegen), z. B.
   a) schuldrechtliches *Zurückbehaltungsrecht*, § 273 BGB
   b) Einrede des *nicht erfüllten Vertrages*, § 320 BGB

c) *Stundung*
d) Einrede des *Notbedarfs* bei Schenkung, § 519 BGB
e) Einrede der *Vorausklage* bei Bürgschaft, § 771 BGB
f) Einrede der *Anfechtbarkeit* bei Bürgschaft, § 770 Abs. 1 BGB
g) Einrede der *Aufrechenbarkeit* bei Bürgschaft, § 770 Abs. 2 BGB

399 Das vorstehende Prüfungsschema für vertragliche Primärleistungsansprüche = Erfüllungsansprüche ist, was die Auflistung möglicher Einwendungen (von Amts wegen zu berücksichtigen) und Einreden betrifft, weder abschließend noch vollständig, sondern nur beispielhaft (vgl. ergänzend den Überblick bei *Möllers*, Arbeitstechnik, § 2 Rn. 13 ff., 34, Graphik: Das bürgerlich-rechtliche Anspruchssystem A. und B.). In der Fallbearbeitung einer zivilrechtlichen Klausur oder Hausarbeit sind zudem immer nur ganz bestimmte, stofflich und damit auch zahlenmäßig begrenzte Einwendungen (Einreden) zu prüfen.

5. Grundschema für Anspruchsprüfungen

400 Das zuvor beschriebene Prüfungsschema ist zwar in seinen Details auf vertragliche Erfüllungsansprüche ausgelegt. Es enthält in seiner Grobstruktur aber so etwas wie ein **Grundmodell** für alle Arten von **Anspruchsprüfungen**. Dieses Grundschema für Anspruchsprüfungen sieht wie folgt aus:
1. Prüfungsschritt: Nach Aufsuchen der Anspruchsnorm und Benennung der konkreten Anspruchsgrundlage ist zu klären, ob der zu prüfende **Anspruch entstanden** ist. Dazu ist „positiv" das Vorliegen der jeweiligen Anspruchsvoraussetzungen (= Entstehungstatbestand) und „negativ" das Nichtvorliegen von rechtshindernden Einwendungen (= regelwidriger Hinderungsgrund für das Entstehen eines Anspruchs) festzustellen.
2. Prüfungsschritt: Der zunächst entstandene **Anspruch** muss noch bestehen und **darf nicht** aus irgendeinem Grund **weggefallen sein**. Zu prüfen sind rechtsvernichtende Einwendungen. Festzustellen ist, dass der zunächst entstandene Anspruch nicht durch Erlöschen oder auf andere Weise untergegangen ist bzw. eine inhaltliche Veränderung erfahren hat.
3. Prüfungsschritt: Der entstandene und nicht wieder weggefallene **Anspruch** muss **durchsetzbar** sein. Ihm dürfen *keine peremptorischen Einreden* (= die Anspruchsdurchsetzung auf Dauer ausschließende Einreden – in der Anspruchskategorie der deliktsrechtlichen Ansprüche z. B. die Arglisteinrede gem. § 853 BGB, in der Anspruchskategorie der Ansprüche aus ungerechtfertigter Bereicherung z. B. die Einrede der Bereicherung gem. § 821 BGB) und *keine dilatorischen Einreden* (= die Anspruchsdurchsetzung zeitweise/ vorübergehend ausschließende Einreden – bei dinglichen Ansprüchen z. B. das dingliche Zurückbehaltungsrecht gem. § 1000 BGB) entgegenstehen (= rechtshemmende Einwendungen).
4. Prüfungsschritt: Soweit die Voraussetzungen rechtsvernichtender und/oder rechtshemmender Einwendungen festgestellt sind, ist das Vorliegen *rechtserhaltender Einwendungen* zu prüfen (z. B. bei Verjährung: Hemmung oder Unterbrechung), ggf. einen gesetzlichen oder rechtsgeschäftlichen Ausschluss peremptorischer oder dilatorischer Einreden.

401 Anspruchsprüfungen wirken in der „Draufschau" wie ein sich kontinuierlich fortentwickelndes Wechselspiel von Position und Gegenposition bis schließlich klar ist, ob dem Anspruchsteller der geltend gemachte Anspruch zusteht und er diesen Anspruch gegenüber dem Anspruchsgegner realisieren kann. Sie spiegeln – wenn man so will – die zivilprozessuale Situation und das zivilprozessrechtliche Verhältnis zwischen Kläger mit seiner Klage und Beklagtem mit seiner Klageerwiderung wider.

6. Exemplarische Aufbauschemata

Zum Standardrepertoire von Fallbearbeitungen in zivilrechtlichen Klausuren und Hausarbeiten gehören über Anspruchsprüfungen aus der Kategorie „vertragliche Ansprüche" (Erfüllungsansprüche und Nacherfüllungsansprüche als Primärleistungsansprüche, Schadensersatzansprüche als Sekundärleistungsansprüche sowie Gewährleistungsansprüche etc.) hinaus auch Prüfungen von „Ansprüchen aus vertragsähnlichen Rechtsverhältnissen", „dinglichen Ansprüchen", „Ansprüchen aus ungerechtfertigter Bereicherung" und „deliktsrechtlichen Ansprüchen" (einschließlich Ansprüchen aus Gefährdungshaftung). Aus jeder der genannten Anspruchskategorien soll pars pro toto jeweils ein Anspruchskomplex mit entsprechendem Aufbauschema vorgestellt werden.

a) Berechtigte GoA, Aufwendungsersatz. Die beispielhaft in der Anspruchskategorie der „Ansprüche aus vertragsähnlichen Rechtsverhältnissen" genannte Geschäftsführung ohne Auftrag (GoA) umfasst nach der gesetzlichen Unterscheidung die sog. berechtigte GoA (§§ 677 ff. BGB), die sog. unberechtigte GoA (§ 684 BGB) und die irrtümliche (§ 687 Abs. 1 BGB) bzw. angemaßte (§ 687 Abs. 2 BGB) Eigengeschäftsführung. Steht die berechtigte GoA zur Diskussion, geht es häufig darum zu prüfen, ob dem Geschäftsführer gegenüber dem Geschäftsherrn ein Aufwendungsersatzanspruch zusteht. Rechtsgrundlagen für einen solchen Aufwendungsersatzanspruch sind die Vorschriften der §§ 677, 683 und (sinnentsprechend angewandt) 670 BGB. Diesem Normenzusammenhang folgend ergibt sich für die Prüfung des Aufwendungsersatzanspruchs ein bestimmtes Aufbauschema:

I. **Anspruchsvoraussetzungen gem. § 677 BGB**
1. *Geschäftsbesorgung* (für einen anderen)
   Das Tatbestandmerkmal der *Geschäftsbesorgung* ist weit zu fassen, es reichen alle tatsächlichen und/oder rechtsgeschäftlichen Handlungen dafür aus.
2. *Fremdes Geschäft*
   Das Geschäft muss für einen anderen besorgt sein. Dazu zählen
   a) Geschäfte, die ausschließlich zu einem fremden Geschäftskreis gehören (sog. „objektiv" fremdes Geschäft),
      z. B. Hilfe in Not-/Unfallsituationen etc.
   b) Geschäfte, die sowohl zum Geschäftskreis des Geschäftsherrn als auch zum Geschäftskreis des Geschäftsführers gehören (sog. „auch" fremdes Geschäft),
      z. B. bei eigener Mitverpflichtung des Geschäftsführers oder behördlicher Hilfeleistung bei Not-/Unfallsituationen
   c) Geschäfte, die weder dem Geschäftskreis des Geschäftsherrn noch dem des Geschäftsführers zuzuordnen sind (sog. „neutrales" Geschäft). Die Fremdheit des Geschäfts ergibt sich in diesem Falle allein aus
3. *Fremdgeschäftsführungswille*
   Subjektiv setzt die Geschäftsbesorgung für einen anderen (das Handeln für einen anderen) das Bewusstsein und den Willen voraus, zumindest *auch* für einen anderen zu handeln. Die Verfolgung von – auch: erheblichen! – Eigeninteressen schadet dann nicht und schließt den Fremdgeschäftsführungswillen nicht zwangsläufig aus.
   a) Bei „objektiv" fremden Geschäften wird der Fremdgeschäftsführungswille vermutet.
   b) Bei „auch" fremden Geschäften wird der Fremdgeschäftsführungswille nach vorherrschender Auffassung (Rspr.) vermutet, nach anderer Auffassung erfordert sein Vorliegen konkrete Anhaltspunkte – str.
   c) Bei „neutralen" Geschäften muss der Fremdgeschäftsführungswille deutlich nach außen erkennbar sein (erforderlich: klare nach außen getretene Indizien)
4. *Geschäftsbesorgung* **ohne Auftrag**
   Die Geschäftsbesorgung muss ohne Auftrag erfolgt sein, d. h. die Geschäftsbesorgung darf

a) nicht aufgrund eines Vertrages mit dem Geschäftsherrn (z. B. kein Auftrag, § 670 BGB, kein Verwahrungsvertrag, § 693 BGB etc.) und
b) nicht aufgrund eines gesetzlichen Schuldverhältnisses (z. B.: Vormundschaft, § 1835 BGB)

erfolgt sein.

405 II. **Anspruchsvoraussetzungen gem. § 683 BGB**
Im Anschluss an die Anspruchsvoraussetzungen gem. § 677 BGB ist zu prüfen, ob die Übernahme der Geschäftsführung dem (objektiven) Interesse und dem wirklichen oder mutmaßlichen Willen des Geschäftsherrn entsprach.
1. *Im objektiven Interesse* des Geschäftsherrn
   objektives Interesse = wohlverstandenes Interesse des Geschäftsherrn vom Standpunkt eines verständigen Dritten (objektiven Betrachters) aus (Indiz: objektive Nützlichkeit des Geschäfts für den Geschäftsherrn; maßgeblicher Beurteilungszeitpunkt: Beginn der Geschäftsbesorgung)
2. Entsprechend dem *wirklichen Willen*
   wirklicher Wille = tatsächlicher, geäußerter, nach außen getretener Wille des Geschäftsherrn, den der Geschäftsführer aber nicht zu kennen braucht, denn ausreichend ist
3. Entsprechend dem *mutmaßlichen Willen*
   mutmaßlicher Wille = vermuteter Wille aus der Sicht eines verständigen Dritten (objektiven Betrachters; Indiz: bei objektiver (Teil-)Nützlichkeit des Geschäfts für den Geschäftsherrn)

Achtung zu 2. und 3.: Bei Geschäftsunfähigen und Minderjährigen kommt es auf den Willen des gesetzlichen Vertreters an; dient die Geschäftsführung der Erfüllung einer Unterhaltspflicht oder liegt sie im öffentlichen Interesse (aus Halteverbot entfernter PKW!) ist gem. § 679 BGB ein entgegenstehender Wille unbeachtlich.

Beachte § 684 S. 2 BGB: Aufwendungsersatzanspruch steht dem Geschäftsführer zu, wenn der Geschäftsherr die Geschäftsbesorgung genehmigt.

406 III. **Rechtsfolge: Aufwendungsersatz wie gem. § 670 BGB**
Liegen die Anspruchsvoraussetzungen gem. §§ 677, 683 BGB vor, bestimmt § 683, S. 1 BGB als Rechtsfolge: Aufwendungsersatz wie für einen Beauftragten = § 670 BGB. Dieser Aufwendungsersatz umfasst
1. Ersatz der erforderlichen Aufwendungen
   a) Aufwendungen = alle freiwilligen Vermögensopfer, die der Geschäftsbesorgung bzw. ihrer Durchführung dienen.
   b) erforderlich = keine objektive Erforderlichkeit, sondern „subjektive" Erforderlichkeit; erforderlich sind alle Aufwendungen, die der Geschäftsführer für erforderlich halten durfte
2. Ersatz von risikotypischen Schäden
   Aufwendungsersatz umfasst auch Schäden, die mit der Geschäftsführung typischerweise verbunden sind (risikotypische Schäden)
   a) Beachte § 254 BGB: Mitverschulden des Geschäftsführers
   b) Mitverschuldenshaftung des Geschäftsführers begrenzt auf Vorsatz und grobe Fahrlässigkeit = Rechtsgedanke des § 680 BGB
3. Vergütung für Geschäftsbesorgungstätigkeit
   a) sofern die Geschäftsführertätigkeit beruflich/gewerblich vom Geschäftsführer ausgeübt wird (nach h. M. unter sinngemäßer Anwendung des § 1835 Abs. 3 BGB)
   b) in allen anderen Fällen werden *Vergütungen* für die Geschäftsbesorgung grundsätzlich *nicht* vom *Aufwendungsersatz* umfasst

Achtung: Unter den Voraussetzungen des § 679 BGB ist trotz entgegenstehenden Willens des Geschäftsherrn derselbe Aufwendungsersatzanspruch wie vor gegeben → §§ 679, 683, S. 2 BGB mit § 670 BGB analog.

b) Eigentumsherausgabe, §§ 985 ff. BGB. Zu den immer wieder nachgefragten Ansprüchen aus der Anspruchskategorie „Dingliche Ansprüche" zählt der **Eigentumsherausgabeanspruch** gem. § 985 BGB. Genau genommen handelt es sich um einen **Eigentümerherausgabeanspruch gegen** einen (derzeitigen) **Besitzer**. Das Anspruchsbegehren (Anspruchsziel) ist auf die Herausgabe einer Sache (Rechtsfolge) gerichtet. Die Anspruchsvoraussetzungen benennt § 985 BGB wie bereits in anderem Zusammenhang gezeigt (vgl. dazu Erster Teil, C. III. 2. *Bsp. 3* mit Erster Teil, C. III. 3., *Bsp. 7*) mit „Eigentümer" und „Besitzer". **407**

Die Anspruchsprüfung des Eigentümerherausgabeanspruchs erschöpft sich indessen nicht in der Feststellung, dass der Anspruchsteller rechtstatsächlich Eigentümer und der Anspruchsgegner der Besitzer der Sache ist. Vielmehr gehört „negativ" zum Prüfungsschritt „Anspruch entstanden?" auch die Feststellung, dass dem Besitzer kein Recht zum Besitz i. S. d. § 986 BGB zusteht: Für das Bestehen eines Eigentümerherausgabeanspruchs gem. § 985 BGB ist – so sagt man – eine Vindikationslage zwischen dem Eigentümer und dem Besitzer (das sog. Eigentümer-Besitzer-Verhältnis, abgekürzt: EBV) erforderlich; Einwendungen gem. § 986 BGB sind der Sache nach „negative" Anspruchsvoraussetzungen, so dass die Überschrift der Anspruchsprüfung stets § 986 BGB mitnennen sollte (also z. B.: „Anspruch des A gegen D gem. §§ 985, 986 BGB"). Aus diesen Vorüberlegungen ergibt sich ein in seiner Grobstruktur recht einfacher Aufbau (kompliziert wird die Sache in der Durchprüfung der einzelnen Anspruchsvoraussetzungen/Tatbestandsmerkmale): **408**

I. Anspruchsvoraussetzungen gem. § 985 BGB **409**
1. *Eigentümer*
   a) Erwerb des Eigentums
      aa) aufgrund *rechtsgeschäftlichen Eigentumserwerbs*
         – an beweglichen Sachen, §§ 929 ff. BGB.
         – an beweglichen Sachen bei Gutgläubigkeit, §§ 929, 932 ff. BGB
         – an unbeweglichen Sachen, §§ 873, 925 BGB
         – an unbeweglichen Sachen bei Gutgläubigkeit, §§ 873, 925, 892 BGB
         – etc.
      ab) aufgrund *gesetzlichen Eigentumserwerbs*
         – Verbindung, Vermischung, Verarbeitung, §§ 946 ff. BGB
         – Erwerb von Erzeugnissen und Bestandteilen, §§ 953 ff. BGB
         – Aneignung herrenloser Sachen, §§ 958 ff. BGB
         – Fund, §§ 965 ff. BGB
         – Ersitzung, §§ 937 ff. BGB (bei Grundstücken: § 900 BGB)
         – Erbgang, § 1922 BGB
         – etc.
      ac) aufgrund *gesetzlicher Vermutung*
         – gem. § 891 BGB bei Rechten an Grundstücken
         – gem. § 1006 BGB bei beweglichen Sachen
         – etc.
2. *Besitzer*
   a) *unmittelbarer* Besitz/Besitzer, §§ 854, 855, 857 BGB; beachte aber: § 856 BGB
   b) *mittelbarer* Besitz/Besitzer, §§ 868 ff. BGB

410 II. **Anspruchsvoraussetzungen gem. § 986 BGB = Kein Recht zum Besitz**
1. § 986 Abs. 1, S. 1, 1. Alt. BGB = *eigenes Besitzrecht* des (unmittelbaren) Besitzers
2. § 986 Abs. 1, S. 1, 2. Alt. BGB = *abgeleitetes Besitzrecht* des (unmittelbaren) Besitzers vom mittelbaren Besitzer (mit eigenem Besitzrecht wie vor), der zur Überlassung des Besitzes gegenüber dem Eigentümer befugt ist, sonst § 986 Abs. 1., S. 2 BGB
3. § 986 Abs. 2 BGB i. V. m. §§ 929, 931 BGB = *eigene oder abgeleitete Besitzrechte* des (unmittelbaren) Besitzers gegenüber dem „alten" Eigentümer bestehen auch gegenüber dem „neuen" Eigentümer bei Eigentumsübergang durch Abtretung des Herausgabeanspruchs gem. § 931 BGB.

411 Nicht abgeleitete, **eigene Besitzrechte** des unmittelbaren oder mittelbaren Besitzers können sich aus vielfältigen rechtsgeschäftlichen, gesetzlichen und sonstigen (Rechts-)Gründen ergeben. In Betracht kommen Besitzrechte aus bestimmten Schuldverhältnissen wie etwa Miete, Pacht, Leihe etc., aber auch Kauf und solche Schuldverhältnisse, die einen Anspruch auf Übertragung des Eigentums gewähren. Besitzrechte können sich des Weiteren aus familienrechtlichen Rechtsverhältnissen (z. B. im Falle vereinbarter Gütergemeinschaft bei Verwaltung des Gesamtguts durch den Mann oder die Frau gem. § 1422, S. 1 BGB) oder erbrechtlichen Rechtspositionen (z. B. Nachlassverwalter, § 1985 Abs. 1 BGB, oder Testamentsvollstrecker, § 2205, S. 2 BGB) sowie aus dinglichen Rechten und/oder Anwartschaftsrechten (z. B. bei Kauf unter Eigentumsvorbehalt, § 449 BGB), aus berechtigter Geschäftsführung ohne Auftrag oder aus Verwahrung etc. ergeben. Ob das Zurückbehaltungsrecht gem. § 273 BGB ein Recht zum Besitz i. S. d. § 986 BGB verleiht, wird vertreten, ist aber umstritten. Schließlich und endlich können Besitzrechte auch aus öffentlichem Recht resultieren. Immer kommt es darauf an, die möglichen Besitzrechte in die Einwendungsvoraussetzungen des § 986 Abs. 1, S. 1, 1. und/oder 2. Alt. BGB bzw. des § 986 Abs. 2 BGB i. V. m. §§ 929, 931 BGB einzupassen. Ist die Einwendung nach § 986 BGB begründet, fehlt es an einer „negativen" Anspruchsvoraussetzung des Eigentümerherausgabeanspruchs gem. § 985 BGB.

412 c) **Ungerechtfertigte Bereicherung, §§ 812 ff. BGB.** Der hier empfohlenen schematischen Prüfungsreihenfolge bei verschiedenartigen Anspruchsgrundlagen zufolge sind im Anschluss an dingliche Ansprüche solche aus ungerechtfertigter Bereicherung zu prüfen (vgl. noch einmal die Übersicht in Zweiter Teil, B. II. 2., a)). Noch einmal der Hinweis: Je nach Schwerpunkt der Fallfragen kann es aus Zweckmäßigkeitsgründen auch angezeigt sein, deliktsrechtliche Ansprüche vor Ansprüchen aus ungerechtfertigter Bereicherung zu prüfen (so auch *Möllers*, Arbeitstechnik, § 2 Rn. 21 m. w. Nachw. in dort. Anm. 13). In der Anspruchskategorie der Ansprüche aus ungerechtfertigter Bereicherung gem. §§ 812 ff. BGB sind verschiedene Bereicherungstatbestände zu unterscheiden.

413 Zu differenzieren ist zunächst ganz allgemein zwischen einer **Bereicherung durch Leistung** und **einer Bereicherung in sonstiger Weise**. Ansprüche aus ungerechtfertigter Bereicherung durch Leistung verstehen sich als **Leistungskondiktionen**, Ansprüche aus ungerechtfertigter Bereicherung in sonstiger Weise als **Nichtleistungskondiktionen**; deren wichtigster Unterfall ist die sog. Eingriffskondiktion (weitere Fälle sind die Rückgriffs- und Verwendungskondiktion).

414 Der allgemeinste Fall einer Nichtleistungskondiktion/Eingriffskondiktion ist in § 812 Abs. 1, S. 1, 2. Alt. BGB, ein Spezialfall der Eingriffskondiktion in § 816 Abs. 1, S. 1 BGB (Nichtleistungskondiktion gegen einen nichtberechtigt Verfügenden) geregelt. Weitere Nichtleistungskondiktionen finden sich in § 816 Abs. 1, S. 2 BGB (Nichtleistungskondiktion gegenüber Dritten bei unentgeltlicher Verfügung) und § 816 Abs. 2 BGB (Nichtleistungskondiktion gegenüber einem Dritten bei Leistung an einen Nichtberechtigten).

Im Anspruchsbereich der Leistungskondiktionen sind **vier Arten von Leistungskondiktionen** zu unterscheiden. Es sind dies die Leistungskondiktionen gem. § 812 Abs. 1 S. 1, 1. Alt. BGB (sog. condictio indebiti = Leistung auf eine Nichtschuld), gem. § 812 Abs. 1 S. 2, 1. Alt. BGB (sog. condictio ob causam finitam = Leistung auf eine später weggefallene Schuld), gem. § 812 Abs. 1 S. 2, 2. Alt. BGB (sog. condictio ob rem = Nichteintritt des mit der Leistung bezweckten Erfolges) und gem. § 817 BGB (sog. condictio ob turpem vel iniustam causam = Leistungskondiktion wegen Gesetzes- oder Sittenwidrigkeit der Leistungsannahme oder der Leistung selbst). Aus der – hoffentlich nicht allzu verwirrenden – Vielfalt möglicher Leistungs- und Nichtleistungskondiktionen, über deren Anspruchsvoraussetzungen und Rechtsfolgen(umfang) zudem noch teilweise erheblicher Meinungsstreit besteht, sollen die nach eigener Einschätzung klausur- und hausarbeitswichtigsten Kondiktionen in ihrem Anspruchsaufbau skizziert werden:

aa) Leistungskondiktion gem. § 812 Abs. 1 S. 1, 1. Alt. BGB (condictio indebiti)

I. **Vorfrage:** Ist § 812 Abs. 1, S. 1, 1. Alt. überhaupt anwendbar? Oder: Scheiden diese Ansprüche aus Gründen echter oder unechter Anspruchskonkurrenz aus (ausgeschlossen zum Beispiel im Eigentümer-Besitzer-Verhältnis gem. § 987 ff. BGB hinsichtlich solcher Ansprüche, die reguläre Nutzungen betreffen, § 993 Abs. 1, S. 2 BGB; im Übrigen vieles streitig)?

II. **Anspruchsvoraussetzungen:**
1. Es muss *etwas erlangt* sein; dazu zählen
   a) Eigentum und Besitz
   b) Rechte und Rechtspositionen
   c) tatsächliche Nutzungsmöglichkeiten
   d) jeder sonstige Vermögensvorteil
   e) etc.
2. Durch *Leistung* muss etwas erlangt worden sein
   a) Leistung ist jede *bewusste* und *zweckgerichtete Mehrung fremden Vermögens* (vgl. BGHZ 58, 184, 188)
   b) *Zweckrichtung* bei der Leistungkondiktion gem. § 812 Abs. 1 S. 1, 1. Alt. BGB: Erfüllung einer Verbindlichkeit (*Zweckbindung allgemein:* aus einem – vermeintlichen – Rechtsgrund resultierende Mehrung fremden Vermögens)

> **Beachte:** Im **Zweipersonenverhältnis** ist Kondiktionsgläubiger der Leistende und Kondiktionsschuldner der Leistungsempfänger. Bei **Dreipersonen- oder Mehrpersonenverhältnissen** kann das maßgebliche „Leistungsverhältnis" zwischen „Leistendem" und Leistungsempfänger problematisch sein.

Grundsätzlich gilt
- **Leistungen von „Hilfspersonen"** (z. B. Vertreter, Erfüllungsgehilfen etc.) sind Leistungen des „Hintermannes"; und
- **ob** eine **Leistung** gegeben **und wer** der **Leistende** ist, bestimmt sich aus der Sicht des Zuwendungsempfängers, maßgeblich ist der **Empfängerhorizont.**
3. *Ohne rechtlichen Grund*
   Bei der Leistungskondiktion gem. § 812 Abs. 1, S. 1 1. Alt. BGB besteht die Zweckrichtung der Leistung in der Erfüllung einer (rechtstatsächlich nicht bestehenden) Verbindlichkeit. Ohne Rechtsgrund ist demnach geleistet bei
   a) von Anfang nicht bestehender Schuld/Verbindlichkeit;
   b) schwebend unwirksamem Rechtsgeschäft;

c) „erfolgloser" Leistung (= es wird eine andere als die geschuldete Leistung erbracht);
   d) bei bestehender, aber dauernd einredebehafteter Forderung/Schuld (§ 813 Abs. 1 S. 1 BGB; Ausnahme: § 813 Abs. 1 S. 2 BGB i. V. m. § 214 Abs. 2 BGB „Verjährung");
   e) bei fehlender „Empfangszuständigkeit" (Konditionsschuldner = Gläubiger der Forderung/Verbindlichkeit ist nicht oder nicht voll geschäftsfähig).
   f) etc.

418 III. **„Negative" Anspruchsvoraussetzungen:**
1. gem. § 814 BGB
   a) Leistender darf nicht gewusst haben, dass er zur Leistung nicht verpflichtet war, § 814 1. Alt. BGB (bloße Zweifel genügen nicht)
   b) Leistung darf nicht einer sittlichen Pflicht etc. entsprechen, § 814 2. Alt. BGB.
   c) Leistender darf nicht eine dem Erfüllungsanspruch auf Dauer entgegenstehende Einrede gekannt haben, § 814 1. Alt. BGB i. V. m. § 813 Abs. 1 S. 1 BGB
2. gem. § 817 S. 2 (sinngemäß)
   Leistender verstößt gegen ein gesetzliches Verbot oder gegen die guten Sitten

bb) Leistungskondiktion gem. § 812 Abs. 1 S. 2, 1. Alt. BGB (condictio ob causam finitam)

419 I. **Vorfrage:** wie bei 6.3.1, I.

420 II. **Anspruchsvoraussetzungen:**
Es muss *etwas erlangt* sein; dazu zählen
a)
b)
c) } wie bei 6.c)1, aa), II. 1), a)–e)
d)
e)

Durch *Leistung* muss etwas erlangt worden sein
a)
b) } wie bei 6.c)1, aa), II., 2), a) und b)

> **Beachte:** wie bei 6.c)1, aa), II. 2) nach b)

3. *Ohne rechtlichen Grund*
   Bei der Leistungskondiktion gem. § 812 Abs. 1 S. 2 1. Alt. BGB besteht die *Zweckrichtung der Leistung* wie bei der Leistungskondiktion gem. § 812 Abs. 1 S. 1, 1. Alt. BGB in der Erfüllung einer Verbindlichkeit/Schuld. Anders als bei der Leistungskondiktion gem. § 812 Abs. 1 S. 1, 1. Alt. BGB (condictio indebiti) hat die Verbindlichkeit/Schuld/Forderung bei der Leistungskondiktion gem. § 812 Abs. 1 S. 2, 1. Alt. BGB jedoch zum Zeitpunkt der Leistungserbringung (rechtstatsächlich) bestanden. Sie wäre aber später weggefallen, wenn sie nicht schon durch die Leistung erloschen wäre (vgl. *Medicus/Petersen*, Bürgerliches Recht, Rn. 690). *Ohne rechtlichen Grund* versteht sich bei der Leistungskondiktion gem. § 812 Abs. 1 S. 2, 1. Alt. BGB daher als (nachträglicher) *Wegfall des rechtlichen Grundes* (condictio ob causam finitam) Hauptanwendungsfälle sind
   a) Schuld/Verbindlichkeit/Forderung bestand unter einer auflösenden Bedingung; auflösende Bedingung tritt ein
   b) wirksam gekündigte Dauerschuldverhältnisse bei bereits erbrachter Vorleistung (z. B. Mietvorauszahlungen)
   c) sonstiger nachträglicher Wegfall des Rechtsgrundes

III. „Negative" Anspruchsvoraussetzungen:
1. *nicht:* gem. § 814 BGB, da § 814 BGB weder unmittelbar noch sinngemäß anwendbar (so *Medicus/Petersen*, Bürgerliches Recht, Rn. 690).
2. wie bei 6.c)1, aa), III., 2

cc) **Leistungskondiktion gem. § 812 Abs. 1 S. 2, 2. Alt. BGB (condictio ob rem).**
Diese Kondiktionsart steckt voller klausur- und hausarbeitsträchtiger (Rechts-)Probleme. Sie resultieren aus dem in Rspr. und Lehre z. T. unterschiedlichen Verständnis des Kondiktionsgrundes: Nichteintritt des mit der Leistung „nach dem Inhalte des Rechtsgeschäfts bezweckten Erfolges" (vgl. sogleich bei II., 2), b)). Das Prüfungsschema:

I. **Vorfrage:** Anwendbarkeit bei Anspruchskonkurrenz?

II. **Anspruchsvoraussetzungen:**
1. Es muss **etwas erlangt** worden sein
    a)
    b)
    c) } wie bei 6.c)1, aa), II., 1), a)–e)
    d)
    e)
2. Durch **Leistung** muss etwas erlangt worden sein
    a) wie bei 6.c)1, aa), II., 2), a)
    b) *Zweckrichtung* der Leistung besteht bei der Leistungskondiktion gem. § 812 Abs. 1 S. 2, 2. Alt. BGB *nicht* in der *Erfüllung einer Verbindlichkeit*, weil bei Verfehlen des Erfüllungszwecks die Leistungskondiktion gem. § 812 Abs. 1 S. 1, 1. Alt. BGB bzw. gem. § 812 Abs. 1 S. 2, 1. Alt. BGB „zuständig" ist. Die Zweckrichtung der Leistung muss daher bei der Leistungskondiktion gem. § 812 Abs. 1 S. 2., 2. Alt. BGB in einem über die grundgeschäftliche Verbindlichkeit hinausgehenden Zweck, der entweder (zusätzlich) rechtsgeschäftlich vereinbart oder sonst mit dem Grundgeschäft verbunden ist, bestehen. Das kann der Fall sein bei
    – mit Schenkung verbundenem (zusätzlich vereinbartem oder erwartetem) Zweck
    – gering dotierten vertraglichen Arbeits- oder Dienstleistungen mit (zugesagter, aber nicht realisierter) Erbeinsetzung
    – Verzicht auf wirtschaftlich angemessene Miete zwecks Bestimmung zu einem bestimmten Verhalten des Mieters
    – etc.

Beachte: Nach wohl h. M. findet § 812 Abs. 1 S. 2, 2. Alt. BGB nur Anwendung, wenn der mit der Leistung verfehlte Zweck über die rechtsgeschäftlich begründete Verbindlichkeit hinaus ebenfalls zum Inhalt des Rechtsgeschäfts gehört.

III. **„Negative" Anspruchsvoraussetzungen:**
1. gem. § 815 BGB
    a) Eintritt des weitergehenden Erfolgs/Zwecks war von Anfang an unmöglich, was der Leistende wusste;
    b) Leistender hat den Eintritt des Erfolgs/Zwecks unter Verstoß gegen den Grundsatz von Treu und Glauben verhindert/vereitelt.
2. gem. § 817 S. 2 BGB
wie bei 6.c)1, aa), III., 2)

dd) **Nichtleistungskondiktion gem. § 812 Abs. 1 S. 1, 2. Alt. BGB (Eingriffskondiktion: „in sonstiger Weise").** Der wichtigste Unterfall der allgemeinen Nichtleistungskondiktion gem. § 812 Abs. 1 S. 1, 2. Alt. BGB ist die Eingriffskondiktion (weitere Fälle: Rückgriffs- und Verwendungskondiktion). Kennzeichnend für die Eingriffskondiktion ist ein „Eingriff" (Handlung) des Bereicherten, mit dem er sich selbst etwas verschafft, das ihm rechtlich nicht zusteht. Herauszugeben ist das (durch den Eingriff) Erlangte. Zum Prüfungsschema:

427 I. **Vorfrage:** Anwendbarkeit bei Anspruchskonkurrenz? Kann im Eigentümer-Besitzer-Verhältnis ausgeschlossen sein, wenn und soweit die §§ 994 ff. BGB eingreifen (str.)

428 II. **Anspruchsvoraussetzungen:**
1. Es muss **etwas erlangt** worden sein
   a)
   b)
   c) } wie bei 6.c)1, aa), II., 1), a)–e)
   d)
   e)
2. In **sonstiger Weise** muss etwas erlangt worden sein
   a) „Negativ": nicht durch Leistung (bei „Auch"-Leistung geht stets die Leistungskondiktion vor)
   b) „Positiv": durch Eingriff
   Kondizierbar ist das Erlangte, wenn es nach der Rechtsordnung einem anderen gebührt; d. h. erforderlich ist ein *Eingriff in den Zuweisungsgehalt eines fremden Rechts* oder einer fremden Rechtsposition. Das kann der Fall sein bei
   – Eingriffen in fremdes Eigentum
   – Eingriffen in Persönlichkeitsrechte
   – Eingriffen in sonstige Rechtspositionen
   – Eingriffen in Urheberrechte
   – Eingriffen in sonstige immaterielle Rechte
   – Zugriff auf (Dienst-)Leistungen
   – etc.
3. auf **dessen Kosten**
   Die Rechtsbeeinträchtigung muss *unmittelbar zum Nachteil* des Anspruchsgläubigers erfolgen: auf seine (!) Kosten
4. **Ohne rechtlichen Grund** muss etwas erlangt sein
   „Ohne Rechtsgrund" ist bereits bei „In sonstiger Weise" inzident mitgeprüft und wird unter 4) mit knappen Worten noch einmal erwähnt.

429 III. **„Negative" Anspruchsvoraussetzungen:**
Wie allgemein: Keine rechtshindernden Einwendungen

430 ee) **Nichtleistungs-/Eingriffskondiktion gem. § 816 Abs. 1 S. 1 BGB (Verfügung eines Nichtberechtigten).** Die Aufbau- und Prüfungsschemata der Eingriffskondiktionen gem. § 816 Abs. 1 S. 2 BGB und § 816 Abs. 2 BGB lassen sich mit Orientierungen am Anspruchsaufbau der Eingriffskondiktion gem. § 816 Abs. 1 S. 1 BGB ohne weiteres aus dem Gesetz ableiten, so dass nachfolgend nur die Eingriffskondiktion gem. § 816 Abs. 1 S. 1 BGB erläutert wird. Ihr Anspruchsaufbauschema im Einzelnen:

431 I. **Vorfrage:** Anwendbarkeit bei Anspruchskonkurrenz (z. B. nicht ausgeschlossen durch die §§ 987 ff. BGB im Eigentümer-Besitzer-Verhältnis, str.)

432 II. **Anspruchsvoraussetzungen:**
1. über einen *Gegenstand* muss verfügt worden sein
   a) Verfügung über *Sachen*
   b) Verfügung über *Rechte*

2. Über einen Gegenstand muss *verfügt* worden sein
   a) Alle „rein" *tatsächlichen Verfügungen* über Sachen
      – Übergabe, Weggabe von Sachen (Realakt),
      – Überlassung von Sachen zur Nutzung
      – etc.
   b) Alle *Verfügungen über Rechte*
      – Übertragung eines Rechts
      – Belastung von Rechten
      – Aufhebung eines Rechts
      – Inhaltliche Veränderung von Rechten
      – etc.
3. Ein *Nichtberechtigter* muss verfügt haben
   Grundsätzlich ist nichtberechtigt, wem die Rechtsinhaberschaft gänzlich oder teilweise, oder wem die (alleinige) Verfügungsbefugnis fehlt. *Nichtberechtigt* ist also,
   a) wer gänzlich nichtberechtigt ist = wem überhaupt die Rechtsinhaberschaft fehlt,
   b) wer nur teilweise berechtigt ist = wem die Rechtsinhaberschaft teilweise fehlt = wer nur gemeinsam mit anderen verfügen darf (z. B. Gesamthandsgemeinschaft oder Bruchteilsgemeinschaft, etwa bei Miteigentum etc.)
   c) wer zwar Rechtsinhaber, aber in seiner Verfügungsbefugnis beschränkt ist,
   d) etc.
4. Die Verfügung muss *gegenüber dem Berechtigten wirksam* sein;
   zu prüfen sind im Wesentlichen zwei „Wirksamkeitsgründe":
   a) Wirksamkeit der Verfügung bei *gutgläubigem Erwerb* des Verfügungsempfängers (§§ 932 ff. BGB, § 892 BGB);
   b) bei *Genehmigung der Verfügung durch den Berechtigten* gem. § 185 Abs. 2 BGB = Wirksamkeit des Erwerbs durch *nachträgliche* Wirksamkeit der Verfügung (trotz Genehmigung ist und bleibt der Verfügende im Zeitpunkt der Verfügung nichtberechtigt – anders bei Einwilligung/Ermächtigung gem. § 185 Abs. 1 BGB: bereicherungsrechtlich ist der ermächtigt Verfügende berechtigt!).
5. Es muss *etwas erlangt* sein:
   Rechtsfolge des Kondiktionsanspruchs gem. § 816 Abs. 1 S. 1 BGB ist die Herausgabe des durch die Verfügung Erlangten. Dazu gehört alles, was erlangt wurde, also der Gesamterlös (str.). Ist nichts erlöst, fehlt es an etwas Erlangtem, „passt" der Anspruch gem. § 816 Abs. 1 S. 1 BGB nicht. Zu den Anspruchsvoraussetzungen zählt daher die *Entgeltlichkeit* der Verfügung (etwas erlangt = entgeltlich). Bei *Unentgeltlichkeit der Verfügung* kommt ein Anspruch gem. § 816 Abs. 1 S. 2 BGB in Betracht.

III. „Negative" Anspruchsvoraussetzungen:
     Wie allgemein: Keine rechtshindernden Einwendungen

d) Deliktsrechtliche Ansprüche, §§ 823 ff. BGB. Die Anspruchskategorie „Deliktsrechtliche Ansprüche, Ansprüche aus Gefährdungshaftung" umfasst zahlreiche, im Anspruchsaufbau zum Teil komplizierte Ansprüche, die in ihrem Ziel auf Schadensersatz (im umfassenden Sinne) ausgerichtet sind. Als eine Art „Prototyp" aller deliktsrechtlichen Ansprüche ist der Schadensersatzanspruch gem. § 823 Abs. 1 BGB anzusehen. Unter Aussparung aller weiteren deliktsrechtlichen Ansprüche aus Verschuldens- und Gefährdungshaftung sowie sonstiger Ansprüche aus Gefährdungshaftung (z. B. straßenverkehrsrechtliche Ansprüche gem. §§ 7, 17, 18 StVG) soll deshalb nur der für ihn maßgebliche Anspruchsaufbau mit dazugehörigem Prüfungsschema dargestellt werden.

Charakteristisch für (fast) alle deliktsrechtlichen Ansprüche ist die Differenzierung zwischen „haftungsbegründender Kausalität" und „haftungsausfüllender Kausalität", womit der Sache nach nichts anderes als eine Differenzierung zwischen einem „haftungsbegründenden Tatbestand" und dem entsprechenden „haftungsausfüllenden Tatbestand" gemeint ist. Aus der Strukturperspektive eines Rechtssatzes versteht sich der „haftungsbegründende Tatbestand" als Voraussetzungsteil (Tatbestand), der „haftungsausfüllende Tatbestand" als Rechtsfolgeteil. Ob die terminologische Verknüpfung des Tatbestandsbegriffs mit der Rechtsfolgenseite eines Rechtssatzes sinnvoll ist, darf bezweifelt werden. Mit „haftungsausfüllender Tatbestand" wird aber verdeutlicht, dass es auch im Rechtsfolgenbereich eines (deliktsrechtlichen) Schadensersatzanspruchs um die Prüfung von (tatbestandsähnlichen Rechtsfolge-)Voraussetzungen geht. Zum Anspruchsaufbau und Prüfungsschema:

I. **Anspruchsvoraussetzungen:**
   (= „haftungsbegründende Kausalität (Tatbestand)")
1. Es muss eine **Rechtsguts- oder Rechtsverletzung** eingetreten sein
   a) in § 823 Abs. 1 BGB *ausdrücklich genannte* Rechtsgüter und Rechte
      aa) Leben (menschliches Leben)
      ab) Körper (körperliche Unversehrtheit)
      ac) Gesundheit
      ad) Freiheit
      ae) Eigentum (*nicht:* Vermögen)
   b) *sonstige* Rechte (= *absolute*, gegen jedermann gerichtete Rechte), das können sein
      ba) Besitzrechte
      bb) beschränkt dingliche Rechte
      bc) dingliche Anwartschaftsrechte
      bd) allgemeines Persönlichkeitsrecht
      be) Recht am eingerichteten und ausgeübten Gewerbebetrieb
      bf) Mitgliedschaftsrechte (z. B. GmbH)
      bg) „räumlich gegenständlicher Bereich" der Ehe
      bh) etc.

> **Beachte:** Forderungsrechte sind *keine absoluten* Rechte (str.). Sie können wie das Vermögen aber über § 823 Abs. 2 BGB oder § 826 BGB geschützt und insoweit Gegenstand deliktsrechtlicher Ansprüche sein.

2. Die eingetretene **Rechts- oder Rechtsgutsverletzung** muss dem Schädiger (Anspruchsgegner) **zuzurechnen** sein. Die Zurechenbarkeit der Rechts- oder Rechtsgutsverletzung setzt ein vorsätzliches oder fahrlässiges Handeln oder Unterlassen voraus, das für die eingetretene Rechts- oder Rechtsgutsverletzung kausal war. Zu prüfen ist danach:
   a) rechts- und/oder rechtsgutsverletzende *Handlung*
      aa) vorsätzliche Handlung
      ab) fahrlässige Handlung
   b) rechts- und/oder rechtsgutsverletzendes *Unterlassen*, das „handlungsgleich" sein muss. „Handlungsgleich" ist das Unterlassen nur, wenn für den unterlassenden Schädiger eine Garantenstellung als Beschützer- und/oder Sicherungsgarant bestand.
      ba) vorsätzliches Unterlassen
      bb) fahrlässiges Unterlassen
   c) *Kausalität* zwischen Handeln/Unterlassen und eingetretener Rechts- bzw. Rechtsgutsverletzung = *haftungsbegründende Kausalität*. Die Prüfung der haftungsbegründenden Kausalität erfolgt in zwei Schritten mit unterschiedlichen Prüfungsmaßstäben:

ca) 1. Schritt: *Kausalitätsprüfung auf Basis der Äquivalenztheorie* = Kausalität gegeben, wenn das Handeln nicht hinweggedacht werden kann, ohne dass die Rechts- oder Rechtsgutsverletzung entfällt (bzw. bei Unterlassung: wenn die pflichtgemäße Handlung nicht hinzugedacht werden kann, ohne dass ...)

cb) 2. Schritt: *Kausalitätsprüfung auf Basis der Adäquanztheorie* = Kausalität gegeben, wenn das in Frage stehende Handeln oder Unterlassen generell zur Herbeiführung einer Rechts- oder Rechtsgutsverletzung der eingetretenen Art nicht nur unter ungewöhnlichen und nach dem Verlauf der Dinge außer Betracht zu lassenden Umständen geeignet war → das fragliche Verhalten muss für einen verständigen Dritten geeignet sein, die Rechts- bzw. Rechtsgutsverletzung herbeizuführen.

Beachte: Bei **vorsätzlichem, unmittelbar schädigendem** Verhalten (Handeln/Unterlassen) besteht zwischen Handlung/Unterlassung und eingetretener Rechts- oder Rechtsgutsverletzung **stets** ein **adäquater Kausalzusammenhang**; desgleichen bei **fahrlässiger** Rechts- oder Rechtsgutsverletzung, sofern sie **unmittelbar** durch den Schädiger **verursacht** ist. In beiden Verhaltensalternativen sind die **Voraussetzungen für eine Zurechnung** der eingetretenen Rechts- oder Rechtsgutsverletzung **ohne weiteres erfüllt**. Bei adäquat kausaler **mittelbarer Verursachung** der Rechtsguts- oder Rechtsverletzung (Rechts- oder Rechtsgutsverletzung z. B. erst durch mitwirkendes, willentliches Verhalten eines Dritten oder des Verletzten selbst) kann dem fahrlässig handelnden/unterlassenden Schädiger die eingetretene Rechts- bzw. Rechtsgutsverletzung **nur** dann **zugerechnet** werden, **wenn** zwischen ihr und dem (pflichtwidrigen) Verhalten ein **Pflichtwidrigkeitszusammenhang** besteht (**Schutzzweck der Norm!**). Für die Zurechenbarkeit bei mittelbarer, adäquat kausaler Rechts- oder Rechtsgutsverletzung sind vor allem (normierte) spezielle und allgemeine Verkehrssicherungspflichten sowie individuelle Handlungspflichten von Bedeutung.

3. Die zuzurechnende **Rechts- oder Rechtsgutsverletzung** muss **rechtswidrig** sein. Die **Rechtswidrigkeit** der Rechts- oder Rechtsgutsverletzung **wird** durch vorsätzliches und/oder fahrlässiges Handeln/Unterlassen, das den Verletzungserfolg unmittelbar (und adäquat kausal) bewirkt hat, **indiziert** (bei Fahrlässigkeit = str.), d. h. es ist **keine „Positivprüfung" der Rechtswidrigkeit** erforderlich (anders bei Verletzung sog. Rahmenrechte wie z. B. des Rechts am eingerichteten und ausgeübten Gewerbebetrieb oder des allgemeinen Persönlichkeitsrechts etc.), sondern es ist **lediglich** das **Nichteingreifen von Rechtfertigungsgründen** (z. B. Notwehr, Notstand, Selbsthilfe (§§ 227–229 BGB), aggressiver Notstand (§ 904 BGB), Einwilligung etc.) festzustellen. Soweit der Verletzungserfolg mittelbar (wenn auch adäquat kausal) bewirkt war, gehört zur Feststellung der Rechtswidrigkeit neben dem Nichteingreifen von Rechtfertigungsgründen („positiv") auch die Feststellung eines Pflichtverstoßes (Pflichtwidrigkeitszusammenhang!), etwa die Verletzung allgemeiner oder spezifischer Verkehrssicherungspflichten etc.
4. Die dem Anspruchsgegner zuzurechnende **Rechts- oder Rechtsgutsverletzung** muss von ihm **verschuldet** sein, dem Anspruchsgegner muss bei seiner Handlung/Unterlassung ein **Verschulden** treffen
   a) *Verschuldensformen* gem. §§ 276, 277 BGB
      aa) *Vorsatz*
      ab) *Fahrlässigkeit* (einschließlich grober Fahrlässigkeit)
      ac) *Sorgfalt in eigenen Angelegenheiten* (= Vorsatz, (nur) grobe Fahrlässigkeit sowie die Sorgfalt, die der Anspruchsgegner (Schädiger) in eigenen Angelegenheiten anzuwenden pflegt (die er üblicherweise anwendet – subjektiver Beurtei-

lungsmaßstab); graduell darunter liegende Fahrlässigkeit kann ggf. als Verschuldensform ausgeschlossen sein.).
b) Ausschluss oder Minderung der Verantwortlichkeit = **Verschuldensfähigkeit** ausgeschlossen oder eingeschränkt?
ba) gem. § 827 BGB (vgl. auch § 276 Abs. 1 S. 2 BGB)
bb) gem. § 828 BGB (vgl. auch § 276 Abs. 1 S. 2 BGB)

Beachte: Billigkeitshaftung gem. § 829 BGB

437 II. „Negative" Anspruchsvoraussetzungen:
Wie allgemein: keine rechtshindernden Einwendungen

438 III. **Rechtsfolge = Schadensersatz gem. §§ 249, 842 ff. BGB**
1. Eintritt eines **Schadens**
Voraussetzung für den deliktsrechtlichen Schadensersatzanspruch gem. § 823 Abs. 1 BGB (Entsprechendes gilt für alle weiteren deliktsrechtlichen Ansprüche) ist der Eintritt eines Schadens, der adäquat kausal durch die Rechts- oder Rechtsgutsverletzung entstanden ist (= „haftungsausfüllende Kausalität" bzw. „haftungsausfüllender Tatbestand").
2. **Schadensumfang**
Jeder Schaden, der adäquat kausal aus der schuldhaft herbeigeführten Rechts- oder Rechtsgutsverletzung resultiert und innerhalb des Schutzzwecks der Norm liegt, ist zu ersetzen. Dabei braucht der über den ursprünglichen Verletzungserfolg hinausgehende weitere Schaden nicht vom Verschulden umfasst zu sein, es reicht vielmehr bloße Kausalität nach der Adäquanzformel; im Übrigen gilt für den Schadensumfang § 249 BGB.
3. **Art des Schadensersatzes:**
Wie in § 249 BGB bestimmt

Beachte: Besonderheiten beim deliktsrechtlichen Schadensersatz gem. §§ 842 ff. BGB

4. **Stets nachzuprüfen** ist, ob
a) eine **Vorteilsausgleichung** („Neu für Alt"; ersparte Aufwendungen; etc.) in Betracht kommt, oder ob
b) ein **mitwirkendes Verschulden** gem. §§ 254 Abs. 1, 846 BGB (vgl. auch § 17 Abs. 2 StVG; § 9 StVG i. V. m. § 254 BGB) vorliegt, oder ob dem Anspruchsteller
c) ein Verstoß gegen **Schadensabwehr- bzw. Schadensminderungspflicht** zur Last fällt (§ 254 Abs. 2 S. 1 BGB)

Beachte: Verjährungsbesonderheiten bei deliktsrechtlichen Ansprüchen = peremptorische Einreden vgl. §§ 195, 199 Abs. 3 Ziff. 1 und 2, 199 Abs. 4, 852 BGB

439 e) „Anfechtungsrechte". In zivilrechtlichen Klausuren und Hausarbeiten sind Anspruchsprüfungen von familien- und/oder erbrechtlichen Ansprüchen sowie Ansprüchen aus dem AT des BGB (z. B. § 179 BGB) weitaus seltener gefordert als die Prüfung von Ansprüchen aus den anderen Anspruchskategorien. Mit den vorstehend erörterten und erläuterten Aufbauschemata für Anspruchsprüfungen mag es somit sein Bewenden haben. Von besonderem Interesse – weil erfahrungsgemäß in zivilrechtlichen Fallbearbeitungen recht häufig zu prüfen – ist die Wirkung von ausgeübten Anfechtungsrechten auf die zuvor als gegeben festgestellte Anspruchsgrundlage (= Anspruch entstanden?).

Zumeist handelt es sich dabei um Anspruchsgrundlagen aus der Anspruchskategorie „Ansprüche aus Vertrag". An dieser Kategorie orientiert soll daher abschließend noch der Prüfungsgang von (ausgeübten) Anfechtungsrechten im schematischen Überblick dargestellt werden:

I. **Anspruchsnormen/Anspruchsgrundlage – Anspruch entstanden?**   **440**
1. „Positive" Anspruchsvoraussetzungen = Entstehungstatbestand; wenn bejaht:
2. „Negative" Anspruchsvoraussetzungen = keine rechtshindernden Einwendungen;
II. **wenn I., 1) und I., 2) bejaht = Anspruch entstanden**
(vgl. Zweiter Teil, B. II. 4.).

Zu den **rechtshindernden Einwendungen** (vgl. bei Zweiter Teil, B. II. 4.) zählen die   **441**
Anfechtung gem. §§ 119, 123 BGB mit § 142 BGB. Im Rahmen von I. 2) ist demgemäß wie folgt zu prüfen:

1. **Zulässigkeit der erklärten Anfechtung**   **442**
Anfechtungsrechte können bisweilen ausgeschlossen sein (vornehmlich etwa in besonderen familienrechtlichen, arbeitsrechtlichen, gesellschaftsrechtlichen etc. Fallkonstellationen); in jedem Einzelfall prüfen!

Erforderlich ist ein *Anfechtungsgrund*:   **443**
a) *Inhaltsirrtum*, § 119 Abs. 1 1. Alt. BGB (Irrtum über den Bedeutungsgehalt einer rechtsgeschäftlichen Willenserklärung)
   - Was war der objektive Erklärungsgehalt?
   - Wollte der Anfechtende etwas anderes erklären (subjektiver Erklärungsgehalt) und
   - glaubte der Anfechtende, etwas anderes als den objektiven Erklärungsgehalt zu erklären (= Fehlvorstellung als unbewusstes Auseinanderfallen von objektivem und subjektivem Erklärungsgehalt);
   - Wie ist die Fehlvorstellung über den Erklärungsgehalt zu beurteilen – Erheblichkeitsprüfung (= § 119 Abs. 1 HS. 2 BGB: Der Erklärende hätte bei Kenntnis der Sachlage ... die Erklärung so wie geschehen nicht abgegeben)
b) *Erklärungsirrtum*, § 119 Abs. 1, 2. Alt. BGB (Fehlvorstellung über das, was tatsächlich erklärt worden ist)
   - typische Anwendungsfälle: Versprechen, Verschreiben
   - Bezugspunkt der Fehlvorstellung: Erklärungshandlung
   - Im Übrigen: wie bei Inhaltsirrtum, teilweise fließende Übergänge
c) *Beachtlicher Eigenschaftsirrtum*, § 119 Abs. 2 BGB (Fehlvorstellung über eine verkehrswesentliche Eigenschaft; auch: beachtlicher Motivirrtum)
   - Eigenschaft = ein in der Sache verkörperter oder mit der Person verbundener wertbildender Faktor (dazu gehört bei einer Sache weder der Kaufpreis noch der Sachwert als solcher, sondern nur ein wertbildender Bestandteil der Sachsubstanz)
   - Verkehrswesentlichkeit der Eigenschaft
d) *Arglistige Täuschung* oder *Drohung*, § 123 BGB
   da) *arglistige Täuschung*
      - Täuschungshandlung (Vorsatz!)
      - Kausalität zwischen Täuschungshandlung und rechtsgeschäftlicher Willenserklärung
      - Arglist als Kenntnis von Täuschungseffekt und Kausalzusammenhang von Täuschungshandlung und Willenserklärung
   db) *widerrechtliche Drohung*
      - Drohung = Ankündigung eines aus der Sicht des Drohungsempfängers vom Willen des Drohenden abhängigen Übels

    – widerrechtlich = ohne rechtfertigenden Grund
    – Kausalität zwischen Drohung und Willenserklärung

444 2. **Tatsächliche Anfechtungserklärung**
   a) des Anfechtungsberechtigen
   b) gegenüber dem Anfechtungsgegner gem. § 143 BGB
   c) Anfechtungserklärung = empfangsbedürftige Willenserklärung, vgl. § 130 Abs. 1 S. 1 BGB → Zugangsproblem!
   d) Inhalt der Anfechtungserklärung: Nichtigkeit des Rechtsgeschäfts ex tunc mit Angabe des Anfechtungsgrundes, soweit nicht aus Inhalt der Anfechtungserklärung selbst ersichtlich
   e) keine Bedingung = Anfechtung ist bedingungsfeindlich

445 3. Einhalten von **Anfechtungsfristen**
   a) bei § 119 BGB = § 121 Abs. 1 BGB: *unverzüglich*
   b) bei § 123 BGB = § 124 BGB: *ein Jahr*
   c) Beginn der Anfechtungsfristen: § 121 Abs. 1 S. 1 und S. 2; § 124 Abs. 2 BGB

446 4. **Kein Ausschluss** des Anfechtungsrechts
   a) § 121 Abs. 2 BGB
   b) § 124 Abs. 3 BGB
   c) § 144 BGB → wenn das anfechtbare Rechtsgeschäft von dem Anfechtungsberechtigten in Kenntnis seines Anfechtungsrechts bestätigt wird.

447 5. **Wirkung** der Anfechtung
   Rechtsgeschäftliche Willenserklärungen bzw. Rechtsgeschäft von Anfang an (ex tunc) *nichtig*, § 142 Abs. 1. BGB

448 Im Ergebnis ist nach alledem bei begründeter Anfechtung der nach seinen „positiven" Anspruchsvoraussetzungen festgestellte Anspruch mangels Vorliegens der „negativen" Anspruchsvoraussetzungen (= keine rechtshindernden Einwendungen) nicht entstanden.

C. Der Aufbau einer strafrechtlichen Fallbearbeitung

449 Auch für strafrechtliche Fallbearbeitungen gilt: Ein sachrichtiger Aufbau ist keine bloße Äußerlichkeit der materiellrechtlichen Fallprüfung. Er ist vielmehr Ausdruck eines folgerichtigen Denkens und einer in sich schlüssigen juristischen Argumentation. Und er sorgt in zivilrechtlichen wie in strafrechtlichen und auch öffentlich-rechtlichen Fallbearbeitungen für eine der Sache (das ist die zufriedenstellende Erledigung der in einer strafrechtlichen Klausur und/oder Hausarbeit geforderten Aufgabe) in jeder Hinsicht dienliche Durchsichtigkeit der materiellrechtlichen Fallprüfung, für eine verständnisfördernde Übersichtlichkeit und Klarheit in der Wiedergabe der geleisteten Subsumtionsarbeit. Schließlich und endlich vermittelt ein sachrichtiger Aufbau dem(der) Klausur- oder Hausarbeitsverfasser(in) die notwendige Bearbeitungssicherheit im kontinuierlichen Fortgang der Fallprüfung: Das ist im Strafrecht nicht anders als im Zivilrecht und öffentlichen Recht.

450 Anders als im Zivilrecht steht für strafrechtliche Fallbearbeitungen ein Grundschema für Fallprüfungen etwa nach Art eines Anspruchssystems nicht zur Verfügung. Doch soll man sich nicht täuschen: Aufbaumodelle bzw. Aufbaumuster bestimmen die juristische Fallbearbeitung auch im Strafrecht, auf andere Weise und mit anderen Strukturelementen als im Zivilrecht oder öffentlichen Recht, eben: rechtsgebietsspezifisch. Auf diese, den einzelnen Aufbauschemata im Zivilrecht funktional durchaus vergleichbaren Aufbaumuster, die sich im Wesentlichen aus den Grundlagen und Grundbegriffen des allgemeinen Strafrechts (vgl. dazu *Bringewat*, Grundbegriffe, Rn. 258 ff., 670 ff.) herleiten, ist alsbald (Zweiter Teil, C. IV.) zurückzukommen. Zuvor ist auf einige strafrechtsspezifische Grundregeln für den Aufbau einer strafrechtlichen Fallbearbeitung einzugehen.

I. Fallbezogene „Aufbautechnik"

Unter fallbezogener „Aufbautechnik" sind Aufbauregeln zu verstehen, die sich aus dem Sachzusammenhang zwischen der Schilderung des konkreten Lebenssachverhalts im Sachverhaltstext und der zugehörigen Aufgabenstellung, der(n) Fallfrage(n) ergeben. „Aufbautechnische" Bedeutung haben dabei vor allem der als Tatbeteiligte (Täter und Teilnehmer i. e. S.) beschriebene Personenkreis und die Anzahl und Art der geschilderten Handlungs- und sonstigen Geschehensabläufe. Für den Aufbau einer strafrechtlichen Fallbearbeitung sind zwar stets und vorrangig die jeweils besonderen Umstände des Einzelfalls zu beachten, aus dem Zusammenhang zwischen tatbeteiligten Personen und Anzahl und Art von Handlungs- oder Tatkomplexen im geschilderten Lebenssachverhalt lassen sich aber grob vereinfacht vier modellhafte Fallkonstellationen ausdifferenzieren, die je für sich in der Fallbearbeitung bestimmten Aufbauregeln folgen. **451**

Es sind dies die Fallkonstellationen „Alleintäter – ein Tatkomplex", „Alleintäter – mehrere Tatkomplexe", „Mehrere Tatbeteiligte – ein Tatkomplex" und „Mehrere Tatbeteiligte – mehrere Tatkomplexe". Hinzu kommen noch „gemischte Fallkonstellationen" (z. B. Alleintäter im ersten Tatkomplex, mehrere Tatbeteiligte – mit oder ohne vorher agierendem Alleintäter – im zweiten und dritten etc. Tatkomplex). Die sachlich zutreffende Ausdifferenzierung des tatbeteiligten Personenkreises und der ihm zuzuweisenden Tatkomplexe und umgekehrt ist einmal mehr eine Weichenstellung für das Gelingen der Fallprüfung, weil sie als ein „Steinchen im Mosaik der Aufbauregeln" für die Wahl des Aufbaus der strafrechtlichen Fallbearbeitung (mit-)entscheidend ist. Wenn alles so läuft, wie es sein sollte, ist sie ein Teilergebnis der Arbeit am und mit dem Sachverhalt (vgl. dazu nochmals Erster Teil, C. II.). **452**

1. Alleintäter verwirklicht einen Tatkomplex

Diese Variante der möglichen Fallkonstellationen bereitet „aufbautechnisch" kaum Schwierigkeiten. Verwirklicht die einzig und allein im Sachverhalt auftretende Person mit ihrem Verhalten (möglicherweise) nur einen einzigen gesetzlichen Straftatbestand (gesetzliche Deliktsbeschreibung des StGB ab §§ 80 ff.; Deliktsbeschreibungen im Nebenstrafrecht), bestehen überhaupt keine Aufbauprobleme. Besteht das Verhalten des Alleintäters in mehreren selbstständigen Handlungen, die verschiedene gesetzliche Straftatbestände oder ein und denselben gesetzlichen Straftatbestand mehrmals betreffen, geht man zweckmäßigerweise „historisch" (vgl. Zweiter Teil, A. I.) vor. Soweit das Verhalten mehrere gesetzliche Straftatbestände durch eine und dieselbe Handlung verwirklichen könnte, ist „teleologisch", d. h. schwerpunktbildend nach der Gewichtigkeit der verschiedenen Delikte zu prüfen (vgl. Zweiter Teil, A. II.): Erst der Mord und dann die Körperverletzung oder – wenn überhaupt – die Sachbeschädigung! **453**

Die Fallprüfung mit Subsumtion (Rechtsanwendung, vgl. Erster Teil, C. III.) setzt stets bei einem als (möglicherweise) „passend" ermittelten Deliktstatbestand des Besonderen Teils des StGB (ab § 80 StGB) oder des Nebenstrafrechts (ganz selten) an. Ausgangspunkt der Fallprüfung sind niemals Vorschriften/Normen des Allgemeinen Teils des StGB (so auch *Wohlers/Schuhr/Kudlich*, Klausuren, 3. Teil, IV. 3.). Soweit der Allgemeine Teil des StGB bzw. des Strafrechts materiellrechtliche Voraussetzungen für das Vorliegen einer Straftat enthält, sind sie in die gesetzlichen Deliktstatbestände des StGB (bzw. des Nebenstrafrechts) „hineinzulesen" und in der Prüfung der gesetzlichen Straftatbestände **454** mitzuprüfen. Wie das „aufbautechnisch" vor sich geht, wird sich bei der Auflistung einzelner Aufbaumuster zeigen (vgl. Zweiter Teil, C. IV.). Sind mehrere gesetzliche Straftatbestände zu prüfen, ist jeder einzeln und für sich zu prüfen (mit Einschränkungen bei deliktsbezogener „Aufbautechnik", vgl. sogleich bei C. I. 2.). Ebenso verhält es sich mit den einzelnen Straftatmerkmalen im Prüfungsrahmen des je einzelnen gesetzlichen Deliktstatbestandes: Jedes Straftatmerkmal (= jedes Einzelelement der Straftat) ist einzeln und für sich zu prüfen. Jede Tatbestandsprüfung beginnt mit einem einleitenden Satz, der genau benennt, wer durch welche Handlung/Unterlassung welchen Straftatbestand (welches Delikt) verwirklicht haben könnte (vgl. zum Ganzen wie hier *Wohlers/ Schuhr/Kudlich*, Klausuren, 3. Teil, IV.).

2. Alleintäter verwirklicht mehrere Tatkomplexe

455 „Aufbautechnische" Besonderheiten können sich in dieser Fallvariante ergeben, wenn und weil sich bestimmte Handlungsstränge über mehrere Tatkomplexe erstrecken. Grundsätzlich ist bei mehreren Tatkomplexen, was die Prüfung der verschiedenen Tatkomplexe selbst anbelangt, „historisch" vorzugehen. Es ist also die zeitliche Abfolge der in sich abgeschlossenen Tatkomplexe für den Fallaufbau maßgeblich. Freilich sind auch insoweit Ausnahmen denkbar. Das kann vor allem der Fall sein, wenn der chronologisch letzte Tatkomplex die gewichtigsten der möglichen Straftaten enthält und die Tatbestandsprüfungen des letzten Tatkomplexes nicht die Bearbeitung zeitlich vorausgegangener Handlungsabläufe in anderen Tatkomplexen voraussetzt. Umgekehrt kann es bei Handlungssträngen, die sich über mehrere Tatkomplexe erstrecken, erforderlich sein, die „aufbautechnisch" sonst zwingende Abschichtung einzelner Tatkomplexe zugunsten einer einheitlichen Durchprüfung des gesamten Handlungsablaufs zu durchbrechen. Im Übrigen ist wie bei C. I., 1. zu verfahren.

3. Mehrere Tatbeteiligte verwirklichen einen Tatkomplex

456 Mehrere Tatbeteiligte: Das können (straf-)rechtlich ganz verschiedene Personen oder Personengruppen sein. Im ersten Zugriff stellt man sich darunter die aus der strafrechtlichen Teilnahmelehre (Täterlehre) bekannten Tatbeteiligten vor, also etwa Täter wie Mittäter und mittelbare Täter oder Teilnehmer i. e. S. wie z. B. Anstifter und Gehilfen (vgl. §§ 25–27 StGB). Tatbeteiligte können freilich auch die Verletzten, Geschädigten, Opfer einer Straftat sein, die unter dem Blickwinkel ihres eigenen, möglicherweise ebenfalls strafrechtsrelevanten (Vor-)Verhaltens ggf. als Täter oder sonstige Tatbeteiligte in Betracht kommen (typische Fallfrage: „Wie haben sich die Beteiligten strafbar gemacht?").

457 Agieren (oder Unterlassen) alle diese Tatbeteiligten in nur einem einzigen in sich abgeschlossenen Geschehens- bzw. Tatkomplex, ist in der Fallprüfung grundsätzlich mit demjenigen Tatbeteiligten zu beginnen, der nach seinem Gesamtverhalten aus der Beurteilungsperspektive der möglicherweise mehreren begangenen Straftaten die „**Zentral- oder Hauptfigur**" darstellt und in diesem Sinne der vergleichsweise **Tatnächste** ist. Diese **Aufbauregel ist** bereits von Gesetzes/Rechts wegen zwingend, wenn die Strafbarkeit von Tatbeteiligten **im Beteiligungsverhältnis von Täterschaft und Teilnahme i. e. S.** (vgl. §§ 26, 27 StGB) zu prüfen ist; denn aus §§ 26 und 27 StGB geht hervor, dass Anstiftung und Beihilfe (und deren Strafbarkeit) jeweils die vorsätzlich begangene rechtswidrige Tat eines anderen, nämlich eines Täters (oder mehrerer Täter), und zwar des (terminologisch nicht zwingend, aber üblicherweise) sog. Haupttäters voraussetzen (sog. Akzessorietät der Teilnahme).

458 Die Aufbauregel, eine Fallprüfung mit dem „Tatnächsten" zu beginnen, ist allerdings auch im Beteiligungsverhältnis der **mittelbaren Täterschaft** (vgl. § 25 Abs. 1, 2. Alt. StGB) anzuwenden. Kommt im Verhältnis zweier (oder mehrerer) Tatbeteiligter die Beteiligungsform der mittelbaren Täterschaft in Betracht, muss **zunächst die Strafbar-**

keit bzw. **Nichtstrafbarkeit des Tatmittlers** – das ist die Person, die als vom „Hintermann" eingesetztes „Werkzeug" die Tatbegehung an den „Hintermann" wie dessen eigene Tat vermittelt – geprüft werden, weil er der Tatnächste ist und von seiner Strafbarkeitsprüfung abhängt, ob der „Hintermann" wirklich der (mittelbare) Täter ist. Würde man umgekehrt verfahren und die Fallprüfung mit der Strafbarkeit des potentiellen (mittelbaren) Täters beginnen, wäre man gezwungen, innerhalb dieser Strafbarkeitsprüfung – gewissermaßen in „eckigen Klammern" – eine zweite Strafbarkeitsprüfung, und zwar die des Tatmittlers vollständig durchzuführen. Solche Inzidentprüfungen sind aber grundsätzlich unzulässig. Die Prüfung von Straftatbeständen muss frei bleiben von Vorgreiflichkeiten und Vorfragen, sonst droht eine zu Unübersichtlichkeit und Fehlern führende „Schachtelei".

459 Das trifft abgewandelt auch für die Fallkonstellationen zu, in denen das Verhalten eines Tatbeteiligten die Strafbarkeit des Verhaltens eines anderen Tatbeteiligten ausschließen könnte. Steht etwa bei wechselseitiger Körperverletzung ein möglicher Ausschluss der Rechtswidrigkeit der Körperverletzung des einen Tatbeteiligten qua Rechtfertigung in Frage, ist zunächst mit diesem Tatbeteiligten die Fallprüfung zu beginnen, weil anderenfalls die Rechtfertigungsproblematik inzident im Rahmen der Strafbarkeitsprüfung des anderen Tatbeteiligten (Täters) erörtert und gelöst werden müsste.

460 Inzidentprüfungen sind ausnahmsweise zulässig und dann sogar notwendig, wenn potentielle „Haupttäter", Tatmittler oder möglicherweise gerechtfertigt Handelnde im Verlauf des Gesamtgeschehens zu Tode kommen (oder aufgrund einer natürlichen Todesursache versterben); denn die Strafbarkeit eines Toten wird nicht eigenständig geprüft (vgl. dazu aber *Wohlers/Schuhr/Kudlich*, Klausuren, 3. Teil III. 5 mit dort. Anm. 4). Ist dessen Verhalten von Bedeutung für die etwaige Strafbarkeit anderer Tatbeteiligter, muss innerhalb dieser Strafbarkeitsprüfung das Verhalten des Verstorbenen inzident auf seine strafrechtliche Relevanz untersucht werden (so wohl auch *Wohlers/Schuhr/Kudlich*, Klausuren, 3. Teil III. 3.).

461 Schon aus der vorbeschriebenen Aufbauregel, die Fallprüfung grundsätzlich mit der Strafbarkeitsprüfung des „tatnächsten" Tatbeteiligten, des „Haupttäters" bzw. der „Zentralfigur" des Geschehens zu beginnen, folgt ohne weiteres, dass jeder einzelne Tatbeteiligte gesondert und je für sich auf seine Strafbarkeit zu prüfen ist. Auch diese Aufbauregel versteht sich als Grundsatz, der Ausnahmen zulässt. Wird das Verhalten mehrerer Tatbeteiligter im Sachverhalt undifferenziert wie ein einheitliches Verhalten aller Tatbeteiligten geschildert, oder ist das Verhalten mehrerer Tatbeteiligter im Sachverhalt zwar differenziert, aber identisch geschildert, können die mehreren Tatbeteiligten zusammen in einer einzigen Strafbarkeitsprüfung bearbeitet werden, sofern sie alle sämtliche Tatbestandsmerkmale verwirklichen. Die getrennte Strafbarkeitsprüfung jedes einzelnen Tatbeteiligten führte nur zu wortgleichen Wiederholungen der ersten Tatbestands-/Strafbarkeitsprüfung, und das ist nicht Sinn einer rechtsgutachtlichen Fallbearbeitung.

462 Nicht ganz so eindeutig stellt sich die Sache dar, wenn mehrere Tatbeteiligte als Täter (**nicht als Teilnehmer** i. e. S.!) in Betracht kommen, jeder von ihnen aber nur Teile des Delikts verwirklicht und die verwirklichten Deliktsteile zusammen das ganze Delikt ausmachen. In diesen Fällen muss bei strikter Trennung der Strafbarkeitsprüfungen auf das Verhalten eines zweiten, dritten, etc. Tatbeteiligten **vor**gegriffen und geprüft werden, ob deren Verhaltensteile dem zuerst geprüften Tatbeteiligten wie eigenes Verhalten zugerechnet werden kann (zumeist: gem. § 25 Abs. 2 StGB – Mittäterschaft). Bei der anschließenden Strafbarkeitsprüfung des zweiten bzw. dritten Tatbeteiligten verfährt man genauso, freilich unter **Rück**griff auf die Verhaltensteile des ersten, zweiten etc. Tatbeteiligten. Das ist bisweilen umständlich, so dass es sich anbietet, auch insoweit eine Ausnahme von der gesonderten Strafbarkeitsprüfung zuzulassen und alle Tatbeteiligten zusammen in einer Strafbarkeitsprüfung abzuhandeln, sofern sie im Übrigen alle anderen Strafbarkeitsvoraussetzungen in ihrer Person und mit ihrem Verhalten erfüllen (vgl. zum Ganzen auch *Wohlers/Schuhr/Kudlich*, Klausuren, 3. Teil III. 2.).

4. Mehrere Tatbeteiligte verwirklichen mehrere Tatkomplexe

463 Sind in mehreren Tatkomplexen jeweils dieselben Tatbeteiligten zu prüfen, ergeben sich für den Aufbau der Fallbearbeitung keine zusätzlichen Besonderheiten: Die zu C. I. 2. und 3. erörterten Aufbauregeln greifen je nach Sachverhaltsgestaltung ineinander und sind – zusammengeführt – anzuwenden.

5. Gemischte Fallkonstellationen

464 Gemischte Fallkonstellationen sind solche, in denen nach den Schilderungen im Sachverhalt in mehreren Tatkomplexen entweder Alleintäter und mehrere Tatbeteiligte unter Einschluss des Alleintäters z. B. im zweiten und dritten Tatkomplex, mehrere Tatbeteiligte in wechselnder Zusammensetzung über sämtliche Tatkomplexe verteilt oder in einzelnen Tatkomplexen zumindest teilweise personenidentisch auftreten etc. (Es gibt auch weitere Kombinationsmöglichkeiten, für die wegen ihrer Vielzahl eine abschließende Aufzählung gar nicht erst versucht wird). Für alle diese gemischten Fallkonstellationen gilt, unter Anwendung der Aufbauregeln C. I. 1. bis 4., ein Höchstmaß an Übersichtlichkeit und Klarheit in die jeweilige Fallbearbeitung hineinzubringen, ein „gebrauchsfertiger" Katalog variantenspezifischer Aufbauregeln steht (leider) nicht zur Verfügung.

II. Deliktsbezogene „Aufbautechnik"

465 Von fallbezogenen Aufbauregeln sind deliktsbezogene Aufbauregeln abzusetzen. Deliktsbezogene Aufbauregeln resultieren aus der je nach Deliktsart unterschiedlichen Deliktscharakteristik der zu prüfenden gesetzlichen Straftatbestände. Von den zahlreichen deliktsbezogenen Aufbauregeln sollen an dieser Stelle nur zwei besonders hervorgehoben werden (Weitere deliktsbezogene Aufbauregeln sind zum Teil in den sogleich zu erörternden materiellrechtlichen Vorgaben für strafrechtliche Prüfungsschemata enthalten, vgl. dazu C. III.):

1. Grundtatbestand und Qualifikation

466 Verwirklicht ein Täter durch sein Verhalten einen Grundtatbestand und zugleich ein qualifiziertes Delikt (z. B.: § 223 StGB und zugleich § 224 StGB; vgl. zum Verhältnis Grundtatbestand – Qualifikation *Bringewat*, Grundbegriffe, Rn. 249 ff.) bzw. ein privilegiertes Delikt (z. B.: § 212 StGB und zugleich § 216 StGB, str.), fragt es sich, ob die Fallprüfung mit der vollständigen Durchprüfung des Grunddelikts zu beginnen hat und daran anschließend die Qualifizierung bzw. Privilegierung ebenfalls als vollständige Strafbarkeitsprüfung zu prüfen ist, oder ob die Strafbarkeitsprüfung sofort mit dem Qualifikationstatbestand einsetzt und die Merkmale des Grundtatbestandes zusammen mit denen des Qualifikationstatbestandes in einer Tatbestandsprüfung durchgeprüft werden. Die Auffassungen darüber gehen auseinander; je nach Einzelfall können beide Aufbauvarianten vertretbar und zulässig sein.

467 Hat der Täter etwa den Grundtatbestand des Raubes gem. § 249 StGB und zugleich eine der Qualifikationen in § 250 Abs. 1 StGB verwirklicht, kann es je nach Einzelfall und je nach verwirklichter Qualifikation sinnvoll sein, zunächst den Grundtatbestand des § 249 StGB mitsamt seinen objektiven und subjektiven Tatbestandsmerkmalen, der Rechtswidrigkeit und Schuld zu prüfen (volle Strafbarkeitsprüfung) und unmittelbar anschließend die objektiven und subjektiven Merkmale des Qualifikationstatbestandes unter wiederholender Bestätigung der Voraussetzung „Raub" nebst Rechtswidrigkeit und Schuld (volle Strafbarkeitsprüfung) abzuhandeln. Das Endergebnis für die Strafbarkeit des geprüften Täters wird dann im Zusammenhang mit der Erörterung von Konkurrenzen (Tateinheit, Tatmehrheit) gefunden und ausformuliert.

Diese Aufbaumethodik ist oftmals leichter zu handhaben als die sofortige Einbeziehung der Qualifikationsmerkmale in ein und dieselbe Strafbarkeitsprüfung auch des Grundtatbestandes (ähnlich auch *Wessels/Beulke/Satzger*, Strafrecht AT, Rn. 1379). Allerdings spricht nach dem sachlogischen Verhältnis zwischen Grundtatbestand und Qualifizierung (Spezialität!) vieles dafür, sogleich mit dem Qualifikationstatbestand zu beginnen. Hat der Täter beispielsweise die Körperverletzung mittels einer Waffe (§ 224 Abs. 1, Ziff. 2 StGB) begangen, wäre es angezeigt, die Strafbarkeitsprüfung mit dem Qualifikationstatbestand zu beginnen und innerhalb der Tatbestandsprüfung zunächst die objektiven Merkmale des Grunddelikts (§ 223 StGB), anschließend die objektiven Merkmale der Qualifizierung (mittels Waffe) und sodann die übrigen Strafbarkeitsvoraussetzungen zu prüfen.

Entsprechendes gilt für die Prüfung von Grunddelikt und Privilegierung (vgl. zum Ganzen auch *Wessels/Beulke/Satzger*, Strafrecht AT, Rn. 1378 f.). Die Einordnung der subjektiven Tatbestandsmerkmale bzw. des sowohl auf die Merkmale des Grunddelikts als auch die der Qualifizierung bezogenen Tatvorsatzes hängt zudem davon ab, welchem Systemaufbau der Straftat (vgl. dazu den Überblick bei *Bringewat*, Grundbegriffe, Rn. 670 ff.) die Strafbarkeitsprüfung insgesamt folgt (vgl. dazu auch die Erörterungen unter C. III. und die Aufbaumuster/-modelle bei C. IV.)

2. Spezialtatbestand i. d. R. vor Grunddelikt

Abgesehen von den soeben „gleichberechtigt" nebeneinander gestellten Aufbauregeln für den Prüfungsablauf im Verhältnis von Grunddelikt und Qualifizierung/Privilegierung gilt grundsätzlich, dass Spezialtatbestände, und zwar insbesondere Spezialtatbestände eigenständiger Art (delictum sui generis) stets vor dem allgemeinen Delikt (zumeist dem Grunddelikt) zu prüfen sind. Das trifft z. B. auf den Deliktszusammenhang zwischen Raub und Diebstahl bzw. Nötigung zu; § 249 StGB (Spezieller Straftatbestand) wird deshalb stets vor § 242 StGB (allgemeines Delikt) oder § 240 StGB (Raub = ein aus Diebstahl und Nötigung zusammengesetztes delictum sui generis) geprüft (so auch *Wessels/Beulke/Satzger*, Strafrecht AT, Rn. 1378).

Ganz ähnlich sind Straftatbestände, die anderen Delikten nach den (Konkurrenz-)Regeln der Subsidiarität oder Konsumtion vorgehen, zuerst und erst danach die (später) „verdrängten" Straftatbestände zu prüfen. Das kann der Fall sein im Verhältnis von §§ 242, 243 Abs. 1, Ziff. 1 StGB zu den §§ 123, 303 StGB.

> **Beachte:** *Tatbestandsähnlich ausgestaltete Regelbeispiele* (wie § 243 Abs. 1 StGB) sind mit in die Tatbestandsprüfung einzubeziehen (ggf. als eigene Merkmalsgruppe), obwohl es sich der Sache nach um Strafzumessungsgründe handelt, die generell nicht Gegenstand der Fallprüfung sind.

III. Materiellrechtliche Voraussetzungen der Deliktsprüfung

Zentrale Bedeutung für die strafrechtliche Fallbearbeitung hat der normativ-begriffliche Kerngehalt dessen, was als Straftat gilt. In der Strafrechtslehre und Rechtsprechung werden in dieser Frage des Straftat- oder Verbrechensbegriffs unterschiedliche Auffassungen vertreten mit der Folge, dass der Aufbau der Fallprüfung in einer strafrechtlichen Fallbearbeitung je nach vertretener Lehrmeinung differiert. Die Verwendung von Aufbaumustern, die als Fallprüfungsschemata und Denkmodelle die Subsumtionsarbeit und

Beantwortung der Frage, ob und wie sich eine Person strafbar gemacht haben könnte, erleichtern sollen, setzt daher Grundkenntnisse über die verschiedenen Auffassungen in der Lehre von der Straftat und eine persönliche Grundentscheidung für die eine oder andere Lehrmeinung über den Systemaufbau der Straftat voraus. Für eine „aufbautechnisch" einwandfreie Fallbearbeitung ist es also unumgänglich, sich entweder für die „herkömmliche Lehre" (das neoklassische System), für die „finale Lehre" (mit zwei Spielarten: einem strengen und einem gemäßigten finalistischen System) oder einen sog. „teleologischen" Systemaufbau der Straftat (vgl. dazu den Überblick bei *Bringewat*, Grundbegriffe, Rn. 670 ff. mit Rn. 294 ff.) zu entscheiden und dann die aus dieser Grundentscheidung resultierenden Aufbaumuster, und zwar konsequent und ausschließlich zu verwenden.

473 Ein Mischmasch von Aufbaumustern und/oder der Wechsel von einer Position zur anderen wäre fehlerhaft und ist deshalb zu vermeiden. Aus naheliegenden Gründen kann hier auf die streitigen Grundaussagen zum Straftatbegriff nicht eingegangen werden. Ebenso muss eine inhaltliche Auseinandersetzung mit den verschiedenen Lehrmeinungen (auch aus Raumgründen) unterbleiben (vgl. dazu statt aller *Schönke/Schröder (Eisele)*, StGB, Vorbem. zu §§ 13 ff., insbesondere Rn. 12 ff.). Es geht bei den nachfolgenden Aufbauempfehlungen, „aufbautechnischen" Hinweisen und Aufbaumustern/-modellen nur darum, ohne tief greifende kritische Auseinandersetzung mit anderen Aufbauvorschlägen und auffassungsbedingten Aufbauschemata eine an der Strafrechtspraxis orientierte Position einzunehmen und auf lehrmeinungsabhängige Unterschiede im Aufbau einer strafrechtlichen Fallprüfung aufmerksam zu machen.

1. Dreigliedriger Straftatbegriff

474 Ausgehend von einem dreigliedrigen Straftatbegriff (= System der Straftatmerkmale) orientiert sich der Grundaufbau einer strafrechtlichen Fallbearbeitung an den System- und Wertungsstufen (= Straftatmerkmalen) der:

a. **Tatbestandsmäßigkeit,**
b. **Rechtswidrigkeit** und   } = **Straftat**
c. **Schuld**

In jeder dieser drei *System- und Wertungsstufen* des Straftatbegriffs (zum Streit um verschiedene Straftatbegriffe vgl. statt aller *Schönke/Schröder (Eisele)*, StGB, Vorbem. zu §§ 13 ff., Rn. 12 ff.) sind die verschiedenen Einzelelemente strafbaren Verhaltens zu prüfen. Unabhängig von Deliktsart und Begehungsweise, Verwirklichungsstufe (Vollendung, Versuch etc.) und Beteiligungsformen (Täterschaft und Teilnahme) ist in den verschiedenen Systemkategorien des Straftatbegriffs eine **bestimmte Prüfungsreihenfolge** einzuhalten:

475 a) **Tatbestandsmäßigkeit.** Systematisch gliedert sich die Tatbestandmäßigkeit in einen „objektiven" Teil (objektive Tatbestandsmerkmale, objektive Tatbestandsmäßigkeit oder auch objektiver Tatbestand) und einen „subjektiven" Teil (subjektive Tatbestandsmerkmale, subjektive Tatbestandsmäßigkeit oder auch subjektiver Tatbestand). Methodisch geht es in der Systemstufe der Tatbestandsmäßigkeit darum, die objektiven und subjektiven Elemente des im Sachverhalt konkret geschilderten (Tat-)Geschehens unter die objektiven und subjektiven Merkmale des zu prüfenden gesetzlichen Straftatbestandes zu subsumieren. Dabei werden dem systematischen Aufbau der Tatbestandsmäßigkeit entsprechend grundsätzlich zuerst die objektiven Tatbestandsmerkmale und dann die subjektiven Tatbestandsmerkmale geprüft (anders beim Versuchsdelikt, vgl. bei C. III. 2.).

Beachte: objektive Tatbestandsmerkmale sind grundsätzlich vor subjektiven Tatbestandsmerkmalen zu prüfen.

aa) Objektive und subjektive Tatbestandsmerkmale. Ergibt das Aufsuchen „passender" Rechtssätze beispielsweise, dass auf das Verhalten (das Handeln) eines Täters der gesetzliche Straftatbestand des § 242 Abs. 1 StGB anwendbar ist, sind zunächst die objektiven von den subjektiven Tatbestandsmerkmalen zu sondern:
1. „Wer eine fremde bewegliche Sache einem anderen wegnimmt" = *objektive* gesetzliche *Tatbestandsmerkmale*
2. „in der Absicht, die Sache sich oder einem Dritten rechtswidrig zuzueignen" = *subjektive* gesetzliche *Tatbestandsmerkmale*

Bei der mittels Subsumtion vorzunehmenden Überprüfung jedes einzelnen Tatbestandsmerkmals könnte es dann sprachlich umgesetzt nach kurzer Erwähnung der konkreten Strafbarkeitsfrage und Angabe des strafrechtsrelevanten Verhaltens (etwa: Indem der T..., könnte er sich nach § 242 Abs. 1 StGB wegen Diebstahls zum Nachteil des X strafbar gemacht haben) heißen:
1. Wer einem anderen eine fremde bewegliche Sache wegnimmt = objektive gesetzliche Tatbestandsmerkmale:
T könnte dem A die Uhr weggenommen haben.
Nächster Schritt: Prüfung der einzelnen Tatbestandsmerkmale, hier das Tatbestandsmerkmal fremd, also:
Fraglich ist, ob die Uhr eine i. S. d. § 242 Abs. 1 StGB für T fremde Sache ist. Fremd ist eine Sache, wenn sie...
Wird die Fremdheit der Uhr bejaht, weil sie jedenfalls nicht im Alleineigentum des T steht, ist die Wegnahmefrage zu erörtern, und es heißt dann weiter:
Erforderlich ist, dass T fremden Gewahrsam an der Uhr gebrochen und neuen Gewahrsam, nicht notwendig eigenen Gewahrsam an der Uhr begründet hätte...
Prüfung dieser Gewahrsamsfragen und ggf. Bejahung der Tathandlung „Wegnahme". Nicht zu prüfen ist, ob die Uhr eine Sache und die Sache beweglich ist, denn aus dem Sachverhalt klar zu erkennende oder unzweifelhaft festzustellende Tatsachen brauchen nicht erst noch einer detaillierten Subsumtion unterzogen zu werden.
2. Erst jetzt, nach vollständiger Durchprüfung aller objektiven Tatbestandsmerkmale, ist mit der Prüfung der subjektiven (gesetzlichen) Tatbestandsmerkmale mit entsprechender Subsumtion fortzufahren. In § 242 Abs. 1 StGB: ... in der Absicht, die Sache sich oder einem Dritten rechtswidrig zuzueignen. Es kommt somit darauf an, ob T „Absicht", und zwar die Absicht rechtswidriger Zueignung hatte, also:
T hat bei der Wegnahme der Uhr möglicherweise in der Absicht gehandelt, sich die Uhr rechtswidrig zuzueignen. T wusste, dass die Uhr ... gehörte. Mit der Wegnahme verfolgte T das Ziel, bei nächster Gelegenheit die Uhr an Y gegen angemessenes Entgelt zu „verkaufen". Darauf kam es ihm insbesondere an, wie sich daran zeigt, dass ... T hat in der Absicht gehandelt, sich die Uhr zuzueignen. Da er auf die Uhr keinen Anspruch hatte....

Die Prüfung subjektiver gesetzlicher Tatbestandsmerkmale kann im Einzelfall dann Schwierigkeiten bereiten, wenn im geschilderten Lebenssachverhalt keine Angaben über Vorstellungen, Wünsche, Absichten etc. enthalten sind, die den in einem gesetzlichen Straftatbestand genannten subjektiven Merkmalen entsprechen. Bei der Subsumtion unter die subjektiven gesetzlichen Tatbestandsmerkmale kann man sich in solchen Fällen mit einer (vorsichtigen!) Sachverhaltsauslegung die fehlenden inneren Tatsachen erarbeiten. Häufig ist aber ein (zulässiger) Schluss vom äußeren, objektiven Geschehen auf innere Tatsachen und damit auf – ungeschriebene – subjektive Sachverhaltselemente möglich:
„T nimmt die Uhr an sich und verkauft sie."
Wenn T die Uhr durch Wegnahme an sich bringt und anschließend verkauft, kann unter Auswertung entsprechender weiterer Sachverhaltselemente im Einzelfall durchaus von

diesem objektiven Geschehen darauf geschlossen werden, dass T bei der Wegnahme auch die Absicht hatte, sich die Uhr (rechtswidrig) zuzueignen.

479 Die Prüfung der subjektiven gesetzlichen Tatbestandsmerkmale kann auch deshalb Schwierigkeiten bereiten, weil nicht immer auf Anhieb zu erkennen ist, ob und welche gesetzlichen Tatbestandsmerkmale als subjektive Tatbestandsmerkmale fungieren. Zu den subjektiven gesetzlichen Tatbestandsmerkmalen werden außer den im Gesetz entweder ausdrücklich (z. B. Bereicherungsabsicht bei § 263 Abs. 1 StGB, Zueignungsabsicht in § 242 Abs. 1 StGB) oder dem Sinngehalt nach (Täuschungsabsicht in § 267 Abs. 1 StGB, Verdeckungsabsicht in § 211 Abs. 2 StGB) vorausgesetzten **Absichten** auch sog. **Tendenzen** (z. B. „ausbeutet" in § 181 a Abs. 1 Ziff. 1 StGB, „beharrlich" in § 184 f StGB, „gewerbsmäßig" in §§ 260 Abs. 1 Ziff. 1, 260 a Abs. 1 StGB) und **Verhaltens- bzw. Handlungsformen** (z. B. „grausam" in § 211 Abs. 2 StGB, auch als unrechtsbezogene Gesinnungsmerkmale bezeichnet) gezählt (bei Gesinnungsmerkmalen bzw. Handlungsformen z. T. umstritten).

480 Als **objektive Tatbestandsmerkmale** sind in der Kategorie der Tatbestandsmäßigkeit alle im gesetzlichen Straftatbestand genannten objektiven Merkmale, also der Eintritt des Tatererfolgs, bestimmte Tätermerkmale (z. B. die Eigenschaft „Amtsträger" in §§ 331, 348 StGB oder die Eigenschaft „Treupflichtiger" in § 266 StGB), das Tatobjekt und die Tathandlung (bzw. das Unterlassen) sowie etwaige besondere Handlungsmodalitäten und weitere Tatumstände zu prüfen. Soweit der gesetzliche Straftatbestand objektive Merkmale enthält, die nichts zur Beschreibung des im Straftatbestand vertypten Unrechts beitragen, ist eine Prüfung dagegen (ausnahmsweise) entbehrlich (das trifft etwa für die Merkmale „ohne Mörder zu sein" in § 212 Abs. 1 StGB zu). Über die objektiven Merkmale des gesetzlichen Straftatbestandes hinaus gehören zur Tatbestandsmäßigkeit im Sinne der allgemeinen Verbrechenslehre die objektiven Tatbestandsmerkmale der Kausalität zwischen Tathandlung und Tatererfolg (bei den sog. Erfolgsdelikten) und der objektiven Zurechnung. Bei den unechten Unterlassungsdelikten schließlich sind die Garantenstellung sowie weitere Gleichstellungskriterien ebenfalls objektive Tatbestandsmerkmale (vgl. dazu das noch folgende Aufbaumuster für das vorsätzliche unechte Unterlassungsdelikt). Auch Fragen der Tatbeteiligung gehören – soweit deren objektive Elemente zu prüfen sind – als objektive Merkmale in die Kategorie der (objektiven) Tatbestandsmäßigkeit (die Fallprüfung bei Tatbeteiligungen weist allerdings noch zu erörternde Besonderheiten auf).

481 bb) **Objektive Bedingungen der Strafbarkeit.** Für eine Reihe von gesetzlichen Straftatbeständen stellt sich die Frage, an welcher Stelle im systematischen Aufbau der Straftat und damit an welcher Stelle der Fall-/Tatbestandsprüfung die sog. **objektiven Bedingungen der Strafbarkeit** (z. B.: die Rauschtat in § 323 a StGB → Begehung einer mit Strafe bedrohten Handlung; vgl. zu den objektiven Bedingungen der Strafbarkeit statt aller *Schönke/Schröder (Eisele)*, StGB, Vorbem. vor §§ 13 ff., Rn. 124 ff.) zu prüfen sind. Möglich ist die Zuordnung der objektiven Bedingungen der Strafbarkeit zu einer außerhalb von Tatbestandsmäßigkeit, Rechtswidrigkeit und Schuld stehenden (zusätzlichen) Systemkategorie „Schuldunabhängige Strafbarkeitsvoraussetzungen", weil sie letztlich Umstände beschreiben, die außerhalb des im Tatbestand vertypten Unrechts liegen und für die rechtliche Missbilligung der Tat nicht von Bedeutung sind. „Prüfungstechnisch" empfiehlt es sich jedoch, objektive Bedingungen der Strafbarkeit im Anschluss an die objektiven und subjektiven Tatbestandsmerkmalen als „Tatbestandsannex" zu prüfen, denn ein etwaiges Nichtvorliegen der objektiven Bedingungen der Strafbarkeit macht jede weitere Prüfung des Tatverhaltens auf seine Rechtswidrigkeit und Schuldhaftigkeit überflüssig, weil sie ohne Einfluss auf die Strafbarkeit wäre.

> **Beachte:** Objektive Bedingungen der Strafbarkeit sind nach den objektiven und subjektiven Tatbestandsmerkmalen als „Tatbestandsannex" zu prüfen.

Folgt man der „neoklassischen" oder – wie immer man die unter Einbeziehung der **482** Strafrechtspraxis wohl noch als vorherrschend anzusehende überkommene Lehre auch bezeichnen mag – „herkömmlichen" allgemeinen Strafrechtslehre, findet die Prüfung der Tatbestandsmäßigkeit mit dem Tatbestandsannex der objektiven Bedingungen der Strafbarkeit ihren Abschluss.

cc) **Tatvorsatz als Verhaltens- und Schuldform.** Wer demgegenüber ein „teleologi- **483** sches", ein „gemäßigt finales" bzw. „gemäßigt finalistisches" oder ein „finales" („finalistisches") System der Straftatmerkmale vertritt (vgl. zur eigenen Auffassung *Bringewat,* Grundbegriffe, Rn. 294 ff., 300) und/oder eine **Doppelfunktion des Tatvorsatzes** (als Verhaltens- **und** Schuldform und entsprechend als subjektives Tatbestands- **und** Schuldelement) im Deliktsaufbau anerkennt, muss in der Systemebene des subjektiven Tatbestandes (= der subjektiven Tatbestandsmäßigkeit, der subjektiven Tatbestandsmerkmale) den **Tatvorsatz** (als Unrechts-/Verhaltenselement) in Bezug auf alle objektiven Tatbestandsmerkmale einschließlich der Kausalität zwischen Verhalten und Taterfolg (bei Erfolgsdelikten) prüfen.

Dabei geht es darum festzustellen, ob der Täter mit Wissen und Wollen die objektiven **484** Tatumstände verwirklicht hat. Konsequenz aus der Zuordnung des Tatvorsatzes, sei es in Form von Absicht = dolus directus 1. Grades, direktem Vorsatz = dolus directus 2. Grades oder Eventualvorsatz = dolus eventualis, in den subjektiven Tatbestand bzw. in die subjektive Tatbestandsmäßigkeit ist die Behandlung und Erörterung eines Tatumstandsirrtums gem. § 16 StGB wegen des durch Irrtum möglichen Vorsatzausschlusses ebenfalls in der Tatbestandsmäßigkeit, und zwar bei der Prüfung des Tatvorsatzes als subjektives Tatbestandsmerkmal. Auf die Besonderheit beim Deliktsaufbau nach dem „streng" oder „eingeschränkt" („gemäßigt") finalen (oder auch teleologischen) System der Straftatmerkmale ist noch einmal im Zusammenhang mit der Erörterung der zu prüfenden Schuldelemente und der Behandlung eines Irrtums über einen Rechtfertigungsgrund zurückzukommen (vgl. bei C. III. 1. c), dd).

b) **Rechtswidrigkeit.** Die Tatbestandsmäßigkeit eines Verhaltens indiziert seine Rechts- **485** widrigkeit (sog. Indizfunktion des Tatbestandes). Der gesetzliche Straftatbestand erfasst von vornherein nur solches Verhalten, das gegen das Recht verstößt und damit verboten und rechtswidrig ist. Die „Rechtswidrigkeit" ist gleichwohl als eigenständiges Straftatelement im Deliktsaufbau zu prüfen, weil im Einzelfall das „an sich" rechtswidrige Verhalten gerechtfertigt sein kann.

Im Deliktsaufbau geht es in der Kategorie „Rechtswidrigkeit" also nur darum, im Einzel- **486** nen zu überprüfen, ob die unrechtsindizierende Wirkung des tatbestandsmäßigen Verhaltens durch Rechtfertigungsgründe ausgeschlossen wird. Rechtfertigungsgründe sind nicht nur im Strafgesetz zu finden, sondern in der Gesamtrechtsordnung. In Betracht kommen als wichtigste: Notwehr (§ 32 StGB, § 227 BGB), rechtfertigender Notstand (§ 34 StGB), sonstige Notstände (§§ 228, 904 BGB), Selbsthilfe (§ 229 BGB), Einwilligung, mutmaßliche Einwilligung, Festnahmerecht (§ 127 StPO), dienstliche Anweisung und Befehle etc.

Im Anschluss an die Prüfung der Tatbestandsmäßigkeit könnte es in der Systemebene **487** der „Rechtswidrigkeit" also etwa heißen:
Fraglich ist, ob das tatbestandsmäßige Verhalten (ggf. konkret benennen) *des T gerechtfertigt ist. In Betracht käme angesichts des Umstandes, dass ... eine Rechtfertigung durch Notwehr, § 32 StGB. Dann müsste der T....*
Indem T ... etc.

Sind die Voraussetzungen einer Rechtfertigung vollständig geprüft (dazu sogleich), ist **488** das Subsumtionsergebnis mitzuteilen, etwa:

Das Verhalten des T war daher durch Notwehr gerechtfertigt und damit nicht rechtswidrig. T hat sich also nicht gem. § ... StGB strafbar gemacht.

489 Die Prüfung von Rechtfertigungsgründen in der Deliktkategorie „Rechtswidrigkeit" ist indessen nur angezeigt, wenn im Sachverhalt für das mögliche Eingreifen eines Rechtfertigungsgrundes genügend Anhaltspunkte vorhanden sind. Ist im Sachverhalt das etwaige Vorliegen eines Rechtfertigungsgrundes nicht erkennbar, könnte es im Anschluss an die Tatbestandsprüfung ganz kurz und bündig heißen:
Das Verhalten des T (konkret benennen) *ist auch rechtswidrig, da ihm Rechtfertigungsgründe nicht zur Seite stehen* (oder: *da Rechtfertigungsgründe nicht vorliegen* bzw. *nicht eingreifen, etc.*).

490 Bei der **Prüfung der verschiedenen Rechtfertigungsgründe** ist ähnlich wie im Rahmen der Tatbestandsmäßigkeit nach objektiven und subjektiven Merkmalen zu differenzieren. Stets sind die **objektiven Rechtfertigungselemente** vor den **subjektiven Rechtfertigungselementen** zu prüfen. Zum generellen Verständnis der subjektiven Rechtfertigungselemente lässt sich – dogmatisch freilich unsauber – als Faustregel merken: Wissen und Wollen der objektiven Rechtfertigungselemente.

491 Am Beispiel des § 32 StGB (Notwehr) ist das zu verdeutlichen. In § 32 Abs. 2 StGB sind die Voraussetzungen der Notwehrsituation geschildert mit „gegenwärtiger rechtswidriger Angriff". Weiter ist als Notwehrhandlung die „Verteidigung, die erforderlich ist" genannt. Bei allen diesen Merkmalen handelt es sich um die objektiven Rechtfertigungselemente der Notwehr. Die Verteidigung verfolgt aber auch einen bestimmten Zweck, sie soll den Angriff vom Handelnden oder einem anderen abwehren. In diesem Zweckzusammenhang „Verteidigung zur Abwehr" stecken die subjektiven Rechtfertigungselemente der Notwehr (üblicherweise zusammenfassend als Verteidigungswille gekennzeichnet). Der Sache nach handelt es sich um Wissens- und Wollenselemente. Der Handelnde muss die tatsächlichen Umstände der Notwehrsituation, des erforderlichen Mittels (zur Abwehr) in seinem Handeln sowie die Gebotenheit (§ 32 Abs. 1 StGB) des Handelns kennen und sein Handeln (ausschließlich) als Angriffsabwehr wollen.

492 Die subjektiven Rechtfertigungselemente beziehen sich also sehr differenziert auf alle objektiven Rechtfertigungselemente des jeweils geprüften Rechtfertigungsgrundes. Volle Rechtfertigung tritt nur ein, wenn sämtliche objektiven und subjektiven Rechtfertigungselemente im Verhalten und in der Person des Handelnden/Täters erfüllt sind. Auch schon teilweises Auseinanderfallen von objektiven und subjektiven Rechtfertigungselementen führt zur Strafbarkeit (soweit auch die weiteren Strafbarkeitsvoraussetzungen erfüllt sind).

493 Handelt der Täter beispielsweise objektiv in einer Notwehrsituation, ohne dies zu erkennen, liegen zwar die objektiven Rechtfertigungselemente, nicht aber der Verteidigungswille („zur Abwehr") und damit die subjektiven Rechtfertigungselemente vor. Der Täter kann dann je nach Lehrmeinung, wegen vollendeten Delikts oder wegen Versuchs (§ 23 StGB!) strafbar sein (vgl. zu den verschiedenen Lehrmeinungen *Schönke/Schröder (Sternberg-Lieben)*, StGB, Vorbem. vor §§ 32 ff., Rn. 13, 15). Die Umkehrung dieser Situation (Unkenntnis objektiver Rechtfertigungselemente = Fehlen des „Rechtfertigungsvorsatzes" = Fehlen der subjektiven Rechtfertigungselemente) ist die Vorstellung, in einer Rechtfertigungslage zu handeln, obwohl die objektiven Rechtfertigungsvoraussetzungen tatsächlich nicht vorliegen (irrige Annahme objektiver Rechtfertigungselemente). Bei der Notwehr versteht sich die irrige Annahme einer Notwehrsituation als Putativnotwehr. Grundsätzlich führt die irrige Annahme von objektiven Rechtfertigungselementen zu einer Fehlvorstellung, die als Erlaubnistatbestandsirrtum (besser: Erlaubnistatumstandsirrtum) im Rahmen der Schuld (vgl. sogleich dort) eine bedeutende Rolle spielt.

> **Beachte:** In der Systemebene der Rechtswidrigkeit sind grundsätzlich nur Rechtfertigungsgründe zu prüfen.

Die Einschränkung, dass „grundsätzlich" nur Rechtfertigungsgründe in der „Rechtswidrigkeit" zu prüfen sind, resultiert aus der Existenz und Tatbestandsfassung sog. „offener Tatbestände", in denen die Rechtswidrigkeit bestimmter Verhaltensweisen ausdrücklich umschrieben wird. Nach § 240 Abs. 2 StGB ist beispielsweise die Tat (gem. § 240 Abs. 1 StGB) dann rechtswidrig, wenn die Anwendung der Gewalt oder die Androhung des Übels zu dem angestrebten Zweck als verwerflich anzusehen ist. Die Verwerflichkeit der Zweck-Mittel-Relation als „positiv" vorausgesetztes Rechtswidrigkeitsmerkmal braucht allerdings nur ausdrücklich festgestellt zu werden, wenn **kein** Rechtfertigungsgrund eingreift, denn nur dann hängt das Gesamtunrecht der Nötigung u. a. von der Verwerflichkeit der Zweck-Mittel-Relation ab (ob die „Nichtverwerflichkeit" als eigenständiges Rechtfertigungsmerkmal anzusehen ist, muss hier offen bleiben; vgl. dazu etwa *BGHSt* 2, 194, 196).

c) **Schuld.** Sind Tatbestandmäßigkeit und Rechtswidrigkeit (Rechtfertigungsgründe) eines Verhaltens bejaht, folgt dem dreigliedrigen Verbrechensbegriff entsprechend die aus dem verfassungsrechtlich verankerten strafrechtlichen Schuldprinzip resultierende Überprüfung der Frage, ob sich der Täter schuldhaft verhalten hat, ob ihm sein tatbestandsmäßiges und rechtswidriges Verhalten vorzuwerfen ist; denn Schuld, und zwar Strafrechtsschuld ist im Sinne von Vorwerfbarkeit ein wertendes Urteil über den Täter. Schuld ist aber auch die psychische Beziehung des Täters zu seiner Tat. Im Zusammenwirken von psychischer Beziehung des Täters zu seiner Tat (seinem Verhalten) und individuell-persönlicher Vorwerfbarkeit der Tat (des Tatverhaltens) konstituiert sich – kurz und notwendigerweise vereinfacht gesagt – der sog. komplexe bzw. normativ-komplexe Schuldbegriff der überkommenen Lehre (im Gegensatz zu dem „rein normativen" Schuldbegriff, der vor allem von den Anhängern einer „streng" finalen Verbrechenslehre vertreten wird, vgl. zum Schuldbegriff zusammenfassend *Schönke/Schröder (Eisele)*, StGB, Vorbem. vor §§ 13 ff., Rn. 103 ff., 114 ff.). Aus ihm ergibt sich, dass im Deliktsaufbau die Systemstufe der Schuld in vier Einzelelemente zerfällt, die in der aktuellen Situation des je konkreten Lebenssachverhalts ineinandergreifen und einen einheitlichen Sachzusammenhang darstellen, in der Fallprüfung jedoch nacheinander „abzufragen" sind.

aa) **Schuldfähigkeit, actio libera in causa.** Als **Voraussetzung schuldhaften Verhaltens** muss die **Schuldfähigkeit** des Täters gegeben sein. In strafrechtlichen Fallbearbeitungen ist allerdings nur selten die Frage der Schuldfähigkeit (bzw. der die Strafrechtsschuld ausschließenden Schuldunfähigkeit, vgl. §§ 20, 21, 19 StGB) ein zentrales Problem. Bietet der Sachverhalt ersichtlich keine Anhaltspunkte für eine etwaige Schuldunfähigkeit, ist die Schuldfähigkeit ohne Diskussion als gegeben anzunehmen und nicht näher darauf einzugehen. Allerdings kann im Einzelfall mit Fragen der Schuldfähigkeit die Rechtsfigur der sog. actio libera in causa verknüpft sein, dann nämlich, wenn der Täter die eigentliche Tat im Zustand der Schuldunfähigkeit begangen hat, der Täter diesen Zustand jedoch planvoll selbst herbeigeführt hat oder dessen Eintritt doch zumindest hätte voraussehen können bzw. voraussehen konnte. In diesen Fällen muss unter dem Aspekt der Schuldfähigkeit – die ja im Zeitpunkt des eigentlichen Tatvorgangs ausgeschlossen ist – die Rechtsfigur der actio libera in causa (vorsätzlich oder fahrlässig) erörtert und geprüft werden. Auch die mögliche Strafbarkeit wegen Vollrausches gem. § 323 a StGB ist hier zu prüfen und ggf. **mit gesondertem Deliktsaufbau** zu untersuchen.

bb) **Tatvorsatz, Tatumstandsirrtum.** Wer mit der in Teilen des Schrifttums und in der gerichtlichen Strafrechtspraxis vertretenen insgesamt wohl noch weitverbreiteten

Auffassung das „neoklassische" System der Straftatmerkmale der Deliktsprüfung zugrunde legt und auch die sog. Doppelnatur oder Doppelfunktion des Tatvorsatzes als subjektives Unrechts- **und** Schuldelement (vgl. dazu *Wessels/Beulke/Satzger*, Strafrecht AT, Rn. 206 ff., 310 ff.; ferner Rn. 680 ff. und Rn. 1323) **nicht anerkennt**, prüft im Anschluss an die festgestellte Schuldfähigkeit des Täters den **Tatvorsatz als Schuldform**.

498 Wer vom „neoklassischen" System der Straftatmerkmale ausgehend eine Art „teleologisches" und/oder „gemäßigt" bzw. „eingeschränkt" finales System der Straftatmerkmale vertritt **und/oder** die Doppelnatur des Tatvorsatzes **anerkennt**, hat den Tatvorsatz in seiner Funktion als Verhaltensform und als subjektives Unrechtsmerkmal bereits im subjektiven Tatbestand (= bei der subjektiven Tatbestandsmäßigkeit) geprüft, muss aber nun die zweite Funktion des Tatvorsatzes als vorsätzlich fehlerhafte Einstellung des Täters zu den Verhaltensanforderungen der Rechtsordnung bzw. als Ausdruck der sog. Vorsatzschuld (als Träger des sog. Gesinnungsunwertes) prüfen. Das Vorliegen von Tatvorsatz als Verhaltensform **indiziert** dabei das Vorliegen des Tatvorsatzes als Schuldform.

499 Wer schließlich „streng" final aufbaut, hat die Voraussetzungen des Tatvorsatzes als Teilelement des tatbestandlichen Unrechts bereits **abschließend** bei der subjektiven Tatbestandsmäßigkeit/beim subjektiven Tatbestand geprüft.

500 Wie schon erwähnt, orientieren sich die nachfolgenden Aufbaumuster am „neoklassischen" System der Straftatmerkmale unter Berücksichtigung des Tatvorsatzes ausschließlich als Schuldform mit der Folge, dass der Tatvorsatz allein und abschließend in der „Schuld"-Kategorie des Straftatsystems erörtert und geprüft wird (das geschieht hier nur aus didaktischen Gründen und besagt nichts über die eigene Auffassung im Streit der Lehrmeinungen; zur eigenen Auffassung vgl. *Bringewat*, Grundbegriffe, Rn. 294 ff., 300, 355 ff., 469 ff., 481/482).

501 Dabei kommt der Vorsatzprüfung zweifache Bedeutung zu: Zum einen ist durch Subsumtion unter die Merkmale des Tatvorsatzes zu überprüfen, ob der Täter mit „Wissen und Wollen" sämtliche Elemente der objektiven Tatbestandsmäßigkeit seines Verhaltens verwirklicht hat oder ihm möglicherweise „nur" fahrlässiges Verhalten vorzuwerfen ist. Zum anderen richtet sich die Vorsatzprüfung auf die Frage, ob der Täter aufgrund von Fehlvorstellungen (nämlich im Falle der Unkenntnis von Tatumständen, die zum gesetzlichen Tatbestand gehören, § 16 Abs. 1, S. 1 StGB) ohne Vorsatz gehandelt (oder unterlassen) hat und ihm ggf. bei fahrlässiger Herbeiführung seines Irrtums eine Strafbarkeit wegen fahrlässiger Deliktsverwirklichung droht.

502 Aus der Faustformel „Wissen und Wollen" der Tatbestandsverwirklichung als Kurzfassung des (streitigen) Vorsatzbegriffs, ergibt sich, dass der Tatvorsatz ein kognitives und ein voluntatives Element enthält. Beide Elemente brauchen nicht stets mit gleicher Intensität vorzuliegen. Daraus resultiert, dass der Täter-/Tatvorsatz verschieden ausgeprägt sein kann, nämlich als Absicht (auch dolus directus 1. Grades), als direkter Vorsatz (auch dolus directus 2. Grades) und als Eventualvorsatz (auch dolus eventualis).

503 Unter **Absicht** ist ein Tatvorsatz zu verstehen, der als „willensgesteigerte" Form des direkten Vorsatzes sich durch einen **zielgerichteten Erfolgswillen** in dem Sinne auszeichnet, dass es dem Täter geradezu darauf ankommt, den Eintritt des Taterfolges herbeizuführen oder den Tatumstand zu verwirklichen, für den das Gesetz eine absichtliche Verwirklichung voraussetzt. Liegt dieses zielgerichtete Wollen vor, ist es im Bereich des kognitiven Vorsatzelements unerheblich, ob der Täter die Tatbestandsverwirklichung als sicher oder nur als möglich ansieht.

504 Ein **direkter Vorsatz** setzt im kognitiven Vorsatzelement das Wissen oder die sichere Voraussicht des Täters voraus, dass sein Verhalten einen gesetzlichen Tatbestand verwirklicht. Wer entgegen diesem Wissen willentlich handelt (oder unterlässt), hat den dem voluntativen Vorsatzelement des direkten Vorsatzes genügenden Willen zur Tatbestandsverwirklichung.

505 Der **Eventualvorsatz** schließlich ist dadurch gekennzeichnet, dass das kognitive und voluntative Vorsatzelement in abgeschwächter Form in Erscheinung tritt, Eventualvorsatz liegt vor, wenn der Täter die Verwirklichung des gesetzlichen Tatbestandes durch sein Verhalten ernstlich für möglich hält und sich damit abfindet. Vertraut der Täter hingegen darauf, dass trotz seines mit dem Risiko einer Tatbestandsverwirklichung behafteten Verhaltens ein bestimmter Tatumstand nicht verwirklicht und/oder der Taterfolg ausbleiben wird, liegt nicht Eventualvorsatz, sondern „nur" (bewusste) Fahrlässigkeit (vgl. dazu *Wessels/Beulke/Satzger*, Strafrecht AT, Rn. 331 ff., 333 ff.) vor, was eine veränderte Durchprüfung des Täterverhaltens als **Fahrlässigkeitstat mit eigenem Aufbauschema** erfordert.

506 Zu beachten ist, dass für eine vorsätzliche Tatbestandsverwirklichung in den weitaus meisten Fällen schon der Eventualvorsatz, gewiss aber der direkte Vorsatz genügt. Nur selten verlangt das Gesetz eine wissentliche oder absichtliche Verwirklichung von Tatumständen, wie etwa bei § 258 Abs. 1 StGB.

507 Der Tatvorsatz muss auf sämtliche Merkmale der objektiven Tatbestandsmäßigkeit (des objektiven Tatbestands) bezogen sein. Daraus ergibt sich der durch § 16 Abs. 1, S. 1 StGB bestimmte Vorsatzausschluss für den Fall, dass der Täter im Zeitpunkt seines Tuns oder Unterlassens einen Tatumstand nicht kennt, der zum (gesetzlichen) Tatbestand gehört. **Vorsatzausschluss infolge Tatumstandsirrtums** ist nichts anderes als eine Konsequenz aus dem Fehlen des kognitiven Vorsatzelements. Dabei reicht schlichtes „Nichtwissen", der Täter muss sich nicht konkret-falsche Vorstellungen über einen Tatumstand gemacht haben, um einen Tatumstandsirrtum gem. § 16 Abs. 1, S. 1 StGB zu begründen. Ist der Tatvorsatz gem. § 16 Abs. 1, S. 1 StGB ausgeschlossen, muss weiter geprüft werden, ob der Irrtum möglicherweise fahrlässig herbeigeführt war. In diesen Fällen ist das Verhalten des Täters als **Fahrlässigkeitstat mit eigenem Aufbauschema** zu untersuchen, sofern das betreffende Delikt auch fahrlässig verwirklicht werden kann (auch das ist selten).

508 Die Feststellung eines Tatumstandsirrtums kann insbesondere bei Tatumständen, die im Gesetz durch normative Tatbestandsmerkmale umschrieben sind, Schwierigkeiten bereiten. Ein Tatumstandsirrtum liegt insoweit nur dann vor, wenn der Täter die tatsächlichen Voraussetzungen des normativ umschriebenen (dazu gehört z. B. das Merkmal „fremd" in § 242 Abs. 1 StGB) Tatumstandes nicht kennt. Soweit er sich über den rechtlichen Bedeutungsgehalt des normativen Tatbestandsmerkmals irrt, liegt ein sog. **Subsumtionsirrtum** vor, der zwar möglicherweise als **Verbotsirrtum** gewertet werden kann (dazu sogleich), ansonsten aber unbeachtlich ist, wenn und weil der Täter den rechtlichen Bedeutungsgehalt des Tatumstandes nach Laienart zutreffend erfasst hat (sog. Parallelwertung in der Laiensphäre).

509 **Bsp.:** A und B sind leidenschaftliche Sammler von Antiquitäten. Bezüglich jeweils eines wertvollen Stückes schließen sie einen Tauschvertrag. B erfüllt den Vertrag, A nicht. Daraufhin entschließt sich B, bei A einzubrechen und sich „sein" Stück zu holen.
1. Alt.: Ergreift B die im Tauschvertrag für ihn bestimmte Antiquität in der Annahme, es sei inzwischen seine eigene (unrichtige Parallelwertung), fehlt ihm die Vorstellung „fremd" = Vorsatzausschluss; ist er der Ansicht, die Antiquität gehöre noch dem A (zutreffende Parallelwertung), er dürfte sie aber gleichwohl eigenmäch-

tig an sich nehmen, liegt kein Tatumstandsirrtum über die „Fremdheit" vor = voller Tatvorsatz.

2. Alt.: Ergreift B aus einer Sammlung mehrerer gleichaussehender Antiquitäten ein Stück des A in der Annahme, es sei seine eigene, dem A zur Ansicht vorübergehend geliehene und von diesem vereinbarungswidrig nicht zurückgegebene Antiquität, liegt eine Fehlvorstellung über die tatsächlichen Voraussetzungen des Merkmals „fremd" und damit ein Vorsatzausschluss gem. § 16 Abs. 1, Satz 1 StGB vor.

510 Innerhalb der Systemstufe „Schuld" sind im Anschluss an die Feststellung des Tatvorsatzes als weiteres Einzelelement der Strafrechtsschuld das Unrechtsbewusstsein und der ihm zuzuordnende Ausschluss des Unrechtsbewusstseins infolge eines (unvermeidbaren) Verbotsirrtums gem. § 17 StGB zu prüfen. Soweit der Sachverhalt jedoch Anhaltspunkte für das Vorliegen eines „Rechtfertigungsirrtums", und zwar eines Irrtums über die sachlichen/tatsächlichen Voraussetzungen eines Rechtfertigungsgrundes (= sog. Erlaubnistatbestandsirrtum im Unterschied zum sog. Erlaubnisirrtum) enthält, ist für den Fall, dass ein solcher Irrtum festgestellt wird, der aus diesem Irrtum gem. § 16 Abs. 1, Satz 1 StGB analog resultierende Ausschluss des Tatvorsatzes noch vor dem Einzelelement des „Unrechtsbewusstseins" zu problematisieren und zu prüfen. Die Gründe für diesen Deliktsaufbau ergeben sich zum einen aus der Zuordnung des Tatvorsatzes entweder ausschließlich als (verhaltensbezogene) Schuldform oder – bei Anerkennung einer Doppelfunktion des Tatvorsatzes – als („verhaltensbereinigte", die mangelnde Rechtsgesinnung des Täters betreffende) Schuldform in das Straftatelement der Schuld, zum anderen aus der sog. eingeschränkten Schuldtheorie, der hier gefolgt wird. Insoweit wird auf die Erörterung dieser Aufbaufrage im Zusammenhang mit dem Ausschluss des Unrechtsbewusstseins infolge Verbotsirrtums (folgt sogleich) verwiesen.

511 cc) **Unrechtsbewusstsein, direkter und indirekter Verbotsirrtum.** Wie sich aus den gesetzlichen Irrtumsregeln in § 16 StGB und § 17 StGB und der darin festgeschriebenen Differenzierung zwischen einem **Tatumstandsirrtum** und einem (vermeidbaren oder unvermeidbaren) **Verbotsirrtum** (bei Unterlassungsdelikten: **Gebotsirrtum**) ergibt, folgt das geltende Recht der sog. Schuldtheorie (im Gegensatz zur sog. Vorsatztheorie und ihren Spielarten), wonach das **Unrechtsbewusstsein** des Täters ein vom Tatvorsatz getrenntes, selbstständiges Schuldelement darstellt (dagegen versteht sich nach der Vorsatztheorie – verkürzt – das Unrechtsbewusstsein als Kernbestandteil des Tatvorsatzes) mit der Folge, dass es im Deliktsaufbau als eigenständiges Einzelelement der Schuld zu behandeln ist.

512 Das Vorliegen von Unrechtsbewusstsein setzt nicht die Kenntnis des Täters von der auf sein Verhalten anzuwendenden Strafvorschrift oder die (juristisch exakte) Kenntnis von der Strafbarkeit seines Verhaltens, sondern lediglich die Kenntnis, Vorstellung, Annahme (ggf. auch unreflektiert) voraus, dass sein Verhalten rechtlich verboten ist und damit gegen Verbotsnormen verstößt. Dabei bedarf es kaum einmal gesonderter Prüfung des Unrechtsbewusstseins, wenn der Täter mit Tatvorsatz tatbestandsmäßig und rechtswidrig gehandelt (oder unterlassen) hat: Wer vorsätzlich durch sein Verhalten einen gesetzlichen Straftatbestand verwirklicht und dabei nicht von einer etwaigen Rechtfertigung ausgeht, dem ist – regelmäßig – auch klar, dass er gegen ein rechtliches Verbot (Gebot) verstößt. Er hat dann ein **aktuelles Unrechtsbewusstsein**.

513 Es genügt aber, dass der Täter im Falle einer etwaigen Verbotsunkenntnis unter Berücksichtigung aller ihm nach den Umständen des Einzelfalles, seiner Persönlichkeit sowie seines Lebens- und Berufskreises zuzumutenden Erkenntnismöglichkeiten die Einsicht in das Verbotene seines Verhaltens hätte erlangen können. Eine ausdrückliche Prüfung des Unrechtsbewusstseins erübrigt sich in der Fallprüfung bei Sachverhalten, die keinen Anlass bieten, am Vorliegen des Unrechtsbewusstseins zu zweifeln. Dagegen sind die

Voraussetzungen des Unrechtsbewusstseins im Einzelnen zu erörtern, wenn im Sachverhalt – auch beiläufig – Umstände erwähnt sind, die zur Annahme und Feststellung eines **Verbotsirrtums** führen können.

Grundsätzlich ist dabei zunächst zwischen dem direkten und dem sog. indirekten Verbotsirrtum zu unterscheiden. Ein **direkter Verbotsirrtum** liegt vor, wenn der Täter sein verbotenes Verhalten für rechtlich zulässig hält, weil er die auf sein Verhalten zutreffende Verbotsnorm nicht kennt, diese Norm für ungültig oder falsche Vorstellungen über die Reichweite des normierten Verbots (Verkennung des Anwendungsbereichs der Norm) hat. Ein **indirekter Verbotsirrtum** liegt dagegen vor, wenn der Täter sich im Sinne eines Erlaubnisirrtums (nicht: Erlaubnistatbestandsirrtums!) im Irrtum über die Rechtswidrigkeit seines Verhaltens befindet, weil er vom Bestehen eines von der Rechtsordnung nicht anerkannten Rechtfertigungsgrundes ausgeht oder den Anwendungsbereich eines von der Rechtsordnung anerkannten Rechtfertigungsgrundes unzulässig zu seinen Gunsten ausdehnt und damit die rechtlichen Grenzen möglicher Rechtfertigung verkennt.

Wer im direkten oder indirekten Verbotsirrtum (Gebotsirrtum) handelt (oder unterlässt), dem fehlt das Unrechtsbewusstsein. Straflos, weil ohne Schuld, ist aber nur derjenige, dessen Verbotsirrtum unvermeidbar war. Obwohl der „unvermeidbare Verbotsirrtum" an sich die Schuld ausschließt (§ 17 StGB) und systematisch in den (nachfolgend noch darzustellenden) Bereich der Schuldausschließungs- und/oder Entschuldigungsgründe gehört, ist die Prüfung der „Unvermeidbarkeit" unmittelbar an die Feststellung des wegen Verbotsirrtums ausgeschlossenen Unrechtsbewusstseins anzuschließen.

dd) Exkurs: Erlaubnistatbestandsirrtum. Schon öfter ist auf die Sonderstellung des sog. Erlaubnistatbestandsirrtums und die mit ihm verbundene Aufbauproblematik hingewiesen worden. Hier nun ist zum besseren Verständnis der theoretische Hintergrund dieser Aufbaufrage nachzutragen. Als Erlaubnistatbestandsirrtum, das sei noch einmal klargestellt, bezeichnet man einen Irrtum über die tatsächlichen/sachlichen Voraussetzungen eines anerkannten Rechtfertigungsgrundes. Ein Erlaubnistatbestandsirrtum liegt danach vor, wenn der Täter irrig (objektive Rechtfertigungs-)Umstände annimmt, die, wenn sie tatsächlich gegeben wären, sein Verhalten rechtfertigen (der Täter nimmt an, er sähe sich einem „gegenwärtigen" rechtswidrigen Angriff gegenüber, und glaubt, in „Notwehr" zu handeln).

Hiervon zu trennen ist der sog. Erlaubnisirrtum. Die begriffliche Aufspaltung eines Rechtfertigungsirrtums (= Irrtum über einen Rechtfertigungsgrund) in einen Erlaubnistatbestands- und einen Erlaubnisirrtum (= indirekter Verbotsirrtum) und damit die Anerkennung eines Erlaubnistatbestandsirrtums als im Gesetz nicht geregelte eigenständige Irrtumsart erklärt sich aus der Differenzierung der Schuldtheorie (= Unrechtsbewusstsein als selbstständiges, vom Tatvorsatz nicht umfasstes Schuldelement) in eine sog. strenge und eine sog. eingeschränkte Schuldtheorie. Die auch hier zugrunde gelegte sog. **eingeschränkte Schuldtheorie** wendet auf den Erlaubnistatbestandsirrtum die Regeln des Tatumstandsirrtums nach § 16 Abs. 1 StGB **sinngemäß** an.

Dabei sind im Wesentlichen zwei Spielarten der eingeschränkten Schuldtheorie zu unterscheiden: Zum einen soll mit der Analogie zu § 16 Abs. 1 StGB der Tatvorsatz als verhaltensbezogene Schuldform oder – bei Anerkennung der Doppelnatur des Tatvorsatzes – der Tatvorsatz als unrechtsbezogene Verhaltensform ausgeschlossen werden, zum anderen soll die Analogie zu § 16 Abs. 1 StGB im Sinne einer rechtsfolgenverweisenden Gleichstellung von Tatumstandsirrtum und Erlaubnistatbestandsirrtum den Vorsatzausschluss im Wege des Ausschlusses von Vorsatzschuld und dementsprechend im Wege des Ausschlusses von Vorsatz als „verhaltens-/unrechtsbereinigte" Schuldform begründen.

519 Nach der ersten Spielart ist daher der Erlaubnistatbestandsirrtum entweder in der Kategorie „Schuld" bei dem Element des Tatvorsatzes (so der hier vorgeschlagene Aufbau) oder – bei Anerkennung der Doppelnatur des Tatvorsatzes – in der Kategorie der subjektiven Tatbestandsmäßigkeit beim Einzelelement des Vorsatzes als (unrechtsbezogene) Verhaltensform zu prüfen. Nach der rechtsfolgenverweisenden Spielart ist der Erlaubnistatbestandsirrtum dagegen stets im Bereich der „Schuld" beim Einzelelement des Tatvorsatzes als Schuldform zu prüfen. Wird der vorsatzausschließende Erlaubnistatbestandsirrtum festgestellt, bedarf es dennoch jeweils der Prüfung einer etwaigen Fahrlässigkeitsstrafbarkeit, wenn und weil der Irrtum fahrlässig herbeigeführt war.

520 Anders als die eingeschränkte Schuldtheorie versteht die **strenge Schuldtheorie** – zumeist von den Anhängern der finalen bzw. finalistischen Lehren vertreten – jeden Rechtfertigungsirrtum (insoweit ist die begriffliche Differenzierung zwischen Erlaubnistatbestands- und Erlaubnisirrtum gegenstandslos) als Verbotsirrtum, der das Unrechtsbewusstsein ausschließt und folglich im Bereich der „Schuld" unter dem Einzelelement des Unrechtsbewusstseins zu prüfen ist. Ob der Rechtfertigungsirrtum zum Schuldausschluss und zur Straflosigkeit führt, richtet sich dann wie auch sonst danach, ob der Irrtum unvermeidbar oder vermeidbar war. Diese Unvermeidbarkeitsprüfung ist unmittelbar nach der Feststellung des Verbotsirrtums mit Ausschluss des Unrechtsbewusstseins vorzunehmen.

521 Eine weitere Variante in der Behandlung des Erlaubnistatbestandsirrtums ergibt sich, wenn der Lehre von den negativen Tatbestandsmerkmalen, die – verkürzt dargestellt – sämtliche Rechtfertigungselemente als negative Merkmale eines aus Tatbestandsmäßigkeit und Rechtswidrigkeit zusammengesetzten Gesamt-Unrechtstatbestandes versteht, gefolgt wird: Nach dieser Auffassung führt der Erlaubnistatbestandsirrtum unter **unmittelbarer** Anwendung des § 16 Abs. 1 StGB zum Ausschluss des Tatvorsatzes – zu prüfen in der subjektiven Tatbestandsmäßigkeit (des Gesamt-Unrechtstatbestandes) beim Einzelelement des Tatvorsatzes (als ausschließlich subjektives Unrechtsmerkmal oder als unrechtsbezogene Verhaltensform; vgl. zum Ganzen auch die Übersicht zur strafrechtlichen Irrtumslehre und zur Verortung eines Erlaubnistatbestandsirrtums im Deliktsaufbau bei *Wessels/Beulke/Satzger*, Strafrecht AT, Rn. 1325 ff., 1361 ff.; ferner *Bringewat*, Grundbegriffe, Rn. 565 ff.).

522 ee) **Schuldausschließungs-/Entschuldigungsgründe.** Nur wenn der Sachverhalt dazu Anlass bietet, ist auf das etwaige Vorliegen von Schuldausschließungs- und/oder Entschuldigungsgründen einzugehen. Namentlich kommen in Betracht: der entschuldigende Notstand gem. § 35 StGB (oftmals als Abgrenzungsproblem zum rechtfertigenden Notstand nach § 34 StGB), der schuldausschließende Notwehrexzess gem. § 33 StGB (jedenfalls nach h. M.) und die entschuldigende (übergesetzliche) Pflichtenkollision (= übergesetzlicher entschuldigender Notstand). Bei Fahrlässigkeits- und Unterlassungsdelikten kommt als weiterer Entschuldigungsgrund noch die Unzumutbarkeit normgemäßen Verhaltens in Betracht. Aufbautechnisch ist für den Fall des festgestellten Ausschlusses von Unrechtsbewusstsein unmittelbar anschließend die Frage der Unvermeidbarkeit bzw. Vermeidbarkeit des Verbotsirrtums zu behandeln, wobei der unvermeidbare Verbotsirrtum systematisch an sich zu den Schuldausschließungs- bzw. Entschuldigungsgründen gehört. Soweit Fragen des Irrtums über einen Schuldausschließungsgrund zu erörtern sind, hat die Irrtumsprüfung im Teilbereich der Entschuldigungsgründe ihren sachgerechten Platz.

523 Mit der Diskussion über etwa vorliegende Schuldausschließungs- bzw. Entschuldigungsgründe ist die Prüfung der „Schuld" abgeschlossen (Wer spezielle Schuldmerkmale anerkennt, prüft sie im Anschluss an den „Tatvorsatz" in der „Schuld", wer sie nicht anerkennt bzw. zum Teil darin subjektive Unrechtselemente erblickt, prüft derartige Merkmale im subjektiven Tatbestand).

d) Persönliche Strafausschließungs- oder Strafaufhebungsgründe. Je nach Verlauf der Merkmalsprüfung im Bereich der Tatbestandsmäßigkeit, Rechtswidrigkeit und Schuld lautet das Zwischenergebnis der Strafbarkeitsprüfung: *Das Verhalten des T war tatbestandsmäßig, rechtswidrig und schuldhaft.* Ob T sich auch strafbar gemacht hat, kann indessen noch vom Nichtvorliegen persönlicher Strafausschließungs- und Strafaufhebungsgründe abhängen. Zu prüfen sind insoweit als Strafausschließungsgründe (= Gründe, die bereits zum Tatzeitpunkt in der Person des Täters gegeben sein müssen) beispielsweise die Abgeordnetenindemnität gem. § 36 StGB, die Angehörigeneigenschaft in § 258 Abs. 6 StGB, die Vortatbeteiligung in §§ 257 Abs. 3, 258 Abs. 5 StGB und das jugendliche Alter bei § 173 Abs. 3 StGB. Als Strafaufhebungsgründe (= Gründe, die nach der Tat die schon begründete Strafbarkeit wieder – rückwirkend – beseitigen) kommen der Rücktritt vom Versuch gem. § 24 StGB, die rechtzeitige Berichtigung in § 163 Abs. 2 StGB sowie die Fälle von tätiger Reue nach Tatvollendung (z.B. bei §§ 306 e, 314 a, 330 b Abs. 1 S. 2 StGB) in Betracht. Die dogmatische Einordnung der verschiedenen Strafausschließungs- und Strafaufhebungsgründe ist im Einzelnen allerdings streitig. Das gilt auch für die Straffreiheitsregeln in § 139 Abs. 3 S. 1 und Abs. 4 StGB, die „aufbautechnisch" zweckmäßigerweise unter „Persönliche Strafausschliessungs- und Strafaufhebungsgründe" zu prüfen sind.

524

e) Strafverfolgungsvoraussetzungen/-hindernisse. Liegen persönliche Strafausschließungs- und/oder Strafaufhebungsgründe nicht vor, muss schließlich noch überprüft werden, ob eine Strafbarkeit deshalb ausgeschlossen ist, weil es an einer Verfolgungsvoraussetzung fehlt bzw. ein Prozesshindernis eingreift. Dazu gehören der Strafantrag (vgl. § 77 StGB), die Ermächtigung in § 194 Abs. 4 StGB, auch die Genehmigung des Bundestages nach Art. 46 Abs. 2 GG (= Verfolgungsvoraussetzungen) sowie die Verfolgungsverjährung gem. § 78 StGB, Verbot der Doppelbestrafung in Art. 103 Abs. 3 GG, die Abgeordnetenimmunität nach Art. 46 Abs. 2 GG (= Verfolgungshindernis, dogmatische Einordnung teilweise ungeklärt). Soweit Antragsdelikte zu prüfen sind, im Sachverhalt aber nicht ausdrücklich davon die Rede ist, dass Strafantrag gestellt ist, darf nicht vorschnell wegen nicht gestellten Strafantrags auf eine Strafbarkeitsprüfung verzichtet werden. Vielmehr muss geprüft werden, ob den Antragsdelikten im Gesamtzusammenhang der in einem Sachverhalt enthaltenen strafrechtlichen Problemstellungen nicht unwesentliche Bedeutung zukommt. Ist das der Fall, sollte mit vorsichtiger Sachverhaltsergänzung von einem gestellten Strafantrag ausgegangen werden. Ansonsten ist wegen fehlender Prozessvoraussetzung oder bestehenden Prozesshindernisses von einer Strafbarkeitsprüfung abzusehen.

525

2. Der Versuch

Die bisherige Erörterung von Aufbauproblemen einer strafrechtlichen Fallbearbeitung ging unausgesprochen davon aus, dass Gegenstand der Subsumtion und Strafbarkeitsprüfung eine **vollendete Straftat** ist. Nicht selten enthalten die Aufgabenstellungen einer strafrechtlichen Klausur oder Hausarbeit in der Kombination mit „beliebten Klausurproblemen" aber auch die Möglichkeit, dass lediglich eine Strafbarkeit wegen Versuchs übrig bleibt bzw. vom Aufgabensteller gewollt ist. Der Deliktsaufbau des (strafbaren) Versuchs folgt eigenen Regeln, die sich aus den §§ 22 ff. StGB ergeben.

526

a) Straftat nicht vollendet und Versuch strafbar, §§ 23 Abs. 1, 12 StGB. Typisches Kennzeichen für den Versuch einer Straftat ist ein Mangel im objektiven (Gesetzes) Tatbestand bei einem sämtliche Merkmale der objektiven Tatbestandsmäßigkeit umfassenden Tatentschluss (= Tatvorsatz) nebst Erfüllung sämtlicher subjektiver Tatbestandsmerkmale. Regelmäßig ergibt sich dieser Mangel im objektiven Tatbestand als „Nichteintritt des Tatererfolgs" (der angestrebte Tatererfolg bleibt im Falle des – unbeendeten oder beendeten – Versuchs schlicht aus). Der Mangel im objektiven Tatbestand kann sich

527

jedoch auch aus dem Nichtvorliegen eines objektiven Tatbestandsmerkmals ergeben (Fälle des untauglichen Versuchs; T nimmt eine Sache weg, die entgegen seiner Vorstellung für ihn nicht fremd ist). Ähnlich kann sich Versuchsstrafbarkeit darüber hinaus ergeben, wenn der Täter beispielsweise die tatsächlich gegebenen sachlichen Voraussetzungen einer Rechtfertigung verkennt und damit das (die) subjektive(n) Rechtfertigungselement(e) nicht erfüllt ist (sind); denn das Nichtkennen objektiver Rechtfertigungselemente soll – den Fällen der irrigen Annahme tatsächlich nicht verwirklichter objektiver Tatbestandsmerkmale umgekehrt vergleichbar – zur Strafbarkeit wegen Versuchs führen können (streitig).

528 Für den Aufbau eines Versuchsdelikts kommt es angesichts dieser verschiedenen Möglichkeiten des „Zurückbleibens im Objektiven hinter dem Subjektiven" zunächst darauf an, ob und an welcher Stelle im Deliktsaufbau die **Nichtvollendung der Straftat** eintritt. Jede Versuchsprüfung setzt deshalb die begründete Feststellung voraus, dass die Straftat nicht vollendet ist. Weiter ist als Vorfrage zu prüfen, ob der Versuch des betreffenden Delikts überhaupt strafbar ist. Auskunft darüber gibt § 23 Abs. 1 StGB in Verbindung mit § 12 StGB: Der Versuch eines Verbrechens ist stets, der Versuch eines Vergehens ist nur dann strafbar, wenn es das Gesetz ausdrücklich bestimmt.

529 b) **Sonderregeln für den Versuchsaufbau.** Obwohl die Nichtvollendung der Straftat zum Wesen des Versuchs gehört, erfordert die Feststellung des Fehlens der Tatvollendung sowie die Vorprüfung gem. §§ 23 Abs. 1, 12 StGB nicht stets einen eigenen Abschnitt „Vorprüfungen" innerhalb der Versuchsprüfung. Die Frage der Nichtvollendung einer Straftat stellt sich bereits bei der Strafbarkeitsprüfung im Rahmen einer bestimmten Straftat entweder bei der objektiven Tatbestandsmäßigkeit oder bei der subjektiven Rechtfertigung mit der Folge, dass an dieser Stelle die Feststellung der Nichtvollendung zu treffen ist und nach Hinweis auf die Strafbarkeit des Versuchs gem. §§ 23 Abs. 1, 12 StGB in einem **gesonderten Abschnitt** unmittelbar mit der Prüfung des Versuchsdelikts fortzufahren ist.

530 Umgekehrt bedarf es (ausnahmsweise) der Feststellung der Nichtvollendung der Straftat dann nicht, wenn der Sachverhalt in Bezug auf ein bestimmtes Delikt von vornherein nur die Annahme eines Deliktsversuchs zulässt. Bei so offensichtlichen und unzweifelhaften Deliktsversuchen ist sofort mit der eigentlichen Versuchsprüfung zu beginnen. In solchen Fällen ist der Versuchsprüfung allenfalls eine kurze erörterungsfreie Feststellung voranzustellen, dass die Straftat keine Vollendung gefunden hat und der Versuch nach §§ 23 Abs. 1, 12 StGB strafbar ist.

531 Einen selbstständigen Abschnitt vor der eigentlichen Versuchsprüfung erfordert die Feststellung der Nichtvollendung dagegen, wenn gerade diese Feststellung der Nichtvollendung problematisch ist und längere Erörterungen erfordert.

532 Im Übrigen setzt die eigentliche Versuchsprüfung entsprechend § 22 StGB mit der Prüfung der **subjektiven Tatbestandsmäßigkeit vor der des objektiven Tatbestandes** ein. Die Tatbestandsmäßigkeit des Deliktsversuchs besteht danach aus einem **Tatentschluss**, der den Tatvorsatz und die sonstigen subjektiven Tatbestandsmerkmale (Absichten etc.) vollständig umfasst (= subjektiver Versuchstatbestand = gem. § 22 StGB die Vorstellung des Täters von seiner Tat) **und** dem **unmittelbaren Ansetzen** zur Tatbestandsverwirklichung (= objektiver Versuchstatbestand). Ein unmittelbares Ansetzen zur Tatbestandsverwirklichung liegt immer vor, wenn der Täter bereits mit der tatbestandlichen Ausführungshandlung selbst begonnen hat (z. B. Wegnahme bei § 242 StGB). Ein unmittelbares Ansetzen zur Tatbestandsverwirklichung kann aber auch schon vor Beginn der eigentlichen Ausführungshandlung gegeben sein. Damit ist das Abgrenzungsproblem Vorbereitung (straflos)/Versuch (strafbar) angesprochen. Nach vorherrschender Ansicht genügt nicht schon jedes beliebige Ansetzen zur Tatbestandsverwirklichung den objektiven Tatbestandsvoraussetzungen des Versuchsdelikts. Vielmehr ist ein Täterverhalten erforderlich, das nach der Vorstellung des Täters in ungestörtem Fortgang unmittelbar zur – vollständigen – Tatbestandserfüllung führt oder in unmittelbarem räumlichen und zeitlichen Zusammenhang mit ihr steht (*BGHSt* 31, 178, 181/2). Unmittelbares Ansetzen zur Tatbestandsverwirklichung liegt danach bei einem Verhalten des Täters vor, das nach seinem Tatplan ohne weitere Zwischenakte in die eigentliche tatbestandliche Ausführungshandlung einmünden soll mit der Folge, dass aus der Sicht des Täters das geschützte Rechtsgut in eine konkrete Gefahr gebracht ist (vgl. *BGHSt* 30, 363, 364).

Nach Prüfung des subjektiven und objektiven Versuchstatbestandes ist wie im Prüfungsschema des vollendeten Delikts die „Rechtswidrigkeit" (Rechtfertigungsgründe) und die „Schuld" – freilich unter Aussparung des Tatvorsatzes (= subjektiver Versuchstatbestand) – zu untersuchen. Aus den tatbestandlichen Besonderheiten des Versuchsdelikts ergibt sich, dass im subjektiven Tatbestand beim Tatentschluss/Tatvorsatz ein etwaiger Tatumstandsirrtum und ein etwaiger Erlaubnistatbestandsirrtum zu behandeln ist. Bei der Prüfung des Erlaubnistatbestandsirrtums ist allerdings ein Rückverweis des Vorsatzausschlusses in die subjektive Tatbestandsmäßigkeit nicht zu vermeiden, da die Feststellung, dass ein solcher Erlaubnistatbestandsirrtum vorliegt, erst bei der Rechtswidrigkeit/ Rechtfertigung getroffen wird. Als „versuchsspezifischer" persönlich wirkender Strafaufhebungsgrund ist der Rücktritt vom beendeten/unbeendeten Versuch gem. § 24, 1. Alt. und 2. Alt. StGB zu prüfen. Zu beachten ist dabei, dass nur der Versuch als solcher bei Vorliegen der Rücktrittsvoraussetzungen straflos ist. Ein im Versuch enthaltenes vollendetes (anderes) Delikt bleibt dagegen strafbar.

3. Besondere Aufbauregeln für das (unechte) Unterlassungsdelikt

Die Dogmatik der Unterlassungsdelikte, und zwar insbesondere der unechten Unterlassungsdelikte enthält eine Fülle von Besonderheiten und Probleme, die nach wie vor teilweise ungelöst sind und sich zumeist in der strafrechtswissenschaftlichen Diskussion in kontroversen Standpunkten manifestieren. Dazu gehört beispielsweise bereits die Grundfrage, ob die verfassungsrechtliche (Unbestimmtheits-)Problematik der unechten Unterlassungsdelikte tatsächlich durch die Einführung des § 13 StGB beseitigt ist, nach welchen Kriterien bei mehrdeutigen Verhaltensweisen das Unterlassen als das eigentlich vorwerfbare Verhalten zu bestimmen und wie der gesetzliche Inhalt des § 13 Abs. 1 StGB im Einzelnen zu konkretisieren ist. Für eine Anleitung zur Bearbeitung und Lösung von Strafrechtsfällen kann es nur darum gehen, auf der Grundlage der von Rechtsprechung und Lehre bislang erarbeiteten und als überwiegend gesichert anzusehenden Erkenntnisse auf die Besonderheiten bei der Fallbearbeitung hinzuweisen. Vernachlässigt werden kann dabei die Aufbauproblematik des **echten Unterlassungsdelikts**, weil sich die Fallprüfungsmaterie (nahezu) vollständig aus der gesetzlichen Verhaltensbeschreibung ergibt (vgl. etwa §§ 138, 323 c StGB und das Aufbaumuster bei IV.7).

a) Objektive Tatbestandsmäßigkeit, Nichtvornahme der gebotenen Handlung. Aus § 13 Abs. 1 StGB und der von Rechtsprechung und Strafrechtswissenschaft erarbeiteten besonderen Deliktsstruktur des unechten Unterlassungsdelikts ergibt sich für den Merkmalsbereich der objektiven Tatbestandsmäßigkeit des unechten Unterlassungsdelikts zunächst, dass zum Eintritt des im gesetzlichen Straftatbestand geschilderten Erfolgs ein **Unterlassen**, und zwar ein Unterlassen des den tatbestandlichen Erfolg abwendenden Handelns, zu dem der Unterlassende rechtlich verpflichtet war, die **Nichtvornahme der gebotenen Handlung** also (oder: die Nichtvornahme einer geforderten Handlung, oder: das Unterlassen der in der konkreten Gefahrenlage erforderlichen Rettungshandlung, vgl. zur Problematik des (unechten) Unterlassungsdelikts allgemein bei *Wessels/ Beulke/Satzger*, Strafrecht AT, Rn. 1170 ff.; ferner bei *Bringewat*, Grundbegriffe, Rn. 304 ff., 375 ff.) hinzukommen muss.

536 Geboten oder gefordert ist stets „nur" diejenige erfolgsabwendende/-verhindernde Handlung, die dem Unterlassenden physisch-real/tatsächlich möglich ist. Das Tatbestandselement der „gebotenen" Rettungshandlung setzt daher stets die **physisch-reale Möglichkeit der Erfolgsabwendung** voraus. Eine solche physisch-reale Handlungsmöglichkeit zur Erfolgsabwendung fehlt z. B. bei genereller Unmöglichkeit der Erfolgsverhinderung (= jeder in der konkreten Gefahrensituation hätte den Erfolg nicht abwenden können, etwa bei fehlender räumlich/zeitlicher Nähe oder bei Nichtvorhandensein erforderlicher Rettungswerkzeuge) oder bei individueller Unmöglichkeit (individueller Unfähigkeit), den Erfolg zu verhindern (Nichtschwimmer muss das eigene Kind ertrinken lassen).

537 Die objektive Tatbestandsmäßigkeit des (unechten) Unterlassens setzt weiter voraus, dass das Unterlassen (der gebotenen Handlung) für den Eintritt des tatbestandlichen Erfolges **kausal** war. Die gebotene Handlung darf danach nicht hinzugedacht werden können, ohne dass der Taterfolg (mit an Sicherheit grenzender Wahrscheinlichkeit) entfiele (sog. hypothetische Unterlassungskausalität). In dieser „Kausalitätsformel" ist indessen mehr enthalten als nur die **Kausalität**. Mittelbar ergibt sich aus ihr, dass bei den unechten Unterlassungsdelikten eine **Erfolgszurechnung** nur dann begründet ist, wenn neben dem Vorliegen der (hypothetischen) Kausalität „an sich" und weiteren objektiven Zurechnungskriterien festgestellt werden kann, dass zwischen dem Unterlassen und dem tatbestandlichen Erfolg ein sog. **Pflichtwidrigkeitszusammenhang** besteht.

538 Dieser **Pflichtwidrigkeitszusammenhang** setzt voraus, dass die gebotene Handlung in der konkreten Situation mit an Sicherheit grenzender Wahrscheinlichkeit zur Erhaltung des gefährdeten Rechtsguts beigetragen hätte. Nur dann beruht der tatbestandliche Erfolg gerade auf der Pflichtwidrigkeit des Unterlassens. Der Pflichtwidrigkeitszusammenhang besteht dementsprechend nicht (also entfällt auch die objektive Erfolgszurechnung), wenn der tatbestandliche Erfolg auch bei pflichtgemäßer Vornahme der Rettungshandlung eingetreten wäre (vgl. dazu auch *Wessels/Beulke/Satzger*, Strafrecht AT, Rn. 1207 mit Rn. 301 ff.).

539 **b) Objektive Tatbestandsmäßigkeit, Garantenstellung.** Zur objektiven Tatbestandsmäßigkeit des unechten Unterlassungsdelikts gehört die sog. Garantenstellung. Aus ihr folgt die in § 13 Abs. 1 StGB vorausgesetzte Rechtspflicht zum erfolgsverhindernden Handeln. Dabei ist zu beachten, dass Garantenstellung und Garantenpflicht die tatsächliche und die normative Seite desselben Phänomens darstellen. Die Garantenstellung ist nichts anderes als die tatsächliche Voraussetzung der (Garanten-)Pflicht. Sie wird durch tatsächliche Umstände begründet. Und nur sie sind Merkmale der (objektiven) Tatbestandsmäßigkeit des unechten Unterlassungsdelikts.

> **Beachte:** „Nur die Umstände, welche die Rechtspflicht begründen (Garantenstellung), gehören zum Tatbestand, nicht hingegen die daraus erwachsende Rechtspflicht (Garantenpflicht)." – *BGHSt* 16, 155, 157.

540 Noch nicht abschließend ist geklärt sind die Systematik und Quellgründe der tatsächlichen Umstände, die als Garantenstellung zu qualifizieren sind. Während nach (früher vorherrschender) überkommener Auffassung Garantenpflichten aus Gesetz, Rechtsgeschäft (Vertrag), faktischer Schutzübernahme, rechtswidrigem gefährlichen Vorverhalten (Ingerenz), konkreter enger Lebensbeziehung und Gefahrengemeinschaft resultieren (sog. „Rechtsquellenlehre"), ist nach neuerer Auffassung (sog. „Funktionenlehre") eine weniger auf kategoriale und mehr auf materielle Kriterien abstellende Systematik der Ursprungsgründe von Garantenpflichten vorzuziehen: Danach können sich Garantenpflichten aus einer „Verantwortlichkeit für Gefahrenquellen" und aus „Schutzfunktionen für Rechtsgüter" ergeben. Im Einzelnen können sich im Bereich der „Schutzfunktionen für Rechtsgüter" (sog. Beschützergarant) Garantenpflichten ergeben aus „enger Lebensgemeinschaft" (= enge persönliche Verbundenheit), Gemeinschaftsbeziehungen/Gefahrengemeinschaften (auf gegenseitige Hilfeleistung angelegt), aus „tatsächlicher oder rechtlicher – auch: gesetzlicher – (Schutz-)Übernahme" aus „besonderer Pflichtenstellung", z. B. als Amtsträger oder als Organ juristischer Personen. Im Bereich „Verantwortlichkeit für Gefahrenquellen" sind zu nennen: „Ingerenz", „Sachherrschaft über gefährliche Anlagen und Gegenstände etc." (Verkehrssicherungspflicht), aus verantwortlicher Aufsichtsposition (vgl. zum Ganzen *Schönke/Schröder (Bosch)*, StGB, § 13 Rn. 7 ff.).

> **Beachte:** Garantenstellungen unterschiedlicher Art können im Einzelfall in einer Täterperson kumulieren, die daraus resultierenden Garantenpflichten können sich überlagern.

541 Obwohl kein eigenständiges Tatbestandsmerkmal des unechten Unterlassungsdelikt ist bei bestimmten Delikten (sog. verhaltensgebundene Delikte im Gegensatz zu reinen Verursachungs- bzw. Erfolgsdelikten, also z. B. bei § 263 Abs. 1 StGB, Täuschung) gem. § 13 Abs. 1 StGB in der objektiven Tatbestandsmäßigkeit die „Entsprechungsklausel", d. h. die Gleichwertigkeit des Unterlassens im Vergleich zum aktiven Handeln zu prüfen.

542 c) **Subjektive Tatbestandsmäßigkeit, Unterlassungsvorsatz.** Je nach für zutreffend gehaltener Grundauffassung sind in der subjektiven Tatbestandsmäßigkeit des unechten Unterlassungsdelikts entweder nur subjektive Tatbestandsmerkmale oder zusätzlich der **Tatvorsatz in Form** eines besonderen **Unterlassungsvorsatzes**, und zwar ausschließlich als subjektives Unrechtselement oder entsprechend der Doppelfunktion auch des Unterlassungsvorsatzes als (unrechtsbezogene) Verhaltensform (mit der Vorsatzschuld als Schuldform im Bereich „Schuld") zu prüfen.

543 Dementsprechend sind die Irrtumsprüfungen einzuordnen, wobei – Besonderheit bei unechten Unterlassungsdelikten – der Irrtum über die Garantenstellung als Tatumstandsirrtum den Regeln des § 16 Abs. 1 StGB unmittelbar unterliegt, während der Irrtum über die Garantenpflicht, und zwar über ihr Bestehen und ihre inhaltliche Reichweite als Gebotsirrtum nach § 17 StGB im Kontext mit dem Unrechtsbewusstsein zu behandeln ist. Die Garantenpflicht ist nämlich „Rechtswidrigkeitsmerkmal" und als solches an der Trennlinie zwischen Tatbestandsmäßigkeit und Rechtswidrigkeit, zweckmäßigerweise im Anschluss an die Garantenstellung und den weiteren objektiven Tatbestandsmerkmalen zu prüfen und zu erörtern.

544 d) **Besonderheiten bei Rechtswidrigkeit und Schuld.** Ebenfalls nicht zur Tatbestandsmäßigkeit der unechten Unterlassungsdelikte (anders bei den echten Unterlassungsdelikten) zählt die „Unzumutbarkeit" normgemäßen Verhaltens (streitig). Sie ist im Merkmalsbereich der „Schuld" zu prüfen.

545 Als weitere Besonderheit der unechten Unterlassungsdelikte ergibt sich in der „Rechtswidrigkeit", dass die Rechtswidrigkeit der Tatbestandsverwirklichung durch Unterlassen bei Vorliegen einer **rechtfertigenden Pflichtenkollision** ausgeschlossen sein kann. Es handelt sich dabei um einen, nur im Deliktszusammenhang des (unechten) Unterlassungsdelikts anerkannten, **selbstständigen Rechtfertigungsgrund**, der immer dann eingreift, wenn den Täter mehrere rechtliche Handlungspflichten zugleich treffen, er aber nur einer nachkommen kann. Rechtfertigung setzt in diesen Fällen nicht wie bei § 34 StGB ein „wesentliches Überwiegen" der einen Pflicht im Verhältnis zur anderen Pflicht voraus, sondern es genügt Gleichrangigkeit der verschiedenen Pflichten.

4. Die Fahrlässigkeitstat

546 Die fahrlässige Straftat ist eine besondere Erscheinungsform strafbaren Verhaltens mit eigenen Strukturen im Tatbestands-, Unrechts- und Schuldbereich. Kennzeichnend für Fahrlässigkeitsdelikte ist die ungewollte Verwirklichung des gesetzlichen Tatbestandes durch eine pflichtwidrige Vernachlässigung der im Verkehr erforderlichen Sorgfalt (vgl. dazu *Wessels/Beulke/Satzger*, Strafrecht AT, Rn. 1104 ff.). Daraus ergibt sich als Grundlage der Tatbestandsmäßigkeit des Fahrlässigkeitsdelikts ein Merkmalsgefüge aus Erfolgsverursachung, Sorgfaltspflichtverletzung und (objektiver) Zurechenbarkeit des Erfolges. Die Entfaltung dieses Merkmalsgefüges in seine Einzelheiten ist in Rechtsprechung und Strafrechtswissenschaft noch nicht völlig gelöst und in vielerlei Hinsicht umstritten. Für die Fallbearbeitung und den Aufbau eines Prüfungsschemas ist hier deshalb ein kompromissreicher Mittelweg einzuschlagen (vgl. zur Fahrlässigkeitsdogmatik *Schönke/Schröder (Sternberg-Lieben/Schuster)*, StGB, § 15 Rn. 105 ff.).

547 **a) Tatbestandsmäßigkeit.** Die Tatbestandsmäßigkeit der Fahrlässigkeit als einer Verhaltensform, die aus Unrechts- und Schuldelementen zusammengesetzt ist (Doppelfunktion der Fahrlässigkeit), setzt zunächst den **Eintritt eines tatbestandsmäßigen Erfolges** durch ursächliches Verhalten (aktives Handeln oder Unterlassen) voraus (nur bei Erfolgsdelikten, bei schlichten Tätigkeitsdelikten ist die „Erfolgsverursachung" das als Tatbestandsverwirklichung im Gesetz beschriebene Tatverhalten). Die Kausalitätsprüfung bezieht sich ausschließlich auf das Tatverhalten und den eingetretenen Taterfolg und richtet sich nach der conditio sine qua non-Formel der Äquivalenztheorie.

548 **aa) Objektive Sorgfaltspflichtverletzung.** Im Anschluss an die **Erfolgsverursachung** ist zu prüfen, ob das ursächliche Verhalten fehlerhaft war, und zwar im Sinne einer **Sorgfaltspflichtverletzung** bei objektiver (genereller) Vorhersehbarkeit des Erfolges: Hat der Täter in der Erkenntnis der Gefahren, die dem geschützten Rechtsgut durch sein Verhalten erwachsen können, die im (Rechts-)Verkehr erforderliche Sorgfalt außer Acht gelassen? In dieser Fragestellung muss sich der Täter entsprechend seinem Berufs- und Verkehrskreis (soziale Rolle) entgegen den Anforderungen verhalten haben, die an einen **besonnenen und gewissenhaften Menschen** zu stellen sind. Allerdings muss sich der Täter überdurchschnittliche Kenntnisse und Fähigkeiten im Erkennen von Gefahren (Sonderwissen des Täters) entgegenhalten lassen. Ähnlich ist in atypischen und besonders gefährlichen Situationen entsprechend den Fähigkeiten eines besonnenen und einsichtigen Menschen in einer solchen Lage das Maß der Sorgfalt erhöht.

549 **bb) Objektive Erfolgszurechnung.** Zur Tatbestandsmäßigkeit der Fahrlässigkeitstat gehört weiter die (objektive) Erfolgszurechnung. Nach Prüfung der Erfolgsverursachung und Sorgfaltspflichtverletzung ist daher die **Erfolgszurechnung** zu erörtern. Dabei sind zwei Einzelelemente zu unterscheiden: der sog. **Pflichtwidrigkeitszusammenhang** und der sog. **Schutzzweckzusammenhang**.

550 Als **Pflichtwidrigkeitszusammenhang** bezeichnet man den Zurechnungsaspekt, der darauf abstellt, dass gerade **diese** Sorgfaltspflichtverletzung den tatbestandlichen Erfolg herbeigeführt hat. Die konkret-pflichtwidrige Verhaltensweise des Täters muss also kausal für den Erfolgseintritt gewesen sein. Umgekehrt ist der Pflichtwidrigkeitszusammenhang ausgeschlossen, wenn mit an Sicherheit grenzender Wahrscheinlichkeit festgestellt werden kann, dass der tatbestandliche Erfolg auch bei pflichtgemäßem bzw. rechtlich erlaubtem Verhalten eingetreten wäre (sog. rechtmäßiges oder fehlerfreies Alternativverhalten). War der Eintritt des tatbestandlichen Erfolges demnach (auch bei sorgfaltspflichtgemäßem Verhalten = objektiv) **unvermeidbar**, entfällt die Tatbestandsmäßigkeit des Fahrlässigkeitsdelikts mangels Pflichtwidrigkeitszusammenhanges (alles streitig, vgl. den Überblick bei *Wessels/Beulke/Satzger*, Strafrecht AT, Rn. 1130 ff., 1132 ff. mit Rn. 301 ff.).

551 Der **Schutzzweckzusammenhang** betrifft den Zurechnungsaspekt, der auf den „normativen" Zusammenhang zwischen Erfolgseintritt und Normverletzung und damit darauf abstellt, dass sich im eingetretenen Erfolg gerade die Gefahr realisiert hat, deren Abwendung die verletzte Sorgfaltsnorm bezweckte. Der sog. Schutzzweckzusammenhang liegt also nur vor, wenn der tatbestandliche Erfolg unmittelbar auf der Verwirklichung von Gefahren beruht, die nach dem Schutzzweck der verletzten Norm verhindert werden sollten (vgl. etwa *Wessels/Beulke/Satzger*, Strafrecht AT, Rn. 1131 mit Rn. 261 ff. m. w. Nachw.). Der Schutzzweckzusammenhang kann insbesondere in Fällen der eigenverantwortlichen Selbstschädigung oder Selbstgefährdung (Prinzip der Eigenverantwortlichkeit/differenzierte Verantwortungsbereiche) ausgeschlossen sein.

552 Die Erfolgszurechnung setzt schließlich noch einen **Adäquanzzusammenhang** voraus. Gemeint ist damit unter dem Aspekt der objektiven Voraussehbarkeit des Erfolges, dass dem Täter gänzlich außerhalb der allgemeinen Lebenserfahrung liegende Kausalverläufe (atypischer Kausalverlauf) objektiv nicht zurechenbar sind. Fehlt der Adäquanzzusammenhang, ist danach die Erfolgszurechnung und damit die Tatbestandsmäßigkeit der Fahrlässigkeit ausgeschlossen.

553 cc) **Rechtswidrigkeit und Schuld.** Für die „Rechtswidrigkeit" der Fahrlässigkeit ergeben sich im Vergleich zum Vorsatzdelikt keine Besonderheiten. In der „Schuld" dagegen sind außer der Schuldfähigkeit, dem Unrechtsbewusstsein mit der (seltenen) Möglichkeit seines Ausschlusses (direkter/indirekter Verbotsirrtum) und dem Nichtvorliegen von Schuldausschließungs- und Entschuldigungsgründen entsprechend der Doppelfunktion der Fahrlässigkeit zusätzlich die **subjektiven Elemente der Fahrlässigkeit** zu prüfen. Dazu gehören die Feststellung, dass der Täter nach seinen subjektiven/persönlichen Fähigkeiten (individuelles Können) in der Lage war, die objektive Sorgfaltspflicht zu erkennen und danach zu handeln (= **subjektive Sorgfaltswidrigkeit**, kann ausgeschlossen sein bei psychischen und physischen Beeinträchtigungen und ähnlich zu begründenden Einschränkungen der individuellen Fähigkeiten) und die **subjektive Voraussehbarkeit** (unbewusste Fahrlässigkeit) bzw. **Voraussicht** (bewusste Fahrlässigkeit) des Erfolges. Sie liegt vor, wenn der Täter nach seinen individuellen Fähigkeiten und Kenntnissen den Eintritt des tatbestandlichen Erfolges mit dem zugehörigen Kausalverlauf in dessen wesentlichen Zügen (nicht in allen Einzelheiten) vorhersehen konnte (Ein Ausschluss der subjektiven Vorhersehbarkeit kommt aus denselben Gründen wie bei der subjektiven Sorgfaltswidrigkeit in Betracht).

554 Zu den Schuldausschließungs- und Entschuldigungsgründen zählt bei der Fahrlässigkeit schließlich noch die **Unzumutbarkeit** normgemäßen Verhaltens (weiter als § 35 Abs. 1 StGB).

5. Tatbeteiligung

555 Sind mehrere an einer Tatverwirklichung beteiligt, ergeben sich für die Fallbearbeitung häufig Unsicherheiten darüber, an welcher Stelle im Deliktsaufbau die jeweilige Beteiligungsform zu prüfen ist. Um einem immer wieder auftretenden Aufbaufehler entgegenzuwirken: **Fragen der Tatbeteiligung sind stets Fragen der Tatbestandsmäßigkeit, Rechtswidrigkeit und Schuld eines Verhaltens. Sie sind daher innerhalb des jeweiligen Verbrechenselements zu erörtern und nicht außerhalb.** Unzulässig und falsch sind Vorbemerkungen, in denen abstrakt die Beteiligungsformen auf der Basis der Teilnahmetheorien erörtert, durchgeprüft und vorab festgelegt werden. Unter dem Aspekt der fallbezogenen „Aufbautechnik" sind bereits einige wesentliche Aufbauregeln für Fallkonstellationen mit mehreren Tatbeteiligten erörtert worden (vgl. C. I. 3.). Diese Aufbauregeln sollen nachfolgend pointiert im Blick auf die materiellrechtlichen Lehren von Täterschaft und Teilnahme noch um einige Aufbauhinweise ergänzt werden:

556 **a) Prüfung der Täterschaft.** Grundsätzlich ist bei Tatbeteiligungen diejenige Person herauszuarbeiten, die dem Tatgeschehen innerlich und äußerlich am nächsten steht (z. B. bei eigenhändiger voller Deliktsverwirklichung). Diese Person ist als Täter einer Straftat zu prüfen, indem Tatbestandsmäßigkeit, Rechtswidrigkeit und Schuldhaftigkeit seines Verhaltens erörtert und festgestellt werden. Daran schließen sich in gleicher Weise nacheinander die Verhaltensüberprüfungen aller weiteren Beteiligten an, wobei bereits in der „Tatbestandsmäßigkeit" die (Abgrenzungs-)Frage „Täterschaft oder Teilnahme" **abschließend** erörtert wird. Von der Art der festgestellten Beteiligungsform hängt es dann ab, wie weiter geprüft wird. Bei Mittäterschaft und mittelbarer Täterschaft ist anders zu verfahren als bei Anstiftung und Beihilfe, wie sich aus § 25 ff. StGB unmittelbar ergibt.

557 **aa) Mittäterschaft.** Bei (durch Vorprüfungen und gedankliche Vorarbeiten bereits begründeter) Annahme von **Mittäterschaft** ist entsprechend dem eben genannten Grundsatz die **tatnächste Person als Alleintäter** durchzuprüfen und sodann der (die) weitere(n) Tatbeteiligte(n) ebenfalls als Täter mit der in der Tatbestandsmäßigkeit seines Verhaltens zu erörternden Mittäterschaft (subjektive/objektive Mittäterschaftselemente, mittäterschaftliche Erfolgszurechnung) zu behandeln.

558 Dieser Aufbau ist angezeigt bei Tatbeteiligten, von denen einer tatbestandsmäßig handelt und der andere einen sonstigen (aber auch täterschaftlichen) Tatbeitrag leistet. Das gilt auch dann, wenn die Tatbeteiligten zwar dasselbe Tatgeschehen verwirklichen, wegen besonderer unterschiedlicher Tätereigenschaften aber verschiedene Tatbestände verwirklichen.

559 Ist im Sachverhalt dagegen klar erkennbar, dass die Tatbeteiligten zur Tatverwirklichung bewusst und gewollt in arbeitsteiliger Weise vorgegangen sind und damit die Voraussetzungen der Mittäterschaft unzweifelhaft vorliegen, sind alle Tatbeteiligten zugleich und gemeinsam als (Mit-)Täter in einer einzigen Deliktsprüfung zu behandeln. Das Vorliegen von Mittäterschaft wird dann in der objektiven und subjektiven Tatbestandsmäßigkeit des jeweiligen Delikts begründet und festgestellt. Auf diese Weise muss vorgegangen werden, wenn alle Tatbeteiligten den tatbestandlichen Erfolg verwirklichen wollen, die jeweils geleisteten Tatbeiträge aber nur insgesamt im gegenseitigen Zusammenwirken den Tatbestand erfüllen (Das ist „aufbautechnisch" streitig. Zum Teil wird auch in diesen Fällen eine getrennte Durchprüfung verlangt).

560 **bb) Mittelbare Täterschaft.** Entsprechend dem Grundsatz, bei Tatbeteiligungen die Fallprüfung stets mit dem tatnächsten Tatbeteiligten zu beginnen, ist bei (gedanklich bereits erarbeiteter) Annahme von **mittelbarer Täterschaft** zuerst die **Strafbarkeit des Tatmittlers** und erst daran anschließend die des (mittelbaren) Täters zu prüfen. Ergibt die Prüfung, dass sich der Tatmittler als Täter strafbar gemacht hat, scheidet die ursprüngliche Annahme von mittelbarer Täterschaft in der Regel aus und es muss dann ggf. eine Mittäterschaft oder eine Teilnahme i. e. S. beim anderen Tatbeteiligten erörtert werden.

561 Ist bei der Durchprüfung des Tatmittlers dagegen festgestellt, dass und an welcher Stelle die Voraussetzungen einer Straftat in seinem Verhalten nicht vorliegen (Strafbarkeit des Tatmittlers wegen Beihilfe bleibt bei Vorliegen der Beihilfevoraussetzungen möglich, ebenso eine fahrlässige Täterschaft: diese Strafbarkeitsmöglichkeiten sind aber erst nach Prüfung des (mittelbaren) Täters erneut aufzugreifen und nach dem maßgeblichen Deliktsaufbau zu prüfen), setzt die Strafbarkeitsprüfung des anderen Tatbeteiligten als (mittelbarer) Täter ein, wobei zu beachten ist, dass sämtliche Strafbarkeitsvoraussetzungen in seiner Person erfüllt sein müssen (der Tatmittler spielt insoweit die Rolle eines Tatverwirklichungsmittels, er ist das Tatwerkzeug des (mittelbaren) Täters).

b) Anstiftung und Beihilfe. Für die **Anstiftung** und **Beihilfe** ergibt sich aus deren **562** akzessorischer Natur, dass stets die sog. Haupttat (die vorsätzlich begangene rechtswidrige Tat eines anderen in §§ 26, 27 StGB) vorab zu prüfen ist, weil ohne eine solche Tat die Teilnahmeformen der Anstiftung und Beihilfe aus logischen Gründen ausgeschlossen sind. Im Übrigen ist entsprechend den in §§ 26 und 27 StGB enthaltenen Anstifter- und Gehilfenmerkmalen die Tatbestandsmäßigkeit durch weitere objektive und subjektive Elemente zu ergänzen (vgl. dazu die Aufbaumuster unter C. IV. 9.).

Zu beachten bleibt, dass die Anstiftung in der Regel durch aktives Tun verwirklicht **563** wird, für die Beihilfe aber Fallkonstellationen denkbar sind, in denen „Beihilfe durch Unterlassen" zu prüfen ist. In diesen Fällen muss in die Prüfung der Beihilfestrafbarkeit regelmäßig der Deliktsaufbau des (unechten) Unterlassungsdelikts einbezogen werden, so dass nach einer Kombination verschiedener Aufbaumuster vorgegangen werden muss.

IV. Aufbaumuster und Prüfungsschemata

Im Anschluss an die Erörterung von Aufbaufragen und „aufbautechnischen" Hinweisen **564** zur Fallbearbeitung sollen einige Aufbaumuster und/oder Prüfungsschemata vorgestellt werden. Sie sind als weitere Hilfestellung für die Deliktsprüfung in strafrechtlichen Fallbearbeitungen gedacht. Bei der Verwendung solcher Aufbaumuster/Prüfungsschemata ist allerdings Vorsicht geboten, weil sie dazu verleiten können, die Bearbeitung von Strafrechtsfällen so zu schematisieren, dass die Besonderheiten der jeweiligen Aufgabenstellung verloren gehen. Weiter setzen Aufbaumuster immer schon die Entscheidung in bestimmten Grundfragen des Strafrechts und der Strafrechtswissenschaft voraus. Insoweit abweichende Grundpositionen erfordern daher andere Aufbaumodelle. Noch einmal sei ausdrücklich hervorgehoben, dass die nachfolgenden Aufbauschemata einer als **noch** vorherrschend eingeschätzten Rechtsprechung und Lehre zum Problembereich „Die Straftat und ihr Aufbau" folgen und nicht der eigenen Auffassung zur „Systematik der Straftatmerkmale" den Vorzug geben (vgl. dazu *Bringewat*, Grundbegriffe, Rn. 294 ff., 300 mit den entsprechenden Aufbauschemata in Rn. 670 ff., insbesondere Rn. 673 und Rn. 676). Darüber hinaus sind in den verschiedenen Aufbaumustern nur die Grundzüge der Deliktsprüfung enthalten, so dass im Einzelfall Ergänzungen und Korrekturen notwendig werden können. Es empfiehlt sich, im Falle von Zweifeln und Unsicherheiten bei der Anwendung der Aufbaumuster zunächst noch einmal die Aufbauerläuterungen unter C. I.–III. nachzulesen.

Regelmäßig ist vor jeder Fallbearbeitung, insbesondere bei Sachverhalten, die mehrdeutige Verhaltensweisen enthalten, eine Reihe von gedanklichen Vorprüfungen vorzunehmen. Dazu gehört die (negative) Aussonderung von Verhaltensweisen, die nicht den Voraussetzungen des Handlungsbegriffs genügen und (positiv) die Umgrenzung der Verhaltensweisen, die als Handlung Prüfungsgegenstand der Tatbestandsmäßigkeit sind. Diese Prüfung der Handlungsqualität wird üblicherweise als „Vorprüfung" der eigentlichen Strafbarkeitsprüfung vorangestellt. Das überzeugt nicht. Steht die Handlungsqualität eines bestimmten Verhaltens tatsächlich einmal in Frage, ist deshalb die Problematik im Zusammenhang mit der tatbestandlichen Handlung in der objektiven Tatbestandsmäßigkeit zu prüfen und diese dann ggf. zu verneinen. Ebenso gehört die Entscheidung darüber, ob bei mehrdeutigen Verhaltensweisen aktives Tun oder Unterlassen (Abgrenzungsproblem: Schwerpunkt der Vorwerfbarkeit oder – nach anderer Ansicht – Vorrang des aktiven/positiven Tuns) oder gar beides zu prüfen ist, nicht außerhalb der Deliktsprüfung gewissermaßen „vor die Klammer", sondern als Tatbestandsproblem in die Tatbestandsmäßigkeitsprüfung, wenn und soweit dieses Abgrenzungsproblem als Fragestellung des Sachverhalts ersichtlich ist. Ansonsten verbleibt es bei einer gedanklichen **565**

Vorprüfung. Es empfiehlt sich, Informationen darüber einzuholen, welche von beiden vertretbaren Aufbaumöglichkeiten an Ort und Stelle bevorzugt wird.

566 1. **Vollendetes, vorsätzliches Begehungsdelikt**
  I. **Tatbestandsmäßigkeit**
    1. **Objektive Tatbestandsmerkmale**
        a) *Besondere* Merkmale des Tatsubjekts, besondere Tätereigenschaften (bei Sonderdelikten etc.)
        b) Tathandlung (Modalitäten der Begehungsweise/Tatmittel)
        c) Merkmale des Tatobjekts
        d) Eintritt des tatbestandlichen Erfolges (bei Erfolgsdelikten; bei schlichten Tätigkeitsdelikten: Eintritt der Tatbestandsverwirklichung)
        e) Kausalität zwischen Tathandlung und Taterfolg (einschließlich der meist unproblematischen objektiven Erfolgszurechnung)
    2. Subjektive Tatbestandsmerkmale
        a) besondere Absichten (z. B. Zueignungsabsicht in § 242 Abs. 1 StGB, Täuschungsabsicht in § 263 Abs. 1 StGB)
        b) ggf. Tendenzen (z. B. beharrlich in § 184 d StGB)
        c) ggf. Gesinnungsmerkmale (z. B. grausam in § 211 Abs. 2 StGB)
    3. Tatbestandsannex: objektive Bedingungen der Strafbarkeit (z. B. bei § 323 a StGB: rechtswidrige Tat = „Rauschtat")
  II. **Rechtswidrigkeit – Fehlen von Rechtfertigungsgründen**
    Bei etwaigem Vorliegen von Rechtfertigungsgründen:
    1. Objektive Rechtfertigungselemente
    2. Subjektive Rechtfertigungselemente
  III. **Schuld**
    1. Schuldfähigkeit (§§ 19 ff. StGB/actio libera in causa)
    2. Tatvorsatz in Bezug auf alle objektiven Tatbestandsmerkmale: Vorsatzausschluss durch Tatumstandsirrtum gem. § 16 Abs. 1 StGB oder Erlaubnistatbestandsirrtum gem. § 16 Abs. 1 StGB analog; Abgrenzung Vorsatz/Fahrlässigkeit
    3. Unrechtsbewusstsein; Ausschluss bei direktem Verbotsirrtum oder Erlaubnisirrtum (= indirekter Verbotsirrtum) gem. § 17 StGB
    4. Nichtvorliegen von Schuldausschließungs- oder Entschuldigungsgründen – Unvermeidbarkeit/Vermeidbarkeit des Verbotsirrtums
    5. ggf. spezielle Schuldmerkmale
  IV. **Persönliche Strafausschließungs- oder Strafaufhebungsgründe**
  V. **Strafverfolgungsvoraussetzungen/-hindernisse**

567 2. **Vorsätzliches, vollendetes, unechtes Unterlassungsdelikt**
  I. **Tatbestandsmäßigkeit**
    1. Objektive Tatbestandsmerkmale
        a) *Besondere* Merkmale des Tatsubjekts, besondere Tätereigenschaften (bei Sonderdelikten etc.)
        b) Eintritt des tatbestandsmäßigen Erfolges
        c) Unterlassen als Nichtvornahme der gebotenen Erfolgsabwendung (das Unterlassen der in der konkreten Gefahrensituation objektiv erforderlichen Rettungshandlung)
        d) Physisch-reale (objektive) Möglichkeit zur tätigen Erfolgsabwendung (möglicherweise ausgeschlossen durch die generelle Unmöglichkeit und/oder individuelle Unmöglichkeit = Unfähigkeit, den tatbestandlichen Erfolg zu verhindern)

e) (Hypothetische) Kausalität des Unterlassens für den eingetretenen tatbestandlichen Erfolg (von weiteren Zurechnungskriterien freigehaltene „bloße" Kausalität zwischen Unterlassen und Taterfolg)
f) Objektive Erfolgszurechnung unter Berücksichtigung
   fa) des Pflichtwidrigkeitszusammenhangs (Unvermeidbarkeit/Vermeidbarkeit des Erfolgseintritts)
   fb) des Schutzzweckzusammenhangs
g) Garantenstellung als garantenpflichtbegründende tatächliche Umstände, und zwar
   ga) enge Lebensgemeinschaft/enge persönliche Verbundenheit
   gb) Gemeinschaftsbeziehungen, Gefahrengemeinschaft
   gc) tatsächliche oder rechtliche (gesetzliche) Schutzübernahme
   gd) besondere Pflichtenstellung (z. B. Amtsträger)
   ga)–gd) = Schutzfunktionen für Rechtsgüter (Beschützergarant, Obhutspflichten)
   ge) Ingerenz, rechtswidriges gefährliches Vorverhalten
   gf) Sachherrschaft über gefährliche Anlagen, Gegenstände, Güter (Gefahrenquellen, Verkehrssicherungspflicht)
   gg) verantwortliche Aufsichtspositionen
   ge)–gg) = Verantwortlichkeit für Gefahrenquellen (Überwachungsgarant, Beherrschungspflichten)
h) Gleichwertigkeit des Unterlassens im Vergleich zum aktiven Tun = Entsprechungsklausel (im Wesentlichen nur bei sog. verhaltensgebundenen Delikten)
2. Subjektive Tatbestandsmerkmale
   a) Absichten
   b) ggf. Tendenzen   } wie bei **1.** I. 2. a)–c)
   c) ggf. Gesinnungsmerkmale
3. Tatbestandsannex: objektive Bedingungen der Strafbarkeit

II. **Rechtswidrigkeit – Fehlen von Rechtfertigungsgründen**
einschließlich der rechtfertigenden Pflichtenkollision
Bei etwaiger Rechtfertigung:
1. Objektive Rechtfertigungselemente
2. Subjektive Rechtfertigungselemente

III. **Schuld**
1. Schuldfähigkeit (wie bei **1.** III. 1./actio libera in causa bzw. omissio libera in causa)
2. Tatvorsatz in Form des Unterlassungsvorsatzes
   (muss sich auf alle objektiven Tatbestandsmerkmale von a)–g) beziehen); (vielfältige) Möglichkeiten eines Tatumstandsirrtums gem. § 16 Abs. 1 StGB und eines Erlaubnistatbestandsirrtums gem. § 16 Abs. 1 StGB analog; Abgrenzung Vorsatz/Fahrlässigkeit
3. Unrechtsbewusstsein; Ausschluss bei direktem Gebotsirrtum (Irrtum über Garantenpflicht) oder Erlaubnisirrtum (= indirekter Verbots-/Gebotsirrtum) gem. § 17 StGB
4. Nichtvorliegen von Schuldausschließungs- oder Entschuldigungsgründen unter Einschluss der „Unzumutbarkeit normgemäßen Verhaltens" (weiter als § 35 Abs. 1 StGB), Unvermeidbarkeit/Vermeidbarkeit des Gebotsirrtums
5. ggf. spezielle Schuldmerkmale

IV. **Persönliche Strafausschließungs- und Strafaufhebungsgründe**
V. **Strafverfolgungsvoraussetzungen/-hindernisse**

3. Versuchtes Begehungsdelikt

(**Vorfragen**, als eigenständige Kategorie im Deliktsaufbau des Versuchs eher selten:
1. Feststellung der Nichtvollendung einer Straftat
2. Strafbarkeit des Versuchs gem. §§ 23 Abs. 1, 12 StGB)

I. **Tatbestandsmäßigkeit**
1. Subjektiver Versuchstatbestand (= Tätervorstellung von der Tat i. S. d. § 22 StGB, bestehend aus:)
   a) Tatvorsatz (bezieht sich auf alle Merkmale der objektiven Tatbestandsmäßigkeit des vollendeten Delikts unter Einschluss des objektiven Versuchstatbestandes) mit der Möglichkeit des Vorsatzausschlusses infolge Tatumstandsirrtums gem. § 16 Abs. 1 StGB und Erlaubnistatbestandsirrtums gem. § 16 Abs. 1 StGB analog (Rückverweisung aus II.)
   b) Subjektive Tatbestandsmerkmale
      ba) Absichten
      bb) ggf. Tendenzen   } wie bei **1.** I. 2. a)–c)
      bc) ggf. Gesinnungsmerkmale
2. Objektiver Versuchstatbestand (= unmittelbares Ansetzen zur Tatbestandsverwirklichung)
   a) „vortatbestandliche" Ausführungshandlung/Abgrenzung zur „bloßen" (straflosen) Vorbereitungshandlung
   b) „tatbestandliche" Ausführungshandlung
      a) und b) unter Einschluss besonderer Tatmodalitäten und Tatmittel
   c) Besondere Merkmale des Tatsubjekts, Tätereigenschaften
   d) Tatobjekt (Besonderheiten)
   e) Kausalität (zwischen den Teilakten der „vortatbestandlichen"/„tatbestandlichen" Ausführungshandlungen)
3. Tatbestandsannex: objektive Bedingungen der Strafbarkeit

II. **Rechtswidrigkeit – Fehlen von Rechtfertigungsgründen**
Bei möglicher Rechtfertigung:
1. Objektive Rechtfertigungselemente
2. Subjektive Rechtfertigungselemente (mit Erlaubnistatbestandsirrtum und Vorsatzausschluss gem. § 16 Abs. 1 StGB analog – Rückverweis auf I. 1.)

III. **Schuld**
1. Schuldfähigkeit (§§ 19 ff. StGB/actio libera in causa)
2. Unrechtsbewusstsein/Ausschluss durch direkten Verbotsirrtum oder Erlaubnisirrtum (= indirekter Verbotsirrtum) gem. § 17 StGB
3. Nichtvorliegen von Schuldausschließungs- und Entschuldigungsgründen, Unvermeidbarkeit/Vermeidbarkeit des Verbotsirrtums
4. ggf. spezielle Schuldmerkmale

IV. **Persönliche Strafausschließungs- und Strafaufhebungsgründe**
(bei Versuchsdelikten insbesondere):
1. freiwilliger Rücktritt vom unbeendeten Versuch gem. § 24 Abs. 1, S. 1, 1. Alt. StGB
   a) Aufgeben der weiteren Tatausführung (= Endgültigkeit i. S. eines Verzichts jeder weiteren Tatausführung)
   b) Freiwilligkeit
2. freiwilliger Rücktritt vom beendeten Versuch gem. § 24 Abs. 1, S. 1, 2. Alt. StGB
   a) tätige Verhinderung der Tatvollendung (inaktive oder versehentliche Erfolgsverhinderung genügt nicht)
   b) Freiwilligkeit

V. **Strafverfolgungsvoraussetzungen/-hindernisse**

4. **Versuchtes unechtes Unterlassungsdelikt**
(Zu den „*Vorfragen*" vgl. zunächst bei **3.** vor I.)
I. **Tatbestandsmäßigkeit**
1. Subjektiver Versuchstatbestand (= Tätervorstellung von der (Unterlassungs-)Tat i. S. d. § 22 StGB, bestehend aus:)

a) Tatvorsatz in Form des „Unterlassungsvorsatzes" (bezieht sich auf alle Merkmale der objektiven Tatbestandsmäßigkeit des vollendeten unechten Unterlassungsdelikts unter Einschluss des objektiven Versuchstatbestandes, also u. a. auf
- besondere Tätereigenschaften,
- Erfolgseintritt,
- Nichtvornahme der gebotenen Rettungshandlung,
- physisch-reale Erfolgsabwendungsmöglichkeit,
- hypothetische Unterlassungskausalität,
- objektive Erfolgszurechnung mit Pflichtwidrigkeits- und Schutzzweckzusammenhang,
- Garantenstellung (vgl. unter **2.** I. 1. a)–g) mit weiteren Erläuterungen) mit der Möglichkeit des Vorsatzausschlusses infolge Tatumstandsirrtums gem. § 16 Abs. 1 StGB und Erlaubnistatbestandsirrtums gem. § 16 Abs. 1 StGB analog (Rückverweisung aus II.)

b) subjektive Tatbestandsmerkmale
(wie **3.** I. 1. b) und wie bei **1.** I. 2.)

2. objektiver Versuchstatbestand (= unmittelbares Ansetzen zur Tatbestandsverwirklichung)
   a) „vortatbestandliche" Ausführungshandlung = Verstreichenlassen der ersten Möglichkeit den Erfolg zu verhindern/Abgrenzung zur „bloßen" (straflosen) Vorbereitung
   b) „tatbestandliche" Ausführungshandlung = Verstreichenlassen der letzten Möglichkeit, den Erfolg zu verhindern
   a) und b) bei bestehender Garantenstellung unter Berücksichtigung besonderer Tatmodalitäten und Tatmitteln
   c) *besondere* Tätereigenschaften
   d) Besonderheiten des Tatobjektes
   e) physisch-reale Erfolgsabwendungsmöglichkeit
   f) hypothetische Unterlassungskausalität
   g) Kriterien der objektiven Erfolgszurechnung (Pflichtwidrigkeits- und Schutzzweckzusammenhang) im unmittelbaren Ansetzen zur Tatbestandsverwirklichung
   h) Garantenstellung
3. Tatbestandsannex: objektive Bedingungen der Strafbarkeit

II. **Rechtswidrigkeit – Fehlen von Rechtfertigungsgründen**
    einschließlich der rechtfertigenden Pflichtenkollision
    Bei möglicher Rechtfertigung
    a) Objektive Rechtfertigungselemente
    b) Subjektive Rechtfertigungselemente (mit Erlaubnistatbestandsirrtum und Vorsatzausschluss gem. § 16 Abs. 1 StGB analog – Rückverweis auf I. 1.)

III. **Schuld**
   1. Schuldfähigkeit – wie bei **3.** III. 1.
   2. Unrechtsbewusstsein – Ausschluss bei direktem Gebotsirrtum (Irrtum über Garantenpflicht) oder Erlaubnisirrtum (= indirekter Verbots-/Gebotsirrtum) gem. § 17 StGB
   3. Nichtvorliegen von Schuldausschließungs- oder Entschuldigungsgründen unter Einschluss der „Unzumutbarkeit normgemäßen Verhaltens", Unvermeidbarkeit/Vermeidbarkeit des Gebotsirrtums
   4. ggf. spezielle Schuldmerkmale

IV. **Persönliche Strafausschließungs- und Strafaufhebungsgründe**
    (beim Versuch des unechten Unterlassungsdelikts unter sinngemäßer Anwendung von § 24 Abs. 1 StGB insbesondere:)

1. freiwilliger Rücktritt vom unbeendeten Versuch gem. § 24 Abs. 1, S. 1, 1. Alt. StGB
   a) Nachholung der ursprünglich gebotenen (ersten) Rettungshandlung, wenn nach der Tätervorstellung dadurch der Erfolg abgewendet wird
   b) Freiwilligkeit
2. freiwilliger Rücktritt vom beendeten Versuch gem. § 24 Abs. 1, S. 1. 2. Alt. StGB
   a) Nachholung der ursprünglich gebotenen Rettungshandlung und zusätzliche Maßnahmen, wenn nach Tätervorstellung weitere Rettungsakte notwendig sind, um den Erfolgseintritt zu verhindern
   b) Freiwilligkeit
V. **Strafverfolgungsvoraussetzungen/-hindernisse**

570 5. **Fahrlässiges Begehungsdelikt**
I. **Tatbestandsmäßigkeit**
1. Eintritt des tatbestandlichen Erfolges (nur bei Erfolgsdelikten)
2. Tathandlung
3. Kausalität zwischen Taterfolg und Tathandlung („bereinigte" Kausalität nach der Äquivalenztheorie)
4. *Besondere* Merkmale des Tatobjektes
5. *Besondere* Merkmale des Tatsubjekts, Tätereigenschaften
   – 4. und 5. selten zu prüfen –
6. Sorgfaltspflichtverletzung (= Außerachtlassung der im Rechtsverkehr erforderlichen Sorgfalt; Maßstab: Lebens-, Berufs- und Rechtsverkehrskreis (soziale Rolle) des Täters)
   a) generelle/objektive Voraussehbarkeit des tatbestandlichen Erfolges
   b) Sonderwissen des Täters
7. Objektive Erfolgszurechnung mit
   a) Pflichtwidrigkeitszusammenhang (= gerade **diese** Sorgfaltspflichtverletzung hat den tatbestandlichen Erfolg herbeigeführt) und sein möglicher Ausschluss bei (objektiver) Unvermeidbarkeit des tatbestandlichen Erfolges (= Erfolgseintritt auch bei sorgfaltspflichtgemäßem Verhalten)
   b) Schutzzweckzusammenhang
8. Ausschluss der objektiven Erfolgszurechnung bei
   a) eigenverantwortlicher Selbstschädigung oder -gefährdung (Prinzip der Eigenverantwortlichkeit)
   b) fehlendem Adäquanzzusammenhang/Inadäquanz atypischer Kausalverläufe
9. Tatbestandsannex: objektive Bedingungen der Strafbarkeit
II. **Rechtswidrigkeit – Fehlen von Rechtfertigungsgründen**
   Bei Rechtfertigung: nur objektive Rechtfertigungsvoraussetzungen/Tendenz/Willensrichtung
III. **Schuld**
1. Schuldfähigkeit (§§ 19 ff. StGB/actio libera in causa)
2. Subjektive Sorgfaltswidrigkeit (bei individuell/persönlichen Fähigkeiten des Täters) und
   a) subjektive Voraussehbarkeit des Erfolges (unbewusste Fahrlässigkeit)
   b) subjektive Voraussicht des Erfolges (bewusste Fahrlässigkeit)
3. Unrechtsbewusstsein mit der Möglichkeit seines Ausschlusses (direkter/indirekter Verbotsirrtum, selten)
4. Nichtvorliegen von Schuldausschließungs- oder Entschuldigungsgründen einschließlich der „Unzumutbarkeit normgemäßen Verhaltens"
5. ggf. spezielle Schuldmerkmale
IV. **Persönliche Strafausschließungs- und Strafaufhebungsgründe**
V. **Strafverfolgungsvoraussetzungen/-hindernisse**

6. Fahrlässiges unechtes Unterlassungsdelikt
I. **Tatbestandsmäßigkeit**
  1. Eintritt des tatbestandsmäßigen Erfolges
  2. Unterlassen als Nichtvornahme der gebotenen Erfolgsabwendung
  3. Physisch-reale (objektive) Möglichkeit zur tätigen Erfolgsabwendung (ausgeschlossen bei genereller oder individueller Unmöglichkeit der Erfolgsabwendung)
  4. (Hypothetische) Unterlassungskausalität zwischen tatbestandlichem Erfolgseintritt und Nichtvornahme der gebotenen Rettungshandlung
  5. *Besondere* Merkmale des Tatobjekts
  6. *Besondere* Merkmale des Tatsubjekts, Tätereigenschaften
     – *5. und 6. selten zu prüfen* –
  7. Garantenstellung
  8. Sorgfaltspflichtverletzung (= Außerachtlassen der im Rechtsverkehr erforderlichen Sorgfalt; Maßstab: Lebens-, Berufs- und Rechtsverkehrskreis (soziale Rolle) des Täters, kann sich außer auf die Merkmale in 1.–4. auch auf die Garantenstellung beziehen)
     a) generelle/objektive Voraussehbarkeit des tatbestandlichen Erfolges
     b) Sonderwissen des Unterlassungstäters
  9. Objektive Erfolgszurechnung mit
     a) Pflichtwidrigkeitszusammenhang – wie **5.** I. 7. a) – und
     b) Schutzzweckzusammenhang
  10. Ausschluss der objektiven Erfolgszurechnung – wie **5.** I. 8. –
  11. Tatbestandsannex: objektive Bedingungen der Strafbarkeit
II. **Rechtswidrigkeit – Fehlen von Rechtfertigungsgründen**
  einschließlich der rechtfertigenden Pflichtenkollision
  Bei möglicher Rechtfertigung wie 5. II.
III. **Schuld**
  1. Schuldfähigkeit (§§ 19 ff. StGB/actio (ommissio) libera in causa)
  2. Subjektive Sorgfaltswidrigkeit (bei individuell/persönlichen Fähigkeiten des Unterlassungstäters) und
     a) subjektive Voraussehbarkeit des Erfolges (unbewusste Fahrlässigkeit)
     b) subjektive Voraussicht des Erfolges (bewusste Fahrlässigkeit)
  3. Unrechtsbewusstsein mit der Möglichkeit seines Ausschlusses (direkter/indirekter Verbots-/Gebotsirrtum, selten)
  4. Nichtvorliegen von Schuldausschließungs- oder Entschuldigungsgründen einschließlich der „Unzumutbarkeit normgemäßen Verhaltens"
  5. ggf. spezielle Schuldmerkmale
IV. **Persönliche Strafausschließungs- und Strafaufhebungsgründe**
V. **Strafverfolgungsvoraussetzungen/-hindernisse**

7. Vorsätzliches echtes Unterlassungsdelikt
I. **Tatbestandsmäßigkeit**
  1. **Objektive Tatbestandsmerkmale**
     a) Eintritt der im gesetzlichen Tatbestand geschilderten Tatsituation (z.B. bei § 323 c StGB: Unglücksfall)
     b) Unterlassen als Nichtvornahme der gebotenen Rettungshandlung (Hilfeleistung)
     c) Erforderlichkeit der (Hilfs- bzw. Rettungs-)Handlung
     d) Physisch-reale (objektive) Möglichkeit zur Vornahme der (gesetzlich) geforderten Handlung
     e) Zumutbarkeit der (Hilfs- bzw. Rettungs-)Handlung
  2. Subjektive Tatbestandsmerkmale

II. **Rechtswidrigkeit** – wie bei **2. II. 1. und 2.**
III. **Schuld** – wie bei **3. III. 1.–5.** sinngemäß:
    bei 4. mit Ausnahme der „Unzumutbarkeit"
IV. und V. – wie bei **2. IV. und V.**

8. **Fahrlässiges echtes Unterlassungsdelikt**
I. **Tatbestandsmäßigkeit**
    1. Eintritt der im gesetzlichen Tatbestand geschilderten Tatsituation
    2. Unterlassen als Nichtvornahme der gebotenen Rettungshandlung (Hilfeleistung)
    3. Erforderlichkeit der (Hilfs- oder Rettungs-)Handlung
    4. Physisch-reale Möglichkeit zur Vornahme der (gesetzlich) geforderten Handlung
    5. Sorgfaltspflichtverletzung (objektiv)
    6. Objektive Zurechnung der gesetzlichen Tatsituation
II.–V. – wie bei **5. II.–V.** sinngemäß

9. **Tatbeteiligung (nur Tatbestandsmäßigkeit)**
I. **Mittäterschaft (§ 25 Abs. II StGB)**
    1. Objektive Tatbestandsmerkmale
        a) sämtliche objektive Tatbestandsmerkmale betr. die Vorsatzdelikte mit Ausnahme der Tathandlung (Unterlassung), statt dessen als
        b) Tathandlung (sinngemäß für Unterlassung)
            ba) tatbestandliche Ausführung oder
            bb) Tatbeitrag als wesentliches Element der Gesamttat
            (Zusammenwirkende Tatbeiträge)
    2. Subjektive Tatbestandsmerkmale
        a) gemeinsamer Tatplan/gemeinschaftlicher Tatentschluss
        b) sonstige im Gesetz enthaltene subjektive Tatbestandsmerkmale – Absichten, ggf. Tendenzen, ggf. Gesinnungsmerkmale
II. **Mittelbare Täterschaft (§ 25 Abs. I, 2. Alt. StGB)**
    1. Objektive Tatbestandsmerkmale
        a) sämtliche objektiven Tatbestandsmerkmale betr. Vorsatzdelikte mit Ausnahme der Tathandlung, statt dessen als
        b) Tathandlung = tatbestandliche Ausführungshandlung durch Tatmittler mit
        c) „Defekt-Umstand" beim Tatmittler mit Zuweisung der Tatherrschaft an den (mittelbaren Täter) Hintermann
    2. Subjektive Tatbestandsmerkmale
        a) Absichten, ggf. Tendenzen, ggf. Gesinnungsmerkmale
        b) ggf. subjektive Tatherrschafts- bzw. Täterschaftselemente
III. **Anstifter (§ 26 StGB)**
    1. Objektive Tatbestandsmerkmale
        a) Haupttat = vorsätzlich (nicht schuldhaft) begangene rechtswidrige Tat (auch (unechte) Unterlassungstat); zumeist bereits geprüft, Rückverweisung möglich
        b) Bestimmen des Haupttäters zum Tatentschluss als Anstifterhandlung
    2. Subjektive Tatbestandsmerkmale
        ggf. subjektive Teilnehmermerkmale
        Nach der „Rechtswidrigkeit" im Rahmen der „Schuld" ist u. a. der (doppelte) Anstiftervorsatz zu prüfen:
        – Vorsatz bezüglich aller Tatbestandsmerkmale der Haupttat
        – Vorsatz bezüglich der Bestimmung des Haupttäters zum Tatentschluss
IV. **Beihilfe (§ 27 StGB)**
    1. Objektive Tatbestandsmerkmale
        a) Haupttat = vorsätzlich (nicht schuldhaft) begangene rechtswidrige Tat (auch (unechte) Unterlassungstat); zumeist bereits geprüft, Rückverweisung möglich

b) Hilfeleistung zur Haupttat (durch Rat und/oder Tat) als Gehilfenhandlung
2. Subjektive Tatbestandsmerkmale
   ggf. subjektive Teilnehmermerkmale
   Nach der „Rechtswidrigkeit" im Rahmen der „Schuld" ist u. a. der (doppelte) Gehilfenvorsatz zu prüfen:
   a) Vorsatz bezüglich aller Tatbestandsmerkmale der Haupttat
   b) Vorsatz bezüglich der Gehilfenhandlung (= Förderung der Haupttat durch Hilfeleistung in Form von Rat und/oder Tat)

> **Beachte aber:** Je nach allgemeindeliktischer Zuordnung des Tatvorsatzes kann der doppelte Anstifter- bzw. Gehilfenvorsatz auch im Bereich der subjektiven Tatbestandsmerkmale zu prüfen sein.

Und noch einmal ist zu betonen: Aufbaumuster bzw. Prüfungsschemata sind keine starren Prüfungsraster für die Durcharbeitung von Lebenssachverhalten. Sie können dazu dienen, im Sinne eines Ablaufprogramms einzelne „Stationen" der Fallprüfung zu markieren. Immer aber ist das maßgebliche Prüfungs-/Aufbauschema den inhaltlichen Besonderheiten des (straf-)rechtlichen Obersatzes (des gesetzlichen Straftatbestands) und des darunter zu subsumierenden tatsächlichen Untersatzes (des konkreten Lebenssachverhalts) anzupassen: Wenn weit und breit und beim besten Willen keine Rechtfertigungsgründe im Tatgeschehen zu erkennen sind, ist über das Aufbauelement „Rechtfertigungsgründe" in der Systemstufe der „Rechtswidrigkeit" auch kein Wort zu verlieren. Und enthält der konkret zu prüfende Straftatbestand keine subjektiven Unrechtselemente, muss nicht erst festgestellt werden, dass er keine enthält. Die schablonenhafte Verwendung von Aufbauschemata ist eines der misslichsten Übel in strafrechtlichen und nicht nur in strafrechtlichen Fallbearbeitungen. Vor ihr ist nachdrücklich zu warnen.

D. Der Aufbau einer öffentlich-rechtlichen Fallbearbeitung

Öffentlich-rechtlichen Klausuren und Hausarbeiten geht der Ruf voraus, schon im Vorhinein, also noch bar jeder Kenntnis der jeweils konkreten Aufgabenstellung, für Unbehagen zu sorgen. Das hat mehrere Gründe: Anders als im Zivilrecht und erst recht im Strafrecht sieht sich der Fallbearbeiter im öffentlichen Recht mit einer (zumindest von ihm so empfundenen) schier unbegrenzten Fülle von Rechtsstoff konfrontiert, die ihm bereits in seiner mentalen Einstimmung auf die bevorstehende Klausur oder Hausarbeit „das Leben schwer machen" kann. Die Ungewissheit, „was dran kommt" oder „was dran kommen könnte", eine Ungewissheit, die naturgemäß jeder (juristischen) Klausur und Hausarbeit anhaftet, ist im öffentlichen Recht eine (vermeintlich?) andere als im Straf- und Zivilrecht. Anders als im Zivil- und Strafrecht fehlt im öffentlichen Recht ein dem BGB oder StGB vergleichbares **gesetzliches Kernstück** mit leitgedanklichen Grundnormen und Grundregeln, auf die in einer Fallbearbeitung – auch orientierungshalber – stets zurückgegriffen werden kann.

I. Inhalt und Problematik

In engem Zusammenhang damit steht, dass sich das öffentliche Recht nicht wie das Zivilrecht und/oder Strafrecht „bereichstypisch" zergliedern lässt. Zwar besteht auch das öffentliche Recht aus unterschiedlichen **Sachgebieten**; deren Abgrenzung folgt jedoch anderen Kriterien als im Straf- oder Zivilrecht. So ist etwa die Unterscheidung von **Verfassungsrecht** und **Verwaltungsrecht** (als den zwei Hauptsachgebieten des öffentlichen Rechts) nicht vergleichbar mit der „bereichstypischen" Differenzierung zwischen

Schuldrecht, Sachenrecht, Familienrecht und Erbrecht bzw. den rechtsgutsbezogenen Abschnitten des StGB (ab §§ 80 ff. StGB).

578 Ganz ähnlich verhält es sich mit der Untergliederung des Verwaltungsrechts in einen AT (allgemeinen Teil) und einen BT (besonderen Teil), in dem sich alles sammelt, was als öffentlich-rechtliches Einzelrechtsgebiet (z. B.: Beamtenrecht, Hochschulrecht, Gemeinderecht, Polizeirecht, Baurecht, Straßenrecht, Gewerbe- und Handwerksrecht etc., etc.) in Betracht kommt. Zwar umgreift der allgemeine Teil des Verwaltungsrechts wie auch sonst ein AT diejenigen allgemeinen (verwaltungsrechtlichen) Regeln, die – vor die Klammer gezogen – auf alle Einzelrechtsgebiete (des Verwaltungsrechts BT) gleichermaßen Anwendung finden. Von einem wechselbezüglichen Verhältnis zwischen AT und BT (wie es etwa im Verhältnis zwischen dem Strafrecht AT und BT der Fall ist) kann im Verwaltungsrecht indessen nicht gesprochen werden, dazu ist die Bandbreite der dem Verwaltungsrecht BT zuzuordnenden Einzelrechtsmaterien zu groß.

579 Schließlich und endlich werden Fallbearbeitungen im öffentlichen Recht anders als im Strafrecht und Zivilrecht von Verfahrensfragen und damit von verfahrensrechtlichen (BVerfGG, VwGO, VwVfG etc.) Problemlagen (mit-)bestimmt, bisweilen sogar von verfahrensrechtlichen Fragestellungen geprägt (vgl. zum Ganzen auch *Köbler*, Anfängerübung, Dritter Teil, 1. Abschnitt). Das Erkennen der „richtigen" Klageart nebst Durchprüfung der entsprechenden Zulässigkeitsvoraussetzungen spielt beispielsweise in verwaltungsrechtlichen Fallbearbeitungen durchweg eine „lösungsträchtige" und damit auch bewertungstragende Rolle.

580 Bei allem Unbehagen: Auch für die öffentlich-rechtliche Fallbearbeitung stehen Aufbau- und Prüfungsschemata zur Verfügung, die als „Ablaufprogramme" bei der Prüfung und Lösung der in öffentlich-rechtlichen Klausuren und Hausarbeiten als Aufgabenstellung mitgeteilten Rechtsfälle behilflich sein können. Dem kritisch reflektierten Hantieren mit diesen Prüfungs- und Aufbauschemata muss freilich das „richtige und vollständige Erfassen des Sachverhalts" etc. vorausgegangen sein; denn alles, was allgemein zur Methodik der Fallbearbeitung (vgl. insbesondere Erster Teil, C. III. und D. II sowie C. I. u. II.) und generell zum Aufbau juristischer Fallbearbeitungen erörtert und erläutert worden ist, bestimmt die Arbeitsweise in straf- und zivilrechtlichen Fallbearbeitungen ganz genauso – von materiellrechtlich bedingten Nuancierungen einmal abgesehen – wie in öffentlich-rechtlichen Fallbearbeitungen.

581 Anders als im Zivilrecht und im Strafrecht kann bei Fallbearbeitungen im öffentlichen Recht aber **nicht** auf ein **strukturtypisches Grundschema** für den sachgerechten Aufbau einer Fallbearbeitung zurückgegriffen werden: Anspruchssystem bzw. Anspruchsaufbau und Straftatbegriff bzw. Straftatsystem sind „aufbautechnische" Strukturmodelle, deren detaillierte Entfaltung rechtsgebietsspezifische Aufbauregeln (vgl. Zweiter Teil, B. und C.) produziert. Etwas Vergleichbares fehlt dem öffentlichen Recht, es sei denn, man wertet die in der Praxisrealität öffentlich-rechtlicher Klausuren und Hausarbeiten am meisten vorkommende „aufbautechnische" Differenzierung zwischen **„Zulässigkeit"** und **„Begründetheit"** (einer Klage, eines Antrags etc.) als ein solches strukturtypisches Grundschema für den Aufbau öffentlich-rechtlicher Fallbearbeitungen.

582 Die „aufbautechnische" Differenzierung zwischen der „Zulässigkeit" und der (materiellrechtlichen) „Begründetheit" einer Klage, eines Antrags, eines Rechtsmittels etc. ist in der Tat charakteristisch für die überwiegende Vielzahl aller öffentlich-rechtlichen Fallbearbeitungen. Regelmäßig nämlich ist in der Aufgabenstellung einer öffentlich-rechtlichen Klausur und Hausarbeit entweder ausdrücklich oder der Sache nach danach gefragt, ob eine Klage etc. Aussicht auf Erfolg hat oder wie das angerufene Gericht wohl entscheiden wird etc. Und bereits diese allgemein gehaltene Fallfrage (sie muss noch zu konkreten Fallfragen „kleingearbeitet" werden) signalisiert, dass sich die anschließende Fallbearbeitung mit *verfahrensrechtlichen* **und** *materiellrechtlichen* Fragestellungen zu befassen hat. Mit der Maßgabe, dass Verfahrensrechtliches „aufbautechnisch" in die „Zulässigkeit" und „Materiellrechtliches" in die „Begründetheit" gehört, erweist sich daher die (prozessual vorgegebene) Differenzierung zwischen der „Zulässigkeit" und der „Begründetheit" tatsächlich als eine Grundregel – wenn man so will: als ein Grundschema – für den Aufbau einer öffentlich-rechtlichen Fallbearbeitung.

II. Sachgebiete und Einteilung

Das gilt für alle Hauptsach- und Einzelrechtsgebiete des öffentlichen Rechts. Unterteilt man (wie hier allein aus „didaktischen Gründen") das öffentliche Recht grob in die Hauptsachgebiete „Verfassungsrecht" und „Verwaltungsrecht" und fügt dieser Unterteilung noch ein drittes, als „öffentlich-rechtliche Ansprüche" zu bezeichnendes Sachgebiet hinzu, dann lassen sich diesen Sachgebieten typische öffentlich-rechtliche Streitigkeiten zuordnen, die immer wieder in öffentlich-rechtlichen Klausuren und Hausarbeiten thematisiert werden.

Zu den **öffentlich-rechtlichen Streitigkeiten verfassungsrechtlicher Art**, den verfassungsrechtlichen Streitigkeiten also, zählen beispielsweise die Abwehr von (Grund-)Rechtsverletzungen im Wege der **Verfassungsbeschwerde** (Individualverfassungsbeschwerde gem. Art. 93 Abs. 1, Ziff. 4 a GG i. V. m. § 13 Ziff. 8 a BVerfGG und §§ 90 ff. BVerfGG, Kommunalverfassungsbeschwerde gem. Art. 93 Abs. 1, Ziff. 4 b GG i. V. m. § 13 Ziff. 8 a BVerfGG und §§ 90 ff. BVerfGG), der **Organstreit** im (Organstreit-)Verfahren gem. Art. 93 Abs. 1, Ziff. 1 GG i. V. m. § 13 Ziff. 5 BVerfGG und §§ 63 ff. BVerfGG, der sog. **Bund-Länder-Streit** im Verfahren gem. Art. 93 Abs. 1, Ziff. 3 GG i. V. m. § 13 Ziff. 7 BVerfGG und §§ 68 ff. BVerfGG, die **abstrakte Normenkontrolle** gem. Art. 93 Abs. 1, Ziff. 2 i. V. m. § 13 Ziff. 6 BVerfGG, die **konkrete Normenkontrolle** gem. Art. 93 Abs. 1, Ziff. 5/Art. 100 Abs. 1 GG i. V. m. § 13 Ziff. 11 BVerfGG und §§ 80 ff. BVerfGG (wobei die letztgenannten „Streitigkeiten" nicht eigentlich in einem Streit-, sondern in einem – nomen est omen – Kontrollverfahren verhandelt werden) und zahlreiche weitere „Streitigkeiten" gem. Art. 93, 94 GG i. V. m. § 13 BVerfGG.

Den **öffentlich-rechtlichen Streitigkeiten nichtverfassungsrechtlicher Art**, sind alle Streitigkeiten zuzuordnen, die in verwaltungsgerichtlichen Verfahren verhandelt und erledigt werden. Im Wesentlichen geht es dabei um verwaltungsgerichtliche Verfahren gem. §§ 40 ff. VwGO (Anfechtungs-, Verpflichtungs- und Feststellungsverfahren), gem. § 47 VwGO (verwaltungsgerichtliche Normenkontrolle), gem. § 113 Abs. 1, S. 4 VwGO (sog. Fortsetzungsfeststellungsverfahren) und gem. §§ 43 Abs. 2, 111, 113 Abs. 3 VwGO (Verfahren betr. eine allgemeine Leistungsklage). Weiter gehören der Kommunalverfassungsstreit sowie die Verfahren zur Erlangung einstweiligen Rechtsschutzes (§§ 80, 123 VwGO) und noch andere, einzelrechtsgebietsspezifische (und deshalb hier nicht aufgeführte) Streit- bzw. Kontrollverfahren dazu.

Das Sachgebiet „**öffentlich-rechtliche Ansprüche**" umfasst u. a. den allgemeinen Abwehr-/Unterlassungsanspruch bei rechtswidrigen Eingriffen in subjektiv-öffentliche Rechte durch hoheitliches Handeln (schlichtes Verwaltungshandeln), den vorbeugenden Unterlassungs- bzw. Folgenbeseitigungsanspruch, den Amtshaftungsanspruch gem. Art. 34 GG i. V. m. § 839 BGB, Ansprüche aus öffentlich-rechtlicher GoA, öffentlich-rechtliche Erstattungsansprüche wegen Auferlegung von Sonderopfern etwa im Falle von Enteignungen, bei enteignenden oder enteignungsgleichen Eingriffen und weitere Ansprüche, die hier wegen ihrer vielfältigen Anwendungsmodalitäten gar nicht erschöpfend aufgezählt und benannt werden können.

587 Nachfolgend sollen exemplarisch verschiedene Aufbau- und Prüfungsschemata vornehmlich aus den Bereichen „verfassungsrechtliche Streitigkeit" und „verwaltungsrechtliche Streitigkeit" vorgestellt werden.

1. Verfassungsrechtliche Streitigkeiten

588 Häufig stehen in öffentlich-rechtlichen Klausuren und Hausarbeiten grundrechtsverletzende Legislativ- und/oder Judikativakte und mit ihnen die Zulässigkeit und Begründetheit der gegen sie gerichteten **Verfassungsbeschwerden** zur Diskussion. Es handelt sich dabei jeweils um eine Individualverfassungsbeschwerde in Gestalt entweder einer sog. Rechtssatzverfassungsbeschwerde oder einer sog. Urteilsverfassungsbeschwerde. Daneben haben aus dem „Hauptsachgebiet Verfassungsrecht" und der ihm zugehörigen *öffentlich-rechtlichen Streitigkeit verfassungsrechtlicher Art* der **Organstreit** und die **abstrakte Normenkontrolle** klausur- und hausarbeitswichtige Bedeutung.

589 a) **Prüfungsschema: Individualverfassungsbeschwerde. – aa) Zulässigkeit**

590 I. **Zuständigkeit des BVerfG** feststellen (Art. 93 Abs. 1, Ziff. 4 a GG; § 13 Ziff. 8 a BVerfGG)

591 II. Liegt ein **ordnungsgemäßer Antrag** vor (§§ 23 Abs. 1, 92 BVerfGG)?
Ein ordnungsgemäßer Antrag setzt voraus:
1. Schriftlichkeit (§ 23 Abs. 1, S. 1 BVerfGG)
2. Richtiger Adressat = BVerfG (§ 23 Abs. 1, S. 1 BVerfGG)
3. Begründung mit Nennung der Beweismittel (§ 23 Abs. 1, S. 2 BVerfGG) und
   a) *Bezeichnung* des angeblich verletzten *(Grund-)Rechts* (§§ 90 Abs. 1, 92 BVerfGG)
   b) *Angabe* der (grund-)rechtsverletzenden *Maßnahme* (§§ 90 Abs. 1, 92 BVerfGG)

> **Beachte: II.** ist nur zu prüfen, wenn an der Ordnungsgemäßheit des Antrags **begründete Zweifel** bestehen.

592 III. **Jedermann** (§ 90 Abs. 1 BVerfGG) = **Beteiligtenfähigkeit** (Schlüsselfrage: Ist der Beschwerdeführer = Antragsteller auch antragsberechtigt?)
Antragsberechtigung setzt *Grundrechtsfähigkeit* (Wer kann Träger von Grundrechten sein?) voraus. Grundsätzlich: Jede natürliche Person ist grundrechtsfähig und antragsberechtigt (aber: Problem bei Ausländern); für juristische Personen gilt Art. 19 Abs. 3 GG. Im Einzelnen (z. B.: Grundrechtsfähigkeit des Minderjährigen, des nasciturus, ausländische juristische Personen, Personen-/Kapitalgesellschaften etc.) vieles problematisch und streitig.

593 IV. **Jedermann** (§ 90 Abs. 1 BVerfGG) = **Verfahrens-/Prozessfähigkeit**
Verfahrens-/Prozessfähigkeit ist abhängig von *Grundrechtsmündigkeit* (nicht mit *Grundrechtsfähigkeit* verwechseln!).
Verfahrens-/prozessfähig ist zunächst jeder Geschäftsfähige, aber eben auch der Minderjährige, soweit er grundrechtsmündig sein kann bzw. ist.

594 V. **Jedermann** (§ 90 Abs. 1 BVerfGG) = **Postulationsfähigkeit**
Postulationsfähigkeit bei *Verfahrensfähigkeit* gegeben; vgl. aber § 22 Abs. 1, S. 2 BVerfGG: Rechtsanwalt oder Rechtslehrer bei mündlicher Verhandlung erforderlich.

> **Beachte: IV.** und **V.** sind nur zu erörtern, wenn nach Sachverhalt und Fallfrage(n) angezeigt.

VI. **Beschwerdegegenstand** (Art. 93 Abs. 1, Ziff. 4 a GG i. V. m. § 90 Abs. 1 BVerfGG) **595**
= nur, aber auch jeder „**Akt der öffentlichen Gewalt**".
„Akte der öffentlichen Gewalt" sind alle Maßnahmen (= Handlungen und Unterlassungen, vgl. §§ 92, 95 Abs. 1 BVerfGG) aller drei Gewalten; daraus ergeben sich als taugliche Beschwerdegegenstände:
1. *Legislativakte*: (das sind alle Akte der rechtsetzenden Gewalt, mithin alle Gesetze im formellen und/oder materiellen Sinne; in Betracht kommen (einfache) Bundesgesetze, Bundesrechtsverordnungen, Bundessatzungen, Landesverfassungen, (einfache) Landesgesetze, Landesrechtsverordnungen, Landessatzungen, kommunale Satzungen). Die Verfassungsbeschwerde gegen Legislativakte wird als *Rechtssatz-Verfassungsbeschwerde* bezeichnet.
2. *Exekutivakte:* Exekutivakt-Verfassungsbeschwerde (prinzipiell möglich, praktisch aber regelmäßig ausgeschlossen, weil gegen Exekutivakte zunächst der Rechtsweg zu beschreiten und zu erschöpfen ist – vgl. **VIII.** – und damit eine gerichtliche Letztentscheidung (→ **VI.** 3) = Judikativakt) den Gegenstand der Beschwerde bildet).
3. *Judikativakte:* (das sind grundsätzlich alle Akte der rechtsprechenden Gewalt, d. h. alle Gerichtsentscheidungen, mit Ausnahme der Entscheidung des BVerfG selbst; besonders wichtig aber: Rechtswegerschöpfung und Subsidiaritätsgrundsatz → **VIII.**) Die Verfassungsbeschwerde gegen Judikativakte wird als *Urteils-Verfassungsbeschwerde* bezeichnet.

VII. **Beschwerdebefugnis** (Art. 93 Abs. 1, Ziff. 4 a GG; 90 Abs. 1 BVerfGG) **596**
1. Es muss nach dem Inhalt des Beschwerdeantrages die Verletzung von Grundrechten oder grundrechtsgleichen Rechten *durch* den Akt der öffentlichen Gewalt (lediglich) *möglich* sein (sog. Möglichkeitstheorie)
2. Der Beschwerdeführer muss von dem Akt der öffentlichen Gewalt
   a) *selbst* = (in eigener Person) mit eigenem Recht
   b) *gegenwärtig* = nicht in ungewisser Zukunft
   c) *unmittelbar* = ohne weiteren Zwischenakt betroffen sein (problematisch bei Rechtssätzen, da die „Betroffenheit" erst durch einen gesetzesvollziehenden Akt eintritt; Ausnahme: Rechtsnormen, die ohne Zwischenakt den Beschwerdeführer konkret angehen, sog. self-executing-Norm).
3. nur bei *Urteils-Verfassungsbeschwerde*: **spezifische Verfassungsverletzung** (BVerfG ist keine „Super-Revisionsinstanz")

VIII. **Rechtswegerschöpfung/Subsidiaritätsgrundsatz** (§ 90 Abs. 2 BVerfGG) **597**
1. **Rechtswegerschöpfung**, § 90 Abs. 2, S. 1 BVerfGG): *Grundsätzlich* muss der Beschwerdeführer *alle* zulässigen und ihm zumutbaren prozessualen Mittel zur Beseitigung der von ihm behaupteten Verletzung von Grundrechten und grundrechtsgleichen Rechten durch den Akt der öffentlichen Gewalt „ausgeschöpft" haben, d. h. er muss die Fachgerichte einschließlich der Rechtsmittelinstanzen vorab angerufen haben; dabei ist zwischen der *Rechtssatz-Verfassungsbeschwerde* und der *Urteils-Verfassungsbeschwerde* zu differenzieren.
   a) *Rechtssatz-Verfassungsbeschwerde*
      Zum Rechtsweg gehört auch die verwaltungsgerichtliche Normenkontrolle durch das OVG/VGH gem. § 47 VwGO. Nach Durchführung dieses Verfahrens ist die Rechtssatz-Verfassungsbeschwerde gegen self-executing-Normen mangels weiterer prozessualer Mittel zulässig, es sei denn, der Subsidiaritätsgrundsatz greift ein.
   b) Urteils-Verfassungsbeschwerde
      Alle Anträge (z. B. Wiedereinsetzung) und Rechtsmittel (Rechtsbehelfe (bei Strafbefehl: Einspruch) müssen in Anspruch genommen sein = „ausge-

schöpft" sein. Bei Fristversäumungen bzw. Rechtsmittelverzicht etc. ist die Urteils-Verfassungsbeschwerde unzulässig. Der Rechtsweg gilt aber als erschöpft, wenn das zulässige Rechtsmittel von vornherein aussichtslos ist/ bei Unzumutbarkeit der Rechtswegbeschreitung (etwa bei gefestigter entgegenstehender Rechtsprechung des letztinstanzlichen Gerichts)/bei letztinstanzlicher Entscheidung im Verfahren des einstweiligen Rechtsschutzes, wenn Hauptsacheverfahren entbehrlich oder sinnlos.
2. **Ausnahmen von der Rechtswegerschöpfung**, (§ 90 Abs. 2, S. 2 BVerfGG)
   a) bei *allgemeiner Bedeutung* einer Vorabentscheidung. Allgemeine Bedeutung kommt der Verfassungsbeschwerde zu, wenn sie grundsätzliche verfassungsrechtliche Fragen betrifft und die zu erwartende Entscheidung über den Einzelfall hinaus Klarheit über die Rechtslage in einer Vielzahl gleich gelagerter Fälle schafft, § 90 Abs. 2, S. 1, 1. Alt. BVerfGG.
   b) bei *schwerem und unabwendbarem Nachteil* für den Beschwerdeführer, falls er zunächst auf den Rechtsweg verwiesen wäre, z. B. bei ansonsten zu spät kommender Entscheidung des BVerfG (etwa bei Verlust von Wahlsendezeiten)

> **Beachte:** a) und b) sind regelmäßig nur zu prüfen, wenn die Ausnahmeregelung in § 90 Abs. 2 BVerfGG ersichtlich zur Aufgabenstellung gehört.

3. **Subsidiaritätsgrundsatz**
   Über die Rechtswegerschöpfung hinaus muss der Beschwerdeführer alle ihm nach Lage der Sache/des Verfahrens zur Verfügung stehenden prozessualen Mittel ergreifen, um eine Korrektur der geltend gemachten Verfassungsverletzungen zu erwirken oder eine Grundrechtsverletzung zu verhindern; z. B. bei *Rechtssatz-Verfassungsbeschwerde*: Herbeiführung einer *fachgerichtlichen Inzident-Kontrolle* des angegriffenen Rechtssatzes (falls möglich und zumutbar)

598 IX. **Einhaltung der Beschwerdefrist**, § 93 BVerfGG
1. gegen Hoheitsakt/hoheitliche Entscheidung: ein Monat gem. § 93 Abs. 1 BVerfGG (Einlegung *und* Begründung)
2. gegen Gesetz oder sonstigen Hoheitsakt gem. § 93 Abs. 3 BVerfGG: ein Jahr

599 X. **Allgemeines Rechtsschutzbedürfnis**
(bei Klagebefugnis und fehlender (!) Subsidiarität in der Regel gegeben; zu prüfen beispielsweise bei Erledigung/Wegfall der Beschwer, aber Wiederholungsgefahr etc.).

600 Zusammengefasst ergibt sich folgendes überblicksartiges Prüfungsschema für die **Zulässigkeit einer Individualverfassungsbeschwerde**
I. Zuständigkeit des BVerfG
II. Ordnungsgemäßer Antrag, Form
III. Beteiligtenfähigkeit, Prozess-/Verfahrensfähigkeit, Postulationsfähigkeit
IV. Beschwerdegegenstand tauglich
V. Beschwerdebefugnis
VI. Rechtswegerschöpfung/Subsidiaritätsgrundsatz
VII. Beschwerdefrist
VIII. Allgemeines Rechtsschutzbedürfnis

601 bb) **Begründetheit.** Dreh- und Angelpunkt für die **Begründetheit** einer Individualverfassungsbeschwerde ist die Frage, ob (durch den benannten Akt der öffentlichen Gewalt) ein **Grundrecht oder grundrechtsgleiches/-ähnliches Recht verletzt** ist (bei der Kommunalverfassungsbeschwerde: insbesondere Art. 28 Abs. 2 GG). Daraus ergibt sich zwanglos als (allgemeiner) **Obersatz**: Die Verfassungsbeschwerde ist begründet, wenn der Beschwerdeführer durch die *Rechtsnorm* in einem seiner Grundrechte oder grundrechtsgleichen Rechte verletzt ist.

Zu diesem Grundrecht zählen nicht nur die vom Beschwerdeführer als verletzt angegebenen Grundrechte (vgl. bei **VII.** 1): mögliche Grundrechtsverletzung), sondern alle, die als verletzte Grundrechte in Betracht kommen. Dementsprechend weit reicht die Grundrechtsprüfung im Einzelfall. Durch die *Rechtsnorm* muss der Beschwerdeführer in seinen Grundrechten etc. verletzt sein. Das gilt unmittelbar für die Begründetheit der *Rechtssatz-Verfassungsbeschwerde*; es gilt aber auch für die Begründetheit der *Urteils-Verfassungsbeschwerde*, weil im Falle eines beschwerenden Urteils dieses bereits dann in Grundrechte eingreift, wenn die dem Urteil zugrunde liegende Norm verfassungs- bzw. grundrechtswidrig ist. Darüber hinaus ist die *Urteils-Verfassungsbeschwerde* begründet, wenn das Urteil (bzw. eine andere gerichtliche Letztentscheidung) als solches Verfassungsrecht/ Grundrechte verletzt (weil beispielsweise die entscheidungstragende Rechtsnorm nicht verfassungs- bzw. grundrechtskonform angewandt wurde oder die sog. Justizgrundrechte – Art. 101, 103, 104 GG, auch Art. 19 Abs. 4 GG – verletzt sind).

Recht häufig sind im Zusammenhang mit der Überprüfung von Individualverfassungsbeschwerden im Rahmen der Begründetheit behauptete (Antrag!) Grundrechtsverletzungen in Gestalt einer **Verletzung von Freiheitsgrundrechten** (andere Grundrechtsbereiche/-arten: Gleichheitsgrundrechte und Justizgrundrechte) zu bearbeiten. Steht nach der Aufgabenstellung eine etwaige Verletzung von Freiheitsgrundrechten in Frage, geht man in der Fallbearbeitung zweckmäßigerweise wie folgt vor:

I. **Ausgangspunkt = konkretisierter Obersatz**: Der Akt der öffentlichen Gewalt verletzt das Freiheitsgrundrecht, wenn er in den Schutzbereich dieses Grundrechts eingreift und der Eingriff verfassungsrechtlich nicht gerechtfertigt ist. Daraus ergibt sich als (mögliches) Prüfungsschema:

II. **Eingriff in den Schutzbereich** (des als verletzt behaupteten und/oder sonst als verletzt in Betracht kommenden Freiheitsgrundrechts →weiter Prüfungsumfang!). Erforderliche Voraussetzungen sind:
1. **Eröffnung/Betroffenheit des Schutzbereichs**
    a) Zunächst *Schutzbereich* mit Hilfe des aus der Wortlautnorm zu entnehmenden Sach-/Regelungsbereichs *bestimmen* (z.B. bei Art. 8 GG „Versammlungen", bei Art. 5 Abs. 1 GG „Presse", bei Art. 5 Abs. 3 GG „Kunst" etc.)
    b) Dann ggf. den *Schutzbereich begrenzen*
        ba) sachlich (z.B. in Art. 8 Abs. 1 GG: „friedlich und ohne Waffen")
        bb) personal (entspricht der Grundrechtsfähigkeit bzw. -mündigkeit bei der Zulässigkeit →wer ist Träger des Grundrechts?)
2. **durch (hoheitlichen) Eingriff**
    a) *Bezeichnung* der (beschwerenden) Maßnahme, Entscheidung etc. (vgl. bei Zulässigkeit/ordnungsmäßiger Antrag)
    b) *Eingriffsarten* – Ist die Maßnahme etc. ein *Eingriff*?
        ba) *finales* hoheitliches Handeln, das *imperativ* (mit Befehl und Zwang durchsetzbar) und *unmittelbar* auf die Einschränkung der grundrechtlich geschützten Rechtsposition des Betroffenen gerichtet ist (sog. **klassischer Eingriff**), z.B. durch Gebote, Verbote, Sanktionen, Zwang, rechtsgestaltende Akte, Versagungen von Erlaubnissen oder Genehmigungen etc.
        bb) Auch eine *faktische* und *mittelbare* Beeinträchtigung der grundrechtlich geschützten Rechtsposition kann Eingriffscharakter haben (sog. **weiter**

oder moderner Eingriffsbegriff), z. B. bei behördlichen Warnungen, bei Erlaubnissen und Genehmigungen für Dritte, bei drittbezogenen Aufklärungen (Jugendsekten) etc.
Verwendbare Abgrenzungskriterien:
- Intensität = die mittelbare, faktische Beeinträchtigung ist so schwerwiegend, dass sie einer unmittelbaren gleichsteht
- Typizität und Voraussehbarkeit (Finalität i. w. S.) der Folge dritt-bezogenen hoheitlichen Handelns
- Schutzzweck des Grundrechts erfordert die Einbeziehung auch mittelbarer Beeinträchtigungen in den Kreis der Eingriffe
- Mittelbare Beeinträchtigung ist eine mit dem (anderweitigen) hoheitlichen Handeln kausalgesetzlich verknüpfte Folge

III. Verfassungsrechtliche Rechtfertigung

Der hoheitliche Eingriff in den Schutzbereich des Freiheitsgrundrechts ist nur dann verfassungsrechtlich gerechtfertigt, wenn die Grundrechtseinschränkung den dafür vorgesehenen verfassungsrechtlichen Anforderungen genügt. Im Prüfungsschema ist nacheinander zu erörtern:

1. Ist das **Freiheitsgrundrecht einschränkbar** und wenn ja, wie?
    a) aufgrund *verfassungsunmittelbarer Schranken* (= Einschränkungsmöglichkeit ergibt sich unmittelbar aus dem Grundrechts-/Verfassungsrechtstext; vgl. Art. 9 Abs. 2 GG)
    b) aufgrund *Gesetzesvorbehalts*
        ba) *einfacher Gesetzesvorbehalt* (= Übertragung der Grundrechtseinschränkung durch das GG selbst auf den „einfachen" Gesetzgeber; vgl. Art. 2 Abs. 2, S. 3 GG; Art. 12 Abs. 1, S. 2 GG); der einfache Gesetzesvorbehalt ist der Regelfall des Gesetzesvorbehalts.
        bb) *qualifizierter Gesetzesvorbehalt* (= Übertragung der Grundrechtseinschränkung durch das GG mit einschränkungsbeschränkenden inhaltlichen Vorgaben auf den „einfachen" Gesetzgeber; vgl. Art. 11 Abs. 2 GG, Art. 5 Abs. 2 GG)
    c) aufgrund *verfassungsimmanenter Schranken* (Grundrechte ohne einschränkende Gesetzesvorbehalte sind im Sinne eines gesamtsystematischen Grundrechtsverständnisses einschränkbar:)
        - zum Schutz kollidierender Grundrechte Dritter
        - zur Erhaltung anderer mit Verfassungsrang ausgestatteter Rechtswerte (z. B. Verfassungstreue bei Art. 5 Abs. 3 GG, Jugendschutz bei Art. 5 Abs. 2 GG)
2. Hält sich der zu überprüfende **Eingriff im Rahmen der Einschränkungsmöglichkeiten?**
    Hat die Prüfung (Subsumtion!) ergeben, dass sich der Akt der öffentlichen Gewalt (hoheitlicher Eingriff) im Rahmen der zulässigen Grundrechtseinschränkungen hält, ist abschließend im Sinne einer Schrankenkontrolle zu prüfen, ob die (verfassungsrechtlichen) *Grenzen der Einschränkungsmöglichkeiten* des betroffenen Grundrechts beachtet wurden (Motto: so schonend wie möglich und so einschränkend wie unbedingt nötig),
3. die sog. **„Schranken-Schranken"-Prüfung**
    Dazu gehören „Schranken-Schranken"
    a) *aus* dem qualifizierten *Gesetzesvorbehalt* (= besondere inhaltliche Begrenzungen der Einschränkungsmöglichkeit durch die Grundrechtsbestimmung selbst) und
    b) *aus* dem(r)
        ba) Grundsatz der *Verhältnismäßigkeit* (geeignet, erforderlich, angemessen)

bb) *Wesensgehaltsgarantie* (Art. 19 Abs. 2 GG)
bc) *Verbot* einschränkender *Einzelfallgesetze* (Art. 19 Abs. 1, S. 1 GG)
bd) *Zitiergebot* (Art. 19 Abs. 1, S. 2 GG)
c) einer *Gesamtabwägung* der betroffenen *Verfassungsgüter*

Ganz ähnlich – freilich mit anders gestalteten Prüfungs- und Aufbauschemata – ist in der Begründetheitsprüfung einer Individualverfassungsbeschwerde wegen Verletzung von Gleichheits- oder Justizgrundrechten vorzugehen.

b) Prüfungsschema: Organstreitverfahren. Das sog. Organstreitverfahren ist in Art. 93 Abs. 1, Ziff. 1 GG, § 13 Ziff. 5 BVerfGG umschrieben und in seinen Voraussetzungen näher bestimmt durch die §§ 63 ff. BVerfGG. Aus § 63 BVerfGG ergibt sich, dass sich im Organstreitverfahren zwei Parteien gegenüberstehen, und zwar der Antragsteller und der Antragsgegner. Es handelt sich also – anders als bei der Individualverfassungsbeschwerde – um ein kontradiktorisches Verfahren. Das Prüfungs- und Aufbauschema:

aa) Zulässigkeit

I. **Zuständigkeit des BVerfG** (verfassungsrechtliche Streitigkeit; Art. 93 Abs. 1, Ziff. 1 GG i. V. m. § 13 Ziff. 5 BVerfGG) feststellen.

II. Liegt ein **ordnungsgemäßer Antrag** vor (§§ 23 Abs. 1, 64 Abs. 2 BVerfGG)?

> **Beachte: II.** ist nur zu prüfen, wenn an der Ordnungsmäßigkeit des Antrags begründete Zweifel bestehen.

III. **Beteiligten-/Parteifähigkeit** (§ 63 BVerfGG → von Antragsteller **und** Antragsgegner
 1. *oberste Bundesorgane:* Bundespräsident, Bundestag, Bundesrat, Bundesregierung, Bundesversammlung
 2. *sonstige Beteiligte* (die entweder durch das GG oder durch GeschO des Bundestages und/oder -rates mit eigenen Rechten ausgestattet sind): Bundestagspräsident, Bundesratspräsident, Bundeskanzler, Bundesminister, Fraktionen, Ausschüsse und auch einzelne Abgeordnete bzw. Parteien (soweit über deren Rechte als Verfassungsorgan (aus Art. 38 Abs. 1, S. 2 GG bzw. Art. 21 GG) gestritten wird; in anderen Fällen: (subsidiär) Verfassungsbeschwerde).

IV. **Antragsbefugnis** (§ 64 Abs. 1 BVerfGG)
Gem. § 64 Abs. 1 BVerfGG muss der Antragsteller geltend machen (behaupten), dass
 1. er *selbst* oder
 2. das *Organ*, dem er angehört
 3. durch eine *Maßnahme oder Unterlassung*
 4. des *Antragsgegners*
 5. in seinen *Rechten und Pflichten*,
 6. die ihm *durch das Grundgesetz* übertragen sind,
 7. *verletzt oder* unmittelbar *gefährdet* ist.

Die Antragsbefugnis setzt gem. § 64 Abs. 1 BVerfGG somit eine *schlüssige Behauptung* von Rechtsverletzungen oder -gefährdungen voraus, d. h. die behauptete Rechtsverletzung oder -gefährdung muss *möglich* sein, wobei es um *Rechte/Pflichten aus dem Grundgesetz* geht (vgl. IV. 5 und 6)), *Rechte/Pflichten einfachgesetzlicher* Art reichen nicht. Prozessuale Besonderheit im Organstreitverfahren: Möglich ist eine *Prozessstandschaft* eines Organteils für das Organ (vgl. IV. 2.)), und zwar auch gegen dessen Willen. *Streitgegenstand* muss eine **Maßnahme** *oder Unterlassung* (vgl. IV. 3. und 4.: des Antragsgegners) sein, die *rechtserhebliche Auswirkungen* auf die Rechtsposition des Antragstellers hat bzw.

haben kann (bloße Meinungsäußerungen, Werturteile, wertende Äußerungen oder Rügen – z. B. des Bundestagspräsidenten – genügen diesen Anforderungen nicht).

613 V. **Antragsfrist**: sechs Monate (§ 64 Abs. 3 BVerfGG) seit Bekanntwerden der Maßnahme

614 VI. **Allgemeines Rechtsschutzbedürfnis**

615 bb) **Begründetheit.** In der Begründetheit ist *nur die konkret gerügte Rechtsverletzung/ -gefährdung* und *nur Verfassungsrecht* zu prüfen. Der Antrag im Organstreit ist danach begründet,

616 I. wenn die gerügte Maßnahme oder Unterlassung gegen eine verfassungsrechtliche Norm des GG verstößt **und**

617 II. der Antragsteller in seiner (verfassungsrechtlichen) Position verletzt (unmittelbar gefährdet) ist.

618 Aus dem „Hauptsachgebiet Verfassungsrecht" soll abschließend noch das Aufbau-/Prüfungsschema für eine abstrakte Normenkontrolle vorgestellt werden:

619 c) **Prüfungsschema: Abstrakte Normenkontrolle.** Geregelt ist die abstrakte Normenkontrolle in Art. 93 Abs. 1 Ziff. 2 GG, § 13 Ziff. 6 BVerfGG i. V. m. §§ 76 ff. BVerfGG. Es geht bei ihr **nicht** um die Entscheidung eines **konkreten Rechtsstreits**, **nicht** um **konkret-individuellen Rechtsschutz** (daher bei „Antragsbefugnis" **nicht erforderlich**: Behauptung, in eigenen Rechten verletzt zu sein), sondern um eine (abstrakte) Überprüfung von Rechtssätzen auf ihre Vereinbarkeit mit anderem, höherrangigem Recht. Das **Verfahren** ist **nicht kontradiktorisch**, bestimmte Bundes- oder Landesorgane sind aber anhörungsberechtigt (vgl. § 77 BVerfGG), das BVerfG muss ihnen Gelegenheit zur Äußerung binnen bestimmter Frist geben.

aa) **Zulässigkeit**

620 I. **Zuständigkeit des BVerfG** (verfassungsrechtliche Streitigkeit, Art. 93 Abs. 1 Ziff. 2 GG i. V. m. § 13 Ziff. 6 BVerfGG) feststellen.

621 II. Liegt ein **ordnungsgemäßer Antrag** vor (§ 23 Abs. 1 BVerfGG)?

> **Beachte: II.** ist nur zu prüfen, wenn begründete Zweifel an der Ordnungsmäßigkeit des Antrages bestehen.

622 III. **Beteiligtenfähigkeit/Antragsberechtigung** (in § 76 Abs. 1 BVerfGG, Art. 93 Abs. 1 Ziff. 2 GG enumerativ und abschließend benannte Antragsberechtigte sind:)
  1. *Bundesregierung* (erforderlich: entsprechender Kabinettsbeschluss)
  2. eine *Landesregierung*
  3. *Ein Drittel* der Mitglieder *des Bundestages* (maßgebend: Zahl der Abgeordneten, die dem Bundestag in der zur Zeit des Antrags laufenden Legislaturperiode angehören)

623 IV. **Prüfungsgegenstand** (nach Art. 93 Abs. 1 Ziff. 2 GG und § 76 Abs. 1 Ziff. 1 BVerfGG abschließend bestimmt:)
  1. *Bundesrecht* (Vereinbarkeit mit dem GG?)
  2. *Landesrecht* (Vereinbarkeit mit dem GG und/oder mit anderem Bundesrecht?)

> **Beachte:** Der Prüfungsgegenstand „-recht" umfasst alle Gesetze in formellem Sinne, alle Gesetze im (nur) materiellen Sinne und alle Gesetze im (nur) formellen Sinne; ferner vor- und nachkonstitutionelles Recht. Grundsätzlich notwendig: Verkündung und noch in Kraft (Ausnahmen: Art. 59 Abs. 2 GG → Kontrolle des Zustimmungsgesetzes; außer Kraft getretene Normen, sofern sie noch Rechtswirkungen entfalten).

V. **„Antragsbefugnis" = Antragsgrund** (§ 76 Abs. 1 BVerfGG) 624
1. nach § 76 Abs. 1 Ziff. 1 BVerfGG: *Antragsteller* hält die Rechtsnorm für *nichtig*
2. nach § 76 Abs. 1 Ziff. 1 BVerfGG: *Antragsteller* hält die Rechtsnorm für *gültig* (*nach* vorausgegangener *Nichtanwendung* durch Gericht, Behörde oder Staatsorgan)

> **Beachte:** Soweit § 76 Abs. 1 BVerfGG den Antragsgrund enger fasst als Art. 93 Abs. 1 Ziff. 2 GG geht Art. 93 Abs. 1 Ziff. 2 GG als höherrangiges Recht vor; statt „für nichtig" oder „für gültig" (einschließlich vorausgegangener Nichtanwendung) halten reichen „Zweifel und/oder Meinungsverschiedenheit" und diese müssen nicht – wie regelmäßig – gerade beim Antragsteller bestehen.

VI. **Antragstellung unbefristet möglich** 625

VII. **Kein allgemeines Rechtsschutzinteresse, wohl aber Klarstellungsinteresse** 626
(durch Antragstellung bereits indiziert) erforderlich

bb) Begründetheit. Der Antrag auf abstrakte Normenkontrolle gem. Art. 93 Abs. 1 627
Ziff. 2 GG, §§ 13 Ziff. 6, 76 ff. BVerfGG ist begründet, wenn die verfahrensgegenständliche bundesrechtliche Norm mit dem GG unvereinbar ist oder die zu überprüfende landesrechtliche Norm entweder mit dem GG oder mit sonstigem Bundesrecht unvereinbar ist.
Beachte den Sonderfall der abstrakten Normenkontrolle gem. Art. 93 Abs. 1 Ziff. 2 a GG i. V. m. §§ 13 Ziff. 6 a, 76 Abs. 2, 77 Ziff. 2 BVerfGG.

2. Nichtverfassungsrechtliche Streitigkeiten

Versteht man unter „nichtverfassungsrechtlichen Streitigkeiten" bzw. **„öffentlich-recht-** 628
lichen Streitigkeiten nichtverfassungsrechtlicher Art" schlicht und einfach alle verwaltungsrechtlichen Streitigkeiten, dann steht im Mittelpunkt des „Fallbearbeitungsinteresses" in öffentlich-rechtlichen Klausuren und Hausarbeiten die Überprüfung der Zulässigkeit und Begründetheit verwaltungsrechtlicher Klagen. Zu den in öffentlich-rechtlichen (verwaltungsrechtlichen) Klausuren und Hausarbeiten immer wieder zu bearbeitenden Klagearten zählen die **Anfechtungs-** und **Verpflichtungsklage** gem. § 42 Abs. 1 VwGO, doch auch die gesetzlich nicht eigens geregelte (vgl. aber §§ 43 Abs. 2, 111, 113 Abs. 4 VwGO) sog. **allgemeine Leistungsklage** sowie die **Feststellungsklage** gem. § 43 VwGO spielen eine erhebliche Rolle. Anhand verschiedener Übersichten und Aufbauschemata soll deshalb für diese vier Klagearten der Prüfungsgang bezüglich ihrer Zulässigkeit und Begründetheit skizziert werden.

a) Zulässigkeits-/Sachurteilsvoraussetzungen. Die Zulässigkeitsprüfung verwaltungs- 629
gerichtlicher Klagen (dazu zählen außer den bereits genannten Klagearten auch die sog. **Fortsetzungsfeststellungsklage** gem. § 113 Abs. 1 S. 4 VwGO und die **Normenkontrollklage** gem. § 47 VwGO) umfasst generell vier Prüfungsblöcke, und zwar
I. Eröffnung des Verwaltungsrechtsweges
II. Statthaftigkeit der Klage/Klageart
III. Allgemeine Sachurteilsvoraussetzungen

IV. Besondere Sachurteilsvoraussetzungen

630 Über die „aufbautechnische" An- und Zuordnung dieser Prüfungsblöcke sowie die Einordnung ihrer (zahlreichen) Einzelelemente besteht keine völlige Einigkeit. Gesichert ist nur, die Eröffnung des Verwaltungsrechtsweges als erstes zu prüfen. Im weiteren Prüfungsgang werden teilweise Elemente der allgemeinen Sachurteilsvoraussetzungen oder auch der gesamte Prüfungsblock III. vor der Statthaftigkeit der Klage (II.), zum Teil werden die allgemeinen Sachurteilsvoraussetzungen abschließend und nach den besonderen Sachurteilsvoraussetzungen geprüft. Insoweit kann daher nur von Bedeutung sein, dass der gewählte Aufbau je nach Fallfrage(n) in sich plausibel ist und in der Fallbearbeitung keine Zulässigkeitsvoraussetzung ungeprüft bleibt. Hier wird für die Zulässigkeitsprüfung die angegebene Prüfungsfolge empfohlen.

631 aa) **Eröffnung des Verwaltungsrechtsweges.** Für die Eröffnung des Verwaltungsrechtsweges sind regelmäßig die Voraussetzungen der **Generalklausel** in § 40 Abs. 1 S. 1 VwGO zu prüfen, es sei denn, die Eröffnung des Verwaltungsrechtsweges wird bereits durch eine **spezialgesetzliche Regelung** bestimmt. Vor der Generalklausel des § 40 VwGO ist somit **stets vorab** eine etwaige sog. **aufdrängende Sonderzuweisung** durch Spezialgesetze zu prüfen: Ist sie gegeben, kommt § 40 Abs. 1 S. 1 VwGO nicht (mehr) zur Anwendung. Daraus ergibt sich für den Prüfungsblock „Eröffnung des Verwaltungsrechtsweges" als Aufbauschema:

632 I. Aufdrängende **Sonderzuweisung** zum VG (z. B. § 126 BRRG, § 71 DRiG, § 54 BAFöG)? wenn nicht, dann

633 II. **Generalklausel** des § 40 Abs. 1 S. 1 VwGO
1. **Streitigkeit** (regelmäßig gegeben, aber problematisch bei *Gnadenakten* und *Regierungsakten* → andere Verfahren?)
2. **öffentlich-rechtliche** Streitigkeit (Obersatz: Eine Streitigkeit ist öffentlich-rechtlich, wenn die den *Streitgegenstand* betreffenden *streitentscheidenden Normen* öffentlich-rechtlicher Natur sind). Zur Prüfung ist erforderlich
   a) *Bestimmung des Streitgegenstandes:* Der Streitgegenstand ergibt sich aus dem Antrag mit dazugehöriger Schilderung der ihn auslösenden tatsächlichen Umstände (was will der Antragsteller (Klägerbegehren) aufgrund welcher Umstände (Lebenssachverhalt), z. B.: Aufhebung bzw. Abwehr einer Maßnahme, Entscheidung u. s. w. oder Vornahme einer Entscheidung, Verfügung – genau bestimmen)
   b) *Bestimmung der streitentscheidenden Rechtsnorm:* Bereits an dieser Stelle gedanklich auf eine mögliche Begründetheitsprüfung vorgreifen und die den Streitgegenstand betreffenden streit- bzw. entscheidungserheblichen Normen genau benennen (z. B. Ermächtigungs-, Anspruchs- und/oder sonstige Rechtsgrundlagen)
   c) Sind die *streitentscheidenden Rechtsnormen solche des öffentlichen Rechts?* Zu beantworten unter kombinierender Anwendung von
      ca) Interessentheorie
      cb) Subordinationstheorie mit Schwerpunkt auf
      cc) (modifizierter) Subjektstheorie = Eine Rechtsnorm ist dann öffentlich-rechtlicher Natur, wenn sie ausschließlich einen Träger hoheitlicher Gewalt betrifft (berechtigt oder verpflichtet)
3. öffentlich-rechtliche Streitigkeiten **nichtverfassungsrechtlicher Art**: im Gegensatz zu Streitigkeiten verfassungsrechtlicher Art = *formell **und** materiell* (kumulativ) verfassungsrechtlich (d. h. Verfassungsorgane oder am Verfassungsleben Beteiligte (= formelle verfassungsrechtliche Komponente) streiten um die Auslegung von Verfassungs-/Staatsrecht (materiell verfassungsrechtliche Komponente)

bzw. dessen Anwendung). Eine Streitigkeit nichtverfassungsrechtlicher Art liegt danach vor bei **Fehlen**
  a) der formell verfassungsrechtlichen Komponente,
  b) der materiell verfassungsrechtlichen Komponente oder
  c) beider Komponenten
4. **Keine** abdrängende **Spezialzuweisung** zu anderen Gerichten = keine Zuweisung zu anderen Gerichtszweigen (z. B.: § 33 FGO → Finanzgerichte; § 51 SGG → Sozialgerichte; Art. 34 S. 3 GG, § 839 BGB → Zivilgerichte; § 40 Abs. 2 S. 1 VwGO → Zivilgerichte; §§ 23 ff. EGGVG → Zivil- oder Strafsenat; Art. 14 Abs. 3 S. 4 GG → Zivilgerichte etc.)

> **Beachte:** Soweit eindeutig eine abdrängende Spezialzuweisung gegeben ist, empfiehlt sich die Prüfung unmittelbar nach **I.**, da **II.** dann nicht mehr zu bearbeiten ist.

Nach der Feststellung, dass der Verwaltungsrechtsweg eröffnet ist, folgt die Prüfung, ob die Klage statthaft ist, d. h. ob der Antragsteller (Kläger) die „richtige" Klageart gewählt hat oder – ganz allgemein – welche Klageart der Fallprüfung zugrunde zu legen ist. **634**

bb) Statthaftigkeit der Klage/Klageart. Die Statthaftigkeit der Klage als **selbstständige Zulässigkeitsvoraussetzung** verwaltungsgerichtlicher Klagen ist **nicht gleichbedeutend mit** der zu den besonderen Sachurteilsvoraussetzungen gehörenden **Klagebefugnis**. Statthaftigkeit der Klage darf auch nicht mit der Zulässigkeit (der Klage) insgesamt gleichgesetzt werden, denn sie ist nur ein Teilelement der Zulässigkeit. Ob die erhobene Klage statthaft ist, entscheidet sich nach dem (Klage)Begehren und dem (Klage-)Gegenstand. Das (Klage-)Begehren ergibt sich aus dem (klägerischen) Antrag, der aus der Interessenlage des Klägers verständig zu würdigen und zu deuten ist (§§ 88, 86 Abs. 3 VwGO). Steht auf diese Weise fest, was der Kläger will, wird geprüft, ob und welche verwaltungsrechtliche Klageart dazu „passt". **635**

I. Anfechtungsklage, § 42 Abs. 1, 1. Alt. VwGO = statthafte Klageart, wenn das Klagebegehren auf die **Aufhebung eines VA** gerichtet ist (Erforderlich ist also stets die Prüfung, ob die belastende und angegriffene Maßnahme etc. die Rechtsqualität eines VA – vgl. § 35 S. 1 VwVfG – hat). Anfechtungsklage ist die statthafte Klageart, wenn das Klagebegehren gerichtet ist auf **636**
1. **Aufhebung des UrsprungsVA** (§ 79 Abs. 1 Ziff. 1 VwGO)
   a) bei erforderlichem Vorverfahren: in Gestalt des Widerspruchsbescheides = beide VAe werden aufgehoben
   b) bei nicht erforderlichem Vorverfahren: in Gestalt der behördlichen Ursprungsmaßnahme, -entscheidung
2. (isolierte) Aufhebung des Abhilfe- oder Widerspruchsbescheides = VA (§ 79 Abs. 1 Ziff. 2; Abs. 2 VwGO)
   a) bei *erstmaliger* Beschwer (§ 79 Abs. 1 Ziff. 2 VwGO); das kann der Fall sein,
      aa) wenn ein drittbegünstigender VA im Widerspruchsverfahren zum Nachteil des Dritten abgeändert wird
      ab) wenn ein begünstigender VA nach Widerspruch des belasteten Dritten zum Nachteil des Begünstigten abgeändert wird
   b) bei *zusätzlicher selbstständiger* Beschwer = jede Abänderung des UrsprungsVA zu Lasten des Widerspruchsführers (§ 79 Abs. 2 VwGO).

II. Verpflichtungsklage, § 42 Abs. 1 2. Alt. VwGO = statthafte Klageart, wenn das Klagebegehren auf den **Erlass eines** (abgelehnten oder unterlassenen) **VA** gerichtet ist (Erforderlich ist daher zu prüfen, ob die begehrte Maßnahme, Entscheidung etc. die Rechts- **637**

qualität eines VA – vgl. § 35 S. 1 VwVfG – hätte). Verpflichtungsklage ist die statthafte Klageart, wenn das Klagebegehren gerichtet ist auf den
1. **Erlass eines abgelehnten VA**, sog. **Versagungsgegenklage** gem. § 42 Abs. 1 HS. 2, 1. Alt. VwGO (Soweit die Klage begründet ist (Problem: Spruchreife bzw. fehlende Spruchreife → nur Bescheidung, § 113 Abs. 5, S. 2 VwGO), wird Verpflichtung zum Erlass des VA ausgesprochen *und* Ablehnungsbescheid evtl. mit Widerspruchsbescheid zugleich aufgehoben),
2. **Erlass eines unterlassenen VA**, sog. **Untätigkeitsklage** gem. § 42 Abs. 1 HS. 2, 2. Alt. VwGO (wenn die Bescheidung eines Antrags unterbleibt oder die Behörde auf einen Widerspruch keinen Widerspruchsbescheid erteilt nach Maßgabe des § 75 VwGO).

> **Beachte zu I. und II.:** Klagebegehren darf sich weder vor noch nach Klageerhebung erledigt haben, sonst Fortsetzungsfeststellungs- oder Feststellungsklage gem. § 113 Abs. 1 S. 4 VwGO (direkt oder analog).

638 III. **Allgemeine Leistungsklage**, gesetzlich nicht eigens geregelt, aber z.B. in §§ 43 Abs. 2, 111, 113 Abs. 4 VwGO und öfter als mögliche Klageart vorausgesetzt = statthafte Klageart, wenn von dem Antragsgegner (d.i. der Beklagte, i.d.R. der Staat (Bsp. Klage des Bürgers oder des Staats gegen den Staat) – grds. auch möglich der Bürger (bei Klage Staat gegen Bürger ist das Rechtsschutzbedürfnis fraglich, da oft Leistungsbescheid möglich); hier: nur Regelfall → Bürger gegen Staat) ein **bestimmtes** Handeln, Dulden oder Unterlassen begehrt wird, das nicht in dem Erlass eines VA besteht, wohl aber öffentlich-rechtlicher Rechtsnatur ist (z.B.: Auskünfte, Mitteilungen, Warnungen, Hinweise, Akteneinsicht, Berichte, Äußerungen, auch Geldzahlungen, Bau- oder Verkehrsmaßnahmen etc.). Soweit das Begehren in Wirklichkeit doch auf den Erlass eines VA gerichtet ist, kommt nicht die allgemeine Leistungsklage, sondern die Verpflichtungsklage (= „besondere" Leistungsklage) in Betracht. Die angegriffene oder begehrte behördliche Handlung, Duldung oder Unterlassung muss daher **schlicht-hoheitlichen** Charakter haben. Die allgemeine Leistungsklage ist dementsprechend auf sog. **Realakte** der Behörde gerichtet, und zwar auf
1. die Vornahme eines Realaktes (Vornahmeklage)
2. die Unterlassung eines Realaktes
    a) bei Wiederholungsgefahr (Unterlassungsklage)
    b) bei unmittelbar bevorstehendem, erstmaligem behördlichen Handeln (vorbeugende Unterlassungsklage)

> **Beachte:** Ebenfalls als vorbeugende Unterlassungsklage ist die allgemeine Leistungsklage statthaft, wenn der Erlass eines VA droht = unmittelbar bevorsteht, da für diesen Abwehrfall keine andere Klageart zur Verfügung steht.

639 IV. **Feststellungsklage**, § 43 Abs. 1 VwGO = statthafte Klageart, wenn das Klagebegehren auf die *Feststellung* gerichtet ist, dass
1. ein **Rechtsverhältnis besteht** („positive" Feststellungsklage, § 43 Abs. 1 HS. 1, 1. Alt. VwGO)
2. ein **Rechtsverhältnis nicht besteht** („negative" Feststellungsklage, § 43 Abs. 1 HS. 1, 2. Alt. VwGO)
3. ein **VA nichtig** ist (Nichtigkeitsfeststellungsklage, § 43 Abs. 1 HS. 1, 3. Alt. VwGO)

> **Beachte zu 1) und 2):** Das Rechtsverhältnis muss öffentlich-rechtlicher Natur sein. Rechtsverhältnis i.S.d. § 43 Abs. 1 VwGO ist eine rechtliche Beziehung einer Person

zu einer anderen Person oder Sache, die sich aus einem (hinreichend) konkreten Sachverhalt aufgrund einer öffentlich-rechtlichen Regelung ergibt. Erforderlich ist ein bestimmter, überschaubarer Sachverhalt, mit einzelnen streitbefangenen Rechten und/oder Pflichten oder ein streitiges Rechtsverhältnis. Öffentlich-rechtliche Rechtsverhältnisse können durch Gesetz, durch sonstigen öffentlich-rechtlichen Rechtssatz, durch VA, durch öffentlich-rechtlichen Vertrag und durch ein anderes öffentlich-rechtliches Handeln, Dulden oder Unterlassen (Realakt!) entstehen.

Die Feststellungsklage nach § 43 Abs. 1 VwGO wird auch als **allgemeine Feststellungsklage** (im Unterscheid zur Fortsetzungsfeststellungsklage) bezeichnet. Die sog. Nichtigkeitsfeststellungsklage ist beim Wort zu nehmen. Der bloße rechtswidrige VA ist nicht Gegenstand der Nichtigkeitsfeststellungsklage (ggf. kommt Anfechtungsklage in Betracht).

cc) **Allgemeine Sachurteilsvoraussetzungen.** Aufgabenstellungen, die gezielt auf allgemeine Sachurteilsvoraussetzungen abheben, sind in der Praxisrealität öffentlich-rechtlicher Klausuren und Hausarbeiten eher selten. Eine ausführliche Prüfung der allgemeinen Sachurteilsvoraussetzungen ist deshalb nur notwendig, wenn sich aus Fallfrage und Sachverhalt irgendein Anlass dazu ergibt. Eine „stille" Kontrolle ist gleichwohl anzuraten. Sie erstreckt sich u. a. auf:
I. Ordnungsgemäße **Klageerhebung**, vgl. §§ 81, 82 VwGO
II. Sachliche, instanzielle, örtliche **Zuständigkeit** des angerufenen Gerichts, vgl. §§ 45 ff., 52 ff. VwGO mit § 83 VwGO
III. **Beteiligtenfähigkeit**, vgl. § 61 VwGO
   1. natürliche und juristische Personen (des Zivilrechts und des öffentlichen Rechts), § 61 Ziff. 1 VwGO
   2. Vereinigungen, soweit ihnen ein Recht zustehen kann (etwa Miteigentümergemeinschaft, GbR etc.)
   3. Behörden, soweit das Landesrecht das vorsieht (vgl. dazu das jeweilige Ausführungsgesetz zur VwGO)
IV. **Prozessfähigkeit**, vgl. § 62 VwGO (=Fähigkeit, Prozesshandlungen selbst oder durch einen selbst bestellten Prozessbevollmächtigten vornehmen zu lassen, § 173 VwGO i. V. m. § 51 ZPO)
   1. bei voller BGB-Geschäftsfähigkeit, § 62 Abs. 1 Ziff. 1 VwGO
   2. bei beschränkter Geschäftsfähigkeit → gegenstandsbezogen und -begrenzt, § 62 Abs. 1 Ziff. 2 VwGO
V. **Postulationsfähigkeit** (bei Prozessfähigkeit regelmäßig gegeben)
VI. **Keine** anderweitige **Rechtshängigkeit**, § 17 Abs. 1 S. 2 GVG
VII. **Keine** anderweitige **rechtskräftige Entscheidung in derselben Sache**, vgl. § 121 VwGO (fraglich, ob negative Sachurteilsvoraussetzung. Bei rechtskräftiger Entscheidung in derselben Sache fehlt für eine „neue" Klage aber:)
VIII. Allgemeines **Rechtsschutzbedürfnis** (Kann der Kläger sein Begehren auch auf andere Weise durchsetzen oder hätte er es auf andere Weise – einfacher, schneller – durchsetzen können?)

Noch einmal sei betont, dass die „aufbautechnische" Einordnung mancher allgemeiner Sachurteilsvoraussetzungen (dazu zählen auch die deutsche Gerichtsbarkeit – gehört „aufbautechnisch" eigentlich vor den Prüfungsblock „Eröffnung des Verwaltungsrechtswegs" – und der Klageverzicht, die Klageverwirkung und die Klageänderung gem. § 91 VwGO) schwankt und der hier empfohlene Prüfungsgang nur als Vorschlag zu verstehen ist. Sehr viel mehr Klausur- und Hausarbeitsrelevanz als die allgemeinen Sachurteilsvoraussetzungen (die bisweilen auch als „weitere" Zulässigkeitsvoraussetzungen firmieren) haben überdies die besonderen Sachurteilsvoraussetzungen.

643 **dd) Besondere Sachurteilsvoraussetzungen.** Besondere Sachurteilsvoraussetzungen sind **klageartabhängig** (daher „besondere" im Gegensatz zu den klageartunabhängigen „allgemeinen" Sachurteilsvoraussetzungen). Hinsichtlich der besonderen Sachurteilsvoraussetzungen unterscheidet sich die (allgemeine) Feststellungsklage deutlich von der allgemeinen Leistungs- und der Anfechtungs- und/oder Verpflichtungsklage, während sich die besonderen Sachurteilsvoraussetzungen der Anfechtungs- und Verpflichtungsklage formal und auch inhaltlich weitgehend decken.

(1) bei Anfechtungs- und Verpflichtungsklage
644 Als besondere Sachurteilsvoraussetzungen der Anfechtungs- und Verpflichtungsklage sind zu prüfen
I. Klagebefugnis gem. § 42 Abs. 2 VwGO
II. Vorverfahren richtig durchgeführt?, §§ 68 ff. VwGO
III. Klagefrist eingehalten?, § 74 VwGO
IV. Richtiger Beklagter/Passivlegitimation, § 78 VwGO

645 I. **Klagebefugnis**, gem. § 42 Abs. 2 VwGO: Der **Kläger muss geltend machen,** durch den VA oder seine Ablehnung oder Unterlassung **in seinen Rechten verletzt** zu sein (Ausschluss von „Popularklagen" zugunsten der Allgemeinheit oder anderer Dritter).
1. **Rechtsverletzung geltend machen** = Klagebefugnis setzt keine tatsächliche Rechtsverletzung voraus (das ist eine Frage der Begründetheit), sondern nur, dass eine **Rechtsverletzung möglich** erscheint (Möglichkeitstheorie). Geprüft wird auf der Basis des klägerischen Tatsachenvortrags (Behauptungen).
2. Geltend gemacht werden muss eine **Rechts**-Verletzung = Klagebefugnis ist nur dann gegeben, wenn das klägerische Interesse durch ein subjektiv-öffentliches Recht **rechtlich geschützt** ist. Bloße wirtschaftliche oder ideelle Eigeninteressen reichen nicht. Erforderlich ist vielmehr ein Abwehrrecht (Anfechtungsklage) oder Vornahmerecht/Rechtsanspruch (Verpflichtungsklage).
3. Die **geltend gemachte Rechtsverletzung** muss eine **Verletzung eigener Rechte** des Klägers sein = keine Klagebefugnis, wenn der Kläger die Verletzung von Rechten geltend macht, die ausschließlich Dritten zustehen bzw. ausschließlich drittschützend wirken.

Beachte: Die Klagebefugnis ist bei der Anfechtungsklage stets gegeben, wenn der Kläger Adressat eines ihn belastenden VA ist, weil dann zumindest die Verletzung seiner Rechte aus Art. 2 Abs. 1 GG möglich ist – sog. Adressatentheorie.

646 II. **Vorverfahren** richtig durchgeführt?, §§ 68 ff. VwGO: Das Vorverfahren gem. §§ 68 ff. VwGO dient der Überprüfung eines VA auf seine Rechtmäßigkeit und Zweckmäßigkeit. Es ist als Widerspruchsverfahren ausgestaltet (§ 69 VwGO) und vor Erhebung der Anfechtungsklage (§ 68 Abs. 1 S. 1 VwGO) bzw. der Verpflichtungsklage – soweit der Antrag auf Vornahme des VA abgelehnt wurde (§ 68 Abs. 2 VwGO) – **grundsätzlich erforderlich.**
Das Vorverfahren ist **ausnahmsweise entbehrlich oder unzulässig,** wenn
– die Erlassbehörde des UrsprungsVA eine oberste Bundes- oder Landesbehörde ist, § 68 Abs. 1 S. 2 Ziff. 1 VwGO, es sei denn, ein Gesetz schreibt das Vorverfahren ausdrücklich vor (vgl. § 126 Abs. 3 Ziff. 1 BRRG)
– der Abhilfe- oder Widerspruchsbescheid (einen Dritten) erstmalig beschwert, § 68 Abs. 1 S. 2 Ziff. 2 VwGO
– ein Gesetz die Entbehrlichkeit (oder Unzulässigkeit) bestimmt, § 68 Abs. 1, S. 2 HS. 1 VwGO (z. B.: kein Vorverfahren bei Anfechtungsklage gem. § 75 S. 1, 1. Alt. VwGO, kein Vorverfahren bei Verpflichtungsklage gem. § 75 S. 1, 2. Alt. VwGO → Verfahren gem. § 75 S. 2 bis S. 4 VwGO beachten; wird Widerspruchs-

verfahren ausdrücklich durch besondere gesetzliche Bestimmung ausgeschlossen, ist der Widerspruch unzulässig).
Soweit das Vorverfahren nach §§ 68 ff. VwGO als besondere Sachurteilsvoraussetzung der Anfechtungs- und/oder Verpflichtungsklage erforderlich ist, kommt es darauf an, ob das **Vorverfahren ordnungsgemäß durchgeführt** wurde. Ordnungsgemäß durchgeführt ist das Vorverfahren, wenn
- der *Widerspruch form- und fristgerecht* eingelegt worden ist (§ 70 Abs. 1 VwGO: schriftlich oder zur Niederschrift binnen eines Monats nach Bekanntgabe des VA; bei fehlender oder unzutreffender Rechtsbehelfsbelehrung: Einjahresfrist, §§ 70 Abs. 2, 58 Abs. 2 S. 1 VwGO; bei unverschuldeter Fristversäumung ggf. Wiedereinsetzung, § 60 VwGO)
- der *Widerspruch erfolglos geblieben* ist (Hauptfall: zurückweisender Widerspruchsbescheid)

III. **Klagefrist**, § 74 VwGO: **binnen eines Monats** nach ordnungsgemäßer Zustellung des Widerspruchsbescheides (§ 74 Abs. 1 S. 1 VwGO) oder nach Bekanntgabe des UrsprungsVA bzw. der Ablehnung des beantragten VA (§ 74 Abs. 1 S. 2 mit § 74 Abs. 2 VwGO) = **Regelfrist**
- **Einjahresfrist** bei nicht oder unrichtig erteilter Rechtsbehelfsbelehrung, ab Zustellung, Eröffnung, Verkündung des Widerspruchsbescheides/VA (§ 57 Abs. 1 VwGO)
- **Fristberechnung** gem. § 57 Abs. 2 VwGO: §§ 222 ff. ZPO mit §§ 187 ff. BGB anwendbar (Ereignistag = Tag der Zustellung zählt nicht mit, § 187 Abs. 1 BGB; bei sog. 3 Tages-Fiktionen = Frist beginnt erst am Tag nach dem 3. Tag)

IV. **Richtiger Beklagter/Passivlegitimation**, § 78 VwGO: Grundsätzlich gilt das sog. Rechtsträgerprinzip, d.h. die Klage ist gegen die Körperschaft zu richten, deren Behörde den angefochtenen VA erlassen oder den begehrten VA abgelehnt oder unterlassen hat (§ 78 Abs. 1 Ziff. 1 VwGO); aber auch gegen die Behörde, die den VA erlassen bzw. abgelehnt oder unterlassen hat, unmittelbar, wenn das Landesrecht das vorsieht (§ 78 Abs. 1 Ziff. 2 VwGO).

> **Beachte zu IV:** Streit über den „aufbautechnischen" Standort von **IV.**; entweder besondere Sachurteilsvoraussetzung → Zulässigkeit oder „Passivlegitimation" → Begründetheit (letzteres in Süddeutschland, ersteres in Norddeutschland = Selbstinformation empfohlen).

(2) bei allgemeiner Leistungsklage
Besondere Sachurteilsvoraussetzung der allgemeinen Leistungsklage ist nach ganz h. M. unter sinnentsprechender Anwendung des § 42 Abs. 2 VwGO
- **Klagebefugnis** (= Der Kläger muss seinen Anspruch auf die begehrte Leistung etc. geltend machen)
- **kein Vorverfahren**
- **keine Klagefrist**
- § 78 VwGO (richtiger Beklagter) unanwendbar (deshalb bei den allgemeinen Sachurteilsvoraussetzungen Beteiligtenfähigkeit/Beteiligten benennen und ggf. prüfen).

(3) bei (allgemeiner) Feststellungsklage
Besondere Sachurteilsvoraussetzungen der (allgemeinen) Feststellungsklage sind
- **Klagebefugnis** (jedenfalls nach Rspr. und einem Teil der Lehre unter sinngemäßer Anwendung des § 42 Abs. 2 VwGO, nach a. A. ist Analogie zu § 42 Abs. 2 VwGO unzulässig): der Kläger muss eine **eigene Rechtsverletzung** geltend machen, weil

er an dem (festzustellenden) Rechtsverhältnis beteiligt ist oder weil aus dem Rechtsverhältnis eigene Rechte resultieren können.
- **Feststellungsinteresse**, § 43 Abs. 1 VwGO (berechtigtes Interesse an alsbaldiger Feststellung): **Berechtigtes** Interesse ist jedes Interesse wirtschaftlicher, rechtlicher und/oder ideeller Art. Interesse an **baldiger Feststellung** ist gegeben, wenn die Rechtslage unklar ist und bereits jetzt (gegenwärtig) oder für die nicht ferne Zukunft ein interessebezogenes Bedürfnis nach Klärung besteht.
- **Subsidiarität** (= keine vorrangige Klageart – Anfechtungs-, Verpflichtungs-, Leistungsklage – sinnvoll möglich, § 43 Abs. 2 Satz 1 VwGO) → gilt **nicht bei Nichtigkeitsfeststellungsklage** gem. § 43 Abs. 2 Satz 2 VwGO.
- **kein Vorverfahren**
- **keine Klagefrist**
- **§ 78 VwGO** (richtiger Beklagter) **unanwendbar**.

651 b) **Begründetheit.** Ob eine zulässige Anfechtungs-, Verpflichtungs-, allgemeine Leistungs- oder (allgemeine) Feststellungsklage begründet ist oder nicht, hängt von ebenso zahlreichen Voraussetzungen ab wie die Zulässigkeit der Klagen. Hier wie dort gilt deshalb, dass viele der (Zulässigkeits- oder Begründetheits-)Voraussetzungen nur dann näher zu untersuchen sind, wenn die Aufgabenstellung in Klausur und Hausarbeit deutlich erkennen lässt, dass eine solche Prüfung erwartet wird. Völlig verfehlt wäre es, der bloßen Vollständigkeit halber, alles, was als Zulässigkeits- oder Begründetheitsvoraussetzungen „prüfungsgeeignet" sein könnte, minutiös „abzuklappern". Unter diesem Vorbehalt stehen auch die nachfolgenden Aufbau- und Prüfungsschemata für die Begründetheit einer Anfechtungsklage.

652 aa) **Begründetheit einer Anfechtungsklage.** Aus § 113 Abs. 1 S. 1 VwGO ergibt sich, dass eine Anfechtungsklage begründet ist, soweit der VA rechtswidrig ist und der Kläger dadurch in seinen Rechten verletzt ist. Erforderlich ist also festzustellen, ob der
I. VA rechtswidrig
II. Kläger in seinen Rechten verletzt
ist.

653 I. **VA rechtswidrig?**
Der VA ist rechtswidrig, wenn er entweder formell- oder materiellrechtlich rechtswidrig ist. Der Sache nach geht es um die Feststellung, ob und dass der VA in seiner formellen und/oder materiellen Rechtmäßigkeit mangelhaft ist. Es ist daher die (formelle und materielle) Rechtmäßigkeit des VA zu überprüfen:
1. **Benennung der Ermächtigungs-/Rechtsgrundlage**
   für den Erlass des angefochtenen VA – Ermittlung der für den erlassenen VA in Betracht kommenden Ermächtigungsgrundlage (z. B. aus Spezialgesetzen von Bund und Ländern oder aus Generalklauseln) – noch keine Prüfung im Einzelnen.
2. **Formelle Rechtmäßigkeit**
   a) **Zuständigkeit** der Verwaltungsbehörde
      - sachlich
      - örtlich
      - instanziell
      - Verbands- und Organkompetenz
   b) Ordnungsgemäßes **Verwaltungsverfahren**
      (z. B.: §§ 9–30, 41, 45 VwVfG)
   c) vorgeschriebene Form oder formlos möglich
      (z. B.: §§ 37, 39 VwVfG)
3. **Materielle Rechtmäßigkeit**
   a) **Ermächtigungs-/Rechtsgrundlage** des VA
      aa) *Wirksamkeitsprüfung* (Vereinbarkeit mit höherrangigem Recht)

    ab) *Tatbestandsprüfung* (ggf. Beurteilungspielraum – Beurteilungsfehler → ausführliche Subsumtion unter alle Tatbestandsmerkmale)
  b) **Erlass des VA**: Rechtsfolgenprüfung
    ba) inhaltliche Anforderungen an VA
      – bestimmt
      – Erfüllung möglich
      – verhältnismäßig
      – mit anderen Rechtsnormen vereinbar
    bb) Art der VA-Entscheidung
      – bei *gebundener Entscheidung* oder „Ermessensreduzierung auf Null" = rechtmäßig
      – bei *Ermessensentscheidung* (Entschließungs- und Auswahlermessen) ohne Ermessensfehler = rechtmäßig; bei ermessensfehlerhafter Entscheidung (*Ermessensfehler*: Nichtgebrauch oder Unterschreiten des eingeräumten Ermessens, Überschreiten des Ermessensspielraums, Ermessensfehlgebrauch oder Ermessensmissbrauch) = rechtswidrig

II. **Rechtsverletzung des Klägers**
Ist die Rechtswidrigkeit des erlassenen VA aus irgendeinem Grunde gegeben und festgestellt, liegt auch eine Verletzung von Rechten des Klägers vor, da dann zumindest Art. 2 Abs. 1 GG oder ein spezielleres Grundrecht des Klägers verletzt ist. Eine ausführliche Prüfung der Verletzung von Rechten des Klägers ist dementsprechend zumeist entbehrlich.

bb) Begründetheit der Verpflichtungsklage. Die Begründetheitsprüfung der Verpflichtungsklage ähnelt in vielem der Begründetheitsprüfung der Anfechtungsklage. Nach dem Wortlaut des § 113 Abs. 5 VwGO ist die Verpflichtungsklage begründet, soweit die Ablehnung oder Unterlassung des (begehrten) VA rechtswidrig und der Kläger dadurch in seinen Rechten verletzt ist. Folgt man dem im Prüfungsgang, muss festgestellt werden, ob
I. die Ablehnung oder Unterlassung des VA rechtswidrig
II. der Kläger in seinen Rechten verletzt
ist.

Soweit es um die Rechtswidrigkeit der Ablehnung oder Unterlassung des begehrten VA geht, ist ähnlich wie zuvor bei der Anfechtungsklage zu I. 2) und I. 3) zu verfahren. Und auch die dadurch bewirkte Verletzung von Rechten des Klägers entspricht dem Prüfungspunkt II. bei der Anfechtungsklage. Hinzu kommt bei der Verpflichtungsklage als weiteres Begründetheitselement jedoch die
III. Spruchreife der Sache.

Sie liegt vor, wenn das angerufene Gericht **abschließend entscheiden** kann (sog. *Vornahmeurteil*, § 113 Abs. 5 S. 1 VwGO); bei **fehlender Spruchreife** kommt nur eine **Bescheidung** (sog. *Bescheidungsurteil*, § 113 Abs. 5 S. 2 VwGO) der Behörde in Betracht. Von fehlender Spruchreife ist auszugehen, wenn noch weitere Feststellungen zum Sachverhalt zu treffen sind oder eine ermessensfehlerfreie Entscheidung der Behörde noch nicht ergangen ist. Das Gericht kann sich in diesen Fällen nicht einfach an die Stelle der entscheidungszuständigen Behörde setzen, sondern muss ihr gewissermaßen noch einmal den „Vortritt lassen".

Wählt man abweichend vom Wortlaut des § 113 Abs. 5 S. 1 VwGO für die **Begründetheitsprüfung der Verpflichtungsklage** in Gestalt der Vornahmeklage gem. § 113 Abs. 5 S. 1 VwGO (die nachfolgenden Erläuterungen betreffen den „Vornahmefall", die seltenere Bescheidungsklage soll ausgespart bleiben) nicht den bisweilen so bezeichneten

„Ablehnungsaufbau", sondern – bei freilich gleichbleibendem Obersatz gem. § 113 Abs. 5 S. 1 VwGO – einen auf Anspruchsgrundlagen rekurrierenden sog. Anspruchsaufbau, kann man wie folgt vorgehen:
1. **Bestehen einer geeigneten Anspruchsgrundlage**
   für den Erlass des begehrten VA; d. h. es muss eine
   a) **Rechtsnorm** ermittelt und benannt werden,
   b) nach der dem Kläger ein **Anspruch** zusteht
   c) auf die von ihm begehrte **Rechtsfolge**.
   Solche Anspruchsgrundlagen können sich aus dem gesamten Normenbestand des öffentlichen Rechts ergeben, z. B. aus dem Baurecht (vgl. § 31 Abs. 2 BauGB), aus dem Immissionsschutzrecht (vgl. §§ 6, 19 BImSchG), aus dem Straßen- und Wegerecht (vgl. §§ 7, 8 BFStrG), aus dem Gewerberecht (vgl. §§ 2 ff. GastG, 30 ff. GewO), aus Grundrechten (vgl. Art. 3 Abs. 1 GG, ggf. in Verbindung mit Selbstbindung der Verwaltung), aus öffentlich-rechtlichen Sonderverbindungen, aus öffentlich-rechtlichen Verträgen etc. Es kommt stets darauf an, das klägerische Begehren mit dem Inhalt der Anspruchsgrundlage, und zwar insbesondere mit der Rechtsfolge des bestehenden Anspruchs abzugleichen. Eine Durchführung im Einzelnen findet an dieser Stelle aber nicht statt (vgl. bei 3.).
2. **Formelle Anspruchsvoraussetzungen** (= formelle Voraussetzungen für den Erlass des begehrten VA)
   a) ordnungsgemäßer **Antrag**
   b) bei **zuständiger** Erlassbehörde
   c) **Mitwirkung** anderer Behörden
   d) etc. (Formelle Anspruchsvoraussetzungen sind vielfach positivrechtlich entweder in den Anspruchsnormen selbst oder in ergänzenden/allgemeinen (Verfahrens-)Vorschriften genannt und stellen in Klausuren oder Hausarbeiten kaum einmal ein Problem dar)
3. **Materielle Anspruchsvoraussetzungen** (= materielle Voraussetzungen für den Erlass des begehrten VA)
   a) **Wirksamkeitsprüfung** (keine Kollision mit höherrangigem oder sonst vorgehendem Recht)
   b) **Tatbestandsprüfung** (ausführliche Subsumtion des Sachverhalts unter alle Tatbestandsmerkmale)
   c) **Rechtsfolgenprüfung**
      ca) *gebundene Entscheidung* (=Anspruchsnorm verpflichtet Behörde zum Erlass des VA) → *Vornahmeurteil*
      cb) *Ermessensentscheidung „soll"* (=falls Sachverhalt im normativen Regelbereich, besteht der Anspruch auf den begehrten VA) → *Vornahmeurteil*
      cc) *Ermessensentscheidung „kann"* (= zwei Fälle zu unterscheiden:)
         (1) *Ermessensreduzierung auf Null* (vgl. in Verbindung mit Selbstbindung der Verwaltung = nur eine einzige Entscheidung rechtmäßig →Anspruch auf begehrten VA besteht) → *Vornahmeurteil*
         (2) *pflichtgemäßes Ermessen* (falls von der Behörde bei Ablehnung des VA Ermessen fehlerhaft ausgeübt (Nichtgebrauch, Überschreiten, Fehlbrauch des Ermessens) →Anspruch auf ermessensfehlerfreie Ausübung des Ermessens) →*Bescheidungsurteil* (Behörde wird zu „neuer" Ermessensentscheidung verpflichtet)
4. Die **Verpflichtungsklage** *ist* danach in allen Fällen **begründet**, in denen ein Anspruch auf den begehrten VA besteht (Vornahmeurteil), im Falle ermessensfehlerhafter Ablehnung des „zustehenden" VA nur **teilweise begründet** (Bescheidungsurteil). Soweit die Behörde den begehrten VA ermessensfehlerfrei abgelehnt hat, ist die Klage **unbegründet,** da der Anspruch auf ermessensfehlerfreie Ausübung des Ermessens erfüllt ist. Dasselbe gilt für den (vor und auch noch nach Klageerhebung mögli-

chen) Erlass des begehrten VA, da auch dann der dem Kläger zustehende Anspruch durch das behördliche Verwaltungshandeln erfüllt ist (ggf. Umstellung auf andere Klageart).

cc) Begründetheit der allgemeinen Leistungsklage. Für die Begründetheitsprüfung der allgemeinen Leistungsklage ist auf eine sinngemäße Anwendung des § 113 Abs. 1 VwGO bzw. des § 113 Abs. 5 VwGO abzustellen. Dementsprechend ist die allgemeine Leistungsklage begründet (Obersatz), wenn das schlichte Verwaltungshandeln bzw. seine Ablehnung oder Unterlassung rechtswidrig ist und der Kläger dadurch in seinen Rechten verletzt ist. Man muss daher bei der Begründetheitsprüfung der allgemeinen Leistungsklage zwischen verschiedenen Varianten, nämlich der Vornahmeklage und der (vorbeugenden) Unterlassungsklage unterscheiden (vgl. dazu bei 2.1 III.). Diese Unterscheidung entspricht unter „aufbautechnischem" Blickwinkel der zwischen Anfechtungs- und Verpflichtungsklage. Deshalb kann für die Begründetheitsprüfung der allgemeinen Leistungsklage ergänzend auf die Aufbau- und Prüfungsschemata für die Begründetheitsprüfung der Anfechtungs- und/oder Verpflichtungsklage verwiesen werden, allerdings unter dem Vorbehalt, dass sich die allgemeine Leistungsklage als statthafte Klageart (nur) auf schlichthoheitliches Verwaltungshandeln und nicht auf Verwaltungshandeln in Form eines VA bezieht.

I. **Allgemeine Leistungs-/Vornahmeklage:** Die allgemeine Leistungsklage in Gestalt der Vornahmeklage ist begründet, wenn der Kläger einen Anspruch auf das begehrte schlichte Verwaltungshandeln/Realakt hat (= Obersatz für die Begründetheit); daraus resultiert folgender Prüfungsgang:
  1. **Kennzeichnung des begehrten Verwaltungshandelns/Realakts**
  2. **Bestehen einer geeigneten Anspruchsgrundlage**
     für das begehrte Verwaltungshandeln, d. h. es muss
     a) eine **Rechtsnorm** ermittelt und benannt werden,
     b) nach der dem Kläger ein **Anspruch** zusteht,
     c) auf das von ihm **begehrte Verwaltungshandeln.**
     Solche Anspruchsgrundlagen können positivrechtlicher oder gewohnheitsrechtlicher Natur sein (z. B. Ansprüche aus spezialgesetzlichen Regelungen, aus öffentlich-rechtlichen Verträgen, aus öffentlich-rechtlichen vertragsähnlichen Schuldverhältnissen, allgemeiner öffentlich-rechtlicher Erstattungsanspruch etc.).
  3. **Formelle Anspruchsvoraussetzungen** (= formelle Voraussetzungen für das begehrte Verwaltungshandeln); betrifft im Wesentlichen nur die **Zuständigkeit** der Behörde zur Vornahme des begehrten Verwaltungshandelns/Realakts
  4. **Materielle Anspruchsvoraussetzungen** (= materielle Voraussetzungen für das begehrte Verwaltungshandeln)
     a) **Wirksamkeitsprüfung** (kein entgegenstehendes vorgehendes Recht)
     b) **Tatbestandsprüfung** (Subsumtion des Sachverhalts unter alle Tatbestandsmerkmale)
     c) **Rechtsfolgenprüfung**
        ca) gebundene Rechtsfolge = Anspruch besteht = Vornahmeklage begründet
        cb) „soll"-Rechtsfolge = kein Ausnahmesachverhalt = Anspruch besteht = Vornahmeklage begründet
        cc) „kann"-Rechtsfolge = Ermessensreduzierung auf Null = Anspruch besteht = Vornahmeklage begründet
  5. Die **Vornahmeklage** ist **unbegründet**, wenn der Anspruch z. B. durch Erfüllung oder Verzicht (zwischenzeitlich) untergegangen ist.

II. **Allgemeine Leistungs-/Unterlassungs- bzw. Abwehrklage:** Die allgemeine Leistungsklage in Gestalt einer (allgemeinen) Unterlassungs- bzw. Abwehrklage ist begründet, wenn das Verwaltungshandeln rechtswidrig und der Kläger dadurch in

seinen Rechten verletzt ist (= Obersatz für die Begründetheit); daraus folgt als Prüfungsgang:
1. **Belastender Realakt** (= Feststellung und Kennzeichnung des mit der Leistungs-/Abwehrklage angegriffenen belastenden Verwaltungshandelns)
2. **Rechtswidrigkeit des Realakts** (= rechtswidriger Eingriff in ein dem Kläger zustehendes subjektives öffentliches Recht):
   a) Verwaltungshandeln ohne Rechtsgrundlage
   b) Fehlen oder Mängel der formellen Rechtmäßigkeit des Realakts (z. B. fehlende Zuständigkeit der Behörde)
   c) Fehlen oder Mängel der materiellen Rechtmäßigkeit des Verwaltungshandelns (z. B. bei Verstoß gegen Gesetze, gegen Grundrechte, gegen Verhältnismäßigkeitsprinzip etc.)
   d) keine Duldungspflicht des Klägers (z. B. aus VA, Vertrag oder Gesetz)
3. **Rechtsverletzung des Klägers** (= schlichtes Verwaltungshandeln der Behörde muss unmittelbar den Eingriff in subjektiv-öffentliches Recht des Klägers herbeigeführt haben; Kausalität des Realakts für den rechtswidrigen Eingriff)
4. **Rechtsfolgenprüfung**: Beendigung des Eingriffs durch
   a) schlichtes Unterlassen
   b) eingriffsbeendenden Realakt
   c) ggf. Beseitigung von Auswirkungen bzw. Folgen (sog. allgemeiner Folgenbeseitigungsanspruch) durch aktives Handeln der Behörde

662 dd) **Begründetheit der Feststellungsklage.** Für die Begründetheitsprüfung der (allgemeinen) Feststellungsklage ist maßgebend, ob die Klage auf das Bestehen oder Nichtbestehen eines Rechtsverhältnisses oder auf die Nichtigkeit eines VA (sog. Nichtigkeitsfeststellungsklage) gerichtet ist (vgl. dazu 2.1.2, IV.). Die „**positive**" und die „**negative**" **Feststellungsklage** (§ 43 Abs. 1 HS. 1, 1. und 2. Alt. VwGO) sind **begründet**, wenn das vom Kläger behauptete Rechtsverhältnis, das Recht oder der behauptete Rechtsstatus besteht oder nicht besteht, je nachdem, was der Kläger festgestellt wissen will. Ein besonderes Aufbau- oder Prüfungsschema für die Begründetheit dieser Modalitäten der allgemeinen Feststellungsklage steht nicht zur Verfügung, ist aber auch nicht erforderlich. Die Begründetheitsprüfung vollzieht sich anhand der jeweils zu ermittelnden konkreten Voraussetzungen für das Bestehen oder Nichtbestehen des streitgegenständlichen Rechtsverhältnisses, Rechts oder Rechtsstatus (z. B.: beamtenrechtliche Voraussetzungen für das Bestehen eines Beamtenverhältnisses, staatsangehörigenrechtliche Voraussetzungen der Staatsangehörigkeit „Deutscher", etc.).

663 Die **Begründetheit der Nichtigkeitsfeststellungsklage** (§ 43 Abs. 1 HS. 1, 3. Alt. VwGO) erfordert die Prüfung, ob der streitbefangene **VA nichtig** ist. Diese Nichtigkeitsprüfung vollzieht sich wie folgt:
1. Spezialgesetzliche Nichtigkeitsgründe (wenn nicht vorhanden, dann)
2. Nichtigkeitsgründe gem. § 44 Abs. 2 VwVfG (wenn nicht vorhanden, dann)
3. Nichtigkeit gem. § 44 Abs. 1 VwVfG (Generalklausel)
   a) bei besonders schwerem Fehler,
   b) der offensichtlich ist
4. Nichtigkeitserstreckung bei Teilnichtigkeit gem. § 44 Abs. 4 VwVfG

Bei der Nichtigkeitsprüfung ist § 44 Abs. 3 VwVfG zu beachten, da in den genannten Fällen der VA nicht nichtig, sondern allenfalls rechtswidrig und damit die Nichtigkeitsfeststellungsklage unbegründet ist.

3. Öffentlich-rechtliche Ansprüche (Amtshaftungsanspruch)

664 Das Sachgebiet „öffentlich-rechtliche Ansprüche" umfasst wie schon erwähnt (vgl. Zweiter Teil, D. II. vor 1.) eine Fülle öffentlich-rechtlicher Ansprüche, die wegen der Vielfalt ihrer Anwendungsmodalitäten hier weder im Einzelnen erörtert noch erschöpfend aufgezählt werden können. Überwiegend handelt es sich dabei aber um Ansprüche, die sich ihrer Zielsetzung nach als **öffentlich-rechtliche Haftungsansprüche** verstehen.

Dies gilt ohne weiteres für Entschädigungsansprüche aus Enteignung, aus enteignendem oder enteignungsgleichem Eingriff, für den (allgemeinen) öffentlich-rechtlichen Erstattungsanspruch, für Folgenbeseitigungsansprüche, für Aufopferungsansprüche etc.; und es gilt auch für den sog. Amtshaftungsanspruch wegen vorsätzlicher oder fahrlässiger Verletzung einer dem Bürger (dem „Dritten") gegenüber obliegenden Amtspflicht. Dieser **Amtshaftungsanspruch** ist – soweit es in öffentlich-rechtlichen Fallbearbeitungen um Aufgabenstellungen aus dem Sachgebiet „öffentlich-rechtliche Ansprüche" geht – neben dem Aufopferungsanspruch und Entschädigungsansprüchen aus Enteignung etc. ein beliebtes Thema öffentlich-rechtlicher Klausuren und Hausarbeiten (zumal in Kombination mit verwaltungsrechtlichen Spezialgebieten wie etwa dem Polizeirecht, dem Bau- und Bauordnungsrecht, dem Schulrecht, dem Gewerberecht etc.). „Stellvertretend" für andere öffentlich-rechtliche Haftungsansprüche soll daher das Aufbau- und Prüfungsschema für eine Anspruchsprüfung des Amtshaftungsanspruchs dargestellt und erläutert werden:

I. **Vorfragen**
   1. **Rechtsweg:** Ordentliche Gerichtsbarkeit/Zivilkammern des Landgerichts (unabhängig vom Streitwert) gem. Art. 34, S. 3 GG i. V. m. § 71 Abs. 2, Ziff. 2 GVG.
   2. **Kein** (spezial-)gesetzlicher **Ausschluss der Amtshaftung** (vgl. § 19 BNotO).

II. **Anspruchsgrundlage:** Art. 34 S. 1 GG i. V. m. § 839 BGB. Zwischen beiden Vorschriften besteht „aufbautechnisch" kein Vorrang- oder Nachrangverhältnis, sie bilden vielmehr ineinandergreifend eine **einheitliche Anspruchsgrundlage.**

III. **Tatbestandsprüfung** (= „haftungsbegründende" Kausalität)
   1. **Handeln in Ausübung eines öffentlichen Amtes**
      a) Handeln eines *Beamten*: Der Beamtenbegriff im Sinne des Art. 34 S. 1 GG („jemand"/öffentliches Amt/Amtspflicht) ist umfassender (sog. haftungsrechtlicher Beamtenbegriff) als der statusrechtliche Beamtenbegriff. Danach ist haftungsrechtlicher Beamter jeder statusrechtliche Beamte, Angestellte und Arbeiter im öffentlichen Dienst, Soldat, Richter, Zivildienstleistender, Abgeordneter, Beliehener.
      b) In Ausübung eines *öffentlichen Amtes*: „Öffentliches Amt" bedeutet „öffentlich-rechtliches Handeln", d. h. die ausgeübte Tätigkeit muss in einem Zusammenhang mit der Erfüllung öffentlich-rechtlicher Aufgaben stehen oder muss öffentlich-rechtlichen Zwecken dienen; das ist bei Tätigkeiten der Eingriffsverwaltung stets der Fall. Tätigkeiten im Rahmen der Leistungsverwaltung können in Ausübung eines öffentlichen Amtes erfolgen, sofern das Rechtsverhältnis/Leistungsverhältnis öffentlich-rechtlichen Regeln folgt. Bei sozialüblichen Tätigkeiten (Fahren mit Pkw) entscheidet der Tätigkeitszweck (Dienstfahrt?).
      c) *In Ausübung* eines öffentlichen Amtes: Es muss sich um eine amtsbezogene Tätigkeit handeln; eine Tätigkeit nur „bei Gelegenheit" reicht nicht.
   2. **Verletzung einer einem Dritten gegenüber obliegenden Amtspflicht**
      a) *Amtspflicht:* Zu den „allgemeinen" Amtspflichten gehören insbesondere (spezielle Amtspflichten können sich aus dem (landes-)gesetzlich geregelten Aufgabenkreis der Behörde/des Handelnden ergeben):
      – Pflicht zu formell und materiell rechtmäßigem Verwaltungshandeln
      – Pflicht zur allgemeinen Sorgfalt und zur Vermeidung unerlaubter Handlungen i. S. d. §§ 823 ff. BGB

- Pflicht zu ermessensfehlerfreiem Handeln (Beachtung des Verhältnismäßigkeitsprinzips)
- Pflicht zur Vermeidung jeden Amtsmissbrauchs
- Pflicht zur Erteilung sachrichtiger Auskünfte
- Pflicht zur Amtsverschwiegenheit
- etc.

b) Amtspflicht muss *einem Dritten gegenüber* obliegen: Die Amtspflicht darf nicht nur im öffentlichen Interesse bestehen, sondern muss *zumindest auch* im Drittschutzinteresse liegen, und zwar
- persönlich = der Dritte/Geschädigte muss in/als Person durch die Amtspflichterfüllung geschützt sein
- sachlich = die Amtspflicht muss dem Schutz des verletzten Rechtsguts/Interesses dienen

c) die Amtspflicht muss verletzt sein: Verletzt ist die Amtspflicht bei Verstoß gegen die jeweilige Pflicht (zu rechtmäßigem Verwaltungshandeln), also insbesondere bei
- Zuständigkeitsfehlern
- fehlender Erforderlichkeit, Tauglichkeit, Zweckmäßigkeit, Verhältnismäßigkeit der ergriffenen Maßnahme etc.
- Ermessensfehlern
- etc.

3. **Die Amtspflichtverletzung muss einen Schaden bewirkt haben**
   a) *Schaden* = jede Beeinträchtigung des zugunsten des Dritten geschützten Rechtsguts/Interesses
   b) *bewirkt* = Kausalität zwischen eingetretenem Schaden und der Amtspflichtverletzung nach der Adäquanzformel, d. h. Kausalität ist gegeben, wenn die amtspflichtverletzende Tätigkeit nach den Erfahrungen des täglichen Lebens generell geeignet ist, den in Frage stehenden Schaden herbeizuführen.

IV. **Rechtswidrigkeit** (= indiziert durch Tatbestandsmäßigkeit; nur prüfen bei etwaigem Vorliegen von Rechtfertigungsgründen)

V. **Verschulden** (grundsätzlich gem. § 276 BGB; Ausnahme bei § 839 Abs. 2 BGB)
1. **Vorsatz**
2. **Fahrlässigkeit** (beachte § 839 Abs. 1, S. 2 BGB → VI.)
3. **Ausnahme:** Urteil in einer Rechtssache (§ 839 Abs. 2 BGB).

VI. **Kein Haftungsausschluss**
1. nach § 839 Abs. 1 S. 2 BGB: Anspruch gem. § 839 Abs. 1 S. 1 BGB besteht nicht bei **Fahrlässigkeit des Beamten** und **anderweitiger Ersatzmöglichkeit** des Dritten. **Keine anderweitige Ersatzmöglichkeit** i. S. d. § 839 Abs. 1 S. 2 BGB sind
   a) *Ansprüche gegen* einen *anderen Träger* hoheitlicher Verwaltung (eine andere als die „verklagte" öffentlich-rechtliche Körperschaft),
   b) *Ansprüche gegen denselben Träger* hoheitlicher Verwaltung (dieselbe öffentlich-rechtliche Körperschaft), die aber aus *anderen Anspruchsgrundlagen* als Art. 34, S. 1 GG i. V. m. § 839 BGB herrühren,
   c) *Ansprüche* gegen den Staat (oder Dritte), die *aus* der Verletzung *öffentlich-rechtlicher Verkehrssicherungspflichten* im Straßenverkehr resultieren,
   d) *Ansprüche* des Geschädigten, die er unter Einsatz *eigener Mittel* erworben hat (z. B. Lebens-, Kranken-, Unfall-, Kaskoversicherungen oder Lohnfortzahlungen im Krankheitsfall etc.),
   e) *Ansprüche* (gegen Dritte), die *aus* der sonderrechtsfreien (vgl. § 35 StVO) *Teilnahme* staatlicher Funktionsträger *am allgemeinen Straßenverkehr* herrühren.

2. nach § 839 Abs. 3 BGB: bei
   a) *schuldhafter* (= vorsätzlicher oder fahrlässiger) *Versäumnis* von Rechtsmitteln oder Rechtsbehelfen wie z. B.
      – Klage
      – Widerspruch
      – einstweiliger Rechtsschutz
      – Dienstaufsichtsbeschwerde
      – Einspruch
      – etc.
   b) und *Zumutbarkeit* der Einlegung/Erhebung (z. B. im Falle unsicherer und zweifelhafter Rechtslage = unzumutbar; Zumutbarkeit = Ausschlussregulativ)
   c) und *dadurch* der *Schaden* ganz oder teilweise *nicht eingetreten* wäre (Kausalität!)

Zwischenergebnis: Anspruch begründet oder nicht begründet

VII. **Rechtsfolge: Schadensersatz** (= „haftungsausfüllende" Kausalität). Der zurechenbar (Kausalität!) durch die Amtspflichtverletzung entstandene Schaden ist gem. § 249 BGB zu ersetzen. Der Schadensersatzanspruch ist **grundsätzlich** auf **Ersatzleistungen in Geld** gerichtet. Naturalrestitution i. S. d. § 249 S. 1 BGB ist ausgeschlossen. Beim Umfang des Schadensersatzes ist ein etwaiges Mitverschulden des Antragstellers gem. § 254 BGB (oder § 9 StVG i. V. m. § 254 BGB) sowie eine anzurechnende Betriebsgefahr (§§ 254 BGB i. V. m. §§ 7, 17 StVG sinngemäß) mindernd zu berücksichtigen (bei stark überwiegendem Mitverschulden des Anspruchstellers ggf. Haftungsausschluss).

VIII. **Passivlegitimation** (= richtiger Anspruchs-/Klagegegner)
   1. nach Art. 34 S. 1 GG: grundsätzlich (der Staat oder) die **Anstellungskörperschaft** (der Verwaltungsträger)
   2. bei Beliehenem: der/die **beleihende Verwaltungsträger/beleihende Körperschaft**
   3. bei **Doppelfunktion** des „Beamten": der/die Verwaltungsträger/Körperschaft, **dessen/deren Aufgaben** (vorrangig) **erfüllt** worden sind

> **Beachte: VIII.** kann je nach Einzelfall auch vor **II.** zu prüfen sein (z. B. bei eindeutig „falschem" Anspruchs-/Klagegegner).

Vieles im Aufbau- und Prüfungsschema des Amtshaftungsanspruchs erinnert „aufbautechnisch" an den zivilrechtlichen Anspruchsaufbau und da insbesondere an den Anspruchsaufbau in der Kategorie der deliktsrechtlichen Ansprüche (wie sollte es auch anders sein, ist doch der Schadensersatzanspruch aus Amtshaftung gem. § 839 BGB im 8. Abschnitt des 2. Buches des BGB unter dem (27.) Titel „Unerlaubte Handlungen" geregelt). Orientierungshilfen für den Aufbau öffentlich-rechtlicher Fallbearbeitungen aus dem Sachgebiet „öffentlich-rechtliche Ansprüche" lassen sich daher von Fall zu Fall auch den zivilrechtlichen Aufbau- und Prüfungsschemata entnehmen, etwa wenn es um Ansprüche aus öffentlich-rechtlicher GoA oder um sonstige Haftungs- bzw. Entschädigungsansprüche geht. Doch gilt auch hier, was immer schon betont worden ist: Aufbau- und Prüfungsschemata allein machen noch nicht die Fallbearbeitung aus; ohne verständige, aus einem Grundbestand an materiellrechtlichen Kenntnissen gesteuerte Verwendung können Aufbau- und Prüfungsschemata ganz im Gegenteil mehr schaden als nützen (vgl. zum Fallaufbau im öffentlichen Recht noch *Möllers*, Arbeitstechnik, § 2 Rn. 48 ff. mit zahlreichen weiteren Nachweisen sowie die vielfältigen rechtsgebietsspezifischen Aufbauanleitungen und Fallsammlungen zum öffentlichen Recht; ferner die Einführung in die juristische Arbeitstechnik von *Mann* mit vornehmlich dem öffentlichen Recht entstammenden Hinweisen und Beispielen).

Stichwortverzeichnis

Die Zahlen verweisen auf die Randnummern.

A

Abfassung (von Sachverhalten) 77
Abkürzungen (Abkürzungsverzeichnis)
– selbstgeschaffene 298
– übliche 299
Abkürzungsverzeichnis (Hausarbeit) 297 ff.
Absicht(en) (subj. Tatbestandsmerkmale) 479, 503
abstrakte Fallfrage(n) 55 ff.
abstrakte Normenkontrolle 584, 619 ff.
abstrakte Normenkontrolle (Prüfungsschema) 619 ff.
„abwegige" Fallprüfung 129 f., 204
Abwegigkeitsrisiko 129 f.
Abwehranspruch 586
actio libera in causa 496
Adäquanzzusammenhang 552
Aktivform (Schriftsprache) 194
aktuelles Unrechtsbewusstsein 512
Alleintäter 557
allgemeine Leistungsklage 585, 628 ff.
allgemeine Leistungsklage (Aufbauschema) 628 ff.
allgemeine Sachurteilsvoraussetzungen 641 f.
Alltagssprache 85, 194
alphabetisches Gliederungssystem 309 f.
alternative Fallbearbeitung 92
alternative Tatbestandsmerkmale 179 ff.
amtliche Entscheidungssammlung(en) 335
Amtshaftungsanspruch 586, 664 ff.
Amtshaftungsanspruch (Prüfungsschema) 664 ff.
Amtssprache 188
Anfechtungsklage (Prüfungsschema) 628 ff.
Anfechtungsklage/-verfahren 585, 628 ff.
Anfechtungsrechte (Zivilrecht) 439 ff.
Anmerkungen 325 ff.
Anmerkungsverzeichnis 327, 338
Anspruch (Definition) 57, 370
Anspruchsaufbau 370 ff., 376 ff.
Anspruchsgegenstand 57, 59 f.
Anspruchsgegner 57, 59 f., 376, 381 ff.
Anspruchsgrundlagen (verschiedenartige) 384 ff.
Anspruchshäufung 391 f.
Anspruchskonkurrenz 391 f.
Anspruchsnorm 153, 376, 378, 383
Anspruchsprüfungen (Grundschema) 400 f.
Anspruchsteller 57, 59 f., 376, 381 ff.
Anspruchsziel 57, 59 f., 376, 382
Anstiftung 562 f.
Antwortnorm 123 ff., 161

Anwaltsklausuren/-hausarbeiten 64 f.
Anwendung von Rechtssätzen 132 ff.
Arbeitstechnik 8
Arbeitsweise (Hausarbeit) 221 ff.
Arbeitsweise (Klausur) 344 ff.
Asthmastil 189
Aufbau (Fallaufbau) 385 ff.
Aufbaufragen (allgemeine) 358 ff.
Aufbauhinweise (in Vorbemerkungen etc.) 369
Aufbaukombinationen 366 ff.
Aufbauschemata (öffentlich-rechtliche) 588, 590
Aufbauschemata (strafrechtliche) 564 ff.
Aufbauschemata (zivilrechtliche) 402 ff.
Aufgabenstellung (Form der Hausarbeit) 278
Aufgabenstellung (Form der Klausur) 348
Aufgabenstellung(en) – Beispiele 10 ff.
Aufsätze (Literaturverzeichnis) 289 ff.
Aufsuchen „passender" Rechtssätze 118 ff., 344
Aufwendungsersatzanspruch 403 f.
Ausführungen (zum Fallaufbau) 369
Auslegung (von Gesetzen) 167 ff.
Auslegungskriterien 167
Auswertung der Aufgabenstellung 41 ff., 55 ff.
authentisches Verstehen (des Sachverhalts) 93 ff.

B

Bandwurmsätze 186 ff.
Bearbeitungshinweise 12, 278
Bearbeitungshinweis(e) – Beispiele 13, 17, 21, 25, 29
Bearbeitungsvermerk 12, 278
Befugnisnorm 125
Begehungsdelikt (Aufbaumuster) 566 ff.
Begründetheit (bei Streitentscheidung) 258
Begründetheit (von Rechtsbehelfen/Klagen) 65, 71 f., 581
Beihilfe 562 f.
Belege (verwertete Literatur) 325 ff.
Bereicherung durch Leistung 413
Bereicherung in sonstiger Weise 413
Bescheidungsurteil 657
besondere Sachurteilsvoraussetzungen 643 ff.
bewusste Fahrlässigkeit 553
Bildung von Sachverhaltsalternativen 99
brainstorming 108 ff., 344
Buchstaben/Zahlen-System (Gliederung) 309 f.
Bund-Länder-Streit 584

Stichwortverzeichnis

C
conclusio 134 ff.
condictio indebiti 416 ff.
condictio ob causam finitam 419 ff.
condictio ob rem 422 ff.
Controlling (Hausarbeit) 271 ff.
Controlling (Klausur) 347

D
Deckblatt (Hausarbeit) 276 f., 339 f.
deliktsbezogene Aufbautechnik (Strafrecht) 465 ff.
deliktsrechtliche Ansprüche 385, 434 ff.
Dezimalsystem (Gliederung) 309 f.
dilatorische Einrede 125, 398
dingliche Ansprüche 385
direkter Verbotsirrtum 511 ff.
direkter Vorsatz 502 ff.
Doppelfunktion des Tatvorsatzes 483, 497 ff.
dreigliedriger Straftatbegriff 474 ff.
Duldungspflicht 125
Durchsetzbarkeit von Ansprüchen 61 ff.

E
echtes Unterlassungsdelikt 534
eigene Begründung (Bearbeitung eines Meinungsstreits) 256 ff.
eigene Streitentscheidung 233, 256 ff.
Eigentumsherausgabeanspruch 407 ff.
eingeschränkte Schuldtheorie 518 ff.
Eingriff, Eingriffsbegriff 605
Eingriffskondiktion 413, 426 ff., 430 ff.
Einrede(n) 61 ff., 125, 398
„einschlägige" Rechtsnorm 119 ff., 129 ff.
Einschränkung (von Grundrechten) 606
Einwendung(en) 61 ff., 125, 165, 397 f.
Einwendungsdurchgriff 63
Einzelsubsumtionen 147 ff., 159
elektronische Medien (Quellensichtung) 234 ff.
Endfassung (der Niederschrift/Hausarbeit) 273 ff.
Endfassung (der Niederschrift/Klausur) 346
Endnoten 325 ff.
Endnotenverzeichnis 327, 338
Entschädigungsansprüche 665
Entscheidungsbegründung 208
Entscheidungsrezensionen (Fundstellennachweis) 334
Entscheidungsrezensionen (Literaturverzeichnis) 283, 292
Entscheidungssammlung(en), amtliche 335
Entschuldigungsgründe 522 f.
Entsprechungsklausel 541
erbrechtliche Ansprüche 385
Erfassen der Aufgabenstellung 41 ff.
Erfassung (des Sachverhalts) 79 ff.
Erfolgsabwendung (physisch-reale Möglichkeit) 536
Erfolgszurechnung 537, 549 ff.

Erfüllungsansprüche 394 f., 399
Ergänzung des Sachverhalts 96 f.
Ergebnisoffenheit (Gutachtenstil) 203 ff.
Erkennungszeichen (für Gutachten- und Urteilstil) 209 ff.
Erlaubnisirrtum 510, 517
Erlaubnissätze 125
Erlaubnistatbestandsirrtum 510, 516 ff.
Erläuterungen (zum Fallaufbau) 369
Eröffnung des Verwaltungsrechtswegs 631 ff.
Erörterung von Rechtsfragen 100 ff.
Eventualvorsatz 502 ff.

F
Fachzeitschriften 231, 332, 335
Fahrlässigkeitstat (Aufbau) 546 ff.
Fallaufbau 355, 358 ff.
fallbezogene Aufbautechnik (Strafrecht) 451 ff.
Fallfrage(n) – Beispiele 13, 17, 21, 25, 29, 33
Fallfragen nach der Rechtslage 378
Fallkonstellationen (Strafrecht/Aufbau) 453 ff.
Fallprüfungskonzept 240, 244 ff., 273
Fallprüfungskonzept (Klausur) 346
Fallprüfungskonzept (und Endfassung der Niederschrift/Hausarbeit) 273
Fallskizze (Beispiel) 114 f.
familienrechtliche Ansprüche 385
Fehldeutungen (des Sachverhalts) 77 f.
Fehler der Problembearbeitung 263
Fehlerquellen (beim Erfassen der Aufgabenstellung) 43 ff.
Feststellungsklage (Aufbauschema) 628 ff.
Feststellungsklage/-verfahren 585, 628 ff.
Folgenbeseitigungsanspruch 586
Folgerandnummer(n) 331
Folgeseite(n) 331
Formalien (der Niederschrift) 315 ff.
Fortsetzungsfeststellungsklage (Prüfungsschema) 628 ff.
Fortsetzungsfeststellungsklage/-verfahren 585, 628 ff.
Freiheitsgrundrechte (Prüfungsschema) 604 f.
Fremdwörter 197 ff.
Füllwörter 197 ff.
Fundstellennachweis in Parenthese 328
Fundstellennachweis (Inhalt) 329 ff.
Fundstellennachweis (nichtwörtliche Textwiedergabe) 323, 326
Fundstellennachweis (Zitat) 322, 326
Funktionenlehre 540
Fußnoten 325 ff.

G
Garantenpflicht 539 ff.
Garantenstellung (Unterlassungsdelikt) 539 ff.
Gattung (Literatur) 283
Gebotsirrtum 511 ff., 515
Gefährdungshaftung (Ansprüche aus) 385, 434 ff.
Gegennorm 125 ff.

Stichwortverzeichnis

Gegenrechte 62
Gesamtschlusssatz (Subsumtion) 147 ff.
Gesetzesauslegung 167 ff.
Gesetzesmaterialien (Literaturverzeichnis) 281
Gesetzestexte (Literaturverzeichnis) 281
Gesinnungsunwert 498
Gleichheit der Anspruchsziele (Anspruchshäufung) 391
Gliederung (Hausarbeit) 300 ff.
Gliederung (Klausur) 346, 350
Gliederungsebenen 305 ff.
Gliederungsentwurf 305
Gliederungsinhalt 302 ff.
Gliederungssysteme 309 ff.
Grundschema für Anspruchsprüfungen 400 f.
Grundtatbestand 466 f.
„Gutachtelei" 214 f.
Gutachtenstil 184, 201 ff.

H

haftungsbegründende Kausalität (§§ 823, 839 BGB) 669 f.
Handlungsformen (subj. Tatbestandsmerkmale) 479
Häufung von Ansprüchen 391 f.
Hauptsatz 188
Hauptwörterei 192 f.
Hausarbeit (juristische, Anforderungsprofil) 219 ff.
Hervorholen des Problemkerns 261
Hilfsgutachten 101
hilfsgutachtliche Fallprüfung 101
Hilfsmittel für Stoffsammlung 111 ff.
Hilfsnorm 123 ff.
„Hin- und Herwandern des Blicks" 118
Hinweise zur Bearbeitung 12
Historischer Aufbau 359 ff.

I

Indikativ (Gutachtenstil) 205
Indikativ (Urteilsstil) 208
indirekt mitgeteilter Tatsachenstoff 89 f.
indirekter Verbotsirrtum 511 ff., 517
Individualverfassungsbeschwerde 584, 588, 590
Indizfunktion des Tatbestandes 485
Internetnutzung (Quellenrecherche) 235 ff.
Inversion (nach „und") 190 ff.
Inzidentprüfungen (Aufbau Strafrecht) 458 ff.

J

Juris-Recherche 235
juristische Termini 85 ff.

K

Kanzleisprache 188
Kausalität (§§ 823, 839 BGB)
– haftungsausfüllende 672 ff.
– haftungsbegründende 668
Kenntnis (des Sachverhalts) 78 f.

Kettensätze 186 ff.
Klausur (äußere Gestaltung) 348 ff.
Klausur (juristische) 343 ff.
Klausurbestandteile 348 ff.
Kommentare (Literaturverzeichnis) 286
Kommunalverfassungsbeschwerde 584
Konjunktiv (Gutachtenstil) 204
Konklusion 134 ff.
konkrete Fallfrage(n) 55 ff.
konkrete Normenkontrolle 584
konkreter Lebenssachverhalt 8 ff., 18, 75, 136 ff., 161
konkreter Lebenssachverhalt als Untersatz 136 ff., 161
Konkurrenz von Ansprüchen 391 f.
Kraftausdrücke 195 f.
Kurztitel (Literaturverzeichnis) 294 ff., 330, 332 ff.

L

Laiensphäre 87
Laiensprache 83 ff.
Lehrbücher (Literaturverzeichnis) 287
Leistungskondiktion(en) 413, 415 ff.
Literaturrecherche 226 ff.
Literaturverzeichnis 279 ff.
Literaturverzeichnis (Beispiele) 286 ff.
Loseblattsammlung (Hausarbeit) 341
Lösungsskizze (Hausarbeit) 238 ff., 301
Lösungsskizze (Klausur) 345
Lückenschließung (in Sachverhalten) 93 ff.

M

Majorprämisse 134 ff.
Manipulation des Sachverhalts 102 ff.
Matrikelnummer (Klausur) 353
Mehraktigkeit der Subsumtion 147 ff.
Meinungsstreit (Bearbeitung in Hausarbeit) 248 ff., 256 ff.
Meinungsstreit (Bearbeitungsbeispiel) 252 ff.
Merkblätter (bei Stoffsammlung) 111
Methodik der Fallprüfung (Klausur) 344
Mindestangaben (Deckblatt/Hausarbeit) 276 f.
Minorprämisse 134 ff.
Mittäterschaft 557 ff.
mittelbare Täterschaft 560 f.
Mittelbegriff 134 ff.
Möglichkeitsform (Gutachtenstil) 204
Monografien (Literaturverzeichnis) 288

N

Nachweisverpflichtung (Zitat etc.) 323
Nachwort (in Hausarbeiten) 342
Nebensächlichkeiten (im Sachverhalt) 88 ff.
Nebensatz 188
negative Feststellungsklage 639, 662
Nichtigkeitsfeststellungsklage 639, 662 f.
Nichtleistungskondiktion(en) 413 f., 426 ff., 430 ff.

Stichwortverzeichnis

nichtverfassungsrechtliche Streitigkeiten (Aufbauschemata) 628 ff.
Nichtvollendung der Straftat 528 ff.
Nichtvornahme der gebotenen Handlung (Unterlassungsdelikt) 535
nichtwörtliche Textwiedergabe 318 ff.
nichtwörtliche Textwiedergabe (Kennzeichnung) 324
Niederschrift (Hausarbeit) 244 f., 271 ff., 314 ff.
Niederschrift (Klausur) 346
Normalfall (bei Tatsachenermittlung) 92 ff.
Normenkomplex 163
Normensuche 126, 161 ff.
Normkonkretisierung 160 ff., 166 ff.
Normkonkretisierung durch Gesetzesauslegung 167 ff.
Notwehr 491 ff.
numerisches Gliederungssystem 309 f.

O
Obersatz 134 ff.
objektive Bedingung der Strafbarkeit 481 f.
objektive Erfolgszurechnung 549 ff.
objektive Rechtfertigungselemente 490 ff.
objektive Sorgfaltspflichtverletzung (Fahrlässigkeitstat) 548
objektive Tatbestandsmerkmale 476 ff.
offener Tatbestand 494
öffentlich-rechtliche Ansprüche 583 f., 664 ff.
öffentlich-rechtliche GoA 586
öffentlich-rechtliche Streitigkeiten 583 ff.
– nichtverfassungsrechtlicher Art 584, 628 ff.
– verfassungsrechtlicher Art 584, 588 ff.
öffentlich-rechtlicher Erstattungsanspruch 586
Organstreit 584, 608 ff.
Organstreitverfahren (Aufbaumuster) 608 ff.

P
Parallelwertung in der Laiensphäre 508
Passivform (Schriftsprache) 194
peremptorische Einrede 125, 398, 438
persönliche Strafaufhebungsgründe 524
persönliche Strafausschließungsgründe 524
Pflichtenkollision (rechtfertigende) 545
Pflichtwidrigkeitszusammenhang 538, 550
Plagiat (Zitate) 319
positive Feststellungsklage 639, 662
Prämissenbildung (im Obersatz, Subsumtion) 160 ff., 166
Primärleistungsansprüche 394 f., 399
Primärquellen (Literaturverzeichnis) 281
Privilegierung 466 f.
Problembearbeitung (Fehler) 263
Problembearbeitung (Hausarbeit) 246 f., 259 ff.
Problembearbeitung (Klausur) 346
Problembenennung 260
Problemdeutung 79
Problemerfassung 79
Problemerörterung 259 ff.

propositio maior 134 ff.
propositio minor 134 ff.
Prüfungsgegenstand 7 ff.
Prüfungsreihenfolge (verschiedenartige Anspruchsgrundlagen) 385 ff.
– Durchbrechungen 388
– Vorfragenproblem 388
Prüfungsschemata
– öffentlich-rechtliche 588, 590
– strafrechtliche 564 ff.
– Vorrang vertraglicher Ansprüche 393 f.
– zivilrechtliche 402 ff.
Prüfungstransparenz (der Fallbearbeitung) 358 ff.
Putativnotwehr 493

Q
Qualifikation 466 f.
Quellensichtung 226 ff.

R
Randnummer(n) 330, 335
Recherche (Literatur/Quellen) 226 ff.
rechtfertigende Pflichtenkollision 545
Rechtfertigungsgründe 125, 486 ff.
Rechtfertigungsirrtum 510
rechtliche Wortbedeutung 83 ff.
rechtlicher Bedeutungsgehalt (des Sachverhalts) 83 ff.
Rechtsanwendung 132 ff., 344
Rechtsanwendungsprozess 136 ff., 344
Rechtsfall 11, 22, 26, 35, 109, 201
Rechtsfolgen 141
Rechtsfragen 100 ff.
Rechtsgutachten 201
rechtsgutachtliche Arbeitsweise 127 ff., 184, 201 ff., 280
rechtsgutachtliche Fallbearbeitung 127 f., 184, 201 ff., 280, 350
rechtshindernde Einwendungen 125
Rechtsliteratur (typische) 230 f.
Rechtsnorm als Obersatz (Syllogismus) 136 ff.
Rechtsprechung (Quellen) 232 f.
Rechtsquellenlehre 540
Rechtssatzverfassungsbeschwerde 588
rechtsvernichtende Einwendung 125
Rechtsvoraussetzungen 141
Rechtswidrigkeit (Straftat/Aufbau) 485 ff., 553
Relevanzkontrolle (bei Stoffsammlung) 110
Riesensätze 186 ff.
„roter Faden" (Hausarbeit, Einstieg) 222 ff.
„roter Faden" (Klausur) 344
„roter Faden" und Literaturrecherche 227
„roter Faden" und Lösungsskizze (Hausarbeit) 238, 240 f.
Rückgriffskondiktion 413, 426

S
Sachgebiete (öffentliches Recht) 538 ff.
Sachgruppe (Literatur) 283

Stichwortverzeichnis

Sachurteilsvoraussetzungen 641 ff.
- allgemeine 641 ff.
- besondere 643 ff.
Sachverhalt 8 ff., 74 ff., 136 ff.
Sachverhalt als Sinneinheit 94 ff.
Sachverhalt als Untersatz (Syllogismus) 136 ff.
Sachverhaltsalternative 98 ff.
Sachverhaltsarbeit 74 ff.
Sachverhaltsbeispiele 10 ff.
- öffentliches Recht 27 ff.
- Strafrecht 19 ff.
- Zivilrecht 10 ff.
Sachverhaltsergänzung 96 f.
Sachverhaltslücken 93 ff.
Sachverhaltsmanipulation 102 ff.
Sachverhaltsquetsche 102 ff.
Sachverhaltswiederholungen 159
Satzdreh (nach „und") 190 ff.
Schachtelsätze 186 ff.
Schlussfolgerung 134 ff.
Schlusssatz 134 ff.
„Schranken-Schranken"-Prüfung 606
Schriftbild (Niederschrift) 316
Schriftgröße (Niederschrift) 316
Schriftsprache 185 ff.
Schrifttumsverzeichnis 279 ff.
Schrifttumsverzeichnis (Beispiele) 286 ff.
Schuld (Straftat/Aufbau) 495 ff.
Schuldausschließungsgründe 522 f.
Schuldbegriff (strafrechtlicher) 495
Schuldfähigkeit 496
Schuldtheorien 517 ff.
Schuldunfähigkeit 496
Schutzzweckzusammenhang 551
Schwerpunktbildung (Hausarbeit) 238 ff., 242
Schwerpunktbildung (Klausur) 345
Sekundärleistungsansprüche 394, 402
Sichtung rechtstextlicher Quellen 226 ff.
Sinnabstand (Gebrauch von Fremdwörtern) 199
skalierte Schwerpunktbildung 242, 247
Skizzen 111 ff.
Sonderopfer 586
Sorgfaltspflichtverletzung (objektive) 548
Spezialtatbestand/Grunddelikt 470 f.
Spruchreife der Sache 657
Statthaftigkeit (der Klage) 635 ff.
Steuerungsfunktion (des Sachverhalts) 76
Steuerungsinstrument 75
Stoffsammlung 108 ff., 118 ff.
Strafaufhebungsgründe 524
Strafausschließungsgründe 524
Strafbarkeitsfrage (als Fallfrage) 66 f.
Strafbarkeitsprüfung 142
strafrechtliche Aufbauschemata 564 ff.
Strafrechtsschuld 495 ff.
Straftatbegriff 472 ff.
Strafverfolgungsvoraussetzungen/-hindernisse 525
Streckverben 192 f.

Streitentscheidung (eigene) 233, 256 ff.
Streitentscheidung mit eigener Begründung (Problembearbeitung in Hausarbeit) 256 ff.
streitige Rechtsauffassungen (Bearbeitung bei Hausarbeit) 248 ff.
strenge Schuldtheorie 520
Strukturmodell der Subsumtion 133 ff.
subjektive Rechtfertigungselemente 490 ff.
subjektive Sorgfaltswidrigkeit 553
subjektive Tatbestandsmerkmale 476 ff.
subjektive Voraussehbarkeit 553
Substantivsucht 193
Subsumtion 132 ff., 344
Subsumtionsbeispiele 137 ff.
Subsumtionsfehler 159
Subsumtionsirrtum 508
Subsumtionstechnik 117 ff.
Syllogismus 134, 136
syllogistisches Schlussverfahren 133 ff.
System der Straftatmerkmale 472 ff.
Systembau der Straftat 472 ff.

T
Tatbestand (Abgrenzung zum Sachverhalt) 8
Tatbestand (als Voraussetzungsteil einer Rechtsnorm) 143
Tatbestandsalternativen 179
Tatbestandsannex 481
Tatbestandsmerkmale 143, 179 ff., 205, 475 ff.
Tatbestandsmerkmale (Strafrecht) 475 ff.
- objektive 476 ff.
- subjektive 476 ff.
Tatbeteiligung 555 ff.
Tatentschluss (Versuch) 532
Täterschaft 556 ff.
Tatmittler 560 f.
Tatnächster (Aufbau Strafrecht) 457 f., 557, 560
Tatsachenstoff (indirekt mitgeteilt) 89 f.
Tatumstandsirrtum 484, 497 ff., 543
Tatvorsatz 483 ff., 497 ff.
Telegrammstil 189
teleologischer Aufbau 364 f.
Tendenz (subj. Tatbestandsmerkmal) 479
Textziffern 330
Titelblatt (Hausarbeit) 276 f.

U
Überschriften (Gliederung) 301, 304
Übertreibungen 195 f.
Umgangssprache 194
umgangssprachliche Wortbedeutung 83 ff.
unbewusste Fahrlässigkeit 553
unechtes Unterlassungsdelikt (Aufbau) 534 ff.
ungerechtfertigte Bereicherung (Ansprüche) 385, 412 ff.
unmittelbares Ansetzen (Versuch) 532
Unrechtsbewusstsein 511 ff.
Untätigkeitsklage 637
Unterlassungsanspruch 586

Stichwortverzeichnis

Unterlassungsdelikt (Aufbaumuster)
- echtes, fahrlässiges 573
- echtes, vorsätzliches 572
- unechtes, fahrlässiges 571
- unechtes, vorsätzliches 567
- versuchtes, unechtes 569

Unterlassungsdelikt (besondere Aufbauregeln) 534 ff.
Unterlassungskausalität 537
Unterlassungsklage 638
Unterlassungsvorsatz 542 f.
Untersatz 134 ff.
unvermeidbarer Verbotsirrtum 510, 515
unveröffentlichte Rechtsprechung (Fundstellennachweis) 336
Unzumutbarkeit (normgemäßen Verhaltens) 544, 554
Urteilsanmerkungen (Fundstellennachweis) 334
Urteilsanmerkungen (Literaturverzeichnis) 283, 293
Urteilsbegründung 208
Urteilsstil 184, 201 ff., 208 ff.
Urteilstatbestand 8
Urteilsverfassungsbeschwerde 588

V

Veränderungen des Sachverhalts 104
Verbotsirrtum 508, 543
Verbrechensbegriff 472 ff.
Verfassungsbeschwerde 584
Verfassungsrecht 577
verfassungsrechtliche Streitigkeiten (Aufbaumuster)
- abstrakte Normenkontrolle 619 ff.
- Individualverfassungsbeschwerde 589 ff.
- Organstreitverfahren 608 ff.

Verhaltensformen (subj. Tatbestandsmerkmale) 479
Verletzung von Freiheitsgrundrechten (Prüfungsschema) 603 ff.
vermeidbarer Verbotsirrtum 511
Verpflichtungsklage (Aufbauschema) 628 ff.
Verpflichtungsklage/-verfahren 585
Versagungsgegenklage 637
verschiedenartige Anspruchsgrundlagen 384 ff.
Verstehen des Sachverhalts 81, 93 ff.
Versuchsaufbau (Sonderregeln) 529 ff.
Versuch, Versuchsstrafbarkeit 526 ff.
Vertrag (Ansprüche aus) 385
vertragsähnliche Rechtsverhältnisse (Ansprüche) 385
- Beispiel GoA, Aufwendungsersatz 403 ff.

verwaltungsgerichtliche Normenkontrolle 585, 628 ff.
verwaltungsgerichtliche Normenkontrolle (Prüfungsschema) 628 ff.
Verwaltungsrecht 577
Verwendungskondiktion 413, 426
Vindikationslage (bei §§ 985 ff. BGB) 408, 410
Voraussetzung-Folge-Denken 203 ff., 239, 304
Voraussicht 553
vorbeugende Unterlassungsklage 638
Vorfragenproblem (Prüfungsreihenfolge bei Ansprüchen) 388
Vorgang der Rechtsanwendung 136 ff.
Vornahmeklage 638
Vornahmeurteil 657
Vorprüfung (Straftataufbau) 565
Vorrang vertraglicher Ansprüche (Prüfungsschema) 393
Vorreiter (Schriftsprache) 188
Vorsatzausschluss (Tatumstandsirrtum) 507 ff.
Vorsatzprüfung 501 ff.
Vorsatzschuld 498
Vorverfahren 646
Vorwerfbarkeit (Schuld) 495 ff.
Vorwort (in Hausarbeiten) 342

W

„Was"? (Anspruchsziel) 382
„Wer von Wem"? (Anspruchsteller, Anspruchsgegner) 381
Widerspruchsverfahren 646
Widmung (in Hausarbeiten) 342
Wiedergabe eines Meinungsstreits 262
Wirklichkeitsform (Gutachtenstil) 205
Wirklichkeitsform (Urteilsstil) 208
wissenschaftliche Beiträge (Literaturverzeichnis) 289 ff.
Wortbedeutung 83 ff.
Wortwahl (Gutachten-/Urteilsstil) 209 ff.

Z

Zeittafeln, Zeittabellen 111, 116
Zentral- oder Hauptfigur (Strafrecht) 457
Zitatbeispiele (Kennzeichnung) 324
Zitat(e) 318 ff.
zivilrechtliche Aufbauschemata 402 ff.
zivilrechtliche Fallbearbeitung (Aufbau) 370 ff.
Zulässigkeit (von Rechtsbehelfen/Klagen) 65, 71 f., 581
Zurechtschneidern des Sachverhalts 102 ff.
Zweipersonenverhältnisse 381 ff.
- bei Anspruchsaufbau 389 ff.
- bei Leistungskondiktion 417

Zwischenüberschriften (Gliederung) 301, 304